Giuseppe Grassonelli und Carmelo Sardo
Rache an Cosa Nostra

Giuseppe Grassonelli und Carmelo Sardo

RACHE AN COSA NOSTRA

Erinnerungen an mein Leben als Mafiaboss

Übersetzung aus dem Italienischen
von Ingrid Ickler

Lübbe

Dieser Titel ist auch als E-Book erschienen

Titel der italienischen Originalausgabe:
»Malerba«

Für die Originalausgabe:
Copyright © 2014 by Arnoldo Mondadori Editore S.p.A., Milano

Für die deutschsprachige Ausgabe:
Copyright © 2015 by Bastei Lübbe AG, Köln
Textredaktion: Lucia Weiß und Svenja Monert, Berlin
Umschlaggestaltung: Massimo Peter
Einband-/Umschlagmotiv: © shutterstock/Eky Studio und © shutterstock/ostill
Satz: Dörlemann Satz, Lemförde
Gesetzt aus der Adobe Caslon
Druck und Einband: CPI books GmbH, Leck – Germany

Printed in Germany
ISBN 978-3-7857-2552-8

5 4 3 2 1

Sie finden uns im Internet unter: www.luebbe.de
Bitte beachten Sie auch: www.lesejury.de

Für meinen lieben Freund Carmelo Sardo.
Ich habe das »Böse«, den Hunger und die soziale Isolation erlebt.
Doch als du in mein Leben getreten bist, wurde es hell,
wie durch eine Sonne, die mich von innen erleuchtet hat.
G. G.

Für Giuseppe, der zurückgekehrt ist und etwas zurückgibt.
Für all jene Giuseppes, die im Gefängnis »lebendig begraben«,
aber in der Legalität zurück sind.
C. S.

Nitimur in vetitum semper cupimusque negata.

OVIDO

Ich feiere mich selbst und singe mich selbst,
Und was ich mir herausnehme, solltest auch du dir herausnehmen,
Denn jedes Atom, das mir gehört, gehört ebensogut auch dir!

… In allem Volk seh ich mich selbst, keiner mehr und keiner ein
    Gerstenkorn weniger als ich.
Und das Gute und das Schlechte, das ich von mir sage, sage ich
    auch von ihnen.

… Wer einen andern erniedrigt, erniedrigt auch mich,
und jedes Wort oder Tun trifft am Ende mich …

WALT WHITMAN, *Gesang von mir selbst*

Inhalt

An meinen Feind

Welch ungeheure Katastrophe hat meine geliebte Heimat erschüttert, mit wie vielen stummen Tränen haben unsere Frauen sie beweint?

Diesen Gedanken richte ich an dich, mein Feind, um dich zu fragen, ob du dich in deinem kurzen, jämmerlichen Leben jemals gefragt hast, ob die Tränen meiner Mutter, die damals auf das Pflaster fielen, nicht genauso bitter und voller Liebe waren, wie jene, die nun deine Mutter um dich weint.

Ich glaube, dass die Tränen einer Mutter um ihren ermordeten Sohn – egal, ob sie um dich oder um mich vergossen werden – einfach nur Ausdruck für einen abgrundtiefen Schmerz sind.

Und wenn ich an die vielen und doch sinnlosen Tränen deiner armen Mutter denke, kommt mir meine Mutter in den Sinn, und eine schreckliche Angst legt sich wie ein eiserner Ring um mein Herz, denn ich weiß jetzt, dass dein trauriges Schicksal auf ewig mit meinem verbunden sein wird.

Dieser unendliche Schmerz wird auf unseren Seelen lasten wie ein gewaltiger Felsblock, und wir werden krampfhaft nach einem Rechtfertigungsgrund für unser Verhalten suchen, und sei es auch nur ein einziger. Aber wir werden nichts finden, außer der kurzlebigen Entschuldigung, dass wir aus … Rache getötet haben.

In diesem unendlich großen Meer des Schmerzes werden wir unweigerlich ertrinken.

Giuseppe Grassonelli

Unkraut

In dieser Nacht, die sich ganz allmählich, aber unaufhaltsam auf meine armselige Existenz legt, weckt mich das ferne Kläffen eines Hundes aus dem leichten Schlaf. Ich öffne die Augen. Die Dunkelheit meiner Zelle wird nur durch ein schwaches kegelförmiges Licht erhellt.

Das Heulen dieses Hundes, wahrscheinlich ein Streuner, ist eine nicht enden wollende Klage gegen den Himmel. Vielleicht ist es auch eine Hündin, die verzweifelt nach ihren Jungen sucht?

Plötzlich taucht eine Erinnerung aus meiner Jugend in meinen Gedanken auf und meine Lippen verziehen sich zu einem bitteren Lächeln. Ich schließe die Augen und sehe wieder diese eine spezielle Hündin vor mir, dreißig Jahre, ja ein ganzes Leben liegt diese Szene zurück. Laut bellend streckte sie damals den Kopf aus ihrem Versteck. Dann schnupperte sie und schaute sich um. Sie war nervös, verließ ihre Höhle, kehrte dann wieder zurück, als könne sie sich nicht entscheiden. Schließlich schoss sie nach draußen und rannte davon.

Tino 'u Mancinu, Totò 'a Fimminedda, Nello 'u Grossu und ich hatten seit etwa einer Stunde am Felsen gelehnt und auf diesen Moment gewartet. Ich ging rasch auf die Höhle zu, die anderen folgten, dann schob ich meinen Arm hinein und zog den ersten Welpen heraus, der sofort zu winseln begann. Ich drückte ihn Nello in die Hand, dann zog ich den zweiten Welpen heraus und gab ihn Tino. Der dritte war schlau und hatte sich ganz klein gemacht. Ich konnte ihn zwar fühlen, aber nicht richtig am Fell packen.

»Verdammt, ich muss mich beeilen! Wenn die Hündin zurückkommt, zerfleischt sie uns«, dachte ich.

Ich streckte meinen Kopf in die Höhle und versuchte hineinzuschlüpfen, da hörte ich 'u Grossu hinter mir brüllen: »Heilige Mutter Gottes! Sie kommt …«

Ich schnellte zurück, ließ von dem letzten Welpen ab, riss meinen Freunden die beiden anderen kleinen Hunde aus den Händen und steckte sie zurück in die Höhle. Dann ergriffen wir die Flucht. Es war nicht leicht, den steilen Berg nach oben zu rennen, aber ich hoffte, dass die wütende Hündin uns nicht folgen würde, weil wir immerhin ihren Nachwuchs zurückgelassen hatten.

Es war nicht das erste Mal, dass wir Welpen klauten. Aber dieses Mal war es anders. Die Hündin fletschte wütend die Zähne und ließ uns nicht in Ruhe.

Plötzlich stolperte Totò und rutschte den Hügel hinunter, wobei er mit dem Kopf auf den spitzen Steinen aufschlug.

»Verdammter Mist«, dachte ich, »dieses Mal hat sich diese Memme aber richtig wehgetan.«

Schon als wir bei der Höhle angekommen waren, hatte er gejammert, er wolle nach Hause und er habe Angst davor, dass die Hündin zurückkommen könne. Totò hatte immer vor irgendwas Angst.

Ich machte kehrt, um ihm aufzuhelfen und ihn in Sicherheit zu bringen. Als ich bei ihm war, versuchte ich ihn zu beruhigen, während er vor Schmerzen schrie.

Die Hündin beobachtete die Szene und war stehen geblieben. Ihr Blick schien sagen zu wollen: »Seht euch diese beiden Trottel an!« Dann drehte sie sich um und verschwand. Die Sicherheit ihrer Welpen war wichtiger für sie.

In diesem Augenblick kam ein Freund meines Vaters vorbei, der auf dem Weg zur Arbeit war. Totò blutete an der Stirn, sein

Bein war verdreht, eine Hand gebrochen, die Haut am ganzen Körper aufgeschürft. Er trug den Jungen zum Auto und brachte ihn ins Krankenhaus, dabei warf er mir einen vorwurfsvollen Blick zu und sagte: »Du schon wieder, Mal'e …«

Mal'e, *Malerba*, das war mein Spitzname: Unkraut.

Als ich nach Hause kam, wurde ich erst von meinem Großvater verprügelt, dann von meinem Vater und schließlich von meinen Onkeln. Für sie war ich allein an allem schuld. Es hatte wenig Sinn, ihnen zu versichern, dass es nicht meine Idee gewesen war, sondern die der anderen Jungs. Lediglich meine Mutter glaubte mir, doch sie konnte mich weder vor den Schlägen noch vor der Strafe schützen.

Die Männer meiner Familie verdonnerten mich dazu, immer in Totòs Nähe zu bleiben, um ihn zu beschützen: Er war die Schwachstelle unserer Bande. Normalerweise rannte ich morgens in die Schule, um in Form zu bleiben, aber nach diesem Vorfall musste ich Totò im Bus zur Schule begleiten.

Ich träumte damals davon, Fußballprofi zu werden. Mein Herz gehörte Juventus Turin, und meine Helden waren Romeo Benetti und Pietro Anastasi. Ich schwor mir, eines Tages so gut zu sein wie sie. Aber statt eines Fußballs hatte ich jetzt einen Klotz am Bein: Totò. Wegen ihm hatte ich fast jeden Tag Krach mit den anderen Jungs. Er war blöd genug, sich jedes Mal das Pausenbrot klauen zu lassen, sobald ich nicht in seiner Nähe war. Es gab aber auch eine positive Seite: Totò war ein guter Schüler. Von der Grundschule bis zum Mittelschulabschluss, den ich ohne ihn niemals geschafft hätte, machte er meine Hausaufgaben.

Normalerweise lief es so ab: Ich kam erschöpft und verschwitzt in der Schule an, schlief auf meinem Platz ein, und der Lehrer versuchte mich mit ein paar Ohrfeigen zu wecken. Aber nichts zu machen: Ich nickte sofort wieder ein. Erst als es nach Schulschluss klingelte, wurde ich richtig wach, und erst dann begann mein Tag so richtig.

Wenn mein Vater bei Fiat von zwei bis zehn Uhr die Abendschicht hatte, aßen wir gemeinsam zu Mittag, und bevor er zur Arbeit ging, quälte er mich mit dem Einmaleins. Seinen Ohrfeigen ist es zu verdanken, dass ich das Einmaleins so gut beherrschte, dass selbst mein Lehrer verblüfft war. Eigentlich lernte ich von meinem Vater weit mehr als von meinem Lehrer. Seine Strenge sorgte dafür, dass ich nicht nur in Mathematik, sondern auch in Geografie besser als meine Klassenkameraden war. Im Klassenraum selber war ich allerdings meist geistig abwesend. Ich hasste den Unterricht. Für mich war er reine Zeitverschwendung.

»Ich bin eben Fußballer und kein Bücherwurm«, sagte ich mir immer wieder, um mir Mut zuzusprechen.

In der Schule trieben wir nichts als Unsinn. Wir klauten alles, was nicht niet- und nagelfest war. Nicht, weil wir es haben wollten, sondern einfach so. Eines Tages beobachteten wir, wie ein Eiswagen vor dem Lebensmittelladen stehen blieb. Der Fahrer stieg aus, öffnete die hintere Tür, nahm zwei Kartons mit Eis heraus und verschwand im Laden. Ein Blick zu Tino genügte, wir sprangen in den Wagen und brausten mitsamt der Ladung davon.

Dann holten wir unsere Freunde ab, fuhren ins Grüne und stopften so viel Eis in uns hinein, bis uns kotzübel wurde. Als wir nicht mehr konnten, fingen wir an, uns gegenseitig mit Eis zu bewerfen. Warum wir diesen Blödsinn eigentlich machten, wussten wir selbst nicht. Auch dass wir es dieses Mal übertrieben hatten, war uns nicht bewusst. Das war schlimmer, als Welpen zu klauen.

Alle Kinder in unserem Viertel wurden von ihren Eltern verhört, um herauszufinden, wer dabei gewesen war. Tino, Nello und ich wurden ordentlich verprügelt, aber wir blieben still, »sangen« also nicht. Aber unser Schweigen half nichts, denn wie immer war das Muttersöhnchen Totò der Verräter, der alles beichtete.

Heiliger Strohsack, was wurde ich an diesem Tag von meinem Vater grün und blau geschlagen! Aber es waren nicht die Prügel, die wehtaten. Unsere Eltern mussten Schulden bei der Bank machen, um den Schaden auszugleichen, den wir angerichtet hatten. Ich wäre vor Scham am liebsten im Boden versunken. Nur meine Mutter hatte Mitleid mit mir. Sie nahm mich in den Arm und wiegte mich wie ein kleines Kind. Dabei murmelte sie immer wieder, sie sei sicher, dass wir einen solchen Blödsinn nicht noch mal machen würden.

Meine Mutter! Was für eine wunderbare Frau! Ich erinnere mich nicht, dass sie jemals die Hand gegen mich erhoben hätte. Jeder ihrer Vorwürfe wurde von einem freundlichen Lächeln begleitet. Ich versprach ihr jedes Mal, dass ich mich in Zukunft gut und anständig benehmen würde. Aber nach ein paar Tagen waren alle guten Vorsätze vergessen. Wer weiß, wie oft ich sie enttäuscht habe.

Unsere Bande bestand aus etwa zehn Jungs. Wenn wir nicht im Viertel blieben und in den Hinterhöfen Fußball spielten, machten wir die Stadt unsicher. Uns entkam keiner.

Unsere Feinde waren die »Vicinzillari«. Sie hatten sich nach Vicinzella benannt, dem Stadtviertel, in dem sie wohnten. Wir dagegen waren die »Indianer«, denn unsere Gegend nannte man das »Indianerviertel«.

Eines Tages waren wir gerade auf der Suche nach den Vicinzillari, die unser Bandenmitglied Memè schwer verprügelt hatten, als wir zwei Carabinieri entdeckten, die ihre Motorräder am Straßenrand aufgebockt hatten. Sie wirkten wie Riesen – jedenfalls kamen sie mir in meinen Kinderaugen so vor.

Während wir an ihnen vorbeigingen, musterten sie uns mit prüfenden Blicken, wir dagegen versuchten, besonders unschuldig auszusehen. Plötzlich war ein Mordskrach zu hören. Ich drehte mich um und sah eines der Polizeimotorräder am Boden liegen. Ich blieb stehen, als ein Carabiniere auf mich zugeschossen kam und auf mich einzuprügeln begann. Er hielt mich so fest, dass ich das Gefühl hatte zu ersticken. Danach kam noch sein Kollege dazu. Ich war starr vor Angst und versuchte mich zu befreien. Warum schlugen sie mich? Was war überhaupt passiert? Einer der beiden meinte, er habe mich wiedererkannt, und verlangte meinen Namen. Ich nannte ihm einen Namen – natürlich einen falschen. Der Polizist ging, ohne mich loszulassen, auf sein Motorrad zu. Während er über Funk mit der Zentrale sprach, gelang es mir, mich zu befreien und zu flüchten. Der andere Beamte rannte mir nach, übersah dabei aber ein sich näherndes Auto.

Das Auto erfasste ihn und schleuderte ihn brutal auf die Straße. Wie durch ein Wunder überlebte er.

Ich war schockiert. Meine Ohren waren feuerrot, mein Kopf drohte zu platzen, meine Arme schmerzten. Ich rannte weiter, noch nie hatte ich solche Angst gehabt. Ich fürchtete, dass mich die Carabinieri erkannt hatten. Dieses Mal würden mich mein Vater und mein Großvater totschlagen. Dieses Mal war es wirklich ernst.

Als ich bei meinen Freunden ankam, war ich immer noch geschockt und verwirrt, besonders, weil die anderen bei meinem Anblick in Gelächter ausbrachen. Ich kapierte gar nichts. Sie wieherten vor Lachen. Dann erklärte mir einer, was los war.

Das Unglück mit dem Motorrad war passiert, als ich Totò kurz aus den Augen gelassen hatte. Er hatte wohl so fest dagegengetreten, dass es umstürzte. Noch bevor die Geschichte zu Ende erzählt war, stürzte ich mich auf Totò und schlug auf ihn ein. Wie hatte er mir das antun können? Meine Freunde lachten noch immer. Ich verprügelte ihn so sehr, dass er sich sein Leben lang daran erinnern würde. Und als Totò mich zu Hause verpetzte und seine Eltern mir Vorwürfe machten, war mir das völlig egal. Ich drohte sogar, mir ihn am nächsten Tag wieder vorzuknöpfen. Ich hatte es satt, immer für jeden Blödsinn verantwortlich gemacht zu werden, den er verzapfte. Jetzt war ich bereit, die Konsequenzen zu tragen, Prügel würde ich ohnehin einstecken, so oder so.

Endlich hatte ich Totò aus meinem Leben gestrichen.

Von diesem Tag an waren wir das Muttersöhnchen los. Da waren Tino 'u Mancinu, Nello 'u Grossu und ich uns einig. Und jedes Mal, wenn sich Totò uns näherte, setzte es für ihn Ohrfeigen. Die Anweisung meiner Eltern, immer in seiner Nähe zu bleiben und auf ihn aufzupassen, schlug ich in den Wind.

Aber nach einer Weile mussten auch sie es akzeptieren. Totò hatte sich ins Aus gespielt, ein für alle Mal. Mit ihm hatten wir nur Ärger. Er hätte sich ja doch nicht geändert. Und auch Totò sah das am Ende ein. Er blieb zu Hause und lernte.

Die Waffen

Seit einer Stunde war alles bereit. Tino, Nello und ich hatten uns versteckt und warteten darauf, dass die Distelfinken sich auf unsere ausgelegten Schlingen setzten. Wir schwiegen und bewegten uns nicht, damit die Vögel uns nicht schon von oben erkennen konnten. Plötzlich sahen wir Vincenzo 'u Fitusu auf uns zukommen, ein Schäfer aus dem Dorf, der bei seinen Schafen schlief und sich allem Anschein nach nur sehr selten wusch. Niemand wagte es, ihm zu nahe zu kommen: Er stank schlimmer als ein ganzer Schweinestall.

Vincenzo trug einen großen Jutesack in der einen und einen Spaten in der anderen Hand und sah sich immer wieder misstrauisch um.

Sein Verhalten machte uns neugierig. Ich schaute durch das Fernglas und bemerkte, dass der Schäfer einige Zweige zur Seite schob und dann mit dem Spaten zu graben begann. Fasziniert beobachteten wir ihn weiter. Was ging hier vor?

Vincenzo grub und grub, dann zog er eine große, runde Plastiktonne heraus. Er drehte den Deckel ab und versenkte den Jutesack in der Tonne. Dann verschloss er die Tonne wieder, legte sie behutsam in die Grube, bedeckte sie sorgfältig mit Erde und ging davon, wobei er sich immer wieder verstohlen umblickte. Hatte ihn auch niemand beobachtet? Sobald er weit genug weg war, sprangen wir aus unserem Versteck hervor, gingen zu der Stelle mit der frisch aufgewühlten Erde und begannen mit bloßen Händen zu graben.

Mit großer Mühe bargen wir gemeinsam die schwere Tonne. Ich drehte mit beiden Händen den Deckel auf, dann zogen wir den Sack heraus und schütteten seinen Inhalt auf den Boden: zwei abgesägte Schrotflinten mit Doppellauf, drei Trommelrevolver, zwei Pistolen, mehrere Päckchen Munition und eine Tasche. Als wir Letztere öffneten, entdeckten wir außerdem mehrere dicke Bündel Geldscheine. Viel Geld, ganz sicher mehrere Millionen Lire. Unsere Herzen klopften zum Zerspringen, wir waren wie gelähmt.

Waffen hatten wir schon gesehen, wir hatten sogar schon mit der alten Pistole von Nellos Vater herumgeballert. Aber diese hier waren anders: viel kleiner und ihr blankes Chrom glänzte uns entgegen. Wir steckten alles wieder in die Tonne, packten sie rechts und links an den beiden Plastikgriffen und schleppten sie ein paar Hundert Meter weiter, bis zu einem Versteck, das nur wir kannten. Bevor wir gingen, leisteten wir einen heiligen Schwur: Niemals würden wir unser Geheimnis verraten. Niemals und niemandem.

Wir kamen alle sehr spät nach Hause. Mein Vater arbeitete noch in der Abendschicht, aber meine Mutter warnte mich vor, er würde mir eine ordentliche Abreibung verpassen. Ich hörte gar nicht zu, da ich nur an unser neues und großes Geheimnis denken konnte. Rasch schlang ich ein Brötchen hinunter und verließ dann auch schon wieder das Haus, wobei ich ständig murmelte: »Ja, ja.«

Wir trafen uns an unserem üblichen Platz. Auf Tinos Stirn prangte ein Pflaster. Seine Mutter hatte ihm wegen seiner Zuspätkommerei einen Teller auf dem Kopf zertrümmert. Normalerweise hätten wir darüber gelacht – nicht aber an diesem Tag. Unsere Aufregung über das Geschehene war viel zu groß, und keiner von uns wusste, was weiter zu tun war. Was sollten wir mit unserem Schatz anstellen?

Ich zählte das Geld. Neun Millionen Lire. Neun Bündel mit jeweils hundert Zehntausenderscheinen.

Wir probierten die Waffen aus, am meisten Spaß machten die Trommelrevolver. Wir verballerten fünf Päckchen Munition. Fast wäre die Schießerei schiefgegangen: Tino zielte mit einer Lupara und drückte ab. Doch unmittelbar danach glitt ihm die Schrotflinte aus der Hand, fiel zu Boden und ein zweiter Schuss löste sich. Wir hatten Riesenglück, dass niemand verletzt wurde und keinem durch den Krach das Trommelfell platzte. Schrotflinten waren nichts für uns, das war spätestens jetzt klar.

Als Erstes entschieden wir, die neun Millionen aufzuteilen und jedem einen Trommelrevolver zu geben. Jeder sollte seine Waffe an einem nur ihm bekannten, geheimen Ort verstecken.

Verdammt! Drei Millionen pro Nase. Wer von uns hatte überhaupt jemals so viel Geld gesehen! Um sich vorstellen zu können, welche Summe das damals war, sollte man sich klarmachen, dass mein Vater in den 1970er-Jahren im Monat etwa 450 000 Lire verdiente – der Preis für eine neue Vespa, mein großer Jugendtraum. Natürlich konnte ich mir nicht einfach von jetzt auf gleich eine Vespa kaufen, ohne Verdacht zu erregen. Doch ich hatte schon eine Idee: Ich würde den Roller auf einen anderen Namen anmelden.

Einige Zeit zuvor hatte mein Vater mir eine gebrauchte Vespa für 150 000 Lire gekauft, damit ich besser zur Arbeit käme. Natürlich hatte ich von dieser alten Möhre nur den Rahmen behalten, auf dem ein Schildchen mit der Seriennummer festgeschraubt war. Ich hatte es abgemacht und auf eine fast neue Vespa montiert, die ich gestohlen und in ein glänzendes Nachtblau umlackiert hatte. Sie sah wirklich schick aus, aber legal war an ihr bloß die Seriennummer. Alles andere, das Fahrgestell, die Räder, der Auspuff und der 75-Kubik-Motor, hatte ich von anderen Vespas genommen und dann zusammengeschraubt.

Damals, nach der Mittelschule, hatte ich in einer Werkstatt angefangen, um »etwas Vernünftiges zu lernen«, und verdiente 40 000 Lire pro Monat. Wie hätte ich mir von den paar Kröten die Vespa meiner Träume leisten können? Zumal ich das Geld sofort bei meiner Mutter abliefern musste.

Eines Morgens, auf dem Weg in die Werkstatt, hatte ich meinen Vater mit einigen Kollegen von der Nachtschicht kommen sehen. Sie trugen schlammverkrustete Gummistiefel. Dieses Bild brannte sich in mein Gehirn. Ich weiß nicht warum, aber danach quälten mich seltsame Gedanken, und an jenem Tag schwor ich mir, niemals ein solches Leben zu führen.

Der Hund heult nicht mehr, er hat sich offenbar beruhigt. In dieser schier unendlichen Nacht rasen meine Gedanken. Ich kehre in meine Jugendjahre zurück und eine quälende Frage, immer die gleiche, drängt nach einer Antwort: Warum? Warum bin gerade ich so geworden?

Wenn jeder von uns eine Situation in seiner Jugend, eine Tatsache, eine Episode, eine Freundschaft herausstellen würde, von der die Charakterentwicklung besonders beeinflusst, die Weichen für die Zukunft gestellt und die Richtung des Lebens bestimmt wurden, würde ich mich für diesen weit zurückliegenden Tag entscheiden. Für den Tag, an dem ich – nicht einmal fünfzehn Jahre alt – mit meinen Freunden Distelfinken fangen wollte und dabei einen Schatz aus Waffen und Geld gefunden habe.

Wenn ich heute rückblickend darüber nachdenke, glaube ich allerdings nicht, dass dieser Fund entscheidend war. Wichtig, ja, aber nicht entscheidend.

Schuld an meiner Entwicklung waren nicht das schlechte Umfeld, die falschen Freunde, wie man in diesen Fällen oft annimmt. Nein. Ich war einfach so. Ich kann es nicht besser erklären. Ich hätte an besagtem Tag auch ganz alleine sein können, und ich hätte doch nicht anders gehandelt. Ich war ein Krimineller, von Kindesbeinen an – auch wenn mir das damals noch nicht bewusst war. Mehr gibt es dazu nicht zu sagen.

Wir waren eine große Familie, die allein von dem kargen Arbeiterlohn meines Vaters leben musste. In diesem Alter erlaubt es der Intellekt noch nicht, logisch zu denken und entsprechende Schlüsse zu ziehen. Wenn ich etwas sah, das mir gefiel, ich es mir aber nicht leisten konnte, dann stahl ich es. Ich wusste, dass das nicht richtig war. Aber ich verstand es nicht. Und es ist leider so: Je weiter man sich in die falsche Richtung entwickelt, desto schwieriger wird es, wieder umzudrehen. Hätte ich damals gewusst, was ich heute weiß …! Aber vielleicht wäre ich auch nie zu diesen Erkenntnissen gelangt, wenn ich nicht hier gelandet wäre.

Ich blicke ins Leere, die Hände hinter dem Nacken verschränkt, mein Zellengenosse schnarcht laut, so laut, dass die Scharniere seines Feldbetts quietschen. Der kläffende Hund war das kleinere Übel.

Das Geheimnis

Nach unserer Entdeckung vergingen einige Tage, ohne dass etwas passierte. Niemand ahnte etwas von unserem Fund. Aber Nello und Tino hatten es satt, ständig in Angst leben zu müssen. Wo sollten sie die Revolver verstecken? Zu Hause natürlich nicht. Am besten dort, wo wir sie gefunden hatten. Ich dagegen hatte meinen immer dabei, wenn ich unterwegs war, ansonsten versteckte ich das gute Stück in einem Autowrack.

Das Geld gaben wir nach und nach aus, die Versuchung war zu groß. Als Erstes gönnten wir uns eine richtige Fußballausrüstung: Schuhe von Pantofola d'Oro, die damals ein Vermögen kosteten. Und neue Jeans, T-Shirts und Jacken. Die misstrauischen Nachfragen ließen nicht lange auf sich warten. Als meine Mutter mich das erste Mal in meinen neuen Klamotten sah, wollte sie sofort wissen, woher ich sie hatte. Ich antwortete, dass ich mir alles von einem Freund geliehen hatte.

»Kann ich das auch deinem Vater sagen, damit er beruhigt ist?«, fragte sie weiter.

»Sicher, er braucht sich keine Sorgen zu machen«, beschwichtigte ich, obwohl es offensichtlich war, dass sie mir nicht glaubte. Aber gerade deshalb war ich davon überzeugt, dass sie meinem Vater nichts sagen würde. Ihr gegenüber hatte ich allerdings ein schlechtes Gewissen, weshalb ich dazu überging, das Haus in meinen alten Klamotten zu verlassen und mich erst danach umzuziehen.

Nach und nach wurden wir leichtsinnig. Wir begannen mit dem Geld anzugeben. Einmal zog Nello ein Bündel Zehntausender aus der Tasche, um drei Scheiben Wassermelone zu bezahlen, danach wusste das ganze Dorf Bescheid. Inklusive unserer Eltern natürlich.

Eines Morgens, ich lag noch in tiefem Schlaf, zog mich mein Vater an den Haaren aus dem Bett, warf mich zu Boden und prügelte auf mich ein.

»Wo habt ihr die Tonne versteckt?«, brüllte er mich an.

»Was für eine Tonne?«, fragte ich und versuchte mein Gesicht mit den Händen gegen die Schläge zu schützen.

»Du weißt schon ... raus mit der Sprache!«

»Ich weiß von nichts.«

»Dieses Mal bring ich dich um«, tobte er weiter, außer sich vor Wut.

Er schlug so ungezügelt zu, dass meine arme Mutter, die ihn zu stoppen versuchte, selbst etwas abbekam. Als er endlich genug hatte, fesselte er mich an das Balkongeländer.

»Leugnen hat doch keinen Sinn«, sagte mein Onkel mit sanfter Stimme.

»Tino hat alles erzählt«, fügte mein Cousin listig hinzu.

»Unmöglich, Tino hat geschworen nichts zu verraten«, dachte ich. Auf den Trick fiel ich nicht herein.

»Wenn ihr doch schon alles wisst, warum lasst ihr mich dann nicht in Ruhe? Was wollt ihr noch von mir?«

»Hör mir gut zu«, wandte sich mein Großvater mir zu, nachdem er meinen Vater wegen der Fesseln kritisiert hatte. »Dieses Mal ist es ernst. 'U Fitusu war bei mir. Er sagte, *du* hättest ihm eine Tonne gestohlen, in der er etwas versteckt hatte, das er zurückhaben muss. Wenn ihr diese Tonne also geklaut habt, dann steht dazu, und wir geben sie ihm einfach zurück.«

Mit seinen besonnenen Worten hatte mich mein Großvater

schon fast überzeugt, aber ich dachte auch an den Schwur, den ich abgelegt hatte und den ich nicht brechen durfte. Ich beschloss, mich erst mit meinen Freunden zu beraten. Vielleicht würden wir danach alles zurückgeben.

Also sagte ich: »Großvater, ich weiß von nichts.« Und obwohl meine Antwort ihn ganz und gar nicht überzeugte, befahl er allen, mich in Ruhe zu lassen. Er ging zu Fitusu und ließ sich erklären, warum er gerade mich in Verdacht hatte.

»Einige Bauern haben erzählt, dass sich 'u Malerba, 'u Mancinu und 'u Grossu immer in dieser Gegend herumtreiben. Aber Beweise habe ich keine«, musste der Schäfer eingestehen.

Obwohl mein Vater skeptisch blieb, löste er daraufhin meine Fesseln. Er kannte mich zu gut und meinte zu den anderen, sie könnten sich gar nicht vorstellen, was für ein durchtriebener Lügner ich sei.

»*Mich* würde er nie belügen«, sagte mein Großvater, und seine Worte brannten wie Feuer in meiner Seele.

Auch Nello und Tino hielten den Verhören stand. Keiner von uns hatte etwas verraten. Zum Glück war Totò 'a Fimminedda dieses Mal nicht bei unser Aktion dabei gewesen. So blieb unser Geheimnis wirklich ein Geheimnis. Trotzdem hatten wir Angst. Wir hatten begriffen, dass wir in ernsten Schwierigkeiten steckten. Ich versuchte meine Freunde davon zu überzeugen, dass es vielleicht besser wäre, alles zurückzugeben. Aber davon wollte vor allem Tino nichts wissen.

»Ich brauche das Geld, um zu heiraten«, protestierte er.

Mein Vater mit den schlammverkrusteten Gummistiefeln fiel mir wieder ein.

Die Waffen hätten wir freiwillig zurückgegeben, nicht aber das Geld. Und es wäre schwer gewesen, die anderen davon zu überzeugen, dass wir nur die Waffen gefunden hatten. Wir entschieden uns deshalb dafür, alles zu behalten, aber nichts mehr zu kaufen, was uns verdächtig machen könnte. Mein Vater gab mir weiterhin –

jetzt allerdings mit misstrauischem Blick – 1400 Lire Taschengeld in der Woche. Das musste reichen, für Kino, Pizza und Getränke.

Während Tino also schon ganz genau wusste, was er mit dem Geld machen würde, war Nello kurz davor einzuknicken. Sein Vater hatte ihn grün und blau geschlagen, und Tino vertraute mir an, dass er nicht mehr lange durchhalten würde.

Jedes Mal, wenn 'u Fitusu mich traf, sagte er zu mir: »Male´, Malerba, du hast mir Geld geklaut …«

»Welches Geld?«, fragte ich zurück.

»Wenigstens die Waffen könntet ihr doch zurückgeben«, versuchte er zu vermitteln.

»Ich hab keinen blassen Schimmer, wovon du sprichst, welche Waffen? Wenn du nicht mit deinen Anschuldigungen aufhörst, sag ich's meinen Onkeln.« Damit brachte ich ihn zum Schweigen.

Einige Tage später wurden im Morgengrauen in einem Schafstall zwei Leichen gefunden: 'U Fitusu und einer seiner Freunde. Die Nachricht schockierte uns. Wir hatten gleich das Gefühl, irgendeine Art von Mitschuld daran zu tragen.

Am nächsten Tag nahmen die Carabinieri zwei Verdächtige fest, die für den Doppelmord verantwortlich sein sollten, und einer der beiden gab die Tat zu. Sie hätten sich rächen wollen, da ihnen Vincenzo 'u Fitusu die Beute aus einem Raubüberfall gestohlen hatte.

Nello, Tino und ich schworen uns erneut, das Geheimnis unser Leben lang zu wahren – jetzt, da auch wir in höchster Gefahr waren, musste das erst recht sein. Die Angst ließ uns schweigen.

Viele Nächte lang wurde ich von Albträumen gequält und konnte kaum schlafen. Ich hatte mir nicht vorstellen können, dass unser Dummejungenstreich so schlimme Konsequenzen haben würde.

Immerhin ließ mich dieses dramatische Ende der Geschichte in den Augen meines Vaters unschuldig erscheinen. Er beteuerte meiner Mutter gegenüber immer wieder, wie leid es ihm tue, dass er mich für etwas verprügelt hatte, das ich gar nicht getan hatte. Dass es unrecht war, immer mir die Schuld für alles zu geben. Dass ich eigentlich doch noch ein Kind war.

Ich legte ihm gegenüber eine gewisse Gleichgültigkeit an den Tag, um ihm ein noch schlechteres Gewissen zu machen: Du hast mich zu Unrecht verdächtigt, sagte jeder meiner Blicke. Daraufhin war mein Vater nicht mehr ganz so streng ... Rückblickend war das ein schwerer Fehler.

Der Tag bricht an, und ich höre draußen das Tor quietschen. Ich nehme an, es ist der Lieferwagen mit dem Brot. Jeder neue Tag beginnt mit den gleichen Geräuschen und verläuft im gleichen nervtötenden Rhythmus. Ich habe wieder nicht geschlafen. Nicht schlimm. Hier drin habe ich mehr als genug Zeit, mich auszuruhen. Claudio, mein Zellengenosse, bewegt sich, er wacht auf. Ich stelle mir vor, wie er sich gleich mit seinen hundert Kilo auf die Klobrille hinter dem Vorhang setzt, und schon jetzt wird mir schlecht. Die größtmögliche Freiheit, nach der ich streben kann, ist, eines Tages eine Einzelzelle zu haben. Auch wenn diese noch so winzig sein mag. Nur meine Geräusche, meine eigenen Gerüche. Ich drehe mich auf die andere Seite, wende mein Gesicht der rissigen, kalten Wand zu.

Wenn mein Vater kein schlechtes Gewissen gehabt und mich weiter geschlagen hätte … Was wäre dann aus mir geworden?

Ich gebe diese Frage an das Schicksal weiter. Aber es hört mir nicht zu.

Die Überfälle

Sie hieß Rosanna und war wunderschön. Ich fragte sie, ob sie mit mir tanzen wolle, und sie sagte Ja.

Sie war die erste wirkliche Liebe in meinem Leben. Wann immer ich von der Arbeit verschwinden konnte, fuhr ich mit meiner aufgemotzten Vespa von Casamarina nach Giardini, einem Örtchen, das nur einige Kilometer entfernt lag.

Rosannas ältere Schwester Lella war mit Peppe Tempesta, einem jungen Mann aus meinem Dorf, verlobt. Er und ich wurden Freunde und fuhren immer gemeinsam nach Giardini, um Rosanna und Lella zu besuchen.

Die neue Freundschaft und meine wachsenden Gefühle für Rosanna entfernten mich von meinen Freunden aus Kindertagen. Aber das schien Nello und Tino auch ganz recht zu sein: Sie wollten einfach nur ihre Ruhe haben. Ich behielt das restliche Geld und die Waffen und versprach den beiden, alles mit ihnen zu teilen, sobald ich die Revolver und Flinten zu Geld gemacht hätte. Letztendlich habe ich die Waffen jedoch nie verkauft. Ich behielt sie und zahlte Nello und Tino später aus eigener Tasche aus.

Unseren Bund, oder besser gesagt, unsere Bande, gab es zwar nicht mehr, aber unsere Freundschaft blieb bestehen. Unser Geheimnis würde das Geheimnis bleiben, das uns unser ganzes Leben lang begleiten würde.

Jetzt hatte ich aber erst mal Rosanna, die mich mit ihren Küssen jedes Mal so heiß machte, dass ich mir danach eine Prostituierte suchen musste, um mich wieder abzukühlen. Das kostete jedes Mal 5000 Lire – für mich eine Riesensumme. Und das alles, weil Rosanna unbedingt als Jungfrau die Ehe eingehen wollte.

Eines Abends, nachdem wir unsere Liebsten heimgebracht hatten, gingen Peppe und ich zu meiner Vespa, um zurück nach Casamarina zu fahren. Aber sie stand nicht mehr an ihrem Platz. Geklaut! Einfach so!

In mir stieg sofort ein Verdacht auf. Ein paar Jungs aus Giardini, die in einer Bar herumhingen, vor der ich häufig parkte, warfen jedes Mal bewundernde Blicke auf meine Maschine. Eines Tages war einer von ihnen sogar auf mich zugekommen und hatte mir Fragen über die Sonderausstattung gestellt.

Weil ich stolz darauf war, dass die Jungs für meine Vespa schwärmten, hatte ich ihm ziemlich großspurig geantwortet.

Sie hatten meine Vespa geklaut, da hatte ich keine Zweifel. Ich stürmte also in die Bar, mit Peppe im Schlepptau, der vergeblich versucht hatte, mich zurückzuhalten.

Die Jungs saßen an ihrem üblichen Tisch und lachten. Sobald sie mich erblickten, ebbte ihr Lachen jedoch ab, und sie beäugten mich misstrauisch: die letzte Bestätigung meines Verdachts.

Ich winkte den Typen, der ihr Anführer zu sein schien, zu mir heran und verlangte die Vespa zurück. Er entgegnete lässig: »Welche Vespa?« Wir wurden laut und begannen uns zu prügeln.

Seine Freunde schienen nur darauf gewartet zu haben und stürzten sich auf Peppe und mich. In Windeseile waren wir umzingelt, und von allen Seiten prasselten Schläge auf uns ein.

Der Zufall wollte es, dass genau in diesem Augenblick ein Mann vorbeikam, ein Lehrer, der die Jungs gut kannte. Um Ärger aus dem Weg zu gehen, hauten sie sofort ab.

Der Mann kam auf uns zu und half uns hoch. Er bot sogar an, uns ins Krankenhaus zu bringen, aber das lehnten wir ab und machten uns fluchend auf den Heimweg. Meinen Freund in diesem Zustand zu sehen schmerzte mich mehr als meine eigenen

Wunden. Es tat mir leid, dass ich ihn in die Prügelei hineingezogen hatte. Aber gleichzeitig bewunderte ich ihn auch, weil er mich nicht im Stich gelassen hatte. Wie es sich für eine ordentliche Prügelei gehört, trug ich ein paar Beulen davon. Jahre später stellte sich heraus, dass ich wohl auch eine gebrochene Rippe hatte. Die muss auch der Grund dafür gewesen sein, dass ich noch lange Zeit starke Schmerzen im Brustbereich verspürte.

Aber manchmal hat das Schlechte auch sein Gutes, wie man so sagt: Während meiner Zeit beim Militär gewährte man mir wegen dieses »Schadens« einige Tage Erholungsurlaub.

Aber an diesem schmachvollen Tag wollten wir vor allem Rache: »Auge um Auge, Zahn um Zahn«. Wir klauten ein Mofa und fuhren nach Casamarina zurück. Ich war außer mir vor Wut und wollte diese Schande nicht auf mir sitzen lassen – egal, wie übel ich bereits zugerichtet war.

Peppe versuchte mich zur Besinnung zu bringen, obwohl auch er wegen der Schlägerei sauer war.

»Wir sind nur zu zweit, sie sind viele … Die bringen uns um.«

»Wir sind auch viele«, redete ich ihm zu. »Ich habe gute Freunde, die uns helfen werden, du wirst schon sehen.«

Ich brachte ihn nach Hause und bat ihn Alkohol zu besorgen, damit wir unsere Wunden desinfizieren könnten. Ich selber hätte noch etwas anderes zu erledigen.

Ich holte die beiden Pistolen aus dem Versteck und kehrte zu Peppe zurück. Als ich ihm die Waffen zeigte, wirkte er nicht verschreckt, im Gegenteil: Er war fasziniert. Das hatte ich gehofft. Nachdem ich unsere Verletzungen notdürftig versorgt hatte, fragte ich Peppe, ob er mit mir und meinen beiden »Freunden« nach Giardini zurückkehren wolle.

»Worauf warten wir?«, antwortete er, ohne zu zögern.

Da ich wegen der Schmerzen nicht selbst fahren konnte, ließ ich wieder ihn ans Steuer des geklauten Mofas. Sobald wir Giardini erreicht hatten, drehten wir einige Runden um das Dorf. Dabei achteten wir darauf, tunlichst nicht in die Lichtkegel der Straßenlaternen zu geraten. Die Dunkelheit war unsere Verbündete. Plötzlich sah ich einen der Typen, wie er gerade seinen Roller parkte.

Bevor wir ihn uns greifen konnten, war er schon in einer Spielhalle verschwunden. Darin saßen auch all jene, die uns zuvor grün und blau geschlagen hatten.

»Was machen wir jetzt?«, fragte Peppe.

»Wir warten«, bestimmte ich.

Ich war immer noch wütend. Nicht wegen der Vespa – die war ersetzbar –, sondern wegen der Niederlage und der Häme, die wir hatten einstecken müssen. Das Gelächter der anderen hallte stetig in meinem Kopf wider. Nach etwa einer halben Stunde verließ die Gruppe die Spielhalle wieder.

Ich hatte mich hinter einem Auto versteckt, und Peppe war auf der anderen Straßenseite postiert. Sollte einer unserer Gegner zu fliehen versuchen, könnte Peppe ihn mit der Pistole aufhalten. Um meinen Freund zu beruhigen, versicherte ich ihm, dass er nicht würde schießen müssen. Allein der Anblick der Waffe sollte den anderen Typen so beeindrucken, dass es keine Scherereien gäbe.

Ich nahm mir den Anführer der Truppe vor, denjenigen, der auf mich eingetreten hatte, als ich bereits am Boden lag. Wie ein Tiger stürzte ich mich nun auf mein Opfer und schlug ihm mit dem Pistolenknauf auf den Kopf, so, wie ich es im Kino gesehen hatte. Das Blut begann wie ein Springbrunnen zu sprudeln, und die anderen schienen zu Stein erstarrt zu sein. Sie wirkten wie gelähmt.

»Ich bring euch alle um, wenn ihr mir meine Vespa nicht zurückgebt«, schrie ich und fuchtelte mit der Pistole herum. Einer bot sich sofort an, uns zu dem Schuppen zu bringen, wo meine Maschine versteckt war. Ich bat Peppe ihm dorthin zu folgen. Ich würde an Ort und Stelle bleiben und diesen »netten Jungs« ein wenig Gesellschaft leisten.

»Was ist los? Warum lacht ihr denn nicht mehr? Ich will euch lachen hören, sonst durchlöchere ich euch die Kniescheiben.«

Was für ein Haufen Feiglinge da vor mir stand! Sie schoben sich gegenseitig die Schuld zu. Einer flehte mich an, ihn gehen zu lassen, er habe eine kranke Mutter zu Hause.

»An *meine* Mutter habt ihr nicht gedacht, als ihr mich zusammengeschlagen habt, was? Ihr Hurensöhne!«

Obwohl ich voller Hass war, konnte ich ihnen die Prügel natürlich nicht auf Heller und Pfennig zurückgeben. Der Anführer, dem ich schon mit der Pistole eins übergezogen hatte, heulte und jammerte, er könne nichts mehr sehen. Er versuchte mit den Händen das immer noch aus der klaffenden Wunde strömende Blut zu stoppen.

Ich zwang die Jungen, sich nackt auszuziehen und alles, was sie am Körper trugen, auf einen Haufen zu legen: Kleidung, Schuhe, Brillen, Gürtel, Armbanduhren und sogar Ohrringe. Inzwischen kam Peppe mit meiner geliebten Vespa um die Ecke gefahren: Das satte Röhren des Polini-Auspuffs war Musik in meinen Ohren! Ich nahm einen Pulli vom Haufen, tauchte einen Ärmel in den Benzintank und legte den Pulli wieder zurück. Dann fackelte ich alles ab. Welch riesiges, beglückendes Feuer!

Ich fragte, ob jemand von ihnen irgendwelche Einwände hätte, aber da niemand reagierte, fuhr ich fort: »Los, lacht schon!«

Sie hielten sich die Hände schützend vor den Unterleib und lachten dabei. Sie lachten, um nicht weinen zu müssen.

Ich stieg auf meinen Roller und drohte: »Ich fahre jetzt, aber ich werde wiederkommen … Ich bin sicher, dass in Zukunft niemand mehr meine Vespa klauen wird.«

Ein einstimmiges »Ja, ja« kam mir entgegen.

Peppe kletterte auf den Rücksitz, und wir fuhren langsam davon. Noch immer tat uns alles weh, aber wir fühlten uns gleichzeitig auch stark und unbesiegbar wie Götter.

»Meine Fresse. Welche Wirkung so eine Waffe doch hat«, dachte ich.

Peppe sah bewundernd zu mir auf und schwor mir ewige Treue.

Als ich wieder zu Hause war und im Bett lag, ging ich im Geiste noch einmal durch, was geschehen war. Letztendlich war ich stolz auf mich, und mit einem Gefühl tiefer Genugtuung schlief ich ein – das erste Mal mit einer Pistole unterm Kopfkissen. Am nächsten Tag berichtete mir Peppe, ein Kollege seines Vaters habe erzählt, dass er in Giardini junge Kerle nackt auf der Straße gesehen hätte. »Es gibt keinen Anstand mehr«, habe der Kollege sich beklagt. Wir machten uns bei dem Gedanken daran vor Lachen fast in die Hose.

Doch die Aktion sollte noch ein Nachspiel haben. Die Eltern der Jungen zeigten die Sache bei der Polizei an und behaupteten, dass zwei Unbekannte mit einer Vespa und Sturmhauben auf dem Kopf ihren Kindern alles gestohlen hätten. Die »braven Jungen« hüteten sich natürlich davor zuzugeben, was wirklich passiert war.

Vom ersten Zorn angetrieben, wollte ich stante pede nach Giardini zurückfahren, zwang mich dann aber, noch mal darüber nachzudenken. Es wäre wohl besser, sich eine Weile lang dort nicht sehen zu lassen. Die Carabinieri suchten schließlich nach einer schwarzen Vespa mit Gepäckträger und einem Polini-Auspuff. Ich nahm sie Stück für Stück auseinander und spritzte sie um.

Einige Tage später bekam ich vom Chef der Werkstatt, in der ich arbeitete, den Auftrag, eine Riemenscheibe an den Inhaber eines Lebensmittellagers auszuliefern. Das ließ ich mir nicht zweimal sagen. Endlich kam ich mal raus aus diesem Loch, in dem es nach altem Motoröl und verbrannten Bremsbelägen stank. Ich legte die Scheibe in den Fahrradkorb und radelte gemütlich los. Am Ziel angekommen, musste ich einige Male klopfen, bevor mir eine herrische Stimme antwortete: »Herein!«

Vorsichtig öffnete ich die Tür. Ein Mann, offensichtlich der Inhaber, saß über seinen Schreibtisch gebeugt und schrieb etwas. Auf meine Begrüßung reagierte er nicht einmal und deutete, ohne aufzusehen, auf einen Platz, wo ich die Scheibe hinlegen sollte.

Dann verlangte er, ich solle gefälligst warten, bis er die Rechnungen für meinen Chef fertig hätte.

»Was für ein Kotzbrocken«, dachte ich und setzte mich auf einen Stuhl, auch wenn der Hausherr mir keinen Platz angeboten hatte. Hätte der Kerl auch nur einen Ton von sich gegeben, hätte ich ihm vermutlich sogar eine verpasst. Vor ihm lag eine Zigarette, die langsam vor sich hin brannte. Das musste wohl eine Marotte von ihm gewesen sein. Immerhin waren überall an den Rändern des Schreibtischs Brandspuren zu sehen. Das Hemd, das der Mann trug, war ölverschmiert.

Während ich den Mann beobachtete, fiel mein Blick auf einen halb geöffneten Safe in der Wand neben dem Schreibtisch. Ich tat so, als wären meine Muskeln verspannt, und dehnte und streckte mich, um erkennen zu können, was sich in dem Safe befand – leider vergeblich.

Als ich das Lagerhaus verließ, beschloss ich, noch am gleichen Abend dorthin zurückzukehren.

Ich erzählte Peppe davon. Ihm machte die Arbeit schon seit einiger Zeit keinen Spaß mehr, und außerdem war er immer knapp bei Kasse. Nicht mal Zigaretten konnte er sich leisten. Ab und zu lieh ich ihm Geld oder schenkte ihm etwas. Ich kaufte alles doppelt, eins für mich, eins für ihn. Doch Peppe protestierte irgendwann, so könne das nicht weitergehen.

Ich hatte zwar genug Geld, aber woher es stammte, hatte ich natürlich niemandem erzählt – nicht einmal Peppe.

Ich hätte ihn nie zu einem Raubüberfall angestiftet, doch als ich Peppe von dem Wandtresor erzählte, war er es, der vorschlug: »Wäre das nicht was für uns?«

Das ließ ich mir nicht zweimal sagen. Ich nahm meine Pistole und dieses Mal auch die Lupara mit, die abgesägte Schrotflinte, die wirklich gefährlich aussah. Wir postierten uns vor dem Lagerhaus und warteten darauf, dass niemand mehr im Gebäude war. Irgendwann schien der Moment günstig zu sein. Wir zogen uns jeder eine

Sturmhaube über das Gesicht und gingen hinein. Das Lager war leer, aber ich hatte das sichere Gefühl, dass im Zimmer mit dem Tresor jemand sein musste. Ich riss die Tür auf, und dort stand derselbe Mann wie am Nachmittag, nur dieses Mal war er vernünftig und überaus freundlich zu mir und »Mister Lupara«.

Ich befahl dem Besitzer, den Tresor zu öffnen, aber seine Hände zitterten so stark, dass es ihm nicht gelang, den Schlüssel ins Schloss zu stecken. Ich nahm ihm den Schlüssel aus der Hand und öffnete den Tresor einfach selber. Der Inhalt warf mich fast um: ein Haufen Schecks und bündelweise Geld. Ich stopfte alles in eine Plastiktüte und wollte wissen, ob noch mehr Geld im Lager aufbewahrt sei. Der Mann zeigte ängstlich auf eine Schublade, wo er die Tageseinnahmen verwahrt hielt. Zum Schluss inspizierte ich auch noch die übrigen Schubladen und wurde fündig: eine brandneue Beretta 7,65-mm-Automatik. Ein Traum von einer Pistole. Dieser Moment war die Geburtsstunde meiner Liebe zu automatischen Waffen.

Peppe wartete mit laufendem Motor vor dem Lagerhaus. Ich sicherte die Beretta, verstaute sie mit den Tageseinnahmen in der großen Tasche, die wir extra für unseren Raubzug mitgebracht hatten, und dann verschwanden wir in der Dunkelheit.

Eine Viertelstunde später saßen wir am Tisch in unserem »Hauptquartier«, einem Zimmer, das wir unter dem Namen eines Verwandten von Peppe gemietet hatten. Unsere Beute betrug 1,4 Millionen Lire in kleinen und größeren Scheinen. Außerdem hatten wir noch die Schecks, aber da wir mit denen nichts anfangen konnten, warfen wir sie einfach wahllos in irgendeinen Briefkasten. Von dem Geld legten wir die Jahresmiete für das gemietete Zimmer beiseite und außerdem die Summe, die wir schon für Renovierungsarbeiten ausgegeben hatten. Den Rest teilten wir zwischen uns auf. Da wir die Waffe natürlich nicht teilen konnten, schenkte ich Peppe meine und behielt selber die Beretta. Dieses war der erste Raubüberfall meines Lebens – aber er sollte bei Weitem nicht der letzte gewesen sein. Peppe und ich machten munter weiter. Am liebsten waren uns Tankstellen – wahre Goldminen, in denen es immer haufenweise Bargeld abzugreifen gab.

Doch mit jedem Überfall veränderte sich unser Lebensstil, und damit wuchs auch das Misstrauen, das die Menschen uns entgegenbrachten. Wir waren plötzlich immer gut gekleidet und luden Hinz und Kunz zum Pizzaessen ein. Wie konnten zwei Arbeitersöhne sich einen solchen Lebenswandel leisten?

Viele Jungen aus unserer Umgebung wurden hellhörig. Sie ahnten, woher wir das Geld hatten, und einige bettelten sogar darum, bei den »Geschäften« dabei sein zu dürfen. Einer hatte eine kranke Schwester, ein anderer wollte heiraten, und wieder ein anderer baute gerade ein Haus, und sein Geld reichte hinten und vorne nicht. Mit der Zeit wurde unsere »Clique« immer größer, und der Ärger begann.

Unsere Aktionen kamen bald natürlich auch meiner Familie zu Ohren. Mein Vater hatte es satt. Er war es leid, mich mit Schlägen zu erziehen, und wollte auch gar nichts weiter von mir hören. An dem Abend, an dem er erfuhr, dass er einen Kriminellen zum Sohn hat, fuhr er mit mir aufs Meer hinaus und drohte mir kalt lächelnd: »Ein Mucks von dir, und ich bringe dich um.« In seinem Blick lagen Entschlossenheit und Wahnsinn zugleich. Nur ein Ton, und ich wäre tot. Also schwieg ich eisern und hielt mich von ihm und seinen Fäusten fern. Er wollte, dass ich Casamarina verließe, um auf Linosa, einer Insel in der Nähe von Lampedusa, zu leben.

Als wir wieder zu Hause waren, bat ich ihn, ein paar persönliche Dinge mitnehmen zu dürfen. Er gab mir eine Stunde. Geld war erst einmal das Wichtigste. Ich ging zu meiner Mutter und beteuerte lautstark meine Unschuld. Sie packte wortlos meinen Koffer – tröstende Worte hatte sie dieses Mal nicht für mich.

»Die beiden wissen offensichtlich irgendetwas Konkretes«, vermutete ich. »Meine Mutter steht sonst immer auf meiner Seite … Warum wendet sie sich dieses Mal gegen mich?«

»Es ist wohl besser, wenn ich jetzt gehe … Dann habt ihr eure Ruhe. Nicht mal Jesus Christus wurde so gnadenlos verfolgt wie ich!«, versuchte ich noch das Herz meiner Mutter zu erweichen. Aber es war nichts zu machen. Auch sie wollte, dass ich aus Casamarina verschwände und irgendwo anders Arbeit suchte.

Meine Mutter wusste Bescheid. Da gab es keinen Zweifel.

Ich nahm sie fest in den Arm und versicherte ihr, dass ich nur das Beste für sie wollte, und bat sie um Verzeihung für all die Sorgen, die ich ihr bereitet hatte. Sie weinte, und ihre Tränen waren der Beweis für all das, was sie so lange unterdrückt hatte.

*Meine Mutter ist für mich eine Heilige. Das letzte Mal habe ich sie vor
27 Tagen gesehen – hinter einer Trennscheibe aus Glas. Sie ist immer
noch eine schöne Frau, trotz der beschwerlichen Jahre und all des Leids,
das das Leben ihr auferlegt hat. Das ich ihr auferlegt habe! Jedes Mal,
wenn der Wachhabende kommt und verkündet, dass die Zeit um sei,
und meine Mutter aufsteht, um zu gehen, hat sie Tränen in den Augen.
Sie drückt ihre Lippen gegen die kalte Scheibe und erwartet die meinen.
Wir haben uns immer so geküsst. Lippen auf Lippen. Aber an jenem
Tag, damals, als mein Vater mich nach Linosa geschickt hat, hat sie mich
nicht geküsst – nur geweint.*

Linosa

An einem Maimorgen zu Beginn der 1980er-Jahre fuhr ich mit einem Verwandten per Schiff nach Linosa. Ein sonnenüberflutetes Eiland, 110 Seemeilen und sechs Stunden Überfahrt von Casamarina entfernt. Nun war ich also auf der Insel angekommen, auf die mein Vater mich verbannt hatte. Doch sobald ich einen Fuß auf dieses paradiesische Fleckchen Erde gesetzt hatte, war meine Angst wie weggeblasen.

Gleich bei meiner Ankunft lernte ich einen einheimischen Jungen namens Michele kennen, der mich herumführte und mir die schönsten Fleckchen und Orte zeigte. Gemeinsam umrundeten wir die kleine Insel, und schon am nächsten Tag kannte ich alle Namen der kleinen Fischerhäfen, der Buchten und der Schluchten auf Linosa.

An der Küste wechselten sich zerklüftete Vulkansteinfelsen und makellose Strände ab. Das kristallklare, meist spiegelglatte Meer lockte wegen seines Artenreichtums Taucher aus ganz Italien an. Häufig konnte man bereits wenige Meter vor der Küste Delfine aus dem Wasser springen sehen. Als ich den ersten entdeckte – zum Greifen nah –, war es, als wolle er mich begrüßen.

Auf der Insel wohnten außerdem einige Verwandte von mir, die vom Fischhandel lebten und mich mit offenen Armen bei sich aufnahmen.

Die Arbeit war anstrengend und brachte große Verantwortung mit sich, aber sie gefiel mir. Jeden Morgen fuhr ich bei Tagesanbruch zur Mole und wartete auf die Ankunft der Fischer. Dann kaufte ich so viel von ihrem Fang, wie die Großhändler aus Casamarina bei mir bestellt hatten, verpackte die Fische in Holzkisten, umhüllte sie mit Eis und lud die Kisten in die Kühltransporter, die anschließend auf die Fähre fuhren. Täglich legte diese um halb zehn Richtung Casamarina ab.

Da die Fischer meist gar keine Zeit dazu hatten, an Land zu gehen, bezahlte ich sie oft nicht sofort, sondern brachte das Geld zu ihren Ehefrauen nach Hause. Mit einigen von ihnen machte ich in diesen lauen Maitagen, während die Männer draußen auf dem Meer waren, meine ersten sexuellen Erfahrungen, für die ich nicht bezahlen musste.

Der Sommer begann früh in Linosa, und schon bald wimmelte es auf der Insel von Touristen und attraktiven Frauen. Der Strand lockte, und meine Arbeit begann mich zu langweilen. Zum Glück fand ich einen arbeitslosen Familienvater, der mich an manchen Tagen vertrat und auf den ich mich blind verlassen konnte – auch weil ich ihn gut bezahlte. Aus Tagen wurden Wochen, aus Wochen Monate.

Hin und wieder schaute ich auf der Arbeit nach dem Rechten, dann ging ich zurück an den Strand. Der Sommer auf Linosa war himmlisch und bescherte mir Paola, eine 20-jährige Studentin aus Palermo. Eine absolute Traumfrau. Es war, wie man so schön sagt, Liebe auf den ersten Blick, oder zumindest dachte ich das. Paola machte eigentlich Campingurlaub, zog aber schon sehr bald bei mir ein. Aus den von ihr geplanten zwei Wochen wurde ein ganzer Sommer. Wir waren wie ein Ehepaar und genossen alles gemeinsam: Sonne, Strand und Meer, gutes Essen, Disco und Sex bis zum Abwinken.

Doch schon bald spürte ich die Routine einkehren, und Paola genügte mir nicht mehr. Ich begann sie zu betrügen. Eines Tages machten wir einen Bootsausflug. Mit an Bord war auch eine Touristin aus Finnland, die wir am Strand kennengelernt hatten. Paola lag an Deck, sonnte sich und schlief ein. Ich nutzte die Gelegenheit. Während ich die Finnin verführte, musste ich ihr den Mund zuhalten, um ihr Stöhnen zu unterdrücken. Für mich war das damals ein Kick, wie ich ihn nie zuvor erlebt hatte: Sex mit einer Fremden, direkt neben meiner Geliebten, die tief und fest schlief.

Obwohl Paola sicher nie gedacht hatte, dass ich zu so etwas fähig war, war sie dennoch eifersüchtig. Als sie eines Tages zu ihren Eltern nach Palermo fahren musste, wollte sie, dass ich mitkomme. Ich alleine auf Linosa? Da hatte sie dann doch Bedenken. Ich begleitete sie, nutzte in Palermo aber die Gelegenheit, um auch ohne sie loszuziehen.

Nachdem ich die Zeitung gelesen und mir ein Eis in einer Bar im Stadtzentrum gegönnt hatte, beschloss ich, einen Bummel durch die Hauptgeschäftsstraße zu machen. Ich blieb vor dem Schaufenster eines Juweliers stehen, in dem ein wunderschöner Brillantring meine Aufmerksamkeit erregte. Er wäre das perfekte Abschiedsgeschenk für Paola, dachte ich und betrat den Laden.

Das Juweliergeschäft verfügte über eine Tür aus Panzerglas, und als ich sie öffnete, ertönte das übliche »Ding Dong« der Türglocke. Ich sagte »Guten Tag« und wartete darauf, dass jemand auftauchte, um mich zu bedienen. Doch es passierte nichts. Nach einigen Minuten rief ich: »Jemand da?« Keine Reaktion. Ich reckte meinen Kopf über den Verkaufstresen und sah von dort aus einen schweren Vorhang. Dahinter saß ein Mann, der eine Art Monokel vor einem Auge trug und der ganz in seine Arbeit vertieft war. Ich blickte mich um. Außer mir und ihm war niemand im Laden.

Ich weiß nicht mehr genau, was mir in diesem Moment durch den Kopf ging, aber eines wurde mir damals auf jeden Fall bewusst: Ich hatte ein Juweliergeschäft ganz für mich allein.

Kurz entschlossen ging ich hinter den Tresen und öffnete die Schubladen. Auf Samt lagerten glitzernde Schmuckstücke, außerdem Goldmünzen und Edelsteine. Ich raffte alles zusammen und verstaute die Wertgegenstände in einem Motorradhelm, der dort über einem Stuhl hing, als wäre er ein Einkaufskorb. Dann öffnete ich den Schaukasten und nahm die ausgestellten Stücke heraus. Ich versuchte auch noch von hinten in das verschlossene Schaufenster zu kommen, hatte dabei aber keinen Erfolg. Ich beschloss also zu verschwinden.

Ein Hindernis stellte noch die Eingangstür dar. Wie sollte ich aus dem Laden kommen, ohne dass die Klingel ertönte? »Aber was soll's«, dachte ich mir. Wenn er mich beim Hineingehen nicht gehört hatte, würde er mich auch beim Hinausgehen nicht hören. Ich öffnete ganz vorsichtig die Tür und schlüpfte gemeinsam mit dem Klingeln nach draußen. Schnell verschwand ich im Gewirr der Gassen Palermos.

Später ging ich in eine Boutique, kaufte mir zwei Sommeranzüge und ein Hemd und verstaute alles in einer großen Tüte, die mir die Verkäuferin gab. Bevor ich die Boutique verließ, sagte ich der Verkäuferin, dass ich gerne doch noch etwas anprobieren wollte, und betrat erneut eine der Umkleidekabinen. Dort nahm ich die Armbänder, Ketten, Broschen, Ohrringe und Ringe aus den Samtfutteralen und verstaute alles in dem Hemd, das ich zu einer Art Beutel zusammengeknotet hatte. Diesen Beutel legte ich gemeinsam mit den beiden Anzügen zurück in die Tüte, und die jetzt leeren Schmucksäckchen stopfte ich wieder in den Helm hinein.

Als ich das Geschäft endlich verlassen hatte, warf ich den Helm in einen Mülleimer, rief Paola an und erklärte, es gäbe ernste Schwierigkeiten mit meiner Familie. Ich müsse umgehend nach Casamarina zurück. »Du hast ja deine Fahrkarte, fahr doch einfach alleine nach Linosa zurück, ich komme in einigen Tagen nach.«

Ich hörte sie hysterisch aufschreien und legte auf. Dann nahm ich ein Taxi und ließ mich von Palermo nach Casamarina bringen. Die fast zweistündige Fahrt bezahlte ich im Voraus. Ich versteckte meine Beute an einem sicheren Ort und nahm noch am gleichen Abend die Fähre zurück nach Linosa.

Als das Schiff früh am nächsten Morgen am Hafen anlegte, ging ich direkt zur Arbeit. Eine Stunde später rief mein Vater an, der sich vergewissern wollte, ob ich tatsächlich in Linosa war. Er hatte von irgendjemandem gehört, er hätte mich in Casamarina gesehen.

»Schon wieder diese Verdächtigungen?«, antwortete ich mit einer Bestimmtheit, die keinen Widerspruch duldete.

Mein Vater reagierte darauf nicht weiter, rief jetzt aber jeden Tag bei mir an. Sein siebter Sinn verriet ihm, dass er sich auf meine Beteuerungen nicht verlassen konnte.

Auch Paola rief mich an. Sie war in Tränen aufgelöst, weil ihre Familie von unserem Verhältnis erfahren hatte und sie nun nicht mehr aus dem Haus ließ. Aber Paola hatte bereits ihre Flucht organisiert. Die Sehnsucht nach mir war stärker. Ich erklärte Paola, dass ich erneut nach Casamarina müsse, sie aber sofort nach meiner Ankunft anrufen würde. Dann legte ich auf. »Sie muss tatsächlich verrückt nach mir sein«, dachte ich.

Auf der Flucht

Mein Cousin weckte mich im Morgengrauen. Ich müsse meine Sachen packen und sofort verschwinden. Die Polizei suche nach mir, um mich festzunehmen.

Während ich es mir in Linosa hatte gut gehen lassen, hatte der Rest meiner Bande in Casamarina weitere Raubüberfälle verübt. Einige waren am Vorabend verhaftet worden und hatten alles gestanden – dabei war auch mein Name gefallen. Ein Polizist hatte meinem Cousin gesteckt, dass Peppe Tempesta und die anderen ausgepackt hatten.

Meine Verwandten taten sofort alles, um mich zu beschützen. Einige Stunden bevor die Polizei an meine Tür klopfte, war ich bereits im Laderaum eines Fischerboots versteckt, das nach Casamarina fuhr. Ich konnte einfach nicht glauben, dass Peppe mich verraten hatte. Viele Jahre später erklärte er mir, dass er den Schlägen beim Verhör durch die Polizei standgehalten hätte, aber auf seinen Rechtsanwalt reingefallen wäre, der ihm gesagt hatte, auch ich hätte gestanden. Wenn man bedenkt, dass keiner von uns Erfahrungen mit solchen Situationen hatte, war das nur allzu gut verständlich.

In Casamarina angekommen, wurde ich umgehend von einem entfernten Verwandten weiter nach Ravasa gebracht, einem kleinen, nahe gelegenen Dörfchen. Mein Vater und meine Onkel hatten es zur Vorsicht vermieden, mich persönlich abzuholen. Die Angst, die Polizei könnte ihnen folgen, war zu groß.

Ich war nun offiziell zur Fahndung ausgeschrieben, war ein Flüchtiger, ein *latitante*. Ich zog von einem Dorf zum anderen, von einem Haus zum nächsten. Immer geschützt durch das weitverzweigte Netz der Großfamilie und Freunde. In kürzester Zeit kannte ich fast das gesamte Hinterland meiner Heimatprovinz.

Es war die Hölle, ein Leben in ständiger Angst. Einige Monate lang waren Dunkelheit, Stille und Einsamkeit meine einzigen Begleiter. Schon ein winziger Fernseher, der mir einmal zur Verfügung stand, war purer Luxus, auch wenn ich versprechen musste, ihn nie abends anzuschalten. Das mattblaue Licht, das durch die Ritzen der Fensterläden dringen würde, wäre zu verräterisch gewesen. Ich kam nie zur Ruhe, war mal zu Fuß, mal mit dem Rad unterwegs, immer bemüht unerkannt zu bleiben. Nein, dieses Leben war nichts für mich. Ich hatte es satt, mich ständig verstecken zu müssen und die Tage mit Kartenspielen, Fernsehen und Lesen totzuschlagen. Doch andernfalls wartete das Gefängnis.

Einer meiner Onkel bemerkte, wie schlecht es mir ging. Er war überzeugt, dass es besser für mich wäre, Sizilien zu verlassen und zu verreisen, damit ich etwas Abwechslung bekäme. Natürlich sprach er mit niemandem über seine Idee, wusste er doch, dass mein Vater und mein Großvater davon überzeugt waren, dass dieses Leben in ständiger Angst und voller Entbehrungen die gerechte Strafe für mich war. Ich sollte spüren, dass ein Leben als Krimineller so gar nichts Romantisches hatte.

Mein Onkel beschaffte mir dennoch einen falschen Pass und begleitete mich nach Mailand, wo ich einige Monate bei Sizilianern verbrachte, die bereits seit mehr als zehn Jahren ganz legal im Norden arbeiteten. Ich erholte mich von den Strapazen meines Lebens auf der Flucht. In Mailand kümmerte sich dann vor allem Fofò um mich, ein guter Freund meines Onkels, zusammen mit seinen Kumpels Diego und Leo. Die drei hielten sich gerade in Mailand auf, um einen lombardischen Industriellen beim Kartenspielen abzuzocken. Dieser war fest davon überzeugt, das Geld wieder zurückzugewinnen, das er einige Monate zuvor in Hamburg gegen sie verloren hatte.

Fofò war es auch, der meinem Onkel vorschlug, mich nach Hamburg mitzunehmen. »Als Flüchtiger kann man am besten in einer Großstadt untertauchen, besser noch in einem fremden Land, wo einen garantiert keiner kennt.« Aber das war nicht der einzige Grund. Fofò plante, mich in Hamburg zusammen mit Diego und Leo als Falschspieler einzusetzen.

Er war damals mein rettender Engel. Ich würde so lange in Deutschland bleiben, bis mir der Prozess gemacht und das Urteil verkündet würde. So war jedenfalls der Plan.

Hamburg

Es war ein warmer Sommertag, als ich am Hamburger Hauptbahnhof eintraf.

Ich war erst siebzehn Jahre alt, und alles wirkte riesig und chaotisch auf mich. Nachdem ich aus dem Zug gestiegen war, setzte ich
mich auf eine Bank und wartete darauf, abgeholt zu werden, so wie
man es mir gesagt hatte. Währenddessen beobachtete ich die hin-
und herhastenden Leute, die mich alle anstarrten. Vor allem die
Jungs musterten mich von oben bis unten, als wäre ich ein Außerirdischer. Dabei fühlte ich mich topmodisch gekleidet: Ich trug
Turnschuhe, das neueste Modell, Markenjeans, aus deren Gesäß-
tasche ein gelbes Tuch herauslugte, ein cooles T-Shirt und eine
gelbe Sommerjacke.

In Sizilien waren diese Klamotten gerade total angesagt. Unser
modisches Vorbild war Miguel Bosé, der Sänger des Tophits
Superman.

In meinen Augen waren es die deutschen Jugendlichen, die
furchtbar aussahen: weite Schlaghosen und knallbunte Blumen-
hemden – einfach unmöglich.

Die Mädchen dagegen waren bildhübsch. Groß, blond, blauäu-
gig. »Mein Gott«, schoss es mir durch den Kopf, »das ist ja wie im
Paradies.« Sie sahen aus wie Models auf dem Cover einer Zeit-
schrift. Nicht, dass ich noch nie zuvor Frauen aus dem Norden gesehen hatte. Im Sommer kamen sie in Scharen nach Sizilien ans
Meer. Wie oft hatten wir uns zwischen den Felsen versteckt, ich

und meine Freunde, und uns einen runtergeholt, während wir zusahen, wie eine Touristin oben ohne schwimmen ging.

An all das dachte ich, als ich auf dieser Bahnhofsbank wartete und mir klar wurde, wie lang ich hier bereits saß. Ich begann mir Sorgen zu machen. Ich hatte nichts, außer einer Adresse, einer Telefonnummer und ein paar Münzen, deren Wert ich nicht einmal kannte.

Irgendwann kamen Leo und Diego dann aber doch. Sie machten sich gleich ziemlich lustig über mich, als sie mich einsam und verloren auf der Bank sitzen sahen.

Leo war ein Sizilianer wie aus dem Bilderbuch: klein, schwarze Locken, hübsches Gesicht mit lebhaften Augen und einem sympathischen, ansteckenden Lachen. Da seine Eltern aber bereits vor langer Zeit aus Sizilien nach Deutschland ausgewandert waren, war Leo schon in Hamburg geboren worden. Er sprach natürlich perfekt deutsch und kannte jeden Winkel der Stadt. Erst später erfuhr ich, dass er nicht lesen konnte. Eines Abends saßen wir auf dem Balkon seiner Wohnung, und ich fragte ihn, ob man seinen Nachnamen »Camello« mit einem oder zwei l schreibt. Leo errötete. Nach kurzem Zögern antwortete er, dass er das nicht wisse. Ich war verblüfft: Mein Freund war Analphabet, und ich hatte es nicht einmal bemerkt, obwohl wir schon einmal im Auto zusammen von Deutschland bis zurück nach Italien gefahren waren. Wie es ihm damals gelungen war, jedes Mal die richtige Autobahnabfahrt zu finden, ist mir bis heute ein Rätsel.

Diego kam aus den Marken in Mittelitalien. Er war ein mittelgroßer, kräftiger, gut aussehender Mann in den Vierzigern mit rabenschwarzen Haaren und haselnussbraunen Augen. Uns verband eine reservierte, aber ernsthafte Freundschaft. Außerdem spielte er hervorragend Schach und war beim Rommé unschlagbar: Er kannte unzählige Varianten, das Spiel zu seinen Gunsten zu entscheiden. Er war der Älteste von uns und hatte bereits eine Familie zu ernähren und einen Haushalt zu finanzieren – »inklusive

Hund«, wie er gern scherzhaft hinzufügte. Diese Verantwortung machte ihn, zumindest Fremden gegenüber, vorsichtig im Umgang mit Geld.

Leo, Fofò und ich vertrauten uns hingegen blindlings, und Geldsorgen hatten wir keine.

Natürlich gab es anfangs auch zwischen uns Spannungen, aber das lag in der Natur der Sache, bei so unterschiedlichen Charakteren. Doch nach und nach lernte einer den anderen besser kennen, wir akzeptierten die schlechten Seiten und konzentrierten uns auf die guten und hatten schlussendlich viel Spaß miteinander.

Schon bald nahmen mich Diego und Leo in ein riesiges Wellnesscenter mit: Sauna, türkisches Bad, Whirlpool, Ganzkörpermassagen – ausgeführt von kundigen Frauenhänden – und verschiedene Restaurants.

Nach einem leichten Essen gingen wir ins Salambo, den Stammklub meiner Freunde. Durch eine Geheimtür betraten wir einen Raum, wo sich vier nackte Schönheiten in einer Badewanne rekelten. Daneben saß Fofò mit einem Glas Champagner in der Hand, der mich mit der Frage empfing: »Sind vier genug?«

Ich zog mich aus, ließ mich in die Wanne gleiten und verbrachte eine der schönsten Nächte meiner Jugendzeit. Ich war regelrecht gierig nach Sex – und in Sizilien konnte man schon für eine unschuldige Berührung erschossen werden! Von diesem Tag an bestimmte Sex mein Leben: Ich konnte nie genug bekommen.

Fofò wurde in allen Belangen mein Lehrmeister. Seine durchtrainierte, sportliche Figur war das Ergebnis vieler Stunden im Fitnessstudio. Außerdem war er semiprofessioneller Boxer und galt in der Szene als verlässlich und korrekt.

Obwohl er in Deutschland aufgewachsen und zur Schule gegangen war, ließen sich seine sizilianischen Wurzeln nicht verleugnen: gradlinig und grundehrlich, ein Mann vom alten Schlag. Die Veränderungen der Mentalität der Jugendlichen, die in Sizilien aufgewachsen waren, hatte er nicht mitgemacht. Ein Phänomen, das ich bei vielen Emigranten und ihren Nachkommen hatte beobachten können.

Fofò brachte mir das Pokern bei und weihte mich in die Tricks und Kniffe ein, die ein guter Falschspieler beherrschen musste. Ich war talentiert: Ich hatte flinke Hände, konnte die Karten blitzschnell mischen und austeilen. Der Schüler hatte schon bald seinen Lehrer übertroffen.

Frauen, Glücksspiel, Champagner. Mein Gott, wie lang liegt dieses Leben schon zurück! Ich kann kaum glauben, dass ich es überhaupt gelebt habe und dass es nicht vielmehr den Grübeleien der unzähligen Nächte in dieser feuchten Gefängnishölle entsprungen ist, in denen mich mein bellender Husten vom Schlafen abhielt. Das letzte Mal, dass meine blassen Spinnenfinger Spielkarten berührt, gemischt und ausgeteilt haben, war hier im Gefängnis – ich weiß nicht mal, vor wie vielen Jahren. Eine armselige Partie Briscola mit einem Häftling namens Gorilla, mit dem ich das Elend einer Zelle teilte. Er hieß Gorilla, weil er groß und kräftig und behaart war und sich mit der Schwerfälligkeit eines Gorillas fortbewegte. Obwohl ich Nichtraucher bin, spielten wir um ein Päckchen Zigaretten. Ich gewann und gab sie ihm wieder zurück. Deshalb wollte er immer weiterspielen.

Und Frauen? Das letzte Mal, dass ich eine Frau berührt habe, dürfte zwanzig Jahre her sein. Mein Gott. Zwanzig Jahre ohne Sex – kaum vorstellbar, oder?

Heute habe ich einen Brief von einer Frau bekommen, die schreibt, sie sei in mich verliebt. Sie habe mich das erste Mal vor einigen Monaten im Besucherraum gesehen. Sie war wegen ihres Bruders hier, ich hatte Besuch von meiner Schwester. Seit diesem Tag ginge ich ihr nicht mehr aus dem Kopf, schreibt sie. Ich sei immer in ihrem Herzen. Sie hätte sich über mich erkundigt und wisse, wer und was ich sei, und dennoch meine sie es ernst. Es sei wahre Liebe. Ich habe im Verlauf der Jahre schon mehrere solcher Angebote bekommen, ihnen aber nie nachgegeben.

Ich glaube, dass ein Mann, der für lange Zeit im Gefängnis sitzt, sich nicht verlieben sollte. Ich bin davon überzeugt, dass man die wahre Liebe Tag für Tag leben muss – und zwar gemeinsam mit der richtigen Frau. Solange ich im Gefängnis bin, möchte ich keine Beziehung haben. Zu keiner Frau. Solange ich hier lebendig begraben bin, hat das keinen Sinn. Ich kann für niemanden Liebe empfinden – außer für meine Mutter und meine Familie.

Diese Liebe währt ewig.

Großstadterfahrungen

Während meines ersten Jahres in Deutschland war auch Leo ständig an meiner Seite. Ohne ihn ging gar nichts. Er war zu Beginn mein Stadtführer und schon bald konnte ich mich selbstständig durch Hamburgs Straßen bewegen. Dank der Tricks, die Leo mir beigebracht hatte, gelang es mir immer wieder, den richtigen Weg zu finden, wenn ich mich doch mal verlaufen hatte. Ich hielt mich dann zum Beispiel an Orientierungspunkte wie Autobahnausfahrten.

Mit achtzehn wollte ich den internationalen Führerschein machen. Schon mit dreizehn konnte ich in Sizilien alles fahren, was Räder und einen Motor hatte, also dachte ich, der Führerschein müsse doch ein Kinderspiel für mich sein. Aber weit gefehlt: Die Prüfung war schwer, und bis zur Fahrerlaubnis war es ein weiter Weg. In der Theorie durfte man keine Fehler machen, und bei der praktischen Prüfung musste ich sowohl im Stadtzentrum als auch auf der Autobahn zurechtkommen. Diese Führerscheinprüfung hat mir einiges abverlangt, das stimmt, aber danach war ich perfekt – und zwar in Theorie *und* Praxis. In Sizilien glaubte jeder, er könne Autofahren, aber niemand kannte die Regeln. Dort genügte ein leichter Blechschaden, um eine Prügelei auszulösen.

Mit dem ersten Geld, das ich beim Kartenspielen verdiente, kaufte ich mir einen schwarzen BMW. Für einen Achtzehnjährigen, der es gewohnt war, in Sizilien mit einer Vespa oder dem schrottreifen

Fiat 500 eines Freundes herumzufahren, war das ein ziemliches Geschoss. Man musste das Gaspedal nur antippen, und schon hatte man das Gefühl abzuheben. Auf den deutschen Autobahnen mit drei oder gar vier Spuren und ohne Tempolimit trat ich das Gaspedal voll durch, und der BMW beschleunigte mühelos auf 200 Sachen. Bei der Klapperkiste meines Freundes hatte ich dagegen immer schon bei 40 km/h das Gefühl gehabt, sie könnte jeden Moment auseinanderfallen.

Ich lebte mich in Hamburg rasch ein und mietete eine schöne große Wohnung an der Reeperbahn. Jetzt war ich unabhängig – auch von Leo, dem das allerdings nicht ganz so gut gefiel.

In den ersten Monaten in Hamburg hatten Leo und ich ständig zusammen rumgehangen, aber als Leo eines Tages beim Würfelspiel unser ganzes Geld verzockte – das Geld, das wir mühsam mit Rommé, Poker oder getürkten Würfeln hereingeholt hatten –, kühlte unsere Freundschaft deutlich ab und drohte sogar ganz zu zerbrechen. Ich war stinksauer!

Aber schließlich verzieh ich ihm doch. Wir nutzten diese Gelegenheit und legten unserem Quartett eiserne Regeln auf: kein unnötiges Risiko, kein Alles-oder-Nichts, kein Geld aus der gemeinsamen Kasse für Alleingänge bei Pferde- oder Hundewetten. Die Eskapaden eines Einzelnen durften nicht die ganze Gruppe belasten. Fofò war es, der mit seiner Großzügigkeit den finanziellen Grundstock für unser Unternehmen legte: Er hob sein Barvermögen von seinem Bankkonto ab und stellte es als Startkapital zur Verfügung. Ein reiner Freundschaftsdienst – er war bereits ein gemachter Mann, während wir ohne seine Führungsqualitäten und seine Erfahrung zum Scheitern verurteilt gewesen wären.

Leo akzeptierte die neuen Regeln und sah ein, dass er einen schweren Fehler gemacht hatte. In den folgenden Monaten stockten wir unser Kapital weiter auf – nicht zuletzt durch meine Pokerkünste.

Der Zufall wollte es, dass wir eines Abends im Marletta, einem italienischen Restaurant, einen betrunkenen Deutschen trafen, der seine Begleitung beeindrucken wollte und sich brüstete, ein Pokerprofi zu sein. Ich zockte ihn gnadenlos ab und erleichterte ihn innerhalb einer halben Stunde um 30 000 Mark und um seine goldene Rolex. Der Mann schäumte vor Wut. Am nächsten Morgen verlangte er eine Revanche, in deren Folge er weitere 50 000 verlor. Eine wohltuende Finanzspritze für unsere Kasse.

Diese Erfahrung machte mir klar, dass eine schöne Frau an meiner Seite sehr nützlich sein könnte: Offensichtlich ließen Männer sich leicht ablenken, wenn eine attraktive Frau mit im Spiel war.

Mein Ansehen in der Gruppe war durch diesen Erfolg deutlich gestiegen. Da Fofò ein wenig überfordert schien, nahm ich die Dinge in die Hand. Ich konzentrierte mich aufs Pokern, Diego auf Rommé. Fofò dagegen beschränkte sich aufs Würfeln, spielte aber nur selten und mit Limit, verlor strategisch kleine Summen und gewann dann im richtigen Moment umso mehr. Unser Leben war voller Überraschungen. Tagsüber schliefen wir, spätnachmittags standen wir auf und verließen das Haus. Wir mussten ständig am Ball bleiben, denn die Konkurrenz war groß: Osteuropäer und Türken, die nach der gleichen Strategie wie wir arbeiteten und dabei von Lokal zu Lokal zogen. Wir mussten also die Ersten sein.

Wir beschlossen, unser Einsatzgebiet zu erweitern. Sobald einer von uns ein Opfer gefunden hatte, genügte ein Telefonat und die anderen waren mit von der Partie. Unsere Taktik war wohlüberlegt und immer dieselbe: Wir versorgten unser Opfer mit Alkohol und Kokain, damit es wach blieb und sich mutiger und risikobereiter fühlte. Um acht Uhr morgens, wenn die Banken öffneten, war es wichtig, den entscheidenden Schlag zu setzen und den Gegenspieler abzuzocken. Dann war das Huhn gerupft. Wenn unser Gegner nicht genug Bargeld hatte, musste er uns einen Scheck ausstellen. Leo eilte dann damit zur Bank, um ihn einzulösen. Sobald Leo uns telefonisch grünes Licht gab, verschwanden wir unauffällig und überließen unsere Plätze am Tisch anderen Spielern. So erhielten diese die Gelegenheit, dem angeschlagenen Opfer den Rest zu geben.

Ein einziger solcher Coup pro Monat reichte uns, um die Kosten unseres Luxuslebens zu decken.

Natürlich war die Jagd nach Beute anstrengend, und wir wussten genau, dass wir unsere Opfer und deren Familien in den Ruin trieben. Allerdings waren es auch Leute, die umgekehrt auch nicht die geringsten Skrupel gehabt hätten, uns fertigzumachen: Das war das Gesetz des Dschungels.

Mit gefiel dieses Leben. Mir gefiel es, nicht ständig den Atem meiner Eltern und meiner Großfamilie im Nacken zu spüren. Ich liebte meine Freiheit, und allmählich verblasste Sizilien in meinem Kopf.

Freiheit! Was bedeutet sie heute für mich? Wie sieht das Leben außerhalb dieser Mauern für denjenigen aus, der es seit mehr als zwanzig Jahren so nicht mehr lebt?

Das Meer fällt mir ein. Das azurblaue Meer, das sich verlockend und endlos vor mir ausbreitet. Das Meer, das ich als Kind mit kräftigen Schwimmzügen durchpflügte, da ich dank meines Großvaters ein guter Schwimmer geworden bin. Mein Meer ist immer sauber und glasklar. Duftend und unendlich. Und ist selbst nachts noch einladend, wenn der Mond als treuer Begleiter unsere prall gefüllten Fangnetze beleuchtete, die Beute der Fischzüge, die ich, unter den Vorhaltungen meiner Onkel, mit einem Hechtsprung ins Wasser beendete.

Manchmal, wenn wir nachts draußen waren, war ich fasziniert von dem sternenübersäten, tiefschwarzen Himmel und dumm genug, zu versuchen sie zu zählen. Bei etwa zwanzig verlor ich mich in der unendlichen Weite.

Was würde ich heute für nur einen Tag am Meer geben! Es würde mir schon reichen, nur das Rauschen zu hören. Das rhythmische Rauschen der Brandung, das die verschwommenen Träume meiner endlos langen, einsamen Nächte auf der damaligen Gefängnisinsel Asinara begleitete. Es klang wie eine tröstende Melodie und dämpfte meinen Schmerz – zumindest redete ich mir das ein.

Heute ist das Meer nur noch ein Produkt meiner Vorstellungskraft, das in meinen Erinnerungen herumgeistert.

Das süße Leben im Salambo

Gut gekleidet zu sein war uns allen wichtig, und wir achteten auf jedes Detail. Eines Tages ließen Fofò, Leo und ich uns von einem bekannten Hamburger Schneider Maßanzüge anfertigen. Fofò und ich wählten einen klassischen Schnitt und ein weißes Hemd. Leo dagegen entschied sich für ein Modell in kreischend Violett. Wir versuchten ihn davon zu überzeugen, wie lächerlich er darin aussehen würde, aber er wurde wütend und meinte, dass ihn gedeckte Farben noch kleiner wirken ließen.

Da es ansonsten in Deutschland keine wirklich schöne Kleidung gab, die gleichzeitig schick und sportlich-leger war, schickten wir Leo mit 20000 Mark aus unserer Gemeinschaftskasse nach Mailand. Dort kaufte er in der Boutique unseres Freundes Alessandro Hosen, Pullis, Unterwäsche und Schuhe. Alles topmodische italienische Designerware. Was Kleidung anging, war vor allem Leo sehr eigen: Er wollte immer alles selber aussuchen. In seinen Augen waren wir anderen nur unzivilisierte Barbaren ohne jeglichen Geschmack, wie er uns immer wieder vorhielt.

Bei Alessandro hätten wir die Klamotten vermutlich sogar gratis bekommen, immerhin waren er und zwei seiner Kumpels einmal im Monat unsere Gäste, was uns jedes Mal ein Vermögen kostete. Sie kamen immer freitagnachmittags in Hamburg an – mit kleinem Gepäck, aber voller Tatendrang.

Wir begleiteten sie in die Sauna, wo sie sich verwöhnen ließen, und nach dem Abendessen gingen wir ins Salambo, auf dessen

Bühne sogar Live-Sex dargeboten wurde. Geschäftsführer des Erotikklubs war unser Freund Balbo aus Apulien, der die Tochter des französischen Besitzers geheiratet hatte. Ins Salambo kamen neben vielen Stammgästen aber auch einige Touristen. Dieses Etablissement galt als Muss für jeden Hamburg-Besucher. Eines der größten Spektakel war Shakespeares »Hamlet« in einer ganz besonderen Inszenierung: Während sich seine Mutter Gertrude den Geistern hingibt, hat Hamlet auf offener Bühne Sex mit Ophelia.

Ich war überrascht, wie viele Ehepaare unter den Zuschauern waren. Bei dem Gedanken daran, wie ich wohl meine erzkonservative Großmutter davon überzeugen könnte, sich das Spektakel anzusehen, musste ich lächeln. Ich erinnere mich aber auch an den Tag, an dem ich das erste Mal ein Ehepaar zusammen mit den Kindern nackt in der Sauna gesehen hatte: Ich war völlig schockiert und dachte damals, dass unsere Haltung zur Nacktheit doch sehr verschieden sei.

Heute denke ich anders. Heute wäre es für mich eine Selbstverständlichkeit, mit meiner Frau und meinen Kindern in die Sauna zu gehen. Aber damals kostete es mich einiges an Beherrschung, nackt in der gemischten Sauna zu sitzen, ohne eine Erektion zu bekommen. Von den Massagen ganz zu schweigen …

Im Salambo bevorzugten Alessandro und seine Begleiter ein Separee für anspruchsvolle Kunden, wo ich sie erfahrenen Hostessen anvertraute und noch 50 Gramm Kokain daließ, damit meine Freunde für die Nacht gewappnet waren. Am nächsten Morgen holte ich sie wieder ab, und gelegentlich ließ ich mir von einer der Frauen, die meist noch immer auf Koks waren, einen blasen.

Kokain steigert die sexuelle Leistungsfähigkeit immens, sowohl bei Männern als auch bei Frauen. Ich habe viele Frauen kennengelernt, die ohne Drogen massive Probleme mit ihrer Libido hatten. Und es gab auch einige heterosexuelle Männer, die im Drogenrausch andere Männer penetrierten, nur um das unbändige

Verlangen zu befriedigen, das vom Gehirn in diesem Moment durch den Körper geschickt wird.

Montags brachte ich dann Alessandro und seine Freunde im Morgengrauen zum Flughafen. Drei menschliche Wracks mit Boardingpässen, ausgelaugt von einem langen Wochenende voller Alkohol, Drogen und Sex.

Diese Erfahrungen lehrten mich, dass sich Drogen und wirklich erfüllender Sex gegenseitig ausschließen. Um den Höhepunkt hinauszuzögern und die Erregung auf die Spitze zu treiben, brauchte man seinen Kopf. Diese Erkenntnis wurde ein fester Bestandteil meines Lebens.

Während ich vom siebzehnten bis zum siebenundzwanzigsten Lebensjahr in St. Pauli wohnte, war es eine spezielle Prostituierte, die mich in die hohe Kunst des Liebesspiels einweihte. Wenn die Jungs und ich nicht arbeiteten, verbrachten wir den Großteil unserer Zeit im Milieu. Prostituierte waren Teil unseres Lebens. Ich traf mich mit ihnen mal im Supermarkt oder in Modeboutiquen, wo sie mich beim Kauf von Schuhen oder Kleidern um Rat fragten, mal waren wir im Schwimmbad, in der Sauna oder im Restaurant verabredet. Ich war ihr Freund, und somit hätten sie mich niemals als Freier akzeptiert.

Aber dann kam Nina, eine warmherzige Spanierin, die mir beibrachte, was wirklich erfüllender Sex ist. Eine Prostituierte, die mich ins Herz geschlossen hatte und mir zeigte, wie man eine Frau zu behandeln hat, auch wenn, wie sie mir oft sagte, jede einzelne eine Welt für sich sei.

Nina

Nina war eine feurige Spanierin mit langen roten Haaren. Als ich sie kennenlernte, war ich fast noch ein Junge und sie eine strahlende Schönheit um die vierzig. Ich liebte ihre großen Brüste beinahe abgöttisch. Nina achtete sehr auf ihr Äußeres. Der Anblick ihres nackten Körpers machte mir zwar ihr wahres Alter bewusst, aber dennoch war sie atemberaubend. Im Gesicht ähnelte sie Greta Garbo, nur die Haarfarbe war anders. Häufig lag ein ironisches, gewitztes Lächeln auf ihren Lippen. Eines Tages zeigte sie mir Fotos von der Wahl zur Miss Spanien, bei der sie als Sechzehnjährige angetreten war. »Ich wurde Vierte«, sagte sie stolz.

Unsere erste Begegnung fand in einem Fitnessstudio statt, das viele Frauen aus dem Rotlichtviertel besuchten. Nina war eine Luxusprostituierte, die, wie ich später herausfand, ihre Liebesdienste in der eigenen Wohnung anbot. Im Studio half ich ihr hin und wieder, beim Krafttraining die Gewichte einzustellen. Nach dem Sport tranken wir dann einen Kaffee zusammen, und es gefiel mir, mich mit ihr zu unterhalten. Der Klang ihrer Stimme bezauberte mich.

Eines Tages besorgte ich mir ihre Telefonnummer und rief sie an – allerdings ohne mich zu erkennen zu geben. Wir vereinbarten einen Termin, und ich dachte, dass ich ihr damit eine Überraschung bereiten würde. Als Nina öffnete und mich erkannte, warf sie jedoch die Tür sofort wieder zu. Sie ließ mich einfach stehen. Mir fehlten die Worte. Ich stand da draußen, und sie schrie von innen, dass sie sich von mir hintergangen und als Frau nicht respektiert fühlte. Ich verstand überhaupt nichts, fluchte und zog wütend von dannen. In dieser Nacht konnte ich nicht schlafen, und so ging ich am nächsten Tag ins Fitnessstudio, um mit Nina zu sprechen. Als sie mich sah, begann sie zu lachen.

»Warum zum Teufel lachst du?«, stieß ich hervor.

»Ich dachte, wir wären Freunde«, antwortete sie.

»Das sind wir auch«, meinte ich, »aber behauptet ihr Frauen nicht immer, Freundschaft sei das eine und Arbeit das andere?«

»Man hat mich schon gewarnt, dass du ein eigenwilliger Bursche bist. Komm, wir gehen«, sagte sie zu mir.

Ich zögerte und sie wiederholte: »Auf geht's!«

Wie ein Schaf trottete ich ihr hinterher und fragte mich, warum ich ihr nicht einfach einen Tritt in den Hintern gab.

»Das mache ich dann danach«, dachte ich, um mich vor mir selbst zu rechtfertigen.

Bei sich zu Hause bot sie mir einen Platz auf dem Sofa an. Sie goss mir einen Drink ein und fragte spöttisch: »Oder willst du lieber eine Limonade?«

Dann legte sie Musik auf, dämpfte das Licht und verkündete: »Ich mach mich noch frisch.« Bei ihrer Rückkehr aus dem Bad trug sie ein fast durchsichtiges Babydoll und Strapse aus Spitze, alles in Schwarz. Dazu schwarze Lackschuhe mit schwindelerregenden Absätzen.

Ninas Anblick raubte mir den Verstand. Ich stürzte mich auf sie und wollte sofort zur Sache kommen, doch sie bremste mich und half mir ganz langsam, mich auszuziehen. Sie fuhr dabei mit ihrer Zunge über meinen ganzen Körper. Ich hielt es kaum aus. Sie flüsterte mir ins Ohr, ganz ruhig zu bleiben, während sie mir die Füße küsste und an jeder einzelnen Zehe saugte. Hätte sie in diesem Moment meinen steifen Penis berührt, wäre ich vermutlich explodiert. Routiniert und kontrolliert steigerte sie meine Erregung weiter. Sie hielt inne, nippte an ihrem Whisky, behielt ein winziges

Stückchen Eis auf der Zunge und nahm dann meinen Penis in den Mund. Dann entließ sie mich wieder, trank einen weiteren Schluck und wiederholte das Ganze. Koks war dagegen ein Kindergeburtstag!

Danach setzte sie sich breitbeinig auf mich und mit einer fließenden Bewegung glitt ich in sie hinein. Dann flüsterte sie mit sanfter Stimme: »Hör mir zu, Antonio, ich werde mich jetzt ganz langsam bewegen, und wenn du spürst, dass du dich nicht mehr zurückhalten kannst, dann gib mir ein Zeichen, und ich höre sofort auf.«

Zweimal ging das gut, und sie hielt rechtzeitig inne. Ich wurde fast wahnsinnig und versuchte mich in ihr zu bewegen, doch sie presste mich mit ihrem ganzen Gewicht aufs Bett. Ich hatte keine Chance. Dann begann sie ihr Spiel erneut: hoch, runter, hoch, runter. Sie ließ ihr Becken um meinen Penis kreisen, und ich hatte das Gefühl, noch tiefer in sie hineingesogen zu werden. Obwohl ich kurz davor war, konnte ich den Orgasmus noch immer zurückhalten.

Wir liebten uns in allen nur vorstellbaren Positionen, doch trotz meines unbändigen Verlangens entlud sich meine Spannung nicht. Sie beugte sich erneut über mich, nahm meinen Penis in den Mund und saugte, bis ich endlich zu einem nicht enden wollenden Orgasmus kam.

Nina war meine Lehrmeisterin in Sachen Sex. Durch sie verstand ich, wie Frauen fühlten und was sie dachten.

»Es gibt Frauen, die sich gerne in die Schamlippen beißen lassen, andere mögen es, wenn nur die Klitoris stimuliert wird. Und wieder andere genießen es mit der Zunge oder mit Gewalt. Kurz gesagt: Jede Frau ist eine eigene Welt und gelangt auf ihre ganz eigene Art zum Orgasmus. Die weibliche Natur ist viel komplizierter als die männliche. Aber eines, mein lieber Antonio, ist bei allen gleich: Der Kopf dominiert ihre Lust. Bevor du eine Frau physisch besitzen kannst, musst du sie psychisch besitzen. Danach kannst du mit ihr machen, was du willst. Leider«, fuhr sie fort, »ist der Mann ein ziemlich fehlerhaftes Konstrukt, das es immer noch nicht verstanden hat, dass Geist und Körper eine Einheit bilden, die als Ganzes funktioniert. Wahrer Genuss erfordert Sensibilität. Man muss sich selber kontrollieren und zurückhalten können, um mit Genuss auszukosten, was das Leben zu bieten hat. Die Ungeduld ist der Feind von alledem …«

»Ich werde das berücksichtigen«, versprach ich ihr, »aber funktioniert das in der Realität wirklich so? Ich glaube nicht, dass ich vorhin deinen Kopf erobert habe.«

»In der Tat«, erwiderte sie, »Ausnahmen bestätigen die Regel …«

Und dann brachen wir in schallendes Gelächter aus und umarmten uns.

Wenn wir uns liebten, wurde sie wieder zu einem Mädchen. Während sie schlief, wirkte sie wie ein Engel, doch sobald sie die Augen öffnete, sah ich den Teufel. Ein Teufel, von dem man nur schwer wieder loskam.

Ich verbrachte viele glückliche Nächte mit ihr. Aber es war nicht nur der Sex, ich schätzte auch unsere gemeinsamen Gespräche sehr. Wie Odysseus, der von der Zauberin Circe gefangen gehalten wurde, war ich Ninas Charme verfallen.

Nach einer hemmungslosen Liebesnacht flehte ich sie an, mich der Welt zurückzugeben: meinen Freunden, die mich überall suchten. Ich musste zurück nach Ithaka.

Ich habe noch keine Gefängniszelle gesehen, in der an den Wänden oder im Inneren der Schranktüren keine Fotos oder Poster von Frauen hingen. Meistens nackten. Aber es gibt auch Ausnahmen: Neben Aktfotos üppiger Pornostars oder einem Kalender mit Pin-up-Girls hängt das Foto der Ehefrau oder der festen Freundin – die natürlich angezogen. Ich habe immer schon die Bedürfnisse des Einzelnen respektiert und tue das auch heute noch. Aber es stimmt mich traurig, ständig auf eine nackte Frau starren zu müssen. Mehr noch: Es macht mich nervös. Es erinnert mich irgendwie an eine weitere Strafe während einer anderen Bestrafung: nie wieder mit einer Frau schlafen zu können. Aber ich muss zugeben, wann immer ich die Augen schließe und an eine nackte Frau denke, kommt mir immer die Eine in den Sinn, selbst nach so vielen Jahren noch: Nina.

Arme Nina. Es nahm ein schlimmes Ende mit ihr. Ein oder zwei Jahre nachdem wir uns kennengelernt hatten, so genau weiß ich es nicht mehr, erfuhr ich, dass sie sich umgebracht hatte. Sie hatte sich in Spanien, wohin sie zurückgekehrt war, in den Kopf geschossen. Ich war zu dieser Zeit auf Sizilien. An den Anruf meines Freundes Adolf erinnere ich mich, als sei es gestern gewesen. Ich konnte es nicht glauben und erkundigte mich überall, in der Hoffnung, Adolf habe sich getäuscht. Aber das hatte er nicht ...

Ich erfuhr, dass Nina eine Krebsdiagnose erhalten hatte. Sie hatte ihr ganzes Leben in Deutschland gearbeitet, um ihren Traum zu verwirklichen: in ihre geliebte Heimat Spanien zurückkehren – oder besser, in ihr

»geliebtes Galizien«, wie sie immer klarstellte, und dort ihre verbleibenden Lebensjahre genießen. Aber die Krankheit machte alles zunichte.

Man erzählte mir, dass sie sich geweigert hatte, eine Chemotherapie zu machen. Sie wollte nicht, dass ihr Körper zerstört und ihre prachtvollen Haare ausfallen würden. Die Ärzte versuchten vergeblich, sie davon zu überzeugen, dass nur eine Chemotherapie eine Chance auf Rettung bieten konnte. Doch Nina hatte die Hoffnung bereits aufgegeben und wählte den direkten Weg, ihr Leben zu beenden. In ihrem Testament vermachte sie ihr gesamtes Vermögen einem Waisenhaus.

Was für eine großherzige Frau du doch gewesen bist, Nina. Es tut mir so leid, dass ich dir damals die Gründe für meine plötzliche Abreise nicht nennen konnte, dass ich mich nie wieder gemeldet habe. Aber wie sollte ich dir sagen, dass ich in einen Mafiakrieg verwickelt war? Du hast wahrscheinlich gedacht, dass ich deiner überdrüssig geworden und auf Nimmerwiedersehen verschwunden bin, aber nein, so war es nicht! Und noch heute schmerzt mich dieser Gedanke. Verfluchtes Schicksal!

An dem Tag, als ich von deinem Tod erfuhr, habe ich mir geschworen, dich und die wunderbare Zeit mit dir niemals zu vergessen.

Diesen Schwur habe ich bis heute nicht gebrochen, und noch immer halte ich deinen Namen in Ehren, indem ich über dich schreibe und hier drinnen Freunden von dir erzähle. Dein Tod hat mich unendlich traurig gemacht und mir gezeigt, dass man über die Zeit in seinem Leben nicht bestimmen und nichts verplanen kann, was einem nicht gehört.

Als ich an jenem Tag das Gespräch mit Adolf beendet hatte, habe ich geweint. Noch heute trifft es mich, wenn ich an Nina und an meine Jugend denke.

AIDS

Als eines Tages einer dieser dreckigen, kleinen Zuhälter einer befreundeten Prostituierten ins Gesicht geschlagen hatte, kümmerte ich mich um das Problem. Ich zahlte es ihm heim und prügelte ihn mit einem Baseballschläger halb tot. Als junger Mann, der mit traditionellen, konservativen Werten aufgewachsen war, hasste ich es, wenn Frauen geschlagen und ausgebeutet wurden. Auf genau diesen Typ Mann wurde in Sizilien Jagd gemacht – nicht nur von der Justiz.

Mein Einsatz machte mich in meinem Viertel beinahe zu einer Art Held. Doch ich war zugegebenermaßen nicht nur mutig, sondern auch naiv. Ich hätte wissen müssen, dass meine Aktion auch der Polizei nicht verborgen geblieben war, die mich von diesem Tag an unter besondere Beobachtung stellte.

Die Reaktionen meiner Freunde waren dafür höchst unterschiedlich. Fofò regte sich furchtbar auf, und es gab heftige Diskussionen über ein ungeschriebenes Gesetz in unseren Kreisen: gegenseitige Toleranz. Eine Krähe hackt der anderen kein Auge aus. Ich sah das zwar anders, musste diese Regel aber zähneknirschend respektieren, wenn ich meine Freunde nicht in irgendwelchen Ärger hineinziehen wollte. Ich gab also nach. Ich musste das Gleichgewicht der Kräfte akzeptieren, das in unserem Viertel galt und das die Basis dafür war, dass wir alle in Frieden zusammenleben konnten. Meine Freunde und ich hatten schon genug Schwierigkeiten mit der Polizei – und das lag nicht selten auch an mir. Ich konnte mich nicht beherrschen, war oft anmaßend und rücksichtslos. Mit anderen Worten: Ich war ein arrogantes Arschloch. Nur meinen Freunden gegenüber zeigte ich meine andere Seite: hilfsbereit und immer loyal.

Und dann geschah noch etwas anderes, das in der Hamburger Szene für Aufsehen sorgte. Ich war eines Nachts im Cleopa, einem angesagten Hamburger Klub, und schon ziemlich angeheitert. Bald begann ich italienische Lieder zum Besten zu geben: *Il ballo del qua qua* von Romina Power und *A chi* von Fausto Leali. Wären wir in Italien gewesen, hätte man mich ziemlich sicher ausgebuht, doch im Cleopa war das anders. Die jungen Leute hörten mir erst zu, und danach war ich einer von ihnen – obwohl niemand dort wusste, wer ich wirklich war. Seit jener Nacht gehörte ich einfach dazu, und alle begrüßten mich mit einem »Ciao Antonio« – leider war das in meiner damaligen Situation besonders ungünstig.

Fofò wurde dadurch immer gereizter. Er verlangte, dass ich mich mehr im Hintergrund hielte, immerhin war ich auf der Flucht. Und er hatte recht. Es sah fast so aus, als wollte ich es provozieren, immer und überall aufzufallen.

An einem anderen Abend hatte ich mir fest vorgenommen, nicht zu singen, aber als der DJ mir das Mikrofon unter die Nase hielt, begann ich trotzdem lauthals *Azzurro* von Adriano Celentano zu grölen. Meine Stimme drang durch die Lautsprecher mitten in die wogende Menge. Alle Scheinwerfer waren auf mich gerichtet, nichts und niemand konnte mich aufhalten. Die Frauen liefen mir quasi in Scharen nach. Ich konnte jede haben. Und wenn mein Charme mal versagte, half mir mein Geld. Ich fühlte mich wie ein junger Gott, felsenfest davon überzeugt, mit Geld alle und alles kaufen zu können. Ich glaubte die Bedürfnisse der Menschen verstanden zu haben: Kohle und Koks – und über beides verfügte ich reichlich.

Doch schon bald begannen sich die Dinge zu ändern. Der berühmte amerikanische Filmstar Rock Hudson bekannte sich öffentlich zu seiner Homosexualität und seiner AIDS-Erkrankung. Obwohl die Medien ständig darüber berichteten, interessierte mich das zunächst alles nicht. Doch dann wurde ich doch unruhig. Was zum Teufel war dieses AIDS?

Die Verbreitung des HI-Virus stürzte St. Pauli in eine tiefe Krise. Die Leute kamen aus ganz Deutschland hierher, um die Reeperbahn und das Rotlichtviertel zu erleben. Und wo es Prostitution gab, war auch das Glücksspiel nicht weit. Denn sobald die Lust auf Sex befriedigt war, suchten die Männer einen neuen Kick: Zocken. Und das war unser Metier. Die Angst, sich bei Prostituierten mit dieser gefährlichen Krankheit anzustecken, würde auch unserem Geschäft schaden, das wurde uns schnell klar. Die Besucher blieben aus, das Rotlichtviertel war quasi ausgestorben. So hatten wir St. Pauli noch nie erlebt: Alles Leben schien erloschen. Als ob eine feindliche Macht eine Wasserstoffbombe gezündet hätte und die wenigen Überlebenden ziellos umherirren würden. Unsere sonst so helle Stadt drohte sich zu verfinstern.

Die Tage vergingen, unsere Kunden blieben aus. Die Männer, besonders die Familienväter, mieden St. Pauli aus Angst, sich bei einer Nutte das HI-Virus zu holen. Doch es waren nicht nur »die anderen«. Auch ich begann mir Sorgen zu machen. Ich hatte mir in meinem jungen Leben schon alle möglichen Infektionen eingefangen, aber bei denen hatte ich immer gewusst, dass sie mit den richtigen Medikamenten heilbar waren – selbst gegen die Gonorrhö oder Filzläuse gab es irgendwelche Mittel.

»Sex gibt es doch schon, seit die Welt sich dreht, oder?«, hatte ich in meiner Naivität immer gedacht.

Bei AIDS jedoch ging es nun um Leben und Tod. Ich bildete mir plötzlich ein, mich mit HIV angesteckt zu haben, hatte ich doch mit allen Sex gehabt, die nicht bei drei auf den Bäumen gewesen waren. Und auch Kondome hatte ich nie benutzt. Den sicheren Tod vor Augen, ging ich in eine Klinik und ließ mich testen.

Als mir die Ärzte nach einigen Tagen versicherten, ich sei negativ, ließ ich einen Freudenschrei los.

»Verdammte Medienhysterie«, dachte ich. Aber der Arzt ermahnte mich natürlich, dennoch vorsichtig zu sein und mich noch nicht zu früh zu freuen, denn das Virus habe eine Inkubationszeit von bis zu sechs Monaten. Bis dahin sollte ich kein Risiko eingehen und nichts tun, was mich und andere gefährden könnte.

Die Sorge kehrte sofort zurück, und eine quälende Wartezeit begann. Kondome wurden zu meinen ständigen Begleitern. Vielleicht überreagierte ich, aber die Medien schlugen solch einen Alarm, als würde AIDS gerade den Weltuntergang einläuten.

In dieser Phase erreichte mich meine Einberufung: Ich musste zum Militär.

Natürlich wollte ich Hamburg nicht verlassen, aber eine Verweigerung hätte zur Folge gehabt, dass ich viele Jahre lang keinen italienischen Boden mehr hätte betreten dürfen.

Dabei war erst kurz zuvor in Italien das Urteil in meinem Prozess gefallen: In der Berufungsverhandlung hatte mich das Gericht wegen Raubs zu drei Jahren Haft verurteilt. In erster Instanz waren es noch sechs Jahre gewesen, obwohl ich zur Tatzeit noch minderjährig und ohne Vorstrafen gewesen war. Das Berufungsurteil änderte aber alles. Damals bekam man bei einer Freiheitsstrafe von nicht mehr als drei Jahren Bewährung und musste nicht ins Gefängnis. Damit konnte ich als freier Mann nach Italien zurückkehren. Aber zum Militär …?

»Na, alles in allem ist es ja nur ein Jahr«, machte ich mir Mut.

Ich nahm einen guten Teil meines Geldes mit. Einen kleinen Rest ließ ich noch in der Gemeinschaftskasse, auch wenn wir ohnehin davon ausgingen, dass wir in Zukunft wohl das Metier würden wechseln müssen. Dann bezahlte ich noch alle offenen Rechnungen und verabschiedete mich mit Tränen in den Augen von meinen Freunden. Auf mich wartete der Dienst am Vaterland.

Ich war überzeugt, dass es ein verlorenes Jahr sein würde, versuchte aber, es trotzdem positiv zu sehen. Beim Militär würde ich immerhin den Umgang mit schweren Waffen und vor allem auch Disziplin lernen. Und letzten Endes blieb mir keine Wahl. Obwohl mich die Vorstellung, mein geliebtes Hamburg und meine Freunde zu verlassen, traurig stimmte, musste ich dem Ruf der Heimat folgen.

Wie hatte ich mir wegen eines einzelnen Jahres Militärdienst Sorgen machen können? Wie hatte mir der Gedanke Angst machen können, abgeschottet von der Außenwelt in einer Kaserne eingesperrt zu sein, Befehle zu erhalten, einem Vorgesetzten gehorchen zu müssen, gedrillt zu werden, die Stuben und die Latrinen zu putzen?

Wenn ich daran denke, wie meine Jugend später zu Ende ging, wie übel ich Schiffbruch erlitten hatte, erscheint mir meine Zeit beim Militär im Nachhinein wie der Inbegriff von Freiheit.

Mein Essen kommt. Es wird mir direkt vor die Zelle gebracht – bequem, das stimmt. Ich muss mich nicht mit einem Tablett in der Hand in eine Schlange einreihen, wie damals in der dreckigen Militärkaserne. Aber diese Regeln waren dort nun einmal einzuhalten, auch um sich weiterzuentwickeln.

Jetzt und hier handelt es sich hingegen um ein Gefängnis! Um eine Bestrafung. Selbst heute, wo inzwischen alles ein bisschen lockerer, ein bisschen weniger schlimm ist, leide ich wie ein Hund. Nur ist es eher ein stilles Leiden geworden. Nicht alle erkennen die große Bedeutung von Regeln in einem Gefängnis. Viele Häftlinge verstehen sie nicht und stehen damit unvermeidbar im Konflikt mit denen, die für die Einhaltung der Regeln sorgen müssen.

Und gerade diese andere Art von Freiheit begreifen wenige. Freiheit ist nicht nur die Voraussetzung dafür, das Gefängnis verlassen zu können. Sie ist auch die Möglichkeit, eigenverantwortlich zu denken und unabhängig handeln zu können. Ich bin davon überzeugt, dass die wahre Freiheit, so wie ich sie mir vorstelle, sich keiner vorgegebenen Ordnung unterwerfen darf – egal, ob diese von der Mafia, der Cosa Nostra oder der Stidda kommt. Vielmehr muss Freiheit immer wieder den Raum dazu bieten, dass der Mensch sich durch eigene, autonome Entscheidungen selbst definiert.

Ich habe diese Wahlmöglichkeit nicht gehabt. Ich konnte keine Entscheidung treffen, sondern musste schlicht und ergreifend mein Leben retten. Und ich glaube, dass das Leben das höchste Gut auf Erden ist.

Der Wehrdienst

»Antonio Brasso, geboren am 18. März 1965 in Casamarina, Sohn von Totò und Reale Francesca. 1,72 Meter groß, kastanienbraune Augen, schwarze Haare, normalsichtig, keine besonderen Kennzeichen. Tauglich.«

Ich hatte vergeblich alle möglichen Krankheitssymptome vorgetäuscht, um dem Wehrdienst zu entkommen, doch die Musterungsärzte kannten alle Tricks und akzeptierten keine meiner vorgeschobenen physischen Beschwerden. Ich hatte sogar Ärzte bestochen, aber mein Vater war mir auf die Schliche gekommen und hatte lakonisch gesagt: »Du gehst auf jeden Fall zum Militär. Du musst endlich lernen, was Disziplin bedeutet.«

Ich hätte ihm gern entgegengehalten, dass er selbst schließlich auch nie beim Militär gewesen war, wollte aber keinen unnötigen Ärger provozieren. Obwohl ich mich erwachsen fühlte, war ich für meinen Vater noch immer ein verwöhnter, kleiner Bengel. Ich hätte ihn am liebsten angeschrien, dass ich bereits volljährig war, aber in seinem Haus galt das nichts. Immerhin ließ sich auch mein Großvater noch gelegentlich dazu hinreißen, seinen Söhnen eine runterzuhauen, und mein Vater hätte nie gewagt, eine seiner Entscheidungen infrage zu stellen – selbst wenn mein Großvater zu mir sehr warmherzig und nachsichtig war.

Am Tag nach der Untersuchung der körperlichen Eignung mussten ich und die anderen Jungs einen Intelligenztest machen. Die Banalität der Fragen verblüffte mich: Wie viele Seiten hat ein

Würfel? Wie heißt die Hauptstadt Italiens? In welcher Region leben wir? Wie viel ist neun mal neun? Wie berechnet man den Flächeninhalt eines Quadrats?

Ich dachte erst, die machen sich über uns lustig, musste dann aber feststellen, dass mehr als die Hälfte der Teilnehmer ihr Blatt tatsächlich leer abgab und die anderen nur sehr wenige Fragen beantwortet hatten. Gerade einmal fünf hatten den Test ohne Fehler bestanden. Offensichtlich gab es einige junge Männer, die noch ungebildeter waren als ich. Natürlich hatte ich mein Wissen meinem Vater zu verdanken, der mich täglich beim Mittag- oder Abendessen mit Fragen traktiert hatte: eine fragwürdige Erziehungsmethode, aber – das musste ich zugeben – eine äußerst effektive.

Ich kam einen Tag vor meinem Einberufungstermin in Rom an. Die Ausbildungskaserne für uns Rekruten war riesig – fast eine Stadt für sich. Von außen betrachtet wirkte das Ganze allerdings eher wie ein überdimensioniertes Gefängnis. Wirklich Lust, in diesen Kasten einzuziehen hatte ich nicht, aber es half ja nichts.

Ich musste. Ob ich wollte oder nicht.

Während der Grundausbildung mietete ich mir ein kleines Pensionszimmer, nur einige Hundert Meter von der Kaserne entfernt. Natürlich musste ich nachts in der Kaserne schlafen, aber meine schicken Klamotten passten dort halt nicht in den winzigen Spind. Außerdem hatte ich so, wenn ich Ausgang hatte, auch die Chance, ab und zu mal mit einem Mädchen anzubandeln und es in die Pension mitzunehmen. An Geld mangelte es mir ja nicht. Zu einer Zeit, in der ein einfacher Soldat ein paar Tausender am Tag als Sold bekam, hatte ich mehrere Millionen Lire in der Tasche.

Am folgenden Tag meldete ich mich schweren Herzens, aber wild entschlossen, beim Wachposten am Kasernentor. Mein dandyhaftes Auftreten, meine Markenklamotten und meine kleine Tasche mit Unterwäsche zum Wechseln und Rasierzeug provozierten bei den Soldaten am Eingang gleich die ersten Witzeleien.

»Das geht ja gut los …«, dachte ich.

Ich betrat das Kasernengelände und fühlte mich wie Dante zu Beginn seiner Reise durch die Hölle. Wohin ich auch schaute: Rekruten in perfekter Marschformation. Ich wurde zusammen mit zwei Sarden, zwei Apuliern und zwei Kampaniern in ein Siebenerzimmer einquartiert. Die Sarden empfingen mich freundlich, während die anderen eher reserviert reagierten, obwohl wir sogar im gleichen Alter waren. Wut und Enttäuschung überkamen mich: Was hatte ich auf dieser Stube verloren, mit frustrierten Rekruten, die ständig darüber jammerten, dass sie ihre Heimat, ihre Freundin und ihre Familie hatten verlassen müssen?

Tag für Tag übten wir das richtige Marschieren, und ich musste lernen mit den Blasen zu leben, die ich mir in den derben Rekrutenstiefeln lief. Ich, der sonst nur maßgefertigte Schuhe trug! Aber, so dachte ich, wenn alle anderen in diesen Stiefeln marschieren konnten, dann konnte ich das ja wohl auch.

Wir bauten Waffen auseinander und wieder zusammen. Tag für Tag die gleichen monotonen Abläufe. Am Ende der Grundausbildung marschierten wir perfekt in Reih und Glied und konnten jede Waffe mit geschlossenen Augen zerlegen und wieder zusammensetzen.

Abend für Abend lud ich meine Kameraden zum Essen in die Pension ein. Das Essen dort war hervorragend, und vor allem die Apulier kamen in den Genuss von Speisen, die sie zuvor nicht einmal vom Hörensagen gekannt hatten. Ich begann diese Jungs zu mögen. Nach dem Essen ging ich in mein Zimmer, zog mich um und dann zogen wir gemeinsam los. Die anderen müssen gedacht haben, ich sei ein Milliardär auf Urlaub. Ich finanzierte für uns auch Kinobesuche und Nutten. Mit Letzteren hatte ich immer klare Absprachen: soundso viel Geld für soundso viele Nummern. Ganz selbstverständlich wurde ich so zum Anführer unserer Gruppe.

Eines Tages, kurz vor unserer Verlegung in eine andere Kaserne, setzten wir uns zusammen. Wie sollten wir uns gegenüber den »Nonni«, den Soldaten, die kurz vor der Entlassung standen, verhalten? Über sie hatten wir bereits einige Geschichten gehört. Die jungen Rekruten wurden zum Beispiel gezwungen, ihnen die Betten zu machen. Obwohl mir das gar nicht passte, ließ ich mich von meinen Kameraden überzeugen, gute Miene zum bösen Spiel zu machen. Diese Rangfolge sei eine Tradition, die von allen respektiert werde. Andernfalls gäbe es nur Ärger.

Nachdem wir unsere Grundausbildung beendet hatten, ging es dann für uns an einem sonnigen, aber kühlen Märzmorgen nach Poggiano, einem kleinen Bergdorf in der Provinz Bari. Dort angekommen bereiteten uns die Nonni gleich einen denkwürdigen Empfang. Wie Besessene brüllten sie uns an, wir sollten die Wagen verlassen und uns sofort in einer Reihe aufstellen.

Hier wehte ein anderer Wind als bei der Grundausbildung, die uns im Nachhinein wie ein Spaziergang vorkam.

Die Nonni lachten höhnisch, als sie unsere unbeholfenen Bemühungen sahen, uns irgendwie zu sammeln und zu formieren. Dann erst ging es auf die nächsten Lastwagen rauf, mit denen wir in die Kaserne gebracht wurden. Auch dort herrschte Chaos, und man konnte nichts anderes als Geschrei und Gegröle hören. Von anzüglichen Sprüchen und derben Remplern begleitet, wurden wir zu den Quartieren gebracht. Wir durften gerade mal unser Gepäck abstellen, dann wurde schon zum Appell gerufen. Draußen mussten wir eine geschlagene Stunde warten, bis ein Offizier kam und uns die Situation erklärte: »Ihr seid in diese spezielle Kaserne beordert worden, weil ihr vorbestraft seid. Ihr habt es nicht verdient, unter rechtschaffenen Bürgern zu arbeiten, weil ihr Verbrecher seid, und nun ist es meine Aufgabe, euch Pflichtbewusstsein beizubringen. Es ist mein Ziel, euch in die zivilisierte Gesellschaft zurückzuführen. Und ihr solltet wissen«, fuhr er fort, »dass jeder, der abzuhauen versucht und dabei erwischt wird, nach Gaeta kommt, wo er sechs Monate im Gefängnis verbringen wird. Danach werdet ihr direkt hierher zurückgebracht. Überlegt euch also gut, ob sich ein Fluchtversuch lohnt.« Die Ansprache des Offiziers war dermaßen überzeugend, dass keiner von uns je die Flucht wagen sollte.

Die nächsten Tage verliefen einigermaßen ruhig: Pritschen aufbauen, Stube putzen, Spinde aufräumen – und das gleich mehrmals, denn bei jeder Inspektion fanden unsere Vorgesetzten irgendwo noch ein Körnchen Dreck.

Wir standen ständig unter Druck, mussten wir doch jederzeit damit rechnen, wegen irgendeiner Kleinigkeit schikaniert zu werden.

Ein »Vicenonno«, ein Unteroffizier, gab mir den Befehl, das Bett des »Capononno« aufzubauen. Eine Strafaktion, da mich der Capo – der Anführer der Nonni – für anmaßend hielt.

Ich entgegnete ihm, dass ich das machen würde, allerdings nur unter der Bedingung, dass mir der Capo erst einen blasen würde.

»Was hast du gesagt?!« Der Vicenonno war außer sich und kam langsam auf mich zu.

Ohne Vorwarnung packte ich seinen Hals, genau an der Stelle, wo der Luftröhrenmuskel verläuft, und bohrte meine Finger hinein. Sein Gesicht lief dunkelviolett an, und seine Knie knickten ein. Ich zeigte keinerlei Gefühlsregung, ließ dann aber los – ich hätte ihn wohl sonst aus dem Leben befördert. Wie ein Häuflein Elend kniete er vor mir, die Hände an den schmerzenden Hals gepresst. Ich fixierte ihn und zischte: »Das nächste Mal soll dein Chef einen Mann und keinen Waschlappen schicken. Kapiert?«

»Ja, sicher …«, jammerte er ängstlich.

»Und was noch? Wiederhole es.«

»Dass er beim nächsten Mal …«

»Nein, das was ich vorher gesagt habe«, unterbrach ich ihn.

Er dachte einen Augenblick nach und sagte dann: »… nur, wenn er dir vorher einen bläst?«

»Bravo! Und jetzt hau ab, du Stück Scheiße.«

Meine Stubenkameraden waren wie erstarrt und blickten mich ungläubig an. Ich weiß, wir hatten vereinbart, dass auch ich einem der Nonni das Bett machen sollte, aber seine arrogante Art hatte mich zur Weißglut getrieben. Außerdem war klar, dass es nicht nur ums Bettenmachen ging. Das wäre doch nur der Anfang. Wir sollten ihre Sklaven werden: Frühstück holen, verschwitzte Socken waschen, eine Erniedrigung nach der anderen. Niemals! Eher würde ich mich umbringen lassen. Das bedeutete Krieg.

Eigentlich hatte ich hier eine ruhige Kugel schieben wollen, aber jetzt konnte ich nicht mehr zurück.

Am nächsten Morgen brüllte mir der Capononno Tano Testadicane,»Hundekopf« – noch nie kam mir ein Name so passend vor –, entgegen:»Heute Abend werde ich tun, was du von mir verlangst, keine Sorge …«

»Du musst aber schlucken«, entgegnete ich,»du glaubst gar nicht, wie gut mein Sperma schmeckt …«

Tano war stinkwütend. Wegen mir hatte er vor seinen Kameraden das Gesicht verloren, und dafür würde er mich teuer bezahlen lassen. Da war ich mir sicher.

Er war ein wirklich beeindruckender Typ: mindestens eins achtzig, Schultern wie ein Kleiderschrank und die schaufelartigen Hände eines Bauern. Später habe ich sogar herausgefunden, dass er im zivilen Leben tatsächlich Bauer war. Sein ausgeprägter Dialekt verriet, dass er aus Sizilien stammte: Ich spielte ganz eindeutig mit dem Feuer.

Ich brauchte irgendeine Waffe. Etwas Schweres, mit dem ich ihn aufhalten könnte, falls er versuchen sollte, mich zu attackieren. Ich füllte zwei Wollsocken mit Steinen. Mit bloßen Fäusten hätte ich keine Chance, aber damit könnte ich ihn mit einem gezielten Schlag außer Gefecht setzen. Erst überlegte ich, selbst die Initiative zu ergreifen, einen Überraschungsangriff zu starten, aber da das Risiko zu groß war, wartete ich ab.

An jenem Abend hatte ich keine Ausgangserlaubnis erhalten, da einem Offizier während meines Wachdienstes aufgefallen war, dass meine Uniform nicht der Kleiderordnung entsprach – an der Jacke fehlten zwei Knöpfe – und ich deshalb bestraft werden musste. Die Nonni hatten ganz gezielt einige Uniformen beschädigt, und die Offiziere wussten das. »Warum lassen die das zu?«, fragte ich mich.

Während einige Kameraden unschlüssig zu sein schienen, wie sie über mein Handeln dachten, schlugen sich die Sarden unter ihnen, die inzwischen meine Freunde geworden waren, ohne zu zögern, auf meine Seite. Wenn ich schlafen wollte, bat ich sie, ein Auge auf mich zu haben. Seit Tagen schlief ich schlecht. Die trostlose Umgebung, unsere hinterhältigen Vorgesetzten und dieser hirnlose Muskelprotz Tano Testadicane machten mich nervös. Aber immerhin hatte ich mir Respekt verschafft: Niemand forderte mich mehr auf, sein Bett zu machen, kein Nonno drängelte sich in der Kantine vor mich – kein Wunder bei dem Ruf, der mir vorauseilte. Aber es war gerade diese trügerische Ruhe, die mich nachdenklich stimmte.

Eines Nachts wurde ich von einem Schwall stinkender Brühe geweckt, an dem ich fast erstickte. Es war Pisse, gemischt mit anderen Exkrementen. Die Übeltäter waren verschwunden, noch bevor ich richtig die Augen öffnen konnte.

Mit so etwas hatte ich schon gerechnet. Sofort wallten in mir Rachegelüste auf, doch dann dachte ich nach: Der Bastard war gewarnt. Ich musste meine Aktionen strategisch planen. Der Capononno sollte in weniger als zwei Wochen seinen Abschied von der Kompanie feiern, aber vorher würde er sicher noch eine angemessene Antwort von mir bekommen.

Am nächsten Tag bat ich den Feldwebel um Erlaubnis, mir eine Matratze und neue Laken aus dem Magazin holen zu dürfen. Als er wissen wollte warum, antwortete ich, dass ich aus Versehen ins Bett gepinkelt hätte.

Während ich mich im Magazin herumtrieb, fiel mein Blick durch ein kleines Fenster nach draußen. Ich konnte sehen, wie der Feldwebel und Tano hinter einem Lastwagen versteckt miteinander sprachen. Irgendetwas stimmte da nicht. Oder besser: Sie hatten ganz klar etwas vor. Meine ohnehin schon brenzlige Lage spitzte sich weiter zu.

Zum Glück arbeitete in der Verwaltung ein Kamerad von der Grundausbildung in Rom, dem ich damals die eine oder andere Nummer finanziert hatte. Ich bat ihn, mir Informationen über den sizilianischen Hurensohn zu beschaffen. Schnell willigte er ein, und am nächsten Morgen wusste ich alles über den Capononno: die Namen seiner Eltern und seiner Schwestern, seinen Heimatort, seine Adresse und sogar seine Telefonnummer. Dabei stellte ich fest, dass wir sogar aus der gleichen Provinz stammten.

»Großartig!«, sagte ich, dankte meinem alten Kollegen und versprach ihm ein weiteres sexuelles Abenteuer auf meine Kosten.

Als es dämmerte, schlich ich in meine Pension, hielt mich aber immer nah an der Mauer des Kasernengeländes, aus Angst erschossen zu werden. Ich führte einige Telefonate und bat einen Freund, meine beiden Kumpel aus Kindertagen ausfindig zu machen. Die Einzigen, auf die ich mich hundertprozentig verlassen konnte: 'u Mancinu und 'u Grossu. Während ich wartete, nahm ich ein heißes Bad – das half mir beim Nachdenken darüber, was und wie ich es den beiden sagen sollte.

Kurze Zeit später kam der erhoffte Anruf: Es war Tino 'u Mancinu.

Nach ein paar Höflichkeitsfloskeln kam ich zur Sache. Ich hatte meine Situation noch gar nicht zu Ende geschildert, als Tino sagte, dass er und 'u Grossu umgehend vorbeikommen und die Sache regeln würden.

»Auf keinen Fall!«, widersprach ich ihm laut. »Hör mir zu und sei still!«

Es gelang mir schließlich, die Geschichte zwischen mir und

dem Caponunno bis zum Schluss zu erzählen. Der Zufall wollte es, dass 'u Mancinu jeden Morgen mit seinem Lastwagen Bauarbeiter nach Tecali, dem Heimatort von Tano Testadicane, brachte und sie abends dort wieder abholte.

»Perfekt!«, sagte ich und bat ihn, der Familie dieses Schweinehunds einen »Höflichkeitsbesuch« abzustatten. Tino beruhigte mich gelassen: »Keine Sorge. Ich kümmere mich morgen darum.«

»Tausend Dank, mein Freund.«

Bevor ich auflegte, schärfte ich ihm noch ein, höflich zu bleiben, aber Klartext zu reden, und deutlich zu machen, dass man so nicht mit den eigenen Landsleuten umgeht.

»Du kannst ganz beruhigt sein. Ich rede auch gleich mit 'u Grossu.«

Für mich stand allerdings fest, dass ich noch heute Abend aktiv werden wollte. Zuerst vergewisserte ich mich, wer Wachdienst am Kasernentor hatte. Da es einer meiner sardischen Freunde war, kletterte ich nicht heimlich über die Mauer zurück auf unser Militärgelände, sondern ging seelenruhig durch den Haupteingang. Als mein Kumpel mich erkannte, drehte er sich zur Seite und tat so, als würde er mich nicht sehen.

Ich wartete ab, bis alle schliefen. Der Wachposten auf dem Gang schnarchte wie eine Kettensäge. Als sich meine Augen an die Dunkelheit gewöhnt hatten, zog ich den Tarnanzug und die Kampfstiefel an und ging auf die Toilette. Ich nahm die Plastiktüte, in der ich meine gesamte Scheiße der letzten beiden Tage gesammelt hatte, pinkelte hinein und vermischte das Ganze mit Wasser, Ammoniak und scharfen Reinigungsmitteln und schlich mich in Tanos Zimmer.

Er war daran schuld, dass die letzten beiden Wochen für mich die Hölle gewesen waren, und nach allem, was er mir angetan hatte, würde ich nicht zulassen, dass er in Ruhe seinen Abschied feiern konnte. Ich öffnete ganz langsam die Tür. Da es in dem Zimmer so dunkel war, betrat ich es nicht, sondern zielte sorgfältig in die Ecke, wo ich das Bett vermutete. Ich schleuderte die Tüte und traf mitten in Tanos Gesicht: »Ich hoffe, du schluckst ein bisschen von der Scheiße, du Bastard!«, schrie ich.

Ich flüchtete in unsere Stube und presste mich mit meinem ganzen Gewicht von innen gegen die Tür. Wie nicht anders zu erwarten, versuchte kurze Zeit später jemand sich Zugang zu meinem Zimmer zu verschaffen.

Natürlich war er es. Tano war klar, dass ich der Angreifer gewesen bin, und er wollte es mir heimzahlen. Er hämmerte wie ein Verrückter gegen die Tür, rutschte dabei aber aus, verschmiert wie er war. Er brüllte wie am Spieß. Der Wachposten auf dem Gang schreckte hoch und gab Alarm, sodass nur wenige Minuten später der Wachoffizier mit seiner Truppe auftauchte, um nach dem Rechten zu sehen.

Tano, der erbärmliche Feigling, beschuldigte mich, für den Ärger allein verantwortlich zu sein. Ich leugnete das zwar, konnte allerdings nur schwer erklären, warum ich mitten in der Nacht in Tarnanzug und Kampfstiefeln unterwegs war.

Als der Wachoffizier, ein Oberleutnant, mir ungebührliches Verhalten vorwarf, fiel ich ihm wütend ins Wort und wechselte vom Sie zum Du: »Du sprichst von respektlosem Verhalten, du Stück Scheiße? Du und deine Leute lassen zu, dass in dieser Kaserne Gewalt und Willkür herrschen! Ihr kotzt mich an. Ihr solltet euch schämen. Ihr seid der Abschaum der zivilisierten Gesellschaft. Und du sprichst von Respektlosigkeit? Du bist doch einfach nur feige.«

Ich war außer mir. Der Oberleutnant starrte mich ungläubig an. Dann drehte er sich um, ging und befahl dem Wachposten, einen Bericht zu schreiben.

»Steck dir den Bericht in den Arsch, du Hurensohn«, schrie ich ihm hinterher. Noch immer brannte seine Begrüßungsrede in meinem Gedächtnis. Hätte er selbst so gehandelt, wie er es von uns verlangte, hätte ich seine Moralpredigt akzeptieren können, aber das tat er nicht. Vor vielen Dingen verschloss er einfach die Augen.

Beim Appell am nächsten Morgen wollte Tano direkt wieder auf mich losgehen, aber seine Kameraden hielten ihn zurück. Sie versprachen ihm, mich außerhalb der Kasernenmauern zur Rechenschaft zu ziehen.

Mit einer Hand hielt ich mir einen imaginären Telefonhörer ans Ohr und rief dem Capononno zu: »Ruf aber erst deine Eltern und deine Schwestern an, verstanden?«

Bei meinen Worten wurde Tano leichenblass. Seine Arroganz war wie weggeblasen.

Noch am selben Morgen wurde ich zum Kommandanten beordert. Sobald ich sein Büro betreten hatte, befahl er seinem Ordonnanzoffizier den Raum zu verlassen, damit wir unter vier Augen sprechen konnten, von Mann zu Mann. Er sagte, er wisse über alles Bescheid, und ich solle das Geschehene abhaken. Dieser »Krieg« müsse umgehend beendet werden.

»So einfach ist das nicht ...«, erwiderte ich.

»Hör gut zu, Antonio«, sprach er mich mit Vornamen an, »auch ich bin kein Freund dieser schikanösen Tradition, aber trotzdem müssen wir sie tolerieren. Das hier ist nun einmal eine Strafkaserne, und du weißt selbst, was das bedeutet. Die Burschen, die hierher kommen, brauchen eine harte Hand, Gehorsam, Disziplin, Ordnung. Die Stuben und Spinde müssen blitzsauber und aufgeräumt sein ...«

»... und die Durchsetzung dieser Disziplin und Ordnung liegt bei einer Gruppe selbstherrlicher Trottel?«, unterbrach ich ihn.

»Gib mir einen Monat, dann beantwortet sich deine Frage von selbst. Das hier hat alles seinen guten Grund. Die Leute, die uns das Ministerium schickt, landen nicht zufällig hier. Manchmal kommen zwar auch Typen wie du, die die Routine stören und unsere Nerven strapazieren, aber das haben wir schon mit einkalkuliert.«

Ich wollte antworten, doch der Kommandant hob abwehrend

die Hand und befahl mir zu schweigen: »Nächste Woche feiert Testadicane seinen Abschied, die achte Staffel übernimmt den Platz der neunten, und alles, was mich interessiert, ist, dass in der Truppe Ordnung und Disziplin herrschen. Sollte das nicht der Fall sein, ziehen wir andere Saiten auf. Mach mir keine Probleme, sonst mach ich dir welche. Noch Fragen?«

»Solange mir kein Idiot befiehlt, sein Bett zu machen …«

»Aber wenn das von anderen Staffeln verlangt wird, zum Beispiel von der dritten, die bald einrücken wird, dann kümmerst du dich um deinen eigenen Kram. Wir brauchen hier keinen Zorro, klar?«

»Sonnenklar, Herr Kommandant.« Ich verstand nun das System von Hierarchie und Ordnung und beschloss, mich nicht weiter dagegen aufzulehnen.

»Trotzdem bin ich gezwungen, dich zu bestrafen. Die Disziplinarkommission wird dich zu fünf Tagen in der Arrestzelle verurteilen, weil du einen Offizier beleidigt hast. Du könntest zwar dagegen protestieren, aber ich rate dir, die Strafe ohne einen Mucks zu akzeptieren …«

»Herr Kommandant, ich akzeptiere die Strafe«, sagte ich, nahm Haltung an und verabschiedete mich.

Er stand auf, und sein Lächeln machte mir Mut: Dieser Mann verstand mich. Ich verließ die Kommandantur mit einer anderen Geisteshaltung als zuvor und erkannte, dass es Dinge gab, die man öffentlich, und andere, die man nur privat sagen konnte: Das militärische und das zivile Leben waren zwei Paar Schuhe. Die jungen Soldaten, die in die Kaserne einrückten, mussten Männer werden, die bereit waren, ihr Leben für ihr Vaterland zu geben. Ein schwieriges Unterfangen, auf das sie vorbereitet werden mussten, mit Regeln, die von Psychologen und Soziologen über Jahre entwickelt worden waren.

Ich betrat das Zimmer der Disziplinarkommission, wo mir sozusagen der Prozess gemacht wurde. Die saubere Uniform, die ich trug, hatte mir ein Kamerad geliehen. Nachdem die Anklagepunkte verlesen worden waren, fragte mich der Vorsitzende, ob ich dem noch etwas hinzuzufügen hätte. Ich verneinte und blieb in Habachtstellung. Er fragte weiter, ob die Anschuldigungen gegen mich den Tatsachen entsprechen würden. Ich bejahte und wurde zu fünf Tagen Arrest verurteilt. Und damit hatte ich Glück: Wegen Gehorsamsverweigerung hatte mir sogar eine Gefängnisstrafe gedroht. Insubordination ist im Militärkodex ein ernstes Vergehen, aber die Tatsache, dass im Bericht nicht alles stand, was tatsächlich passiert war, sprach für mich.

»Ich will Sie hier nie wieder sehen, ist das klar?«, fragte der Oberst am Ende der Verhandlung in väterlichem Ton.

»Jawoll, *Colonnello*«, antwortete ich zackig und blieb noch so lange stramm stehen, bis ich offiziell entlassen wurde.

Ich ging direkt auf meine Stube, packte meine Sachen – ein Laken und eine Decke – und ging in Richtung Zelle, eine winzige Kammer in der Wache. Auf dem kurzen Weg dorthin klopften mir meine Kameraden und sogar einige Nonni aufmunternd auf die Schultern, um mir ihre Anteilnahme zu bekunden. Vor der Zelle traf ich den Oberleutnant und grüßte so, wie ein Soldat einen Offizier zu grüßen hat. Er beantwortete meinen Gruß mit einem knappen Nicken, sah mir einige Sekunden fest in die Augen und ging weiter. Mehr gab es nicht zu sagen.

Abends tauchte Tano Testadicane mit einer Tasse Kaffee unter meinem Zellenfenster auf. Ich nahm sie, trank aber nicht. Wer weiß, was er hineingemischt hatte. Er bat mich um Verzeihung, dabei brach er in Tränen aus und beteuerte, dass alles nur ein Missverständnis gewesen wäre. Wir wären doch Landsleute und müssten zusammenhalten. Offensichtlich hatte er zu Hause angerufen.

»Und daran denkst du erst jetzt?«, ich konnte mich nicht zurückhalten. »Warum bin ich dann in der Zelle und nicht du?«

»Ich geh zum Kommandanten und sag ihm, dass es ein Missverständnis war. Dass du nichts …«

»Vergiss es«, meinte ich. Aber Tano hörte gar nicht mehr zu und verschwand in Richtung Kommandantur. Ich schrie ihm nach, er solle stehen bleiben, aber er ging einfach weiter. »Dieser Idiot reißt mich noch tiefer in die Scheiße, verdammt noch mal«, dachte ich. Ich war wegen Ungehorsams gegenüber einem Offizier bestraft worden, nicht wegen Bombenwerfens.

Später erfuhr ich, dass das Gebrüll des Kommandanten in der ganzen Kaserne zu hören gewesen war: Er hatte Tano lautstark klar gemacht, dass er von all dem nichts wissen wolle und ihn dann wie ein lästiges Insekt hochkant aus dem Zimmer geworfen.

Wenigstens in den Augen unserer Kameraden war die Sache klar: Ich hatte lediglich auf Tanos Provokation reagiert, während er mich denunziert hatte.

Seine letzten Tage in der Kaserne waren für Tano Testadicane die Hölle. Dreimal am Tag ließ ich ihn antanzen und Kaffee und Schokolade besorgen. So schnell konnte es gehen, seine Würde als Mann zu verlieren.

Bevor er sich schlussendlich von mir verabschiedete, fragte er, ob er und seine Familie beruhigt sein könnten. Ich gab Tano mein Wort darauf und drückte ein letztes Mal seine gewaltige Pranke. Als ich meine schmale Hand darin verschwinden sah, überlief es mich eiskalt: Wäre es zum Kampf gekommen, hätte er mich umgebracht. Ich sah ihn weggehen. Doch bereits nach wenigen Schritten drehte er sich noch einmal um und verbeugte sich in meine Richtung.

»Tino muss ganze Arbeit geleistet haben, um ihn so kleinzumachen«, dachte ich. »Was ihm da wohl eingefallen ist?«

Nun, am Ende war ich der Sieger. Ich hatte zwei Ziele auf einmal erreicht: Zum einen hatte ich mich an Tano gerächt, zum anderen hatte ich mir den Respekt meiner Kameraden und sogar meiner Vorgesetzten erworben.

Als neuer Capononno wurde ein Kalabrese ähnlichen Kalibers gewählt, der mich und meine Kameraden jetzt aber in Ruhe ließ.

Zudem hatten sich auch meine sardischen Freunde in der Zwischenzeit Respekt verschafft. Unsere Beziehung zur achten Staffel, die nun die neunte ersetzte, stand fortan unter dem Motto: »Leben und leben lassen.«

Nach einer Weile hatte ich endlich wieder Ausgang. Ich sehnte mich nach gutem Essen und Sex.

Als ich aus dem Kasernentor trat, stand dort ein Wagen, der zu hupen begann. Ich erkannte darin den Oberleutnant, der mir anbot, mich mitzunehmen und gemeinsam etwas trinken zu gehen. Ich bedankte mich, lehnte aber ab. Ich war schon mit meinen Kameraden verabredet. Er schien beleidigt, aber als ich ihm erklärte, wie wichtig es mir sei, gegebene Versprechen einzuhalten, war die Sache geklärt und wir verschoben unser Treffen.

Aber vorher wollte ich mich noch bei Tino bedanken. Lachend erzählte er mir am Telefon, was passiert war. Als er mit seinem Laster in Tano Testadicanes Heimatdorf angekommen war, hatte er den Bauarbeitern Karnevalsmasken ausgeteilt und erklärt, sie würden sich jetzt einen Spaß mit jemandem machen. 'U Mancinu und 'u Grossu waren ganz in Schwarz gekleidet und sahen wie echte Profikiller aus. Sie hatten Tanos Eltern zu Tode erschreckt. Sie hatten einen Benzinkanister in den Flur gestellt, mit einer Schachtel Streichhölzer gewedelt und gedroht, das nächste Mal das Haus abzufackeln, wenn sich ihr Sohn nicht wie ein guter Sizilianer benehmen würde. Die beiden völlig verschreckten Alten hatten dann hoch und heilig versprochen, ihren Sohn anzurufen.

»Ihr alten Halunken«, seufzte ich. »Ihr hättet wirklich nicht so dick auftragen müssen ...«

Dann bedankte ich mich bei Tino, aber er sagte: »Vergiss es! Aber wenn du unbedingt willst: Nello und ich haben gestern bei Peppe zwei Kisten Riesengarnelen geholt und ihm gesagt, dass du das regeln wirst. Ist das okay?«

»In Ordnung«, antwortete ich und lachte.

Was geschehen war, war geschehen. Es gab kein Zurück.

Dann fügte Tino noch hinzu: »Ich heirate im Sommer, vergiss das nicht! Und denk vor allem daran, dass ich nur ein einziges Geschenk akzeptiere: Geld! Und zwar viel Geld!«

»Du bist und bleibst ein Materialist«, meinte ich grinsend. »Wie viel soll mich deine Hochzeit denn kosten? Schließlich ist es ja deine, nicht meine!«

Wir verabschiedeten uns mit den Worten: »Für immer und ewig!« Das war der Freundschaftsschwur, den 'u Mancinu, 'u Grossu und ich uns in Kindertagen vorgesagt hatten und den wir noch immer respektieren.

Danach rief ich einen Cousin an und bat ihn, bei Peppe, dem Fischhändler, vorbeizuschauen und zwei Kisten Riesengarnelen zu bezahlen.

Ich gierte nach Sex. Die fünf Tage in Haft hatten mir gutgetan. Ich hatte Energie getankt, körperlich und geistig. An jenem Abend gönnte ich mir eine Prostituierte ganz für mich allein. Wenn die Arme gewusst hätte, was sie erwartet! An einem Quickie war ich nicht interessiert: Ich wollte alles. Das volle Programm!

Wir trieben es den ganzen Abend lang. Das Essen ließ ich aufs Zimmer bringen. Kurz vor Mitternacht brachte sie mich mit dem Auto in die Kaserne, und ich versprach ihr, dass dies nicht unser letzter gemeinsamer Abend war. So kam es auch. Sie pflegte weiter den Kontakt zu einem guten Kunden, und ich genoss ihre professionellen Dienste in Sachen Sex … Sie war irrsinnig heiß!

Kaum stand ich bei meiner Rückkehr in die Kaserne auf der Schwelle unserer Stube, war ich auch schon von oben bis unten pitschnass. Dieses Mal war es zum Glück nur Wasser. Die kalte Dusche war die Strafe, weil ich meine Kameraden versetzt hatte. Wir platzten fast vor Lachen.

Kurze Zeit später wurde ich zum Obergefreiten befördert. Ein festlicher Akt, als hätte ich einen Generalsstern verliehen bekommen, und bald darauf wurde ich Hauptgefreiter.

Unser Hauptmann hatte mir eine Menge Verantwortung übertragen: Ich musste die Wachschichten einteilen, die Waffen prüfen und bei der Wachablösung dabei sein. Wenn etwas schieflief, dann war ich der Alleinverantwortliche. Außerdem hatten mir die Offiziere Zug um Zug Führungsaufgaben übertragen, mit denen ich eigentlich nichts zu tun haben wollte. Ganz schön clever. Aber meine Vorgesetzten waren ja auch schon mit ganz anderen Kalibern fertiggeworden …

Ich traf mit meinen Kameraden eine Vereinbarung: »Bei mir wird niemand bestraft, aber wenn ich wegen euch Ausgangssperre bekomme, müsst ihr ebenfalls in der Kaserne bleiben. Einverstanden?« Sie willigten ein und hielten sich daran. Keiner von ihnen ließ sich etwas zuschulden kommen.

In unserer Staffel herrschte Ordnung, und es gab keinerlei Beschwerden an den Kommandanten. Falls etwas zu regeln war, dann machten wir das untereinander aus. In den folgenden Monaten hatte ich also meine Ruhe. Ich hatte verstanden, dass man den Dienst am Vaterland mit einer gewissen Ernsthaftigkeit ausüben musste, und tat das inzwischen mit Vergnügen. »Man geht schließlich nur ein Mal im Leben zum Militär«, sagte ich mir.

Meine Fähigkeit, Waffen jeder Art auseinanderzunehmen und wieder zusammenzusetzen, konnte ich perfektionieren, und ich lernte mit Haubitzen zu schießen. Meine Aufgabe war es, Koordinaten, die ich von der Kommandozentrale bekam, und den Neigungswinkel des Laufs zu übernehmen und damit die Flugbahn der Geschosse optimal zu justieren. Ich übte mit Bazookas, lernte Handgranaten zu werfen und mit nichts als einem Schlafsack, einer Überlebensration für drei Tage und einer Handvoll Nahrungsergänzungsmittel im Freien zu übernachten.

Einmal wurde ich mit Kameraden aus anderen Staffeln auf eine Übungsmission nach Udine geschickt. Wir mussten bei Schnee und Eis Wache halten und ohne Vorwarnung auf Terroristen der »Tiroler Freiheitsbewegung« schießen, die sich einen Spaß daraus gemacht hatten, Strommasten in die Luft zu sprengen. Außerdem wurden wir als Kontrollposten bei Straßensperren eingesetzt.

Ich habe nie verstanden, ob die Mission, an der ich als Einziger aus meiner Staffel teilnehmen musste, eine Art nachträgliche Rache oder ein Vertrauensbeweis war. Eines aber war sicher: Ich wollte dort unbedingt wieder weg, denn ich fror mir den Arsch ab.

In die Kaserne zurückgekehrt absolvierte ich jeden Morgen auf dem Weg in die Kantine mein Trainingsprogramm, um fit zu bleiben: über Mauern springen, Treppen steigen, Hindernisse überwinden. Damals wog ich 67 Kilo und hatte kein Gramm Fett am Leib. Ich machte meine Liegestütze nur auf Daumen und Zeigefingern, aß wie ein Scheunendrescher und setzte die Kalorien sofort in Muskeln um. Und irgendwann war auch dieser Abschnitt in meinem Leben zu Ende.

Der Hauptmann und der Oberleutnant versuchten noch, mich davon zu überzeugen, Berufssoldat zu werden – ich hätte nur die Papiere unterschreiben müssen. Ich bedankte mich für den Vertrauensbeweis, wollte aber andere Pläne verfolgen. Nach meiner Entlassung würde ich den ersten Flug nach Hamburg nehmen. Die Offiziere zeigten Verständnis und verliehen mir zum Abschied sogar noch das Unteroffizierspatent. Diese Geste rührte nicht nur mich, sondern auch sie. Ich nahm Haltung an und salutierte ein letztes Mal.

Die »Henkersmahlzeit« mit meinen Kameraden war ein bewegendes Ereignis. Wir hatten ein ganzes Jahr auf engstem Raum miteinander verbracht, kannten voneinander die guten, aber auch die schlechten Seiten. Von meinen sardischen Freunden verabschiedete ich mich besonders herzlich. Ein letzter Fahnenappell, eine letzte gemeinsam gesungene Nationalhymne, das waren unsere letzten rührenden Momente. Danach gab es ein Riesenbesäufnis. Obwohl bei unserer Rückkehr in die Kaserne niemand schlafen ging, gab es keine Beschwerden, und selbst der Oberleutnant sagte nichts. »Ein bisschen Respekt für die Nonni!«, dachte ich noch. »Die Rekruten des Jahrgangs 1985 haben ihre Pflicht getan!«

Als ich zu Hause anrief und von meiner Entlassung berichtete, wusste meine Familie bereits Bescheid und hatte ein Willkommensfest organisiert. Ich lehnte jedoch ab und sagte, dass ich schon am Flughafen sei und den ersten Flug von Rom nach Hamburg nehmen würde. Am anderen Ende der Leitung herrschte vielsagende Stille.

Wieder in Hamburg

Das Flugzeug landete abends um acht an einem milden Spätwintertag in Hamburg. Es war der 18. März 1986, mein einundzwanzigster Geburtstag.

Fofò holte mich ab. Er wirkte nicht gerade begeistert und empfing mich zwar höflich, aber reserviert. Ich holte mein Gepäck vom Band, wir stiegen ins Auto und fuhren direkt in eines unserer Stammlokale. Eigentlich hätte ich mich lieber noch geduscht und umgezogen, stellte meine Wünsche aber hintenan: Ich konnte Fofò nicht wegschicken. Und außerdem hatte ich das Gefühl, dass etwas Schlimmes passiert sein musste.

Kaum hatten wir das Lokal betreten, gingen die Lichter aus. Ich sah auf ein Meer von Kerzen und eine riesige Torte, und in diesem Augenblick stimmten meine Freunde *Zum Geburtstag viel Glück* an. Die Lichter gingen wieder an, und alle stürzten begeistert auf mich zu, als wäre ein verletzter Soldat siegreich aus dem Krieg heimgekehrt.

Einen Moment lang war ich erstarrt, doch dann kam wieder Leben in mich. Ich nahm den Champagner aus dem Sektkübel und goss Fofò Wasser und Eiswürfel über den Kopf. Er hatte mir wirklich Angst gemacht. Ich erinnerte mich, dass er mich während meiner Militärzeit angerufen und davon zu überzeugen versucht hatte, nach meiner Rückkehr in ein besseres Stadtviertel zu ziehen. St. Pauli sei zu unzivilisiert, hatte er argumentiert. Es sei für meine Freunde unzumutbar, mich dort zu besuchen – erst recht für deren

Frauen. Aber ich war nicht interessiert: Ich wollte in meine alte Wohnung auf der Reeperbahn zurück. Dann würde ich eben zu ihnen kommen.

In diesem Wissen hatte Fofó meinen Nachmieter mit einem großzügigen Geschenk und dem Angebot seiner »Freundschaft« davon überzeugt, die Wohnung zu räumen. Danach hatte er sogar noch einen Innenarchitekten beauftragt, sie komplett neu einzurichten. Es sollte ein richtiges Playboy-Domizil werden.

Der Architekt hatte alle Innenwände entfernen lassen, sodass ein einziger riesiger Raum entstanden war, in dessen Mitte ein riesiges Bett platziert war. An den Wänden hingen Kopien berühmter Meisterwerke des 20. Jahrhunderts. Es dauerte zwar eine Weile, bis ich mich an das neue Ambiente gewöhnt hatte, aber ich erkannte die Vorteile doch schon sehr bald. Besonders wenn ich Gelegenheitsbekanntschaften mit nach Hause nahm. Manche schämten sich, in meiner Anwesenheit das offene Bad zu benutzen und baten mich, auf dem Balkon zu warten. Für die meisten jedoch war das kein Problem: für mich ein weiterer Beweis dafür, dass die Frauen aus dem Norden ziemlich freizügig waren.

Doch Fofó hatte für mich noch mehr getan. Er hatte meinen Anteil am gemeinsamen Kapital verzehnfacht, auf fast 200 000 Mark, die sicher verwahrt in einem Safe lagen.

Bevor ich in die neu gestaltete Wohnung zog, kaufte ich einen riesigen Strauß Rosen und befestigte an jeder Tür des Hauses mit Klebeband eine Rose mit einem Kärtchen: »Euer Freund Antonio ist zurück in der 34. Falls jemand Lust auf einen Kaffee hat ...« Natürlich war so etwas nur in St. Pauli möglich. In dem Haus waren viele Appartements an junge Frauen vermietet, die auf der Reeperbahn arbeiteten: Slawinnen, Türkinnen, Rumäninnen, Russinnen. Aber auch Homosexuelle, Transsexuelle und Transgender lebten hier. Nur in diesem Milieu fand ich Ehrlichkeit, Selbstlosigkeit, echte Freundlichkeit und Großherzigkeit. Hier lebten die Ausgegrenzten, Menschen, die bittere Armut und üble Lebensumstände kennengelernt hatten. Das Leben, das sie führten, hielten sie vor ihrer Familie und den Freunden in der Heimat, einem kleinen osteuropäischen Dorf zum Beispiel, geheim. Sie waren allein. Und gerade diese Einsamkeit schweißte sie zusammen. Und ich gehörte dazu.

Wenn es einem von uns schlecht ging, gab es immer jemanden, der den Arzt seines Vertrauens verständigte, war jemand im Krankenhaus, besuchten wir ihn. Wir waren wie eine große Familie.

Mit diesen Menschen wollte ich zusammenleben, nicht mit den »anständigen Leuten«, die – verlogen wie sie waren – nur klammheimlich nach St. Pauli kamen, um dort ihre geheimen Wünsche auszuleben.

Ich war bereits seit einigen Wochen auf der Jagd nach potenten neuen Opfern, als ich in einer Kneipe auf einen sturzbetrunkenen Deutschen stieß, der nach dem Bezahlen seine Brieftasche auf einen Barhocker legte und sich umdrehte. Ich nutzte die Gelegenheit, nahm das ganze Geld heraus, einige Tausend Mark, und ließ ihm nur seine Papiere. Dann machte ich mich aus dem Staub.

Da es nicht mein Geld war, hatte ich nicht wirklich etwas zu verlieren und beschloss, Würfel zu spielen. Ich gewann etwa 40 000 Mark für unsere Gemeinschaftskasse. Endlich, nach einem ganzen Jahr Abwesenheit, hatte auch ich wieder meinen Beitrag leisten können.

Den nächsten Coup landete ich bei einem Restaurantbesitzer, der noch Schulden bei mir hatte, die er nicht zurückzahlen konnte. Er setzte mich erst als Kompagnon ein, doch bereits nach einigen Wochen hatte ich beim Pokern seinen Anteil gewonnen. Das Restaurant gehörte mir. Ihn setzte ich auf die Straße, und damit waren für ihn 15 Jahre harte und entbehrungsreiche Arbeit fern der Heimat umsonst gewesen.

Ich wusste, dass ich nicht mehr als ein Schmarotzer war, ein erbarmungsloser Blutsauger, doch ich dachte mir: Was soll's? Wenn dieser Trottel nicht von mir ausgenommen worden wäre, hätte es ein anderer getan. Außerdem war Glücksspiel mein Job, ich lebte davon. »Finde dich damit ab«, war mein Mantra, um mein Gewissen zu beruhigen.

Jetzt war ich Restaurantbesitzer – ich, der nicht einmal ein Spiegelei braten konnte. Dafür hatte ich aber Ideen. Ich ging per Handschlag einen Vertrag mit einer apulischen Gastwirtsfamilie ein, die vor Jahren nach Deutschland gekommen war: Sie würden das Restaurant für mich führen: die Eltern in der Küche, die beiden Söhne als Kellner. Sechzig Prozent der Einnahmen gingen an sie, vierzig Prozent an mich.

Das Angebot war für sie überaus verlockend, zumal ich ihnen zusätzlich die beiden Wohnungen über dem Lokal zur Verfügung stellte.

Meine Freunde meinten, ich hätte den Verstand verloren, aber ich hatte klare Vorstellungen. Ich wollte ein Restaurant, das seriös und mit Herzblut geführt wurde, auch wenn ich dabei weniger Geld verdienen sollte. Ich wusste schon seit Kindertagen, wie wichtig es war, Menschen seines Vertrauens auch ein Stück vom Kuchen zu gönnen. Und noch eins war mir wichtig: Ich war Restaurantbesitzer, ganz legal, versichert und mit Anspruch auf Sozialleistungen.

Ich kaufte mir einen Porsche 911 Targa, die Cabrioversion von 1983, die zwar aus zweiter Hand, aber trotzdem in perfektem Zustand war. Und ich nahm meine alten Gewohnheiten wieder auf: Sex, Glücksspiel, Sauna, Massagen, Sonnenbank.

Aber dann kam der Sommer, und ich musste nach Sizilien zurück. Meine Familie verlangte nach mir, wollte mich endlich in die Arme schließen. Ich war nicht gerade begeistert, denn jedes Mal, wenn ich Hamburg verließ, hatte ich Angst, die Stadt nicht mehr wiedersehen zu dürfen.

Jeden Abend, jede Nacht vor dem Einschlafen, wenn ich in diesem quietschenden, unbequemen Bett liege und ins Leere starre, frage ich mich: Und wenn ich in jenem Sommer nicht nach Sizilien zurückgekehrt wäre? Wenn ich mich entschieden hätte, meine Rückkehr erneut zu verschieben, wäre mein Leben dann anders verlaufen? Wäre ich der gleiche Kriminelle, das gleiche Ungeheuer geworden, das ich gewesen bin? Oder besser: das ich gewesen war. Jene Zeit und jener Mensch liegen so weit zurück, dass ich lieber das Plusquamperfekt dafür verwende.

Gut möglich. Das Schicksal verfolgt und findet dich überall. Ich habe hier Tausende von Gefangenen kennengelernt, und jeder hat seine eigene Lebensphilosophie. Ich erinnere mich an einen Sizilianer aus Trapani, der eines Tages zu mir sagte: »*Was kann ich dafür, dass ich in eine Kriminellenfamilie hineingeboren wurde? Meine Zukunft war doch schon vorprogrammiert. Und wenn ich der Sohn der Königin von England gewesen wäre, säße ich dann auch hier? Ich konnte mir mein Elternhaus nicht aussuchen: Das Schicksal entscheidet für uns.*«

Wer weiß? Vielleicht sind es aber auch wir selbst, die das Schicksal herausfordern und es ihm leicht machen. Wie auch immer, die Beschäftigung mit diesen philosophischen Fragen hilft einem Menschen, der dazu verurteilt ist, im Gefängnis zu sterben, sehr. Damals hatte ich keine Ahnung von all diesen Dingen, aber heute setze ich mich bewusst mit diesen Fragen auseinander. Und lerne und lese immer weiter!

Ich erinnere mich an einen anderen Häftling, ebenfalls Sizilianer,

der mir in breitestem Dialekt sagte: »Was willst du mit dieser Philo-
sophie anfangen? Den Magen füllt sie dir nicht.«

Das stimmt sicherlich, aber immerhin hilft die Philosophie, und wie
sie hilft! Sie knüpft ein Netz aus Ideen und Handlungen, hilft eine
Weltanschauung zu entwickeln, den Horizont zu erweitern und kri-
tisch zu hinterfragen, ob das, was man tut, auch richtig ist. Aber vor al-
lem lehrt die Philosophie, die eigene Haltung zu überdenken und sogar
zu ändern, indem man sich mit anderen Menschen und ihren Ansichten
auseinandersetzt. Denn die wirkliche Gefahr liegt im Dogmatismus.
Ich fürchte Menschen, die sich hinter der Logik und der Achtbarkeit von
Maximen verstecken. Ich glaube dagegen, dass Logik in Aufrichtigkeit
und dem Fehlen von Widersprüchen besteht. Die Essenz der Logik ist
das Nachdenken und das kritische Hinterfragen, nicht der blinde Ge-
horsam. Dogmatismus ist die ideale Entschuldigung für Mitläufer.
Wenn man sich selbst erkannt hat, muss man die Vergangenheit über-
denken, sich Neuem öffnen. Mein hochverehrter Lehrer, Professor Giu-
seppe Ferraro von der Universität Federico II. in Neapel, hat mir durch
das Höhlengleichnis von Platon die Augen geöffnet und mich dazu an-
geregt, die Notwendigkeit zu erkennen, dass man die Realität immer
mit einem kritischen Bewusstsein betrachten muss. Man sollte sich nie
nur mit dem Schein begnügen.

Rückkehr nach Sizilien

Zu Hause wurde ich herzlich empfangen. Ich war gerührt. Meine Familie war überglücklich, mich wiederzusehen, und selbst mein sonst so strenger und unnachgiebiger Vater ließ sich einen Moment lang mitreißen. Erst als seine Brüder ihn darauf hinwiesen, dass die Uhr an meinem Handgelenk eine sündhaft teure Rolex war, fiel er in seine übliche Rolle zurück: »Schämst du dich nicht, eine so protzige Uhr zu tragen? Du bist der Sohn eines Arbeiters – was willst du damit beweisen? Wem hast du sie geklaut?«

Und dann folgten die bekannten, schwachsinnigen Tiraden, die nicht nur Väter von sich geben, sondern auch fanatische Kommunisten.

»Ich bin Unternehmer«, antwortete ich.

»Unternehmer? Und in welcher Branche?«

»Ich bin Eigentümer eines bekannten Restaurants in Hamburg.«

Er wollte erst verächtlich lachen, doch als ihm klar wurde, dass ich es ernst meinte, verstummte er. Damit hatte er nicht gerechnet. Er ging ins Nebenzimmer und rief Fofò an. Doch auf Fofò konnte ich mich verlassen. Er war ein wahrer Freund. Auf die Frage meines Vaters, was ich in Hamburg so triebe, antwortete er, dass er mich das doch selbst fragen könnte. Das war seine Art, mir zu zeigen, dass er niemals mein Vertrauen missbrauchen würde und dass er mein Freund und nicht mein Kindermädchen war. Mein Vater blieb hartnäckig und wollte wissen, ob das mit dem Restaurant wirklich stimmte. Fofò bestätigte das und schlug vor, dass mein Vater es auch selbst überprüfen könne. Mein Vater war sprachlos. Ich überraschte ihn immer wieder, und er verstand nicht, wie es mir gelang, immer das zu tun, was ich tun wollte. Von diesem Tag an stellte er mein Handeln nie wieder infrage. Nie wieder.

Den Sommer 1986 verbrachte ich mit meinen Freunden. Eine herrliche Zeit. Wir vergnügten uns beim Schwimmen, beim Angeln und aßen jeden Abend Fisch vom Grill. Doch schon bald hatte mich die Realität wieder eingeholt. Hinz und Kunz baten mich, ihnen Geld zu leihen, und ich konnte einfach nicht Nein sagen. Ich konnte mich kaum noch im Dorf sehen lassen. Ein früherer Freund, den ich ewig nicht mehr gesehen hatte und der sich als erfolgreicher Unternehmer präsentierte, war in Wirklichkeit bis zum Hals verschuldet. Ihm lieh ich 50 Millionen Lire, anderen fünf oder zehn. Insgesamt hatte ich in einem Monat fast 100 Millionen Lire unter die Leute gebracht.

Daraufhin mied ich das Dorf und vergrub mich zu Hause, aber hier hatte ich nun meine Familie am Hals, die mich unablässig drängte, allmählich an meine Zukunft zu denken. Vielleicht könnte ich ja auf dem Fischmarkt arbeiten? Jeden Morgen um vier aufstehen und den ganzen Tag in einem Gefrierschrank verbringen? Sie redeten und redeten, und meine Absicht nach Deutschland zurückkehren zu wollen, ignorierten sie einfach. Aber ich ließ mich nicht von meinem Plan abbringen: Am Ende des Sommers würde ich wieder in Hamburg sein.

Auf Dauer konnte ich mir ein Leben in Sizilien nicht vorstellen: Natürlich war die Insel ein prachtvolles Fleckchen Erde, voller Farben, voller Licht, doch einem jungen Menschen bot sie keine Zukunft. Wie sollte ich in einem Dorf zurechtkommen, in dem es nur ein einziges Kino und ein paar Billardschuppen gab? Wie sollte ich ohne Wellness-Oasen, Sauna, Tennis, schnelle Autos, schöne Frauen und ohne Glücksspiel leben? Nein, in Sizilien, da war ich sicher, würde meine Seele elend verkümmern. Ich liebte meine Familie über alles und hätte mein Leben für sie gegeben, aber ich wollte mich nicht in Casamarina einsperren lassen.

In jenem heißen Sommer gab es einige Morde in der Gegend. Die Sache interessierte mich zwar nicht sonderlich, aber mir fiel auf, dass die Opfer alle aus der Familie Resina oder zumindest ihrer weiteren Verwandtschaft stammten. Einige Zeit später sollte mir klar werden warum.

Tinos Hochzeit

Wir saßen an verschiedenen Tischen, doch unsere Blicke kreuzten sich. Inmitten des ohrenbetäubenden Lärms der Musik, inmitten ausgelassen tanzender und singender Gäste. Wir hoben unsere Gläser – 'u Mancinu, der Bräutigam, 'u Grossu und ich – und tranken auf unsere Freundschaft. Auf unseren Lippen lag unser Schwur: »Für immer und ewig!«

Ich stellte das Glas vor mir ab, drehte mich zur Seite und fing den Blick meines Vaters auf. Er schüttelte den Kopf. Er hatte uns aufmerksam beobachtet.

Sein Blick traf mich bis ins Mark. Wer weiß, was genau in seinem Kopf vorging, aber ich war sicher, dass er begriffen hatte, dass es zwischen mir und meinen Freunden dunkle Geheimnisse gab. Wir drei waren seit jeher wie Pech und Schwefel. Schon als Kinder hatten wir uns abgesprochen, wenn unsere Väter unsere Missetaten hinterfragten – auch wenn ihnen das natürlich klar war. Mit Unschuldsmiene hatte jeder die gleiche Geschichte erzählt. Und mit ihren Schlägen hatten sie nie etwas erreicht. Über unsere blauen Flecke hatten wir nur gelacht.

Deshalb hatten sie irgendwann mit dem Verprügeln aufgehört. Stattdessen versuchten sie uns zu trennen, was uns aber nur noch enger zusammenschweißte. Wenn mein Vater mich gefragt hatte, wo ich gewesen sei, hatte ich immer geantwortet: »Bei Nello und Tino«. Schließlich hatte er sich damit abgefunden.

An einem etwas weiter entfernten Tisch saß Totò. Ich winkte

ihm zu, glücklich darüber, ihn nach so vielen Jahren wiederzuse-
hen. Ich versuchte mich daran zu erinnern, wann ich ihn das letzte
Mal gesehen hatte, und mir kam die Szene mit dem Motorrad des
Carabiniere in den Sinn, als ich Totò heftig verprügelt hatte.

Er grüßte schüchtern zurück. Ich ging auf ihn zu und umarmte
ihn herzlich, er jedoch erwiderte meine Umarmung nicht wirklich.
Er stellte mir seine Frau und seine Tochter vor, ein süßes Kind, erst
wenige Monate alt. Wir unterhielten uns über dieses und jenes, bis
er zusammen mit seiner Frau im Bad verschwand, um dem Baby
die Windeln zu wechseln.

Meine Freunde und ich tanzten den ganzen Abend mit den
älteren Frauen aus unserem Viertel, die mit ihrer Liebe und ihren
Hieben auf ihre Weise ebenfalls zu unserer Erziehung beigetragen
hatten.

Auch Caluzzu, ein anderer Dorfbewohner, schien sich über die
Jahre hinweg beruhigt zu haben. Sein Gemüsegarten war immer
sein ganzer Stolz gewesen, er liebte seine Blumen und sein selbst
gezogenes Gemüse. Nach der Arbeit hatte er sich in sein grünes
Paradies zurückgezogen, das direkt neben dem kleinen Platz lag,
auf dem wir als Kinder Fußball spielten. Wenn der Ball wieder einmal in seinen Garten geflogen war, hatte Caluzzu ihn einfach zer-
schnitten. Mit dem Spiel war es dann vorbei. Natürlich hatten wir
es ihm damals mit gleicher Münze heimgezahlt und mit Steinen
die Fensterscheiben seiner Gartenlaube eingeworfen.

Eines Tages jedoch war es Caluzzu gelungen, 'u Grossu zu erwischen. Er zog ihn an einem Ohr hinter sich her. Tino und ich
holten große Steine und drohten dem Alten, mehr als die Fenster
einzuwerfen, wenn er unseren Freund nicht gehen ließe.

Er bekam Angst und ließ 'u Grossu los. Eine gute Entscheidung, denn an jenem Tag war ich wild entschlossen gewesen, ihm
den Schädel einzuschlagen.

Nun, Jahre später und einige Tage vor Tinos Hochzeit, hatten
wir Caluzzu abends in eine Trattoria eingeladen, um über die alten

Zeiten zu sprechen. Wir füllten ihn richtig ab, ein kleiner Denkzettel für damals. Das hatte er natürlich sofort kapiert und grinsend gelallt: »Ihr habt recht, ich hätte nicht eure Bälle, sondern eure Köpfe zerschneiden sollen. Ihr kleinen Bastarde habt mir doch wirklich das Leben zur Hölle gemacht!«

Dann lachten wir gemeinsam. Uns war klar, dass auch wir es übertrieben hatten. Ich hatte Caluzzu aus Deutschland als Versöhnungsgeste Samen und Dünger für den Garten mitgebracht, und nach diesem Abend herrschte wirklich Frieden zwischen uns.

Tinos Hochzeit war ein unvergessliches Erlebnis, die Krönung der Liebe zweier Menschen. Vor allem für die Braut, Marcella, die beide Elternteile verloren hatte: Ihr Vater, ein Fischer, war bei einem Sturm im Meer ertrunken und ihre Mutter war an irgendeiner Krankheit verstorben. Mich rührte es, die beiden so glücklich zu sehen. Vielleicht hatte ich etwas zu viel getrunken, aber ich konnte meine Tränen nicht zurückhalten.

'U Grossu, dieser Geizhals, hatte sich neben mich gesetzt und murmelte ununterbrochen vor sich hin, dass wir ihn in den Ruin gestürzt hätten. Er hatte zugestimmt, sich an den Kosten für Tinos Hochzeitsfest zu beteiligen – allerdings erst, als wir ihm versprochen hatten, dasselbe für ihn zu tun, falls er heiraten sollte. Seine Jammerei war natürlich nicht ernst gemeint. Er hätte alles für Tino gegeben, und ich vermute, auch für mich, was er aber nie zugegeben hätte. So war er eben. Mein Geschenk war das Hochzeitskleid gewesen, obwohl Tino und Marcella zunächst heftig protestiert hatten. Aber ich hatte es gerne getan. Ich liebte meine Freunde und sie liebten mich.

Schließlich ging der Sommer 1986 zu Ende. Der Moment des Abschieds war gekommen. Ich hatte mein Flugticket nach Hamburg heimlich gebucht und wollte meine Familie erst im allerletzten Moment informieren, um ihnen Lebewohl zu sagen.

Das Massaker

Meine Zeit in Casamarina war vorbei. Beim Mittagessen hatte ich meiner Familie verkündet, dass ich am nächsten Tag nach Hamburg zurückkehren würde. Jetzt saß ich mit meinem Großvater, meinen Onkeln und meinen Freunden in der Bar und versuchte ihnen begreiflich zu machen, dass es mir leidtat, ich ihrer dringenden Bitte, in Casamarina zu bleiben, aber nicht nachkommen konnte.

Das war ein schwerer Schlag für alle gewesen, hatten sie doch meine Zukunft bereits geplant und organisiert. Den ganzen Tag über hatten sie nicht mit mir gesprochen.

Mir war bewusst, dass sie sich Sorgen um mich machten, aber das änderte nichts an meinem Entschluss: Ich wollte auf keinen Fall bleiben.

»Er folgt einfach dem falschen Weg«, sagten sie immer wieder. Einige regten sich über den Onkel auf, der in ihren Augen verantwortlich dafür war, dass ich überhaupt jemals einen Fuß in dieses »verdammte Hamburg« gesetzt hatte. In ihren Augen war Hamburg der Inbegriff des Lasters und der Sünde. Sie malten den Teufel an die Wand und prophezeiten mir eine schwarze Zukunft: »Du wirst entweder umgebracht, endest als Drogensüchtiger oder fängst dir eine dieser Krankheiten ein.«

Es hatte keinen Sinn, mich zu rechtfertigen – auf diesem Ohr waren sie sowieso taub. Für meine Argumente interessierte sich niemand. Und dann gab es noch die ganz Autoritären meiner

Familie: »Du bleibst, und damit basta!« »Aber nur, wenn ihr mich irgendwo festbindet«, antwortete ich.

Nichts und niemand würde mich von meinem Vorhaben abbringen: »Morgen Abend werde ich in St. Pauli mit Cixi chinesisch essen gehen, einer wunderschönen sanften Frau mit Mandelaugen.« Nach und nach verflüchtigten sich die Ängste und düsteren Prophezeiungen in der schweren Luft des warmen Abends.

In diesem Moment kam Concetta, eine Kindheitsfreundin, mit einigen anderen jungen Frauen vorbei. Sie gab mir mit einem Blick zu verstehen, dass ich ihr folgen sollte. Ich stand auf, gab meinem Großvater einen Kuss und sagte, ich sei in einigen Minuten wieder da. Er sah mich mit gespielter Strenge an, aber an seinen Augen und seiner Nase konnte ich erkennen, dass er innerlich lächelte: Ich hatte wie immer seine Unterstützung.

Ich ging Concetta nach und mischte mich unter die auf der Hauptstraße flanierenden Leute, um nicht aufzufallen. Es war acht Uhr abends. Ich sah, wie Concetta an einem Stand stehen blieb und ihrem Sohn etwas Süßes kaufte, und nutzte die Gelegenheit, mich ihr zu nähern. Einige geflüsterte Worte genügten: »Heute Abend um elf ist mein Mann nicht da, komm vorbei, ich muss dringend mit dir reden.« Ich wollte ihr gerade sagen, dass ich das nicht schaffen würde, aber ihr flehender Blick hielt mich davon ab.

Plötzlich hörte ich laute Geräusche und Geschrei. Es klang nach einer Schlägerei. Ich zuckte zusammen. Die Menschenmenge auf der Straße löste sich blitzschnell auf, und ich war allein. Instinktiv rannte ich auf die Geräusche zu. Sie kamen aus der Bar, in der ich vor wenigen Minuten noch selber gesessen hatte.

»Meine Familie …« dachte ich.

Obwohl ich bis heute nicht weiß warum, war mir sofort klar, dass etwas Schreckliches passiert sein musste.

Meinen Augen bot sich ein grässliches Bild: Männer mit tief ins Gesicht gezogenen, roten Kapuzen feuerten auf leblos am Boden liegende Körper und bewegten sich geschmeidig wie Raubtiere auf der Suche nach Beute. Als einer von ihnen mich erblickt hatte, richtete er die Waffe auch auf mich. Während ich stocksteif stehen blieb, spürte ich, wie die Kugeln knapp an mir vorbei pfiffen. Es dauerte einige Sekunden, bis ich realisierte, dass auf mich geschossen wurde.

Ich war zunächst wie gelähmt, doch dann trat mein Überlebensinstinkt in den Vordergrund, und ich ergriff die Flucht. Ich bog um die erste Ecke, knickte aber plötzlich um. Eine Kugel musste mich am Fuß getroffen haben. Ich biss die Zähne aufeinander, um so weit wie möglich zu flüchten. Die wollten mich umbringen! Mehrmals stürzte ich zu Boden, schleppte mich aber trotzdem immer weiter. Schließlich versteckte ich mich hinter einem Auto. Einer der Killer verfolgte mich. Ich hörte seine schnellen Schritte hinter mir. Er schien zu ahnen, wo ich mich versteckte, und ich vermutete, dass er sich gleich flach auf den Boden legen und unter den parkenden Autos hindurchschauen würde. Ich presste meinen Rücken noch fester gegen einen der Reifen.

Der andere suchte fieberhaft nach mir. Das spürte ich. Sein Atem war hektisch, und jeden Moment glaubte ich, seinen Kopf vor mir auftauchen zu sehen.

»Ich werde sterben …«, dachte ich, während mein Herz zu zerbersten schien. Plötzlich tauchte ein Auto mit seinen Komplizen auf: »Los! Wir hauen ab!«, schrie der Fahrer. Aber mein Verfolger feuerte noch eine letzte Maschinengewehrsalve auf die parkenden Autos ab, bevor er einstieg. Ich hatte den Eindruck, um mich herum würde alles explodieren. Noch einen Schritt weiter, und der Schütze hätte mich hinter dem Rad kauern sehen.

Der Fahrer schrie ihn drängend an, er solle sich beeilen. Und dabei nannte er den Namen meines Verfolgers.

Der Klang dieser Stimme ging mir noch Jahre danach nicht mehr aus dem Kopf. Sie quälte mich jede Nacht. Und auch heute noch verfolgt mich ihr Widerhall.

Schließlich hörte ich, wie ihr Wagen mit quietschenden Reifen davonfuhr. Gerettet. Ich atmete durch. Danach folgte eine laute Stille. In meinen Ohren pfiff und zischte es ununterbrochen. Mir war klar, dass es eigentlich totenstill war, aber mir klingelten die Ohren. Der Name, den ich gehört, und die fanatische Verbissenheit, mit der mich der Killer gesucht hatte, sagten mir, dass er mich gut kannte und mich aus dem Weg räumen wollte. Aber warum nur? Zum Teufel, warum?

Aus meinem Schuh quoll Blut. Ich kümmerte mich nicht darum und schleppte mich zur Bar zurück. Überall lagen leblose Körper in seltsamen Posen am Boden. Es sah aus wie auf einem Schlachtfeld. Wie in einem Kriegsfilm.

Dann fiel mein Blick auf eine zerbrochene Brille. Es war die Brille meines Großvaters. Mein über alles geliebter Großvater lag mit weit aufgerissenen Augen auf dem Straßenpflaster und starrte gen Himmel. Ich kniete mich neben ihn, schloss ihm die Augen, drückte ihn an mich und wiegte ihn wie ein Kind. Ich blickte auf und erkannte an einer Straßenecke auch meinen Onkel. Vorsichtig bettete ich den Kopf meines Großvaters auf das Pflaster. Ich ging auf meinen Onkel zu. Der Weg zu ihm war mit weiteren Leichen gesäumt.

Mein Onkel tat in meinen Armen seinen letzten Atemzug. Auf den ersten Blick schien er nur am Arm verletzt zu sein. Ich riss sein Hemd auf und tastete seinen Körper ab, bis meine Finger ein kleines Loch unter seiner Achsel erspürten. Hier war die tödliche Kugel eingedrungen. Später erfuhr ich, dass mein Onkel beim Versuch, dem Hinterhalt zu entfliehen, in diese Gasse eingebogen war. In genau diesem Moment hatte ihn das Projektil unter der Achsel getroffen und war direkt in sein Herz eingedrungen. Eine Frage von Zentimetern, die über Leben und Tod entschieden.

Wenige Meter entfernt erblickte ich dann noch meinen Cousin. Er war regelrecht von Kugeln durchsiebt, und ich konnte ihn nur an der Uhr, die ich ihm geschenkt hatte, identifizieren.

Ich wusste nicht, um wen ich mich zuerst kümmern sollte, und begann, in meiner hilflosen Wut wie verrückt zu schreien. Ich weinte über den toten Körpern meiner Liebsten, bis sich ein Wagen näherte. Ein anderer Verwandter saß am Steuer. Benommen hievte ich den Leichnam meines Onkels ins Auto, während mein Verwandter sich um meinen Großvater kümmerte. Ich ging auf ihn zu, um zu helfen, und dabei weinte ich wie ein kleines Kind. Großvaters Gesichtsausdruck war so friedlich, so sanft, so freundlich ... Auf dem Weg ins Krankenhaus wurde mir schmerzlich bewusst, dass ich ihn mehr geliebt hatte als mein eigenes Leben. Niemand hatte das Massaker überlebt.

Die Erinnerung an ihre toten Körper auf dem kalten Marmor des Leichenschauhauses werde ich wohl nie aus dem Kopf bekommen. Jedes Detail hat sich in meine Seele eingebrannt.

Aber dieses Bild machte mich nicht fertig, im Gegenteil, es gab mir inmitten des Schmerzes auch Mut und Entschlossenheit. Mein Vater und seine Brüder waren hingegen von einer Verzweiflung erfasst worden, die schon fast etwas Unmenschliches hatte. Ich wartete, bis alle den Raum verlassen hatten und nahm dann Abschied. Ich umarmte sie ein letztes Mal – einen nach dem anderen.

Beim Anblick ihrer toten Körper schwor ich bittere Rache.

An diesem Abend hatte der Leidensweg meiner Familie begonnen, der bis heute andauert. Die Tragödie nahm ihren Lauf.

Noch heute verfolgen mich die Bilder des Massakers im Schlaf. Ein end-loser Albtraum, ein Trauma, das ich nicht überwinden kann. Ein Film, der sich ständig wiederholt. Und jedes Mal ist es so, als kämen neue Sze-nen, neue Details, neue Handlungsstränge hinzu.

Ich habe jede Sekunde dieses verhängnisvollen Abends kristallklar vor Augen. Es dauerte mehrere Jahre, bis ich gelernt hatte, mit dieser Qual einigermaßen leben zu können – diese Qual, die meine Seele zu-grunde zu richten drohte. Vergessen kann ich sie nicht. Ich erinnere mich an die Killer mit ihren roten Kapuzen, die auf die leblosen Körper mei-ner geliebten Familie schießen.

Mein Großvater, mein herzensguter Nonno ... Er war viel mehr als nur ein Großvater. Ich habe die glücklichsten Stunden meiner Kindheit mit ihm erlebt. Er war mein Lehrmeister für das Leben, und die wich-tigen Dinge des Lebens habe ich von ihm gelernt. Von ihm habe ich meine ersten Geschenke bekommen, er hat mir Schwimmen und viele andere Dinge beigebracht. Ich verdanke ihm viel, unendlich viel.

Es hieß, er sei ein Mafioso gewesen. Am Morgen nach dem Massaker nannten ihn die Zeitungen einen Paten, einen »Capocosca«. Mein Großvater das Oberhaupt eines Mafiaclans? Niemals.

Heute im Rückblick kann ich sagen, dass die Bezeichnung »Mafioso« zu allgemein ist. Ob jemand tatsächlich der Mafia angehört, können nur Polizisten, Staatsanwälte, Richter und sonstige Experten beurtei-len. Aber für die Öffentlichkeit, für die Medien ist ein Mafioso ein Mensch, der genau so stirbt wie mein Großvater und mein Onkel. Wer in einen Hinterhalt gerät, ist ein Mafioso. Wer mit Waffen erwischt wird, wer eine kriminelle Handlung begeht, ist ein Mafioso.

Aber die Wirklichkeit ist anders. Nein, meine Familie war keine Mafiafamilie. Tausendmal haben mich das die Häftlinge, mit denen ich auf engstem Raum zusammenleben musste, während meiner mehr als zwanzig Jahre im Gefängnis gefragt. Wenn sie dich noch nicht kennen, trauen sie sich erst nicht, solche Fragen zu stellen. Im Knast weiß man schließlich, dass Fragen wie »Warum bist du hier?« oder »Was hast du gemacht?« nicht gerne gehört werden. Aber dann, nach und nach, wird man vertrauter miteinander und sie erkundigen sich nach deinem Schicksal. Eines Tages habe ich versucht einem Zellengenossen zu erklären, was Vendetta, also Blutrache, ist und wodurch sie ausgelöst wird. Und dass man manchmal als indirekt Beteiligter gar nicht weiß, um was es geht. Ich jedenfalls wusste nicht, warum die Cosa Nostra unsere Familie auslöschen wollte. Oder besser: Damals wusste ich es nicht und konnte es auch nicht verstehen. Selbst heute, Jahrzehnte später, glaube ich nicht wirklich daran, dass das Attentat einen konkreten Anlass hatte. Es war eine Verkettung von Umständen. Mir ist klar, dass das rational nicht zu erklären ist. Wenn ich zum Beispiel versuchen würde, einem Richter darzulegen, dass zwischen meiner Familie und der Familie Resina wegen Banalitäten und persönlichen Antipathien böses Blut herrschte und es vor allem deswegen zu diesem Drama gekommen ist, würde er mich wohl für verrückt erklären.

Um zu den Wurzeln dieses blutigen Konflikts zu gelangen, muss man noch viel weiter in die Vergangenheit zurückgehen. Man muss sich vor Augen halten, was damals in den 1970er Jahren in der Provinz Agrigent vorgegangen ist. Damals, als es zu den ersten Blutrachefehden kam.

Diese Hintergründe zu ermitteln ist die Aufgabe der Richter. Sie müssen die Geschichte neu schreiben und entscheiden, ob mein Großvater ein Mafioso war oder nicht, ob meine Familie eine Mafiafamilie war oder nicht.

Die Feinde

Die tiefe Trauer verwandelte unser lebensfrohes, sonniges Zuhause in eine dunkle, trostlose Höhle. Die Polizei verhörte meine Familie und unsere Freunde. Unsere Häuser wurden durchsucht, und in einem fand man den gefälschten Pass, den ich zu Beginn meiner Flucht benutzt und dann dort liegen gelassen hatte. Um nicht festgenommen zu werden, musste ich erneut fliehen. Außerdem hätte ich sonst auch meine Fußverletzung erklären müssen.

Ich verließ Sizilien, allerdings nicht so, wie ich es mir gewünscht hatte. Ich floh und versteckte mich dieses Mal bei Verwandten in Düsseldorf. Nicht in Hamburg, weil man mich dort sofort aufgespürt hätte. Doch das Glück oder das Schicksal oder was auch immer wollte es, dass mein gefälschter Pass auf der Polizeiwache verloren ging. Somit wurde kein Haftbefehl gegen mich erlassen. Die Beweise fehlten, und ohne Beweise kein Verbrechen.

Ich verbrachte qualvolle Tage und Nächte, hatte das Gefühl, mir würde der Kopf platzen: Die Maschinenpistolensalven, die angstvollen Schreie, die nicht enden wollenden Schmerzen am Fuß, die Dramatik der Szenerie ... All das ließ mich nicht los.

Die Wunde am Fuß wollte und wollte sich nicht schließen. Ich war vollgestopft mit Schmerzmitteln und Antibiotika, und trotzdem wurde es immer schlimmer.

Ich nahm an, dass die in der Eile schlecht gesetzten Stiche der Naht die Ursache für die Entzündung waren. Schließlich brachte mich ein Verwandter ins Krankenhaus, wo ich geröntgt wurde. Sofort schlug das Gerät Alarm: Die Röntgenstrahlen hatten einen Fremdkörper geortet. Unglaublich! Ich hatte Blei im Fuß, und niemandem war es aufgefallen – nicht einmal mir. Wieder musste ich fliehen, um dem Polizisten in der Notaufnahme nicht Rede und Antwort stehen zu müssen. Ein Albtraum.

Erst später löste der Arzt einer Privatpraxis, der sich sein Schweigen gut bezahlen ließ, die Naht und entfernte den Fremdkörper, der sich als Kugelsplitter herausstellte. Er sah wie eine deformierte Bleimünze aus. Das Projektil war offensichtlich auf etwas Hartem aufgeschlagen, danach zurückgeprallt und hatte mich dann am Fuß getroffen.

In meinem Kopf lief die Szene wie in Zeitlupe ab: Ich verschwand in der Gasse, und genau in diesem Augenblick knickte mir das Bein weg. Wie mein Onkel Gigi, der um die Straßenecke gebogen war, just als ihm das Projektil die Achsel und dann das Herz durchbohrt hatte.

Nach einiger Zeit trat meine Familie wieder mit mir in Kontakt und holte mich zurück. Wir mussten begreifen, was und warum es passiert war, wer die Angreifer waren oder in wessen Auftrag sie gehandelt hatten und wie wir reagieren sollten. Denn nach dem Schmerz kam die Angst. Sie hielt uns in Atem, besonders deshalb, weil unser Feind kein Gesicht hatte. Ich bat meinen Vater mir die ganze Wahrheit zu sagen. »Du behauptest, nicht zu wissen, wer hinter dem Massaker steckt? Nichts als Lügen!«, schrie ich ihn an. Meinem Vater war klar, dass er nicht länger schweigen konnte.

Und er erzählte mir alles.

»Ich weiß nicht, wer genau geschossen hat, aber die Verantwortlichen sind Giufà, Netore und die Familie Resina.«

Ich verstand das nicht. Alles klang völlig absurd. Giufà … wie war das möglich? Er schien doch zur Familie zu gehören. Und die Resinas?

»Aber warum? Sag nicht, wir hätten etwas mit den Morden an der Familie Resina in diesem Sommer zu tun!?«

Mein Vater blickte zu Boden. Er zog eine Zigarette aus der Packung, die er in seiner Hemdtasche trug, und zündete sie an.

Ich sah ihn an und meine Angst wuchs.

Er blies eine Rauchwolke aus.

»Ja, das waren wir ... Die Resinas haben schon eine ganze Weile geplant, deinen Onkel Gigi umzubringen. Er und ich sind vor Monaten nur durch ein Wunder einem Hinterhalt entkommen ...«

Ich war verwirrt, stand auf und begann nervös, auf und ab zu gehen. Schließlich setzte ich mich meinem Vater direkt gegenüber.

»Also, wie jetzt? Ihr entkommt einem Hinterhalt der Mafia und setzt euch trotzdem seelenruhig in eine Bar? Warum hast du mir das nicht erzählt? Warum?«, schrie ich ihm ins Gesicht.

Zum ersten Mal schienen die Rollen vertauscht zu sein. Diesmal war ich es, der meinen Vater unter Druck setzte.

»Ich wollte nicht, dass du dir Sorgen machst.«

»Und jetzt erzählst du mir alles, ... *alles*. Ich muss es verstehen ...«

Mein Vater schüttelte den Kopf. Er drückte die Kippe im Aschenbecher aus und zündete sich sofort eine neue Zigarette an. Sein Gesicht verschwand hinter einer Rauchwolke, dann begann er mit rauer Stimme zu sprechen: »Die Resinas haben vor einigen Jahren gute Freunde deines Onkels Gigi in deren eigenem Supermarkt ermorden lassen. Einfach so. Eine Frage der Ehre ...«

»Eine Frage der Ehre ...«, wiederholte ich mit zusammengebissenen Zähnen. Diese Formulierung war die geläufigste Ausrede, um in gewissen Kreisen einen Mord zu rechtfertigen.

»... jedenfalls machte es den Eindruck, als wäre das der Grund gewesen. Auf den ersten Blick schien die Konkurrenzsituation zwischen dem Supermarkt von Gigis Freunden und dem Geschäft der Familie Resina damit nichts zu tun zu haben … Auch wenn man damals vermutete, dass durchaus wirtschaftliche Interessen dahintergesteckt haben könnten. Die Beziehung zwischen uns und den Resinas kühlte danach merklich ab. Nino Resina suchte dann später wieder den Kontakt, als er Gigi anbot, Mitglied der Cosa Nostra zu werden. Aber Gigi lehnte ab. Er war noch immer schockiert vom Tod seiner Freunde, die niemandem etwas Böses gewollt hatten. Doch das war sein Todesurteil: Man sagt nicht Nein zur »Familie«.

Wir waren über die Pläne des Resina-Clans immer auf dem Laufenden, da wir einen Maulwurf in ihren Reihen hatten, der alle Informationen an Gigi weitergab. Eines Tages sickerte durch, dass die Resinas beschlossen hatten, Gigi aus dem Weg zu räumen, weil er sich der Cosa Nostra verweigert hatte … Er wäre außer Kontrolle geraten und deshalb gefährlich für ihre Geschäfte. Das entsprach an und für sich auch der Wahrheit, aber gleich ein Mord? Sicher gab es Schwierigkeiten zwischen unseren Familien, aber doch nicht so schwerwiegende, dass … Nein, das konnte einfach nicht sein. Wir mussten es genauer wissen.

Eines Abends schoss ein Killer aus dem Hinterhalt auf einen Kellner, der im Stockwerk unter deinem Onkel wohnte, als dieser gerade von der Arbeit nach Hause kam. Wie durch ein Wunder überlebte er. Uns war klar, dass der Killer den jungen Mann, dieses völlig unbeschriebene Blatt, mit Gigi verwechselt haben musste. Beide waren gleich groß, von gleicher Statur und hatten die gleiche Haarfarbe. Unser Informant hatte die Wahrheit gesagt: Sie wollten Gigi tatsächlich töten! Es gab keinen Zweifel mehr. Wir entschieden uns, keine Zeit zu verlieren und unsererseits Nino Resina aus dem Weg zu räumen. Für uns stand fest, dass er für den Mordauftrag verantwortlich war … Wir brachten ihn um, wohl wissend, dass wir damit die gesamte »Familie« treffen würden. Die Resinas schworen danach blutige Rache. Als wir von dem geplanten Attentat auf unsere Familie erfuhren, beschlossen wir den Spieß umzudrehen: Bevor die uns auslöschen konnten, würden wir sie auslöschen.«

Er hielt inne. Die Geschichte war zu Ende.

Ich sah ihn verstört an. Mein Vater hatte gerade ein Schreckensszenario vor mir ausgebreitet, von dem ich nicht einmal den Hauch einer Ahnung gehabt hatte, geschweige denn, dass er so tief darin verstrickt war. Meine Diebstähle, meine Raubüberfälle, meine Betrügereien beim Spiel schienen dagegen Kinderkram zu sein. Aber zum Moralisieren war keine Zeit. Ich holte tief Luft und blickte meinem Vater direkt in die Augen.

»Um Himmels willen, ihr wusstet doch, wie die Resinas reagieren würden. Und statt Vorsichtsmaßnahmen zu ergreifen, was macht ihr? Setzt euch seelenruhig in eine Bar? Seid ihr verrückt geworden? Und Großvater? Sag bloß, er wusste Bescheid!«

»Nein, nein, Großvater wusste gar nichts ...«

Am liebsten hätte ich meine Wut und meinen Schmerz herausgeschrien und ihm vorgeworfen, dass er am Tod meines Großvaters schuld war.

»Wir haben ihm nichts gesagt, weil er es nicht verstanden hätte«, fügte er hinzu.

Und ob er es verstanden hätte, dachte ich, hielt mich aber zurück. Ich wollte die Seelenqualen meines Vaters nicht noch schlimmer machen.

»Dein Onkel«, fuhr er fort, »hat nicht damit gerechnet, dass sich auch die anderen, besonders Giufà und Netore, auf einen Krieg gegen uns einlassen würden.«

»Was haben Giufà und Netore damit zu tun?«

»Vielleicht erinnerst du dich nicht ... Aber wenn ich ›Rita Netore‹ sage, klingelt da etwas? Auch deshalb, vielleicht sogar vor allem deshalb, sind Giufà und Netore die eigentlichen Drahtzieher des Massakers.«

Noch heute kommt es mir irrwitzig und unglaublich vor, dass die Ge-
schichte mit Rita ein, wenn nicht gar der entscheidende Auslöser für den
Ausbruch dieses Krieges war. Wenn ich an die Mutmaßungen der Er-
mittler über die möglichen Ursachen des damaligen Konflikts denke,
muss ich beinahe lächeln. Niemand war darauf gekommen, dass es um
eine Frau ging.

Giufà, damals ein enger Freund meines Onkels Gigi, war mit Rita,
der Tochter von Netore, verlobt. Sie verstanden sich gut und dachten so-
gar immer konkreter ans Heiraten. Aber Netore war dagegen. Er wollte
nicht, dass seine Tochter einen wie Giufà heiratete. In seiner Ehre ver-
letzt lockte Giufà ihn in einen Hinterhalt, jedoch ohne ihn zu töten. Die
Ermittler kamen Giufà auf die Spur und nahmen ihn fest. Während er,
der noch immer in Rita verliebt war, seine Strafe absaß, machte einer
meiner Cousins Rita Avancen und begann eine Affäre mit ihr. Als dieser
sich dann in eine andere Frau verliebte und Rita wieder verließ, bekam
Netore Wind von der Sache. Er fühlte sich hintergangen und schwor
Rache. Auch Giufà hatte von der Liaison erfahren und prügelte, kaum
wieder in Freiheit, meinen Cousin tot. Mein Onkel war außer sich vor
Wut und kündigte Giufà die Freundschaft. Von diesem Zeitpunkt an
stand Netore der Beziehung zwischen Rita und Giufà nicht mehr im
Wege. Aus Freunden waren Feinde geworden. Und zwar gleich zwei,
die sich in ihrer Ehre verletzt fühlten: Netore, der meinem Cousin nie
verziehen hatte, dass er seine Tochter verführt und dann sitzen gelassen
hatte, und Giufà, der sich von meinem Cousin betrogen fühlte, weil der

es gewagt hatte, sich seiner Verlobten zu nähern, während er im Gefängnis saß.

Ehre. Dieses Wort war schon immer und wird immer die Rechtfertigung für Massaker an Männern, Frauen und Kindern auf sizilianischem Boden sein. Auch heute verstehen viele Sizilianer immer noch nicht, dass Ehre einzig und allein der Inbegriff für Wertschätzung und Achtung ist. Es hat absolut nichts Ehrenhaftes, jemanden umzubringen oder einem Kind den Vater zu nehmen oder gar eine ganze Familie zu zerstören. Wo ist die Ehre, wenn dabei die moralischen Gesetze einer Gesellschaft verletzt werden? Wo?

Aber wie soll man jemanden überzeugen, dass seine Argumente falsch sind, wenn es nun einmal die einzigen sind, die ihm je beigebracht wurden?

Wie soll man glaubhaft machen, was richtig und was falsch ist, wenn man es selbst nicht besser weiß?

Wie soll man erklären, dass sich »Moraldiskussionen« nicht nur um Gefühle drehen dürfen, vor allem, wenn diese den Regeln der Vernunft und Neutralität entgegenstehen? Wie?

»Der einzige Weg, die Mafia und den Humus, der die staatsfeindliche Mafiakultur am Leben hält, zu besiegen, ist die Anwendung der bestehenden Gesetze«, formulierte der Schriftsteller Leonardo Sciascia, der mit der Mafia aufgewachsen war und ihre Strukturen sehr gut kannte.

Noch heute, zwanzig Jahre nach diesen Aussagen, die wir alle kopfnickend zur Kenntnis genommen haben, ist nichts davon in die Tat umgesetzt worden. Die Mächtigen sind nach wie vor unantastbar. Selbst heute noch. Die Kluft zwischen den Mächtigen und den Bürgern ist tiefer denn je. Dabei kommen mir die Gedanken in den Sinn, die Nietzsche in Genealogie der Moral beschrieben hat: »Dem Verbitterten gelingt es nicht, aus der Racheecke zu kommen und das Erlittene zu vergessen, das ihm das Leben weiter verschließt ...« Der Verbitterte verwechselt die Liebe zum Leben mit dem Hass auf andere, Rachegedanken lassen ihn an einer Zeit festhalten, die nicht vergeht, sich aber in seiner Zwangsvorstellung ständig wiederholt. Im Gegenteil dazu lebt der Versöhnliche, *der verzeihende Mensch, im Hier und Jetzt in seiner ganzen Fülle und im Wunsch, die Vergangenheit mit heutigen Augen zu erleben.*

Wie soll man erklären, dass man sich bei der Erwähnung eines Ortes mit Freude an die dort verbrachte Zeit erinnern kann? Dieser Ort führt uns zu uns selbst zurück. Und die empfundene Freude ist das Gefühl des Wiedergefundenhabens. Der Verbitterte kehrt nicht zu sich zurück, Zeit und Ort bleiben ihm fremd, halten ihn fest und versperren ihm den Weg zur Lebensfreude. Wie soll man erklären, dass es einem nur dort wirklich gut geht, wo die eigenen Wurzeln liegen? Nein, um das zu verstehen, braucht man zumindest ein Minimum an Bildung. Dazu bedarf es der Philosophie.

Die Blitzaktion

Wir wurden von ohrenbetäubendem Lärm und dem beißenden Rauch von Tränengas geweckt. Es war wie im Film: Vermummte Polizisten einer Spezialeinheit stürmten im Morgengrauen unser Haus und nahmen uns fest. Sie waren bis an die Zähne bewaffnet, so als gelte es, zu allem bereite Terroristen zu überwältigen. Schlaftrunken, wie wir waren, realisierten wir erst gar nicht, was gerade passierte.

Es war ein Schock. Wir hatten nicht damit gerechnet, dass sie uns in diesem abgelegenen Winkel Deutschlands aufspüren würden. Alle Männer der Familie wurden festgenommen: mein Vater, meine Onkel und ich, sogar mein kleiner Bruder, der gerade mal vierzehn war.

Nachdem ich kurz darauf wieder auf freiem Fuß war, erfuhr ich, dass die Staatsanwaltschaft in Agrigent Haftbefehle gegen uns erlassen hatte, die mit laufenden Ermittlungen über die Blutrache zwischen den Resinas und unserer Familie zusammenhingen, aber auch mit anderen uns zur Last gelegten Vergehen. Mein Verdacht, dass es zwischen der Mafia und dem Staat in stillem Einverständnis viel zu gute Beziehungen gab, erhärtete sich dadurch.

Die Frauen unserer Familie, die Casamarina zuvor noch nie verlassen hatten, glaubten, in Deutschland fast ersticken zu müssen – noch dazu ohne ihre Männer. Also setzte ich meine Mutter, meine Tanten, meinen kleinen Bruder und meine Schwestern schweren

Herzens in einen Zug, der sie zurück nach Sizilien brachte. Sie wollten unbedingt nach Hause – selbst wenn es sie das Leben kosten würde. Deutschland war nicht ihre Heimat, sie verstanden die Sprache nicht, und sie litten unter der Kälte.

Ich blieb allein zurück.

In den nächsten Monaten verbrachte ich den Großteil meiner Zeit damit, meinen Vater und meine Onkel zu besuchen, die in verschiedenen deutschen Gefängnissen einsaßen.

Ich war fast die ganze Woche mit dem Zug unterwegs und pendelte zwischen den Städten hin und her. Mein Vater saß in Bremen, die anderen in Stuttgart und München. Zum Glück kannte ich mich inzwischen ganz gut in Deutschland aus. Und was noch wichtiger war: Ich besaß ausreichend Geld.

Die Besuche waren schrecklich. Besonders, wenn ich schlechte Nachrichten zu überbringen hatte. Zum Beispiel als ich meinem Vater sagen musste, dass man seinen Lieblingsbruder erschossen hatte. Ein guter Mensch, ein fleißiger Arbeiter. Hinterrücks erschossen, nur weil er unseren Namen trug. An jenem Tag hatte mein Vater seinen ersten Herzinfarkt, der vom Gefängnisarzt natürlich unterschätzt und nicht richtig behandelt wurde. Jede Woche trug ich neue Hiobsbotschaften im Gepäck. In Sizilien veranstaltete die Cosa Nostra blutige Hetzjagden auf alle Menschen, die uns »nahestanden«, wie man im Mafiajargon zu sagen pflegt.

Auch das Schicksal leistete seinen Beitrag zu unserer Misere: Ein anderer Bruder meines Vaters – auch er erst knapp über vierzig – starb in einem italienischen Gefängnis an einem Herzinfarkt. Sein Schwager, der Ehemann seiner Schwester, verunglückte tödlich bei einem Autounfall. Es schien, als sei unsere Familie verflucht. Wir waren fassungslos und verzweifelt. Auch ich war hin und her gerissen. Auf der einen Seite musste ich nach Sizilien zurück, auf der anderen Seite konnte ich meinen Vater und meine Onkel nicht im Stich lassen. Sie brauchten mich, und ich war ihre einzige Stütze in diesem für sie fremden Land. Aber trotz meiner

Ohnmacht drängte mich etwas voran, tief in mir brodelte eine unkontrollierbare Wut, die nach Rache verlangte.

Mein Vater schien das zu ahnen und rang mir das Versprechen ab, nicht nach Sizilien zurückzukehren – um keinen Preis der Welt. Er versuchte mich zu beruhigen.

»Wir müssen erst herausfinden, wer hinter den Resinas steht, wir dürfen nicht unüberlegt handeln, sondern müssen unser Vorgehen klar durchdenken. Aber sei gewiss, wir werden uns rächen. Du sorgst dafür, dass wir hier in Deutschland überleben, einverstanden?«

»In Ordnung«, antwortete ich, aber ich wusste, dass ich das Versprechen nicht halten würde.

Mauro, den Sozialarbeiter, der sich um mich kümmert, bewundere ich sehr. Er ist ein guter Mensch. Freundlich und hilfsbereit. Vor allem aber kann er zuhören – und es ist gewiss nicht leicht, hier jemanden zu finden, der bereit ist, dir zuzuhören. Natürlich wird Mauro auch dafür bezahlt, aber man spürt dennoch ganz deutlich, dass er an das glaubt, was er tut.

Als wir uns kennenlernten und ich ihm Episoden aus meinem Leben erzählte, stellte er mir eine banale Frage, die mich in ihrer offenkundigen Schlichtheit überraschte: »Aber warum bist du nach dem Massaker davongelaufen und hast dich nicht der Polizei anvertraut?«

Und er führte seinen Gedankengang wie folgt aus: »Du hattest keine Probleme mehr mit der Justiz. Es waren deine Feinde, die Jagd auf dich machten, und du hättest nur die Namen derjenigen nennen müssen, die deine Verwandten ermordet haben. Dann wäre diese Spirale der Gewalt gar nicht erst entstanden.«

Aus seiner Sicht wäre das die naheliegendste Lösung gewesen. Eine vollkommen logische Schlussfolgerung. Aber um meine Entscheidung zu verstehen, muss man sich meine damalige Situation vor Augen halten: Ich war aus Deutschland, wo ich drei Jahre gelebt hatte, nach Italien gekommen, um meinen Militärdienst abzuleisten. Als ich entlassen wurde, war ich kaum zwanzig Jahre alt. Am Montag, den 22. September, einen Tag nach dem Massaker, wollte ich nach Hamburg zurückfahren. Ich hatte mich entschieden, Sizilien für immer zu verlassen und Hamburg zu meinem Lebensmittelpunkt zu machen.

Sicher, ich war ein Glücksspieler und ein Betrüger und hatte auch in Deutschland ein Leben außerhalb der Legalität geführt, aber trotzdem fühlte ich mich dort sicher.

Doch in Sizilien gab es Menschen, die meinen Tod wollten. Ich hatte Angst. Und die Angst ist größer, wenn man die Gefahr nur erahnen kann und nicht weiß, wer genau die Feinde sind.

Nach dem Massaker dachte ich spontan an Flucht, nicht an Rache. Dieser Gedanke kam erst später. Wegen meiner Wunde am Fuß musste ich unbedingt weg. Die Polizei suchte mich, mit dieser Verletzung konnte ich mich nicht stellen. Deshalb floh ich nach Deutschland, dachte nach, und nachdem ich verstanden hatte, was geschehen war, plante ich von dort aus meine Rache.

Giufà

Als Erstes wollte ich Giufà zur Rechenschaft ziehen. Er war der Fahrer des Tötungskommandos gewesen. Das wusste ich jetzt mit Sicherheit. Meine Erinnerungen an diesen schrecklichen Abend waren nach und nach immer klarer geworden, und die für Giufà typische Art, mit quietschenden Reifen anzufahren, war schon ein deutliches Indiz dafür, dass er tatsächlich im Auto gewesen war. Und dann die Stimme, die den Killer anbrüllte, sich ins Auto zu setzen. Diese Stimme kannte ich gut. Schließlich war Giufà früher gut mit meinem Onkel Gigi befreundet gewesen und hatte oft bei uns gegessen. Dieser falsche Hund! Er hatte am Steuer gesessen!

Zunächst wusste ich nicht, ob ich fähig wäre, jemanden umzubringen. Allein der Gedanke verursachte mir Bauchschmerzen. Aber als ich an Giufà und an Netore dachte, sagte eine innere Stimme, dass ich nicht zögern würde, es zu tun.

Ich versuchte mich mit Freunden meiner Familie in Verbindung zu setzen, doch diese ließen sich mit fadenscheinigen Ausreden verleugnen. Einen Moment lang überlegte ich sogar, meine Freunde aus Kindertagen um Hilfe zu bitten, verwarf den Gedanken allerdings sofort wieder. Sie hatten es nicht verdient, in etwas hineingezogen zu werden, das sie zutiefst verabscheuten. Nein, Tino und Nello mussten außen vor bleiben. Ich könnte es nicht ertragen, wenn ihnen wegen mir etwas zustoßen würde. Immerhin hatte ich schon ein schlechtes Gewissen, weil ich sie während meines Militärdienstes mit meinen Problemen belastet hatte. Ich würde sie nicht anrufen, versprach ich mir selbst.

Letztendlich gelang es mir, einen Freund meines Onkels Domenico zu kontaktieren, der sich bislang nicht gerade hilfsbereit gezeigt hatte. Ich sagte ihm ohne Umschweife, dass ich nach der Auslieferung meines Vaters und meiner Onkel nach Sizilien kommen würde und dort ein sicheres Versteck brauchte.

»Mach dir keine Sorgen, Antonio. Du wirst bei mir wohnen.«

Ich war gerührt, endlich jemand, der seine Freunde nicht verleugnete.

Später, nachdem mein Vater und meine Onkel in italienische Gefängnisse verlegt worden waren, hatte ich endlich eine Verpflichtung weniger. Aber mir ging langsam das Geld aus, denn die Anwälte ließen sich sowohl in Deutschland als auch auf Sizilien gut bezahlen. In den wenigen Monaten nach der Festsetzung meines Vaters und meiner Onkel hatte ich bereits ein Vermögen ausgegeben. Ich musste endlich wieder Geld verdienen. »Aber vorher werde ich erst Giufà töten«, schwor ich mir.

Zu allem entschlossen kaufte ich mir ein Zugticket und fuhr nach Sizilien. Das Schicksal rief mich, und ich folgte ihm. Während der Reise drehten sich meine Gedanken im Kreis. Ich war blind vor Schmerz und dem Wunsch nach Rache. Natürlich war Giufà nicht allein verantwortlich für das, was geschehen war, aber ich hegte trotzdem die unsinnige Hoffnung, dass sein Tod meine Qualen etwas lindern würde.

»Zum Glück habe ich Domenico und seine Zusage, mir zu helfen. Aber warum eigentlich? Hat er keine Angst?«, begann ich mich zu fragen. »Für ihn bin ich doch noch fast ein Kind. Warum vertraut er mir? Was habe ich davon zu halten? Vielleicht ist Domenico einfach genauso bestürzt über das Massaker wie ich und will nun Gerechtigkeit …« Das waren meine Gedanken, als ich im Zug gen Süden saß, Gedanken, die mir einfach keine Ruhe ließen. Zwei Tage nach meiner Abreise kam ich in Sizilien an und nahm sofort Kontakt mit Domenico auf, um Ort und Zeit unseres Treffens festzulegen. Dann holte ich meine 7,65-mm-Automatik aus dem Versteck. Es war besser, sie bei mir zu haben.

Auf dem Weg zu dem vereinbarten Treffpunkt ließ mich mein Misstrauen noch immer nicht los. Domenico kam mir fast schon zu hilfsbereit vor …

Ich nahm die Pistole, lud die Patronen ins Magazin, steckte dieses in die Waffe. Dann überprüfte ich, dass sie Waffe entsichert war, und steckte sie mit dem Lauf nach unten in meine Jacke.

Unterwegs glaubte ich Giufàs Schwager, den ich von gemeinsamen Raubüberfällen kannte, am Steuer eines Autos zu erkennen. »Da stimmt etwas nicht.« Jetzt war ich mir sicher.

Schließlich erreichte ich die Siedlung, in der Domenico sein Sommerhaus hatte. Hier war unser vereinbarter Treffpunkt. Erst drehte ich noch einige Runden, dann parkte ich meinen Wagen in sicherer Entfernung und ging zu Fuß weiter. Keine Menschenseele weit und breit. Die Häuser hier waren nur im Sommer bewohnt. Ich klingelte an der Tür, und Domenico bat mich herein. Ich schlug stattdessen einen gemeinsamen Spaziergang vor, den Domenico allerdings ablehnte: »Komm lieber rein, es könnte dich jemand sehen.«

»Nein, du kommst raus«, blieb ich hartnäckig.

Domenico wirkte nervös und zögerte. Meine Frage, ob er allein im Haus sei, bejahte er zwar sofort, aber ich glaubte, einen Schatten hinter einem Fenster erkannt zu haben. Ich hielt die Pistole in der Jackentasche fest umklammert, meine Hände begannen zu schwitzen.

»Komm raus, hab ich gesagt!«, schrie ich. Aber Domenico blieb weiterhin vor der Tür stehen. Aus dem Augenwinkel sah ich, wie sich hinter einem Fenster etwas bewegte und warf mich instinktiv hinter ein Auto: Es war, als würde es Glassplitter regnen. Jemand hatte durch das geschlossene Fenster auf mich geschossen. Ich riss meine Pistole aus der Jackentasche und erwiderte das Feuer. In der

Zwischenzeit raste ein Auto auf mich zu. Zwei vermummte Männer sprangen heraus. Ich schoss, und sie ergriffen die Flucht. Ich war sicher, dass ich zumindest das Auto getroffen hatte, wusste aber nicht, ob ich auch einen der Angreifer verletzt hatte. Aber immerhin hatte ich sie mir vom Leib halten können.

Als ich noch einmal durchlud, um mir den Fluchtweg freizuschießen, stellte ich voller Panik fest, dass ich bereits alle Patronen verfeuert hatte. »Verdammt, was mache ich mit einer leeren Waffe?«, dachte ich. Hierbleiben konnte ich jedenfalls nicht. Ich biss die Zähne zusammen und rannte im Zickzack davon, in der Hoffnung, sie würden mich nicht treffen. Angst hatte ich in diesem Moment nicht – dazu war keine Zeit. An der ersten Ecke bog ich ab und erreichte eine Straße, die auf beiden Seiten von Sommerhäuschen mit kleinen Gärten gesäumt war. Ich kletterte über einen Zaun und verbarg mich im Gebüsch. Sie suchten nach mir, ich konnte ihre Stimmen hören. Auch wenn sie flüsterten – ich hörte sie. Alle meine Sinne waren geschärft, besonders das Hören.

Nachdem meine Verfolger erst nicht damit gerechnet hatten, dass ich bewaffnet war, waren sie nun vorsichtig geworden. Sie wollten kein Risiko eingehen, und außerdem konnte die Polizei jeden Moment hier sein.

»Eigentlich«, dachte ich, »können die ja nicht ahnen, dass mein Magazin leer ist. Ich sollte auch dieses Mal sicher davonkommen können.«

In diesem Augenblick war ich mir sicher, dass ich es schaffen würde. Und schwor mir gleichzeitig, mich nie wieder in eine solche Situation zu bringen. Der heutige Tag war mir eine Lehre. Seitdem trug ich immer vier oder fünf Reservemagazine dabei. Die 7,65-mm-Automatik hatte mir zwar das Leben gerettet, war für ein Feuergefecht aber denkbar ungeeignet. Also besorgte ich mir eine der besten Pistolen der Welt: eine 16-Schuss-Beretta 92 F-Automatik.

»Zuerst werde ich deine Familie auslöschen, Domenico, und dann bist du dran. Das verspreche ich dir …«

Der Hass, den ich damals für dieses Stück Scheiße empfand, war sogar noch größer als der auf Giufà.

Aber was, wenn sie mich lebend erwischen würden? Bei dem Gedanken zuckte ich zusammen. Sie würden mich so lange foltern, bis ich sie anflehen würde, mich zu töten. Ein Kronzeuge, der viele Jahre später vor Gericht gegen die Mafia aussagte, schwor, dass Giufà mich lebend wollte, um Informationen aus mir herauszupressen.

Noch heute läuft es mir kalt den Rücken runter.

Ich wartete sicherheitshalber, bis es dunkel wurde. Ich dachte nicht einmal im Entferntesten daran, das Auto zu holen, da sie dort jemanden postiert haben konnten, um mich abzufangen. Nach fünf Stunden Fußmarsch erreichte ich ausgehungert und entkräftet das Haus eines Verwandten. Es tat mir leid, diese rechtschaffenen Menschen mit in mein Unglück hineinzuziehen, mein Anblick würde sie zu Tode erschrecken. Aber was sollte ich tun? Wohin hätte ich sonst gehen sollen? Ich bat nur um etwas zu essen und zu trinken und darum, mich ausruhen zu dürfen. Am nächsten Tag würde ich wieder verschwinden.

Ich ließ Wasser in die Badewanne ein, zog mich aus und stopfte meine Kleider in einen Müllsack, Schuhe inklusive. Mein Körper war von blauen Flecken übersät, meine Hände waren dreckig und meine Fingerknöchel aufgeschürft. Ich betrachtete mich im Spiegel: Ach du meine Güte, wie sah ich denn aus! Jetzt verstand ich die entsetzten Blicke meiner Verwandten, als sie mich erblickt hatten: Mein Gesicht war mit blutverkrusteten Rissen überzogen. Schuld daran waren die Glassplitter des zerschossenen Fensters. Ich wollte nicht noch einmal hinsehen. Stattdessen legte ich mich in die Wanne und brach in Tränen aus.

»Was zum Teufel hast du dir eigentlich dabei gedacht? Als Einzelkämpfer einen Krieg gegen die Mafia führen! Bist du völlig bescheuert? Wach auf! Viele Jahrzehnte hat man vergeblich versucht sie zu besiegen, und jetzt kommst du … und bildest dir ein, das ganz alleine zu schaffen?« Ich redete mit mir selbst. Stellte mir Fragen, fand aber keine Antworten.

Für einen Moment, aber nur einen kurzen, dachte ich daran, zur Polizei zu gehen. Oder zur Staatsanwaltschaft. Aber ich hatte kein Vertrauen in die Obrigkeit. Also verwarf ich diese Möglichkeit wieder.

»Hör auf zu grübeln, Antonio. Bring Giufà um, alles Weitere wird sich finden.«

Das war meine Entscheidung.

»Und wenn sie mich vorher verhaften? Und wenn, und wenn … und wenn?«

Ich tauchte meinen Kopf unter Wasser und hoffte, dass meine Gedanken ertrinken oder sich zumindest etwas beruhigen würden. Sonst würde ich sicher noch verrückt werden. Ich sehnte mich nach Ruhe, dafür hätte ich alles gegeben. Nur ein bisschen Ruhe. Meinen inneren Frieden hatte ich für immer verloren.

Ich grübele seit zwanzig Jahren hinter diesen Mauern über genau diese Momente in meinem Leben nach. Über die lange und zermürbende Reise von Deutschland nach Sizilien. Über den Hinterhalt vor Domenicos Haus. Über die Entscheidung, meine Familie zu rächen, mit der ich mich so lange gequält habe und die mein Leben für immer verändert hat.

Heute, als reifer Mann und im Bewusstsein dafür, bis an mein Lebensende büßen zu müssen, stelle ich alles auf den Prüfstand. Ich versuche nicht, mich zu rechtfertigen, aber ich ziehe meine Schlüsse und sage mir, dass es nicht allein darum ging, sich für oder gegen die Rache zu entscheiden. Zwar glauben viele, dass man sich zwischen Gut und Böse entscheiden muss, aber das ist nicht immer so. Ich musste mich nicht zwischen Gut und Böse, sondern zwischen dem Schlimmen und dem noch Schlimmeren entscheiden. Mit anderen Worten: Ich wollte leben, um die Mitglieder meiner Familie zu schützen, die auch nach dem Massaker in Lebensgefahr waren. Wenn ich nicht diejenigen getötet hätte, die meine Lieben bedrohten, dann hätten meine Feinde mich getötet.

Sicher, ich hätte mich auch der Justiz anvertrauen können. Aber damals war man der Meinung, dass die Justiz und die Mafia gemeinsame Sache machten. Damit sage ich nicht, dass das tatsächlich so gewesen ist: Darüber muss die Geschichte entscheiden. Aber ich erinnere mich daran, dass just im Jahr 1986 in Palermo der erste Maxiprozess gegen die Mafia geführt wurde. Medien aus aller Welt waren vor Ort, um live von der Aura der Unbesiegbarkeit der Mafia zu berichten. Das schlimmste

Schimpfwort war in Sizilien in dieser Zeit »Buscetta«, und das nicht nur in Mafiakreisen. Mit dem Hinweis auf den »Verräter« Tommaso Buscetta wollte man ausdrücken, dass der andere eine Schande war. So sah die damalige Geisteshaltung aus.

Vor Kurzem habe ich im Fernsehen – seit einiger Zeit habe ich das Recht auf ein TV-Gerät in der Zelle – ein Interview mit einem Antimafia-Staatsanwalt gesehen. Pietro Grasso war 1986 Berufungsrichter beim Prozess in Palermo gewesen. Grasso erklärte, dass es damals nahezu unmöglich gewesen war, einen Richter zu finden, der diesem Prozess vorsitzen wollte. Auch Schöffen, die den Mut hatten, öffentlich vor Gericht zu erscheinen, waren nur schwer aufzutreiben.

Heute frage ich mich: An wen hätte ich mich damals wenden sollen, in diesem historischen Moment, als der Staat selbst die Flucht ergriff? Ich erinnere mich, dass die mutigen Antimafia-Richter, Helden wie etwa Falcone und Borsellino, aus Sizilien flüchten und sich auf eine hermetisch abgeschirmte Insel zurückziehen mussten, um den Prozess von dort aus zu leiten.

Hätte ich mich in jener Zeit wirklich an die Polizei und die Justiz wenden sollen?

Flucht und Rache

Als die Carabinieri erfuhren, dass meine Mutter und meine Schwestern nach Casamarina zurückgekehrt waren, standen sie sofort bei ihnen vor unserer Haustür und fragten nach mir. Ich war neben meinem jüngsten Bruder der einzige männliche Erwachsene der Familie, der noch auf freiem Fuß war. Sie redeten meiner Mutter beruhigend ein, dass ich bloß wegen einer »Formsache« auf die Wache kommen sollte.

Solche »Formsachen« kannte ich schon …

Nach den Carabinieri kam die Polizei. Auch die Ermittler aus dem Kommissariat besuchten meine Mutter und erkundigten sich nach mir.

»Guter Gott«, dachte ich, »ich werde von den Carabinieri, der Polizei und der Mafia gesucht. Vom Staat und vom Antistaat.«

Niemand, der mir hätte helfen können, war wirklich dazu bereit oder in der Lage. Das war keine Überraschung. Als klar geworden war, wer den Krieg gewinnen würde, buhlten alle um die Gunst derer, die sie für die Stärkeren hielten. Und dazu gehörte ich bestimmt nicht. Es gab keinen Zweifel daran, dass die Cosa Nostra die besseren Karten hatte.

Ich lebte wie ein gehetztes Tier. Erneut musste ich aus Sizilien fliehen, aber ich zögerte. Ich wollte Giufà töten, koste es was es wolle. »Früher oder später muss er irgendwo auftauchen. In einer Bar, in einem Lokal, im Kino …«

Bestimmt würde es eine Gelegenheit geben, ihn aus dem Weg

zu räumen. Ich hatte alles geplant: Um nicht erkannt zu werden, würde ich einen Hut tragen, mir einen falschen Bart ankleben und mit dem Fahrrad fliehen. Doch bereits einige Tage später sah ich ein, dass Giufà nie den gleichen Fehler machen würde wie mein Onkel: Im Dorf würde er sich garantiert nicht blicken lassen.

Eines Morgens verbreitete sich die Nachricht, dass mehrere Dutzend Männer verhaftet worden seien, darunter auch die Resinas, Giufà und Netore. Der Staat begann zu reagieren, und ich fühlte mich erleichtert. Ich wollte Giufà töten, das stimmt schon, aber die Verhaftungen waren zumindest eine Unterbrechung der endlosen Kette der Gewalt, eine Atempause für mich, meine Familie und meine Freunde.

Lange würde ich mich nicht mehr verstecken können, mir blieb nur die Flucht, auch wenn ich dieses Mal keine falschen Papiere besaß. Bevor ich endgültig verschwand, wollte ich mich noch von meiner Mutter verabschieden, obwohl es mich meine Freiheit kosten konnte.

Im Morgengrauen klingelte ich. Nachdem meine Mutter meine Stimme über die Gegensprechanlage gehört hatte, drückte sie nicht den Summerknopf, sondern rannte mir noch im Nachthemd entgegen, um mich direkt an der Tür zu umarmen. Sie weinte vor Freude, ich konnte meine Tränen gerade noch zurückhalten.

Wir gingen ins Haus. Viel Zeit hatte ich nicht, und ich spürte, dass ich das Schicksal meiner Familie in meine Hände nehmen musste. Ich wies sie alle an, so unauffällig wie möglich ein normales Leben zu führen. Meine Schwestern wirkten traumatisiert und starrten mich entsetzt an, nicht in der Lage, die Situation zu realisieren, geschweige denn zu verstehen. Ich wollte, dass sie auf alle Fälle ihre Ausbildung wieder aufnahmen. Meine Mutter sollte sich um meinen Vater kümmern. Meinem Bruder riet ich ebenfalls, nur an seine berufliche Zukunft zu denken und nicht auf die Versprechen falscher Freunde zu vertrauen. Bei ihm hatte ich das Gefühl, laut werden zu müssen, da ich bezweifelte, dass er überhaupt verstanden hatte, was ich ihm sagen wollte. Um ihn machte ich mir die größten Sorgen. Schon vor einigen Monaten hatte Giufà keine Skrupel gehabt, einen Fünfzehnjährigen umzubringen, nur weil er geschrien hatte, dass er seinen Vater rächen wollte, der bei dem Attentat in der Bar erschossen worden war ... Mein Bruder war erst fünfzehn ...

»Denkt einfach an das, was ich euch gesagt habe. Um das Geld kümmere ich mich.«

Da sie in ihrer Verzweiflung nach Halt suchten, nach jemandem, der ihnen sagte, was zu tun war, hörten sie mir jetzt gebannt zu.

Am nächsten Morgen ging ich zu einem Juwelier und versetzte meine goldene Rolex und mehrere Schmuckstücke, die ich noch in Hamburg gekauft hatte. Die Hälfte des Erlöses, etwa 20 Millionen Lire, gab ich unserem Anwalt mit dem Auftrag, sich um meinen Vater und meine Onkel im Gefängnis zu kümmern. Es war wichtig, dass der Anwalt davon überzeugt war, dass wir keine finanziellen Schwierigkeiten hatten – auch wenn das so nicht stimmte. Denn schon als meine Familie aus Deutschland zurückgekehrt war, hatte er Geld von meiner Mutter verlangt.

Ich versprach ihm, bei Prozessbeginn eine weitere Summe auszuzahlen, sofern mein Vater bei der ersten Anhörung mit seiner Arbeit zufrieden wäre. »Und noch etwas: Fordern Sie nie wieder bei meiner Mutter Geld ein. Sonst komme ich zurück und schlage Ihnen die Zähne ein.«

Der Anwalt wies mich noch zögerlich darauf hin, dass der Prozess voraussichtlich recht lange dauern würde.

»Machen Sie sich wegen Ihres Honorars keine Sorgen«, antwortete ich, »ich werde loyal Ihnen gegenüber sein, wenn Sie mir gegenüber loyal sind. Noch Fragen?« Ich stand auf und gab ihm die Hand. Bei unserer Verabschiedung sah ich ihn durchdringend an, woraufhin er einwilligend nickte.

Kaum hatte ich das Büro des Anwalts verlassen, atmete ich tief durch und fragte mich, ob ich meine Rolle als harter Hund gut gespielt hatte. Ich hatte alles in meiner Macht Stehende für meine Familie getan, und mit Tränen in den Augen verließ ich Sizilien. Hier hatte ich nun alle Karten, die ich irgendwie in den Händen hielt, ausgespielt.

Ich beschloss das Wagnis einzugehen, Italien ohne Papiere zu verlassen. Weder an der italienischen noch an der deutschen Grenze wurde ich kontrolliert. Dass ich auf der Flucht war, um einen Rachefeldzug zu organisieren, konnten sie ja nicht wissen.

Köln

Köln war eine traumhaft schöne Stadt, besonders der Dom, das Wahrzeichen der Stadt, faszinierte mich: Ein imposantes Bauwerk, das sich majestätisch über dem Rhein erhob, dominiert von seinen Zwillingstürmen von jeweils 157 Metern Höhe. Was mich aber noch mehr beeindruckte, war der Innenraum.

Als ich zum ersten Mal das schwere Eingangsportal aufdrückte, überkam mich ein ehrfürchtiger Schauer, und tiefe Demut ließ mich einige Minuten innehalten, so als hätte mich ein Zauber erfasst.

Nachdem ich die Erhabenheit des Bauwerks in seiner Gesamtheit in mir aufgenommen hatte, wandte ich mich den kleineren Details zu: die zwölf Glocken, das Innere der Zwillingstürme, die schimmernden Buntglasfenster und der Dreikönigsschrein, der größte Sarkophag Europas.

Als ich einige Jahre später las, dass der Kölner Dom zum Weltkulturerbe erklärt wurde, erinnerte ich mich, wie erschreckend ungebildet ich damals noch war, gleichwohl aber sofort gespürt hatte, welch erhabenem Monument ich da gegenübergestanden hatte.

In Köln schlug ich mich zu dieser Zeit mehr schlecht als recht durch. Da mir alles so fremd war, schloss ich mich rasch einer Gruppe von Italienern an: Stahlarbeiter, Kellner und Händler, die die verschiedensten krummen Geschäfte machten. Jeden Abend kam ich mit mindestens 50 Mark nach Hause, manchmal waren es auch 100. Das reichte natürlich, aber eigentlich wartete ich auf einen »großen Fisch«.

Ins Haus meiner Verwandten in Düsseldorf, wo ich offiziell gemeldet war, konnte ich nicht zurück. In Anbetracht der Tatsache, dass ich immer wieder von den Gesetzeshütern vorgeladen wurde, hatte ich Angst, dass ein Haftbefehl gegen mich vorliegen könnte. Erst einige Monate später verstand ich, worum es eigentlich ging: Die Polizei wollte mich davon in Kenntnis setzen, dass ich unter ständiger Überwachung stand, aber bevor sie diese Maßnahme in die Tat umsetzen durften, mussten sie mir das erst einmal mitteilen. Einen Teufel würde ich tun! Ich hätte jeden Tag aufs Revier gehen und dort eine Unterschrift leisten müssen. Das hätte ich keine Woche durchgehalten.

Allerdings war mit diesen Formalien keine Strafverfolgung durch deutsche Behörden verbunden. Solange ich mich auf deutschem Boden aufhielt, war ich in Sicherheit.

Einigermaßen beruhigt kehrte ich nach Düsseldorf zurück. Eigentlich hätte ich mich ja gerne nach Hamburg aufgemacht, aber ich wollte Fofò nicht in meine Familienangelegenheiten hineinziehen. Das wäre zu gefährlich gewesen; für ihn, seine Familie und Freunde, die in Sizilien lebten. Allein der Gedanke, dass ihnen wegen mir etwas passieren könnte, war unerträglich. Und noch etwas kam dazu: Obwohl ich Fofò hundertprozentig vertraute, hatten mich die Erfahrungen mit Domenico misstrauisch gemacht.

Wir telefonierten fast jeden Tag. Dabei erwähnte ich einmal, dass ich mein Restaurant in Hamburg verkaufen wollte. Fofò riet mir ab. Und er hatte recht. Das Geld, das ich jeden Monat damit verdiente, war eine sichere und legale Einnahmequelle, wodurch ich meine Familie in Sizilien unterstützen konnte. Fofò war meine Rettung. Ich war zu unerfahren, um die Situation alleine meistern zu können.

Ich wartete noch eine Weile in Köln ab, entschloss mich dann aber, doch nach Hamburg zurückzukehren. Dort wollte ich ein unauffälliges Leben führen. Aber es sollte anders werden als früher: Zu viele Landsleute und damit zu viele Augen und Ohren.

Warten

Durch den *Corriere della Sera*, die einzige italienische Tageszeitung, die man damals in Deutschland bekommen konnte, und den Klatsch meiner sizilianischen Landsleute erfuhr ich von schrecklichen Ereignissen in meiner Heimat. In Santamela war ein regelrechter Krieg zwischen der Familie Patore und der Cosa Nostra ausgebrochen. Es verging kein Tag, an dem nicht jemand umgebracht wurde. Und so, wie die Zahl der Opfer ständig wuchs, so drehte sich auch die Spirale der Gewalt immer schneller.

Natürlich sympathisierte ich mit den Patores, obwohl ich sie nicht einmal kannte: Der Feind meines Feindes war mein Freund.

Ich wollte auf jeden Fall aktuell informiert sein, abonnierte zwei sizilianische Tageszeitungen und suchte gezielt nach Artikeln über das, was in Santamela vor sich ging.

Mir fiel auf, dass laut Angaben der Ermittler unter den Opfern ungewöhnlich viele Mitglieder der Cosa Nostra waren, was mich doch sehr erstaunte.

»Was geht da vor sich?«, fragte ich mich.

Einige Monate später erfuhr ich, dass auch in anderen Dörfern der Provinzen Agrigent und Caltanisetta »Krieg« herrschte, wenn auch nicht mit der gleichen Heftigkeit wie in Santamela.

Ging es hier um blutige Familienfehden oder lehnten sich die Menschen etwa gegen die Mafia auf? Bei diesem Gedanken wurde ich regelrecht euphorisch. War die Zeit etwa reif für einen Aufstand gegen die Mafia?

»Abwarten«, sagte ich mir, »mal sehen, wer oder was sich dahinter verbirgt. Erst mal schauen, wie es weitergeht.«

Während ich die Entwicklung in der Heimat verfolgte, lernte ich Tommaso kennen. Er war in Deutschland geboren und aufgewachsen, aber seine Eltern kamen aus der Toskana. Er besaß ein großes Restaurant mit vier Köchen und mehr als zehn Kellnern. Ich war dort Stammgast.

In einem Nebenzimmer wurde gewürfelt. Ich verlor Spiel um Spiel, insgesamt mindestens mehrere 1000 Mark. Ich streute das Gerücht, dass es um eine viel höhere Summe ging und musste nur geduldig darauf warten, bis jemand in die Falle tappte.

Eines Mittags ging ich ins Restaurant, um mir ein Video in italienischer Sprache zu leihen, das mir Valentino, einer der Kellner, empfohlen hatte.

Ich sah Tommaso am Pokertisch sitzen. Es lief gut für ihn und seine Laune wurde immer besser. Zu meiner Verwunderung bat er mich an den Tisch. Später erfuhr ich den Grund: Es kursierte das Gerücht, ich sei der verwöhnte Sohn eines Großindustriellen.

Plötzlich und unerwartet war der Moment nahe, auf den ich gewartet hatte. Mir war klar, dass es eigentlich noch zu früh am Tag war, um ernsthaft zu spielen, aber die Männer am Tisch waren Familienväter und würden bald nach Hause gehen. Ich hatte nur wenig Zeit, um den Köder auszuwerfen.

Ich zog lässig ein Bündel Hunderter aus der Hosentasche, so als wäre es für mich bloß Spielgeld. Zufrieden registrierte ich die hungrigen Blicke.

Wir spielten ein paar Runden und beschlossen, zu einem späteren Zeitpunkt weiterzumachen. Aus den Augenwinkeln sah ich, wie Tommaso einem Kellner ein Zeichen gab.

»Die gute Laune wird dir noch vergehen«, dachte ich. Er war sich seiner Sache so sicher, dass er sich nicht einmal Mühe gab, seinen Triumph zu verbergen.

Ich hatte ihn an der Angel. Es war nur noch eine Frage der Zeit, und tatsächlich: Eines Abends – es war schon fast Mitternacht – tauchte ich wieder im Lokal auf und tat so, als wäre ich angetrunken.

Die Pokerrunde lud mich an ihren Tisch ein, einen naiven Zwanzigjährigen, der noch dazu betrunken war. Ein gefundenes Fressen. Diese Aasgeier! Das Spiel begann.

In nur einer Stunde zockte ich Tommaso 40 000 Mark ab. Er war nervös und verzweifelt, konnte es nicht glauben. Er lieh sich von den anderen Geld und drohte mir sogar Prügel an. »Nur zu, aber das wäre das Letzte, was du in diesem Leben tust«, warnte ich ihn.

Die Mitspieler redeten auf ihn ein, und die Situation beruhigte sich wieder.

»Bisher habe ich immer verloren und mich nie beschwert«, schrie ich.

Die anderen am Tisch nickten zustimmend.

Ich drohte, ein für alle Mal auszusteigen. Tommaso beschwor mich, das nicht zu tun, ja er kniete sogar vor mir nieder. Mein Coup war gelungen. Ich musste Tommaso nur noch ein bisschen weichkochen und die Gemüter beruhigen.

Schließlich gab ich dem Flehen Tommasos nach. Ich würde wiederkommen, aber nur unter der Voraussetzung, dass die gleiche Pokerrunde am Tisch sitzen würde. Mit einem von ihnen verabredete ich mich zum Mittagessen. Er erzählte mir von Tommaso und dessen Familie. Er war ein reicher Mann, der neben dem Restaurant noch zahlreiche Eiscafés betrieb. Dann gab mein Begleiter mir zu verstehen, dass er mich für einen Betrüger hielt. »Das ist eine unverschämte Unterstellung«, widersprach ich entrüstet.

»Aber nein, das war nur ein Scherz«, ruderte er nun doch zurück.

»Ich bin ein Ehrenmann«, bekräftigte ich. Ich war sicher, dass man ihn beauftragt hatte, mir auf den Zahn zu fühlen. Oder, dass er selbst ein Stück vom Kuchen abhaben wollte. Aber ich beschloss, gute Miene zum bösen Spiel zu machen.

Eines Abends traf ich die Pokerrunde wieder. Ich spürte die Anspannung, jedes Mal, wenn ich die Karten in die Hand nahm. Ich beschloss, so zu tun, als bemerkte ich es nicht. Der Fisch zappelte ja schon an der Leine. Er würde sich bestimmt noch wehren, aber irgendwann würde ich ihn an Land ziehen. An jenem Abend spielte ich defensiv und brachte Tommaso mit meinem ständigen »Ich passe« fast zur Verzweiflung. Ich wollte das Schicksal nicht herausfordern.

Meine Geduld wurde belohnt. Einige Wochen später traf ich ihn in einem anderen Lokal und erleichterte ihn um fast 60 000 Mark und eine wertvolle Cartier-Armbanduhr. Gino, der Besitzer des Lokals, der an jedem Tisch seinen Anteil einstrich, lieh Tommaso immer wieder Geld. Ich bemerkte, dass es Gino offensichtlich gefiel, wenn Tommaso verlor. Doch irgendwann war Schluss. Es war genug. Ich erinnere mich gut an Tommasos Gesichtsausdruck, nachdem Gino sich geweigert hatte, ihm weiteren Kredit zu geben. Tommaso zog sich schweigsam in eine Ecke zurück und war so blass, dass ich befürchtete, er würde jeden Moment einen Herzanfall bekommen.

Aber für solche Gedanken hatte ich nur wenig Zeit. Alle meine Sinne waren in Alarmbereitschaft. Ich musste das Geld nehmen und verschwinden. Sofort. Bevor Tommaso wirklich klar werden würde, wie viel er eigentlich an mich verloren hatte.

Ich konnte es kaum glauben, aber ich hatte mehr Geld gewonnen, als ich im Laufe der Monate für die deutschen Anwälte und andere Spesen ausgegeben hatte. Insgesamt etwa 100 000 Mark. Ich war glücklich, dass sich das Blatt gewendet hatte. Selbst heute frage ich mich noch, wie ich damals sonst überlebt hätte. Solche Gelegenheiten boten sich nicht oft. Da galt es zuzugreifen.

Einige Tage später machten sich Tommasos Brüder auf die Suche, um mit mir zu »sprechen«. Ich versteckte mich nicht. Sie drohten mir unverhohlen, mich bei der Polizei anzuzeigen, falls ich noch einmal gegen Tommaso spielen würde.

»Ich verstehe: Solange ich verloren habe, war alles gut, was? Ich habe nur das zurückgewonnen, was mir euer Bruder vorher abgeknöpft hat, und glaubt mir: Unterm Strich hat er keinen Pfennig verloren. Gut ... vielleicht die Uhr.«

Ich trug wirklich verdammt dick auf, aber es gelang mir, sie zu besänftigen und Zweifel zu säen. Trotzdem schien es mir ratsam, mich eine Weile nicht in ihrer Nähe sehen zu lassen.

Doch dann traf ich eines Abends einen Mann, der vor meiner Wohnungstür auf mich wartete. Und das Schicksal schlug zu.

Nino

Bei dem Attentat auf meine Familie hatte Nino seinen Lieblingsonkel verloren. Er selbst saß damals im Gefängnis, doch nach seiner Entlassung reiste er direkt zu mir nach Hamburg. Hinter ihm lag eine siebenjährige Freiheitsstrafe wegen schweren Raubs, und er gierte nach Sex. Ich nahm Nino mit auf die Reeperbahn, wo er all das ausleben konnte, was er sich in den langen, einsamen Nächten in der Zelle erträumt hatte. Ich schenkte ihm sozusagen das Paradies.

Nino sollte einer der Jungs sein, mit deren Hilfe ich meine Rachepläne in die Tat umsetzen würde. Ich wusste, wie sehr er seinen Onkel geliebt hatte und wie sehr es ihn drängte, Vergeltung für dessen Tod zu üben. Ich musste seine Ungeduld sogar noch zügeln. Obwohl ich bald merkte, dass ihn die Jahre im Gefängnis hatten reifer werden lassen und dass er nicht mehr der verrückte Junge war, für den ihn alle hielten, sollte er unter keinen Umständen auf eigene Faust handeln.

Tatsächlich war Nino nicht nur zu mir gekommen, um nach der langen Haftzeit endlich wieder das Leben zu genießen. Nachdem seine ersten Bedürfnisse gestillt waren, erzählte er mir, dass ihn mein Vater gebeten hatte, nach Hamburg zu gehen, um mich über die neusten Entwicklungen in der Heimat zu informieren. Ninos Worte ließen mich erstarren: Mein Vater hatte im Gefängnis mit den Resinas Frieden geschlossen!

»Was soll das heißen?«, fragte ich ihn.

»Im Grunde ist es nur ein Waffenstillstand, Antonio. Beide Parteien wollen nicht, dass noch mehr Blut fließt. Ich soll dir sagen, dass du ruhig bleiben und nichts Unüberlegtes tun sollst. Du sollst dich daran erinnern, was ihr in Bremen besprochen habt.«

»Ich verstehe. Es genügt ihm also, dass sich Giufà und Netore entschuldigt haben? Diese Schweine! Und unsere Toten? Spülen wir die einfach im Klo runter?«

»Vertrau deinem Vater, Antonio, mehr kann ich dir nicht sagen.«

Im Grunde tat ich das auch, aber ich wollte Ninos Reaktion sehen. Ich wünschte so sehr, dass auch er dieses Vertrauen hatte.

»Mit den Resinas kann ich Frieden schließen. Aber mit Giufà und Netore? Niemals!«, brach es aus mir heraus.

»Bleib ruhig, Antonio, auch ich würde Giufà am liebsten das Herz rausreißen. Aber wir müssen uns erst organisieren, und vor allem müssen wir verstehen, was gerade in Sizilien vorgeht. Im Moment formiert sich Widerstand gegen die alte Cosa Nostra. Dein Vater hat sich mit den Patores und einer anderen Familie aus Agrigent zusammengeschlossen. Um gegen die alte Mafia bestehen zu können, müssen jetzt selbst bisher verfeindete Familien eine strategische Allianz schließen, um ihre Kräfte zu bündeln.«

Was mir Nino da eröffnete, rüttelte mich auf. Aber ich fragte mich auch, wie das alles vonstattengehen konnte. Wie konnte mein Vater aus dem Gefängnis heraus so engen Kontakt mit der Außenwelt haben? Nino hatte auf diese Frage auch keine Antwort parat, aber ich begriff, dass ich mich dieser Situation nicht entziehen konnte und mir persönlich ein Bild von dem machen musste, was in der Heimat vor sich ging. Ich musste nach Sizilien zurück und das Werk meines Vaters fortsetzen – auch wenn ich tief im Herzen wünschte, dass irgendetwas passieren würde, was dem Morden ein Ende bereiten könnte. Denn trotz all meiner Rachegelüste: Wer landet schon gerne lebenslang im Gefängnis?

Anfangs beschränkte ich mich darauf, die Patores finanziell zu unterstützen, aber irgendwann würde auch jemand aus unserer Familie das Ruder in die Hand nehmen müssen. Und da kamen nicht viele Männer infrage. Ich musste mir etwas einfallen lassen. Man muss sich immer wieder der Realität stellen und dann die Umstände anerkennen, die einem die Grenzen der menschlichen Natur aufzeigen. Der Geist ist willig, aber das Fleisch ist schwach. Ich musste zurück.

Kaum in Sizilien angekommen, nahm ich mit einem meiner Cousins an einer »militärischen« Versammlung teil, ohne allerdings meine wahre Identität preiszugeben. Jetzt begann ich zu verstehen, was in Sizilien Begriffe wie Ehre, Würde und Prinzipien wirklich bedeuteten. Vielen im Raum war gar nicht klar, dass sie sich im Krieg mit einer mächtigen Organisation wie der Mafia befanden. Und von Einigkeit unter ihnen keine Spur, im Gegenteil: Sie waren heillos zerstritten.

So würde uns die Mafia mit einem Handstreich besiegen, dachte ich, behielt das aber für mich.

Wie mir bei den nächsten Zusammenkünften klar wurde, hatte die Mafia ihre neuen Feinde natürlich bereits ausgemacht und ihre bewährten Strategien eingesetzt, um die einzelnen Familien gegeneinander auszuspielen.

Aber was mir wirklich Angst machte, war die Tatsache, dass unsere zusammengewürfelte Truppe nicht einmal ansatzweise eine gemeinsame Überzeugung teilte.

Nicht alle verfolgten das gleiche Ziel wie ich: Ich wollte Rache, und dafür brauchte ich geeignete Leute. Wenn ich sie so anschaute, hatte ich meine Zweifel, dass ich hier diese Leute finden würde. Aber es war sicher nicht angebracht, den Stammbaum der infrage Kommenden zu überprüfen. Meiner war letztendlich auch nicht besser. »Für wen hältst du dich eigentlich?«, sagte ich mir. »Du bist noch schlimmer als die anderen. Viel schlimmer vielleicht, weil du verstehst, um was es geht.«

Aktionen

Was wir jetzt brauchten, waren gemeinsame Aktionen. Bisher hatte ich alles getan, um nicht in Erscheinung zu treten und eher im Hintergrund zu agieren, hatte Geld und Häuser zur Verfügung gestellt, wo sich Flüchtige und Waffen verstecken ließen. Aber jetzt war der Moment gekommen, Flagge zu zeigen: Nur mit persönlichem Einsatz und Risikobereitschaft konnte ich meine Loyalität für die Allianz beweisen. Es galt, einen äußerst gefährlichen Mann zu liquidieren, und meine Familie sollte dafür ihren besten Mann zur Verfügung stellen. Diese Aufgabe wurde mir zugeteilt.

Es war das erste Mal, dass ich einen Menschen umbringen sollte, einen Mann, den ich nicht einmal kannte, der mir nicht direkt etwas angetan hatte, und ich war unsicher, ob ich das schaffen würde. In der Nacht vor der geplanten Tat konnte ich nicht schlafen. Aber ich machte mir Mut, indem ich mir die Gesichter von Giufà und Netore ins Gedächtnis rief und mir vorstellte, dass das Opfer einer der beiden wäre. »Und außerdem«, redete ich mir in dieser Nacht immer wieder ein, »hätte ich nicht auch auf Unbekannte schießen müssen, wenn ich als Soldat für Italien in den Krieg gezogen wäre?« Denn um nichts anderes handelte es sich hier: um einen Krieg.

Ungeduldig erwartete ich das Morgengrauen. Mein Opfer würde gegen halb acht sein Haus verlassen und eine Viertelstunde später sein Auto etwa dreißig Meter von seinem Arbeitsplatz entfernt abstellen. Der Plan sah vor, ihn auf dem Fußweg zur Arbeit zu erschießen. Ich hatte dreißig Meter.

Offiziell war Giuseppe Roccella Postangestellter in Santamela, aber einige Cosa-Nostra-Aussteiger hatten uns verraten, dass er in Wirklichkeit ein Capo des lokalen Mafiaclans war, der den Befehl erteilt hatte, zwei unserer Verbündeten zu eliminieren. Die selbst ernannten Aussteiger verfolgten mit ihren Beschuldigungen allerdings ganz eigene Ziele: Sie benutzten uns, unschuldige junge Männer, für ihre eigenen Rachegelüste.

Ich bezog um kurz vor halb acht meinen Posten. Ich nahm die Beretta, vergewisserte mich, dass mich niemand gesehen hatte und versteckte mich hinter einem Mäuerchen im Gestrüpp. Die entsicherte Pistole legte ich oben auf die Ziegel. Und ich wartete.

Mein Herz klopfte zum Zerspringen. Bis zum letzten Moment hoffte ich, der Mann würde nicht auftauchen. Doch er kam zur üblichen Uhrzeit, parkte den Wagen, stieg aus, sah sich misstrauisch um und ging auf das Postgebäude zu.

Ich kam aus meinem Versteck. Meine kühle Entschlossenheit überraschte mich. Ich musste es tun. Schluss! Aus!

Der Blick »meines« Mannes verfinsterte sich, und ich bemerkte, wie er in die Jackentasche griff. Er ist bewaffnet, dachte ich. Oder bluffte er nur?

Ich wollte vermeiden, dass er Verdacht schöpfte und gab mich betont unbeteiligt. Mit meiner unauffälligen Kleidung – ich trug Jackett und Krawatte – wirkte ich völlig harmlos. Und tatsächlich schien Roccella beruhigt und blickte zur Seite.

Mit einer fließenden Bewegung griff ich nach der Waffe auf der Mauer und schoss ihm, ohne zu zögern, in die Brust. Er hatte keine Chance zu reagieren. Ich erinnere mich noch immer an seinen Blick: darin war keine Angst, sondern Überraschung und Resignation.

Als er am Boden lag, schoss ich ihm in den Kopf, um ihm den Rest zu geben. Es war leicht. Viel leichter als gedacht.

Um Viertel vor acht an einem kalten Februarmorgen hatte ich zum ersten Mal einen Menschen getötet. Jetzt war ich ein Soldat im Krieg.

Ganz ruhig ging ich zu unserem Wagen, in dem ein Komplize auf mich wartete. In unserem Versteck angekommen, feierte ich mit meinen Kameraden. Obwohl sie behaupteten, dass nun einer unserer gefährlichsten Gegner ausgeschaltet sei, war ich davon nicht wirklich überzeugt. Ich hatte noch den überraschten Ausdruck des Mannes vor Augen. Und der sollte gefährlich gewesen sein?

Am nächsten Tag titelte die Zeitung auf der ersten Seite: »Vermutlich Hinterhalt der Mafia: Unbescholtener Familienvater auf dem Weg zur Arbeit kaltblütig ermordet«. Nach der ersten Euphorie wuchsen nun doch meine Zweifel. Ich begriff nicht, welche Spielchen meine Verbündeten spielten. Hatten sie mich einen Unschuldigen töten lassen? Oder gab es andere Interessen am Tod dieses Mannes?

Ich fühlte mich hundeelend.

Einige Tage später nahm die Polizei in einer Überraschungsaktion mehrere Mafiamitglieder fest. In einem der Haftbefehle, die von den Zeitungen veröffentlicht wurden, tauchte auch sein Name auf: »Die Staatsanwaltschaft hält ihn für ein Mitglied der *Cosca*, also der Gruppe um Giuseppe Roccella, der vor einigen Tagen von einem Einzeltäter erschossen wurde.«

Diese Nachricht beruhigte mich. Ja, ich hatte einen Menschen getötet, aber es handelte sich dabei eben nicht um einen unschuldigen Familienvater. Nein, es war ein mächtiger Mafiaboss, den ich aus dem Weg geräumt hatte.

Immer wieder sagte ich mir das, um mein Gewissen zu beruhigen. Aber den verblüfften Gesichtsausdruck des Mannes vor dem Lauf meiner Pistole habe ich nie mehr aus dem Kopf bekommen.

Ich weiß nicht, wie oft mich das überraschte Gesicht meines ersten Opfers seit jenem fernen Tag in meinen Träumen und vor allem in meinen Albträumen verfolgt hat. Und mit ihm geistern all die anderen Leichen wie Dämonen durch meine nicht enden wollenden Nächte.

Es ist wie ein Horrorfilm, dessen schockierendste Szenen man nie wieder vergisst. Die Bilder der Toten sind wie blutige Flüsse, die über die Ufer treten, die Schutzwälle meiner Seele zerstören und alles mit sich reißen.

Meine Opfer tauchen eines nach dem anderen wieder auf, mit ihren panisch geweiteten Augen und ihrem Flehen. Sie verfolgen mich, um sich zu rächen. Sie verstecken sich hinter parkenden Autos, springen hinter Büschen hervor, lassen sich von Bäumen fallen und schießen von fahrenden Motorrädern auf mich.

Jedes Mal schrecke ich schweißgebadet und vor Angst gelähmt aus dem Schlaf. Ich taste meinen Körper nach Verletzungen ab und brauche eine ganze Weile, um zu realisieren, dass ich noch lebe. Dass ich dem tausendsten Hinterhalt entkommen bin.

Auch wenn es paradox klingen mag: Ich glaube, das erste Opfer eines Killers ist der Killer selbst. Denn es gibt in der Tat keinen Ort, an dem er vor seinem eigenen Schatten fliehen kann.

Killer in Nadelstreifen

Rasch verbreitete sich innerhalb unserer Truppe das Gerücht, dass ich bei dem Attentat an Roccella der Vollstrecker gewesen war. Damit hatte ich mir einen Namen gemacht, und jeder wollte nun mit mir zusammenarbeiten.

Ich musste alle Details der Aktion schildern, welche Tricks ich angewandt hatte. Wie ein Profi erzählte ich, wie wichtig es sei, im Hinterhalt mit unverstelltem Blick zu agieren. Die meisten Fehltritte würden in der Regel durch das Tragen von Sturmhauben begünstigt.

Wer damit rechnet, in einen Hinterhalt geraten zu können, ist meist bewaffnet, und sobald ein Maskierter vor ihm auftaucht, denkt er nicht lange nach, eröffnet das Feuer und versucht zu fliehen. Dabei nimmt er keine Rücksicht auf seine Umgebung, auf unschuldige Menschen vor Ort, die aus reinem Zufall in die Schusslinie geraten könnten.

Wir beschlossen unsere nächsten Aktionen so unauffällig wie möglich durchzuführen, gut gekleidet, unmaskiert, als brave Bürger, denen man nicht ansah, dass sie gerade ein Attentat planten.

Mit dieser Strategie dezimierten wir die Zahl unserer Feinde in den folgenden Monaten deutlich. Meine Anweisungen wurden von allen befolgt, auch wenn es anfangs noch viel Überzeugungsarbeit bedurfte. Schließlich waren die Männer daran gewöhnt, bei ihren Einsätzen Jeans, T-Shirt und Lederjacke zu tragen, dazu

Stiefel oder Turnschuhe und die unvermeidliche schwarze Sonnenbrille unter dem Helm: das klassische Killeroutfit.

Das musste geändert werden. Kaum einer hatte eine elegante Hose, ein Jackett oder ein weißes Hemd im Schrank, von einer Krawatte ganz zu schweigen. Sie gingen einkaufen. Allerdings nicht alle. Ich erinnere mich noch gut an ein Treffen in einem unserer Verstecke, als zwei Jungs aus Santamela in Jackett und Krawatte auftauchten. Sie hatten die viel zu weiten Klamotten ihres Vaters angezogen und sahen aus wie Clowns. Die anderen grölten vor Lachen. Es war nicht schwer, die beiden davon zu überzeugen, dass sie in einem solchen Aufzug erst recht auffallen würden.

Sie mussten sich vor ihrem nächsten Einsatz unbedingt passende Kleidung kaufen, elegant, aber nicht zu auffällig. Nach und nach verstanden aber selbst sie, wie man aussehen musste, um kein Aufsehen zu erregen: im Winter dunkles Jackett und dunkle Hose, im Sommer gerne auch hellere Farben. Die Hemden am besten hellblau – Weiß wirkte zu festlich.

Manche fühlten sich mit Perücke oder falschem Bart sicherer. Andere hatten farbige Kontaktlinsen für sich entdeckt und trugen bei jeder neuen Aktion eine andere Farbe.

Aber es gab auch Leichtsinnige, die glaubten, sich mit ihrer Verkleidung alles leisten zu können. Zwei unserer Männer brauchten dringend Geld und beschlossen, den Juwelier ihres Heimatdorfes Ravasa zu überfallen. In eleganter Kleidung, mit Perücken und falschen Bärten stürmten sie mit entsicherten Pistolen den Laden. Einer drückte dem Besitzer die Waffe an die Schläfe, der andere raffte Bargeld und Schmuck zusammen. Obwohl sie sich geschworen hatten, eisern zu schweigen, zischte der eine, der Juwelier solle stillhalten, wenn ihm nichts passieren sollte, und der andere drohte: »Und denk nicht mal im Traum daran, den Alarm auszulösen, wenn wir weg sind. Sonst kommen wir zurück und murksen dich ab.«

Alles lief glatt, die Beute war beachtlich. Allerdings hatte der

Juwelier die beiden an den Stimmen erkannt. In einem kleinen Dorf kannte jeder jeden. Besonders diese beiden Kumpane waren keine unbeschriebenen Blätter. Der Juwelier erstattete Anzeige, und schon wenige Stunden nach dem Überfall war die Polizei den beiden auf der Spur.

Sie wurden zwar nicht gefasst, aber nach Ravasa konnten sie nicht mehr zurück. Darüber hinaus mussten sie sich für die nächste Aktion eine neue Verkleidung einfallen lassen.

Aus solchen Erfahrungen lernten wir. Schweigen wurde unser oberstes Gebot, und wenn Reden unvermeidlich war, mussten wenige Worte für das Wichtigste genügen. So passten wir unsere Strategien immer wieder an, um jegliches Risiko zu vermeiden.

Inzwischen war ich vollständig in die Logik des Krieges eingetaucht, eine Denkweise, die ich noch wenige Monate zuvor für unmöglich gehalten hatte. Ich setzte mir insgeheim ein konkretes Ziel: unseren Krieg auf ganz Sizilien auszudehnen. »Mit jedem neuen Verbündeten gegen die Cosa Nostra steigen unsere Chancen zu überleben.«

Mein Blick auf die Realität wurde immer verzerrter. In meinen Augen wurde ich schließlich sogar zum Gutmenschen: »Mit jedem Kriminellen, den ich aus dem Weg räume, wird die Welt besser«, rechtfertigte ich mich.

Nach dieser Episode kehrte ich wieder nach Deutschland zurück, wo mich ein ganz anderes Leben erwartete.

Lidia

Eines Abends beschlossen Fofò und ich, ein bisschen von dem Geld, das wir beim Zocken verdient hatten, unter die Leute zu bringen. Wir entschieden uns für das portugiesische Restaurant von Manuel, einem »treuen Kunden«, bei dem wir Monat für Monat etwa 10 000 Mark verdienten. Als er uns sah, begannen seine Augen zu strahlen. An diesem Abend würde er uns eine gesalzene Rechnung präsentieren dürfen. Wir bestellten das Fischmenü, dazu ein paar Flaschen erlesenen Wein, den wir großzügig auch den anderen Gästen anboten. Das Beste war gerade gut genug. Heute Abend waren wir die Weihnachtsgänse, die man ausnehmen durfte.

Solche Aktionen waren Teil unserer Strategie: abwarten, bis der Zorn unserer Opfer verraucht war und ihnen dann einen Teil des fast schon aufgegebenen Geldes auf diese Art wieder zurückgeben.

Spielsucht ist eine Krankheit. Sobald unsere »Kunden« uns sahen, schwirrten sie um unseren Tisch herum, getrieben von dem Zwang, sich zu uns zu setzen und über eine verlorene oder gewonnene Wette beim Pferde- oder Hunderennen oder eine spannende Würfelpartie zu sprechen. Und wie bei jedem Menschen ist gerade bei einem Spieler der Wunsch übermächtig, das zurückzugewinnen, was er zuvor schon verloren hatte.

Und gerade diese Besessenheit ist oft der Anfang vom Ende. Ich habe viele Spieler erlebt, die über Nacht reich und ebenso schnell wieder arm geworden sind.

Hamburg war die Stadt, in der man Träume ausleben konnte –
wenn auch nur nachts. Tagsüber erloschen die Lichter, und die
Illusionen verflüchtigten sich. Das war es, was wir unseren Kunden
schenkten: Illusionen.

Jeden Morgen, bevor ich zu Bett ging, schaute ich den Männern der Straßenreinigung zu, die St. Pauli von dem Schmutz der
Nacht befreiten. Ich dachte an ihr Leben voller Entbehrungen,
ihre schlechte Bezahlung und fühlte mich erbärmlich.

Hin und wieder mussten wir unseren Opfern die Chance zur Revanche bieten. Manche wollten einfach nur spielen, um sich ein
paar Hunderter von uns zurückzuholen. Das gab ihnen ein gutes
Gefühl.

Bei unserem portugiesischen Freund weigerten wir uns an jenem Abend allerdings zunächst. Wir warfen ihm in aller Öffentlichkeit – Zeugen waren wichtig, um sich gegen alle Eventualitäten
abzusichern – seine Spielsucht vor. Und vor allem rieten wir ihm
eindringlich, sich von uns fernzuhalten und nur noch an seine Arbeit zu denken. Genau solche »guten Ratschläge« sind für einen
Spielsüchtigen die Einladung, das Gegenteil zu tun. Sie sind felsenfest davon überzeugt, dass ihr Verlust nur ein Ausrutscher war,
einfach Pech. Unser Versuch, sie vom Spielen abzubringen, war in
ihren Augen nur der Ausdruck unserer Angst. Unserer Schwäche.
Sie waren stärker, daran gab es für sie keinen Zweifel.

Damit hatten wir sie im Sack!

Nach dem Abendessen gingen wir ins Salambo. Am Eingang erblickte ich unseren Freund Bismarck. Wir nannten ihn so, weil er
mit seinem Walrossbart wie der eiserne Kanzler des Deutschen
Reiches aussah. Als er diesen Namen zum ersten Mal hörte, brach
er in schallendes Gelächter aus. Er gefiel ihm.

Bismarck kümmerte sich um die Gäste. Er entschied, wer hi-
neindurfte und wer nicht. Ihm genügte ein kurzer Blick, um zu

wissen, wer Geld in der Tasche hatte, und er lotste die dicksten Brieftaschen an die besten Tische. Bismarck war Butler bei einer alteingesessenen deutschen Adelsfamilie gewesen, wie vor ihm sein Vater und sein Großvater. Aber eines Tages hatte er den Job geschmissen und Balbos Angebot angenommen, als Geschäftsführer in seinem Nachtklub zu arbeiten. Bismarck hatte Stil und Klasse und war darüber hinaus ein echter Weinkenner.

Bevor ich mich an meinen Tisch setzte, fiel mir an der Theke eine neue Bedienung auf. Ihre Haare hatte sie streng nach hinten gekämmt und mit einem Haargummi zu einem Pferdeschwanz zusammengebunden. Vielleicht lag es am Licht, aber es sah aus, als hätte sie ein Gesicht aus Porzellan. Ich war sofort fasziniert von ihr, und das passierte mir nur selten. Ich war nicht mehr der unerfahrene junge Kerl, der zum ersten Mal in der Großstadt war und vor der erstbesten blonden Schönheit auf die Knie ging. Doch diese Frau strahlte etwas Bezauberndes aus.

Wie die anderen Bedienungen auch trug sie eine Arbeitsuniform: eine ärmellose weiße Bluse, die mit einer schwarzen Schleife am Hals geschlossen wurde, und einen schwarzen Minirock, darüber ein klitzekleines weißes Schürzchen. Und Schuhe mit Pfennigabsätzen, so hoch und so dünn, dass es für mich ein Rätsel war, wie man sich damit unfallfrei bewegen konnte.

Ich winkte Bismarck zu mir und fragte ihn nach ihr. Er sprach über sie, als wäre sie ein Mysterium. Sie sei Serbin, sagte er, mit Universitätsabschluss. Sie beherrsche vier Sprachen und brauche unbedingt Geld. Eine ernsthafte junge Frau, die ihre Arbeit äußerst korrekt ausführte.

Dann zwinkerte er mir zu – meine Absichten hatte er ohnehin längst erraten – und warnte mich: »Du wirst sehen … Sie ist ein harter Knochen. Lidia lässt keinen an sich ran und weiß sich zu wehren. Gestern hat sie zwei Mädels rausgeworfen, einfach so. Die Mädchen hier haben großen Respekt vor ihr.«

Im Verlauf des Abends versuchte ich jedes Mal, wenn ich einen

Schluck aus meinem Glas nahm, Blickkontakt mit Lidia aufzunehmen – leider ohne Erfolg. Nach einer Weile verlor ich sie aus den Augen und dachte kurz nicht mehr an sie. Plötzlich spürte ich eine leichte Berührung an meiner Schulter.

»Signor Antonio, Signor Antonio …«

Ich drehte mich um. Es war Lidia.

»Balbo schickt mich. Sie sollen sofort ins Hinterzimmer kommen!«

Balbo hatte offensichtlich jemanden an der Angel und verlangte nach meiner Anwesenheit. Ich gab Fofò, der sich etwas abseits gehalten hatte, ein Zeichen und ließ mir ein dickes Bündel Banknoten geben. Jeder sollte sehen, dass ich spielen wollte. Einen besseren Köder gab es nicht: Geld macht Appetit.

Ich bewegte mich langsam, alle meine Sinne waren in Alarmbereitschaft. Wie ein Raubtier auf Beutesuche. Ich beobachtete, lauschte, witterte, immer bereit zuzuschlagen. Vorher musste ich die Spieler loswerden, die das Ganze natürlich registriert und sich an meine Fersen geheftet hatten. Wie Hyänen, die den Kadaver riechen, an dem sie sich weiden können.

»Kein Limit!«, rief ich und ließ die Würfel rollen. Ich begann mein Opfer abzuscannen: Markenklamotten, Hemd und passende Krawatte, teure Schuhe. An seinem Handgelenk bemerkte ich eine Franck-Muller-Vegas-Armbanduhr.

Aus seinem Akzent schloss ich, dass er Franzose oder vielleicht Belgier war. Er trank zwar, aber nur in Maßen. Irgendetwas stimmte hier nicht.

Ich begann meine Punkte zu machen, während er rief: »Kein Limit!« Und das mit unseren Würfeln! Entweder war er wirklich so naiv, oder er tat nur so.

Profis sind immer misstrauisch, wenn ein Neuling am Tisch ist. Man hält sich bedeckt, spielt ohne Risiko. Das Spiel plätscherte so dahin.

Irgendwann zwinkerte mir Balbo zu und schlug vor, Rommé

oder Poker zu spielen. Er kam näher und flüsterte mir zu, mein Gegner sei ein »dicker Fisch«, aber wir hätten bloß wenig Zeit. Der Kerl sei Diplomat und müsse in seine Botschaft zurück. Deshalb seine vornehme Kleidung.

Und tatsächlich schlug er vor, mit Zeitlimit zu pokern. Eine Stunde. Zu wenig, dachte ich, um ihn auszunehmen.

Ich begann die Karten zu mischen. Er schaute nicht einmal hin. Das ließ zwei Schlüsse zu: Entweder war er besonders dumm oder besonders schlau.

Wie ich wenig später feststellte, traf Ersteres zu. In weniger als einer Stunde gewann ich sein gesamtes Bargeld, rund 32 000 Mark. Nur seine Uhr konnte ich ihm nicht abluchsen. Er lieh sich lieber von Balbo zusätzlich 8000 Mark und gab uns sein Ehrenwort, dass er zurückkehren würde. Der klassische Bourgeois, dachte ich mir.

Ich verließ das Hinterzimmer, nahm ein paar Hunderter und steckte sie Lidia, die mir gerade entgegenkam, in die Tasche ihrer Schürze.

»Du hast mir Glück gebracht«, sagte ich ihr.

Sie bedankte sich mit einem Lächeln. Ihre perlweißen Zähne waren makellos, ihre vollen Lippen nur mit einem Hauch Lippenstift überzogen. Trotz ihrer langen schwarzen Haare erinnerte sie mich an Michelle Pfeiffer: das gleiche schmale Gesicht und die ausgeprägten Wangenknochen.

Ich beobachtete sie schweigend, während sie errötete und meinem durchdringenden Blick auszuweichen versuchte. Ja, sie war eine schöne Frau. Schließlich verabschiedete ich mich von ihr, und für einen Moment meinte ich, einen dunklen Fleck auf ihrem Unterarm gesehen zu haben. Ich dachte nicht weiter darüber nach und verließ das Salambo.

In diesen Tagen galt es, so viel Geld wie möglich zusammenzubekommen. Der Bedarf war immens: Der anhaltende Krieg verschlang Unsummen. Doch bei allem, was ich tat, musste ich auf der Hut sein und durfte nicht riskieren, verhaftet zu werden – egal ob ich spielte oder Waffen kaufte. Meine Feinde würden nicht lange brauchen, um zu verstehen, was ich damit vorhatte.

Ich begriff, dass ich mich auf ein hochgefährliches Spiel eingelassen hatte, und zog die Konsequenzen. Ich vermied Konflikte, wägte ab, war verbindlich und versuchte jedes Aufsehen zu vermeiden. Nach dem Massaker an meiner Familie war ich ein anderer geworden. Nicht einmal Fofò vertraute ich mich an.

»Ganz ruhig, Fofò, mir geht's gut, mach dir keine Sorgen. Ich geh zu Michele oder zu jemand anderem …«, beschwichtigte ich immer. Fofò war mein Freund, und ich wollte ihn nicht in mein dunkles Geheimnis hineinziehen. In Düsseldorf war ich nur in letzter Sekunde einem Hinterhalt entkommen, und es war besser, wenn Fofò sich von mir fernhielt. Wenn ihm an meiner Stelle etwas passiert wäre, hätte ich mir das nie verziehen.

Ich erinnerte mich voller Wut und Angst an diesen Tag. Ich war bei meinen Verwandten untergeschlüpft und kam gerade von einem Spaziergang zurück, als ich vor ihrem Haus etwas Seltsames bemerkte: Ein Polizist kontrollierte zwei Personen in einem Auto, das im Halteverbot stand. Etwas weiter entfernt erkannte ich einen untersetzten, bärtigen Mann, der sich hinter einem Werbeschild zu verstecken schien. Instinktiv drehte ich um, ging in ein Parkhaus und stieg die Rampe hoch, um von dort zu beobachten, was da vor sich ging.

Ich sah, wie der Polizist dem Fahrer die Papiere zurückgab, offensichtlich beließ er es bei einer Verwarnung, verbunden mit dem Hinweis, zukünftig die Verkehrsregeln zu beachten. Dann ging er zu seinem Polizeiauto und fuhr los. Als er außer Sichtweite war, ging der Bärtige auf das im Halteverbot stehende Auto zu und sprach mit dem Fahrer. Trotz der Entfernung fiel mir der sizilianische Dialekt auf.

»Wir müssen hier weg«, schrie der Typ am Steuer. Er war nervös, jetzt kannte die Polizei seine Identität. Der Bärtige brummelte: »Schon gut, schon gut.«

Ich überlegte fieberhaft: Ich hatte bei der sizilianischen Ausländerbehörde die Adresse meiner Verwandten in Düsseldorf angegeben. Ich konnte mir schon denken, welches Vögelchen da gesungen hatte, aber mit dem würde ich mich später beschäftigen. Wer diese Männer waren, wusste ich damals allerdings nicht. Ich sollte es erst einige Jahre später erfahren. Und zwar von dem Mann, der am Steuer gesessen hatte und der später mein Verbündeter werden sollte. Er erzählte mir, dass der Bärtige aus seinem Dorf kam und Mirtillo hieß. Er und seine zahlreichen Brüder waren die Plage des Dorfes, Kriminelle der übelsten Sorte und skrupellose Killer. Ich würde später selbst zu ihrer Dezimierung beitragen.

Ich ging vom Parkhaus direkt zum Bahnhof und nahm den ersten Zug nach Hamburg. Während der Fahrt bemühte ich mich, einen klaren Kopf zu behalten und nicht die Nerven zu verlieren.

In Düsseldorf, so sagte ich mir, wäre ich relativ sicher, denn die Killer wussten genau, dass sie im Fadenkreuz der Polizei standen. Ihre Identitäten waren bekannt, und der Verdacht würde sofort auf sie fallen. Ich konnte ganz ruhig bleiben.

Weg musste ich allerdings trotzdem. Ich hatte viel Zeit verloren. Zwar saßen meine schlimmsten Feinde im Gefängnis, aber bald schon würden sie wieder auf freiem Fuß sein, und dann musste ich vorbereitet sein.

Ich habe ein Foto als Lesezeichen. Mit der Zeit sind die Farben ver-
blasst, aber es ist noch immer mein Lieblingsfoto und wird immer zwischen den Seiten des Buches stecken, das ich gerade lese – selbst wenn man
irgendwann gar nichts mehr erkennen kann.

Ich erinnere mich noch, als wäre es gestern gewesen: Wir hatten ge-
rade zu Mittag gegessen, und mein Großvater saß im Unterhemd am
Kopfende des Tisches. Er sah zufrieden aus. Ich stand neben ihm, eine
Hand auf seine Schulter gelegt. Ich war glücklich und dachte nicht im
Traum daran, dass man ihn wenige Stunden später, noch am Abend des
gleichen Tages, abknallen würde wie einen räudigen Hund.

Heute Nacht habe ich wieder von ihm geträumt. Er ist der Mensch,
der am häufigsten in meinen Träumen auftaucht, öfter als mein Vater
oder meine Mutter. In meinen Träumen lebt er, auch wenn ich mir im
Verlauf des Traumes bewusst mache, dass er tot ist. Es sind einfache
Träume, die mich in meine Kindheit zurückversetzen.

Es vergeht kein Tag, an dem ich nicht an ihn denke. Sein Gesicht
mit dem breiten Lächeln ist unauslöschlich in meine Erinnerungen
eingebrannt. Und dort versteckt es sich und begleitet mich bei jedem
Schritt, in jedem Gedanken, bei allem, was ich tue: lesen, schreiben, waschen, essen, trinken, joggen, trainieren. Er ist da, immer und überall. Und er ist gut zu mir und leistet mir in meinen Träumen Gesellschaft.

Ich bin immer mehr davon überzeugt, dass ich einen ganz besonderen Großvater hatte: Er war wirklich ein weiser alter Mann. Er hat

mir Gedankenfreiheit vermittelt, was inmitten einer Umgebung von obrigkeitshörigen Frömmlern wahrlich außergewöhnlich war.

Ich war sieben, als er mir meinen ersten Lederfußball schenkte. Der Ball war wunderschön, wog schwer in meinen kleinen Händen und glänzte so sehr, dass ich gar nicht anders konnte, als ihn immer wieder anzusehen. Es dauerte eine Weile, bis ich überhaupt den Mut fand, mit ihm zu spielen.

Mit acht schenkte Großvater mir das erste Fahrrad und brachte mir Radfahren bei. Irgendwann später – wir waren mit dem Boot auf dem Meer – packte er mich, warf mich ins Wasser und brachte mich dazu, zu schwimmen. Schon bald wurde ich eine richtige Wasserratte, hatte keine Angst vor Untiefen und lernte tauchen. Schließlich konnte ich länger unter Wasser bleiben als alle meine Freunde.

Mir kommen die großen und kleinen Geschichten in den Sinn, die er mir erzählt hat, beispielsweise die vom Krieg, als er als Freiwilliger auf einem U-Boot gearbeitet hatte, das die Engländer mithilfe ihrer Wunderwaffe, dem Radar, versenkt hatten. Und ich denke an all die anderen Dinge, die er mir beigebracht hat: angeln, Sternbilder erkennen, um sich auf dem Meer daran zu orientieren, alles über Wind und Strömungen, Knoten knüpfen und den Respekt vor dem Meer. »Das ist nicht unser natürlicher Lebensraum«, schärfte er mir immer wieder ein.

Seine zweite Leidenschaft war die Politik. Die Fotos von Marx und von Lenin, den Großvater vergötterte, hingen in jedem Zimmer seines großen Hauses. Gerade die Reden Lenins, die er teilweise auswendig kannte, faszinierten ihn: »Doch der Sklave, der sich seiner Sklaverei bewusst geworden ist und der sich zum Kampf für seine Befreiung erhoben hat, hört bereits zur Hälfte auf, ein Sklave zu sein«. Für meinen Großvater waren die Weisungen, die »sein« Parteisekretär Enrico Berlinguer über moralische Fragen in den 1980er-Jahren erteilte, ehernes Gesetz. Ich erinnere mich noch gut an all die Wutreden, in denen er seine Mitbürger aufforderte, sich mithilfe ihrer Stimmzettel von der erdrückenden Macht der damals herrschenden, durch und durch korrupten Democrazia Cristiana zu befreien. Für ihn war die DC ein Konglomerat aus verlogenen Priestern, korrupten Politikern und Mafiosi. Das sagte er bereits in den Jahren, in denen die Obrigkeit die Existenz der Mafia noch verleugnete.

Die Geschichte hat ihm recht gegeben: »*Mein geliebter Enkel, denke immer daran, dass es moralische Normen gibt, auch ohne Gott. Gott dient der Macht und nicht den frei denkenden Menschen.*« *Lag er damit falsch? Nein, das glaube ich nicht. Mit vielem anderen dagegen schon, das muss ich zugeben.*

Mein Großvater hatte eine romantisch verklärte Vorstellung von Politik. Wenn er den Fall der Mauer noch erlebt hätte, das Auseinanderbrechen der Sowjetunion, deren Verfassung er auswendig konnte ... »*Das sowjetische Wirtschaftssystem ist das beste. In den sozialistischen Staaten gibt es keine Armut*«, *sagte er mir immer. Wenn er erlebt hätte, was Putin und all die anderen daraus machten, hätte ihn der Schlag getroffen.*

Der russische Einmarsch in Ungarn im Jahr 1956 hat ihn bis ins Mark getroffen. Er versuchte zwar, das russische Handeln zu rechtfertigen, und verschloss auch die Ohren vor denen, die die Grausamkeiten Stalins anprangerten, wie zum Beispiel Chruschtschow. »*Es kann einfach nicht sein, dass der* ›*Schnauzer*‹ *so was getan hat*«, *wehrte Großvater immer ab.* »*Es ist die kapitalistische Propaganda, die solche Gerüchte in Umlauf bringt ...*«

So etwas geschieht, wenn der Glaube an das Gute einem den Blick verstellt. Wenn die eigenen Wertvorstellungen verinnerlicht werden. Die Gefühle, sollte mich ein großer Philosoph später lehren, sind ein Hindernis in Gesellschaft und Politik. Wenn mein Großvater zugehört hätte, dann hätte er auch erkannt, was er eben nicht gesehen hat. Er hätte erkannt, dass Stalin schlimmer war als die Amerikaner. Aber ich verstehe ihn. Er konnte es damals nicht erkennen, weil ihm das Wissen fehlte.

Ach, mein über alles geliebter Großvater, du fehlst mir so sehr. Ihr verdammten Mörder, ihr habt ihn mir genommen.

Lidias Welt

Leo, Fofò und ich kamen im Morgengrauen von einem unserer nächtlichen Streifzüge zurück und beschlossen vor dem Schlafengehen noch zu frühstücken. Wir gingen in ein Café in der Nähe des Salambo und diskutierten gerade über eine Pokerstrategie, als ich in einem Spiegel Lidias Gesicht erkannte.

Sie saß allein am Tisch und las, die smaragdgrünen Augen konzentriert auf die vor ihr liegende Zeitung geheftet. Mir fiel auf, dass sie mit einem Stift hin und wieder etwas einkreiste, als hätte sie etwas Interessantes gefunden. Dabei knabberte sie gedankenverloren an ihrem Daumen, wie ein kleines Kind.

Sie trug zerschlissene Turnschuhe, eine an einigen Stellen eingerissene Jeans und einen viel zu weiten, orangefarbenen Pullover, dessen Ärmel bis über ihre Ellbogen hochgeschoben waren. Sie sah aus wie eine Zigeunerin.

Dann löste sie das Gummiband, das ihren Pferdeschwanz zusammenhielt, schüttelte den Kopf, und die schwarzglänzenden Haare fielen ihr über die Schultern. Ein bezaubernder Anblick.

Ich stand auf, ging auf sie zu, begrüßte sie und fragte, ob sie mich wiedererkannt hatte. Sie nickte.

»*Ich kenne Sie*, Antonio … oder wenn du willst: Certo che ti conosco, Antonio«, entgegnete sie in perfektem Italienisch.

Ich war völlig überrascht. Eine solche Antwort hatte ich nicht erwartet. Und dann sprach sie auch noch Italienisch! Beim näheren Hinsehen erkannte ich, dass der Fleck auf ihrem linken Arm keine

Hautverfärbung, sondern eine vernarbte Wunde war. Tiefes Mitgefühl erfasste mich. Plötzlich kam mir wieder in den Sinn, was Balbo über sie gesagt hatte. Und bei dem Gedanken an all das, was sie erlebt haben musste, lächelte ich sie entschuldigend an und ging zu meinem Tisch zurück, wo Fofò sich über meinen »Schuss in den Ofen« lustig machte. Am liebsten hätte ich ihm den Aschenbecher auf den Kopf geknallt.

Im Spiegel beobachtete ich, wie Lidia ihren Kaffee austrank, einige Münzen auf den Tisch legte, sich ein Tuch um die Haare band und dann auf unseren Tisch zukam.

»Entschuldige, Antonio«, sagte sie, ohne meine Freunde eines Blickes zu würdigen, »ich wollte nicht unhöflich sein. Ich hatte keinen guten Tag.«

Sie verabschiedete sich und ging zur Tür. Später erklärte sie mir, sie habe sich für ihren Aufzug geschämt. Doch genau deswegen hatte ich mich in sie verliebt. Sie war für mich die arme Prinzessin aus dem Märchen. Als ich ihr das sagte, glaubte sie mir nicht, aber genau so war es. Ich lief ihr hinterher.

»Ich geh heute Abend ins Salambo und …«

Sie fiel mir ins Wort: »Ich habe gekündigt.«

»Gekündigt? Warum?«

»Ich habe dieser dummen Pute eine reingehauen.«

Später erfuhr ich, dass die Pute Balbos Ehefrau war.

Danach stieg sie auf ihr Rad und verschwand im morgendlichen Verkehr. Ich blieb wie angewurzelt auf dem Bürgersteig stehen, während meine Freunde die Szene durch das Fenster beobachteten und sich fragten, was da wohl vor sich ging.

Sie kamen zu mir nach draußen.

»Du wirst dich doch nicht etwa in diese Frau verliebt haben?«, fragte Leo.

»Warum, was ist los mit ›dieser Frau‹?«

»Was mit ihr los ist? Nichts ist mit ihr los, das ist es ja gerade«, stieß Fofò ins gleiche Horn.

»Also bitte! Seit wann versteht ihr was von Frauen?!« Nach dieser Antwort ließen sie mich stehen.

Die Stadt war erwacht, und ich ging mit einem einzigen Gedanken zu Bett: Irgendeine der Bedienungen musste doch Lidias Telefonnummer haben.

Ich schlief acht Stunden und brachte mich nach dem Aufwachen in Form – einige Runden Schwimmen, Sauna, Rasur und ein neuer Haarschnitt –, dann zog ich mich schick, aber nicht zu schick an und machte mich auf die Suche nach Lidia.

Ich hatte Glück, schon die erste Kellnerin, bei der ich nachfragte, sagte: »Die Verrückte?« Das musste sie sein, dachte ich und lächelte. Ich erfuhr, dass Lidia zu Hause kein Telefon hatte, aber immerhin schrieb mir die Frau Lidias Adresse auf. Ich rannte los, hielt das erstbeste Taxi an, gab dem Fahrer den Zettel und bat ihn, vorneweg zu fahren. Ich fuhr ihm mit meinem Auto hinterher.

Lidia wohnte in einem ehemaligen Arbeiterviertel. Früher hatten hier die Angestellten der nahe gelegenen Fabriken gewohnt. Eine ziemlich heruntergekommene, düstere Gegend, fernab vom Lichterglanz der Stadt.

»Was machst du eigentlich hier?«, fragte ich mich, während ich auf dem Weg zu der angegebenen Adresse befand. »Willst du jetzt an jeder einzelnen Wohnungstür klingeln?« Und ich gab mir selbst die Antwort: »Klar! Ich klingele an der ersten Tür, auf der ein slawischer Nachname steht, der mit ›c‹ endet. Aber enden nicht alle slawischen Nachnamen auf ›c‹?«

Ich begann mir die Klingelschilder des Wohnblocks anzusehen: Himmelherrgott, wie viele Namen endeten auf »c«? Lebten denn etwa nur Slawen hier?

Ich klingelte wahllos hier und da und fragte nach Lidia, wobei ich mich als ehemaliger Kollege ausgab, der ihr ihre Papiere bringen sollte. Aber niemand kannte Lidia.

Neben dem Wohnblock war ein Eiscafé mit einem Schild in kyrillischer Schrift. Ich ging hinein. Ein bescheidenes Lokal in

Familienhand. Ich setzte mich, bestellte ein Eis und einen Kaffee. Am Nachbartisch saß eine Gruppe Jugendlicher – offenbar Migrantenkinder –, die in einer Umgebung aufwuchsen, die so ganz anders war als die Heimat ihrer Eltern. Sie machten Witze und schworen sich kichernd »ewige Liebe«. Ich fand es auffallend, dass in dieser Gruppe die Mädchen die Hosen anhatten.

Ich war so in meine Beobachtung versunken, dass ich kaum wahrnahm, wie auch sie mich misstrauisch musterten. Plötzlich spürte ich, dass ich an diesem Ort der »Fremde« war, mit meinen Markenklamotten und dem Porsche 911 Targa, der in der Einfahrt parkte.

Ich ging an den Tresen und läutete die Glocke, die es in jedem Lokal in Hamburg gab. Läuten bedeutet, dass man eine Lokalrunde ausgeben wollte. Die Jugendlichen waren begeistert und bestellten große Eisbecher, und ich hörte, wie einer spöttelte, dass sie mich ruinieren würden.

Na ja, diese zwanzig Mark taten mir nun wirklich nicht weh …

Ich hatte ihre Sympathie gewonnen, und die Gelegenheit nutzte ich, um die Teenies nach Lidia zu fragen.

Schlagartig veränderte sich die Atmosphäre. Misstrauen schlug mir entgegen, ja fast Feindseligkeit. Offenbar versuchten sie Lidia zu schützen, aber ich begriff nicht, vor wem oder was. Nachdem sie mich ins Kreuzverhör genommen hatten, stand ich auf und ging in die Kabine hinten im Lokal, um zu telefonieren. Dann kehrte ich an meinen Tisch zurück und bestellte noch einen Kaffee. Die anderen waren verschwunden. Ich zahlte und ging.

Als ich mich meinem Auto näherte, sah ich die Jugendlichen mit entschiedenen Schritten auf mich zukommen, Lidia in ihrer Mitte, rechts und links schützend flankiert. Neben ihr ein kleines Mädchen, das stark hinkte.

»Ciao, was willst du?«, fragte Lidia knapp.

»Ich möchte mit dir reden«, entgegnete ich.

»Dann rede.«

»Ciao«, sagte ich zu dem kleinen Mädchen, »wie heißt du?«

»Selenia … und Lidia ist meine Schwester«, antwortete sie aggressiv.

»Meine Güte, kann es sein, dass für euch jeder Fremde gleich ein Feind ist, mit dem man nicht reden darf? Das ist ja schlimmer als in Sizilien!«

»Hör zu, Antonio, in diesem Viertel gibt es für dich nichts zu holen, also verschwinde wieder in deine Welt. Hier leben nur einfache Leute, die keine Zeit für so etwas haben. Arme Familienväter, die sich nicht einmal einen Kaffee gönnen, nur um fünfzig Pfennig zu sparen. Und wenn du in unser Eiscafé kommst und einen ausgibst, dann schlagen wir natürlich zu«, spottete sie bitter.

Ich sagte ihr, dass ich sie gesucht hatte, um ihr ein Geschäft vorzuschlagen.

Ihr Neugier war geweckt: »Was für ein Geschäft?«

»Sag mal, können wir das nicht im Sitzen besprechen?«, langsam begann ich wütend zu werden. Sie schien das zu spüren und schlug vor, ins Eiscafé zu gehen. Selenia kam mit. Sie war ein bildhübsches Mädchen mit kurz geschnittenen schwarzen Haaren und ähnelte ihrer Schwester sehr. Allerdings war ihr Gesichtsausdruck melancholischer. Man konnte erahnen, dass sie ein traumatisches Erlebnis hinter sich haben musste. Ihr spendierte ich einen riesigen Eisbecher, Lidia bestellte einen Tee.

Ich erklärte ihr, dass es für mich von Vorteil wäre, wenn ich am Spieltisch eine Frau an meiner Seite hätte. Sie lehnte spontan ab: »Ist dir nicht klar, dass dir früher oder später jemand ein Messer in den Bauch rammen oder dein hübsches Gesicht ruinieren wird, wenn du beim Betrügen erwischt wirst?«

»Danke für das hübsche Gesicht, aber heb dir deine Komplimente für Leute auf, die auf so was stehen.«

Allmählich begann mich ihr Hochmut zu nerven. »Ich biete dir einen Job an und ich betrüge nicht.«

»Was soll das? Alle wissen, dass du falsch spielst.«

»Das heißt, du hast mein Trinkgeld eingesteckt, obwohl du mich für einen Betrüger hältst?«

Sie antwortete nicht und wandte den Blick ab.

»Alle wissen, dass ich ein Falschspieler bin, nur ich nicht? Ich habe immer fair gespielt, und im Unterschied zu manch anderen bin ich auch kein Säufer und nehme keine Drogen. Und deshalb frage ich dich noch mal: Nimmst du mein Angebot an? Ja oder nein? Deine Unterstellungen und Beschuldigungen fremden Leuten gegenüber kannst du dir schenken.«

»Ich weiß nicht. Ich denk drüber nach«, antwortete sie, dieses Mal in einem gemäßigten Ton. »Aber von Karten versteh ich rein gar nichts.«

»Das spielt keine Rolle, darum kümmere ich mich.«

»Ganz davon abgesehen, dass ich kein angemessenes Kleid für solche Anlässe habe …«

»Auch das ist kein Problem.«

Sie verstand meinen Einwand erst, als ich ihr sagte, dass ich sie morgen zum Einkaufen abholen würde – gerne auch mit ihrer Schwester.

»Das ist sehr nett, Antonio, aber ich kann deine Geschenke nicht annehmen.«

»Das sind keine Geschenke, sondern Leihgaben. Wenn du dein erstes eigenes Geld verdienst, dann zahlst du mir alles zurück. Wir sehen uns morgen, in Ordnung?«

Lidia und ihre Schwester sahen sich fragend an, dann meinte Selenia: »Komm um vier, dann bin ich aus der Schule zurück.«

»In Ordnung!«

Ich verabschiedete mich und ging zu meinem Auto zurück, das von den Jugendlichen regelrecht belagert wurde. Inzwischen waren sie mir gegenüber viel entspannter. »Wenn ihr morgen gegen vier wieder hier seid, wartet eine Überraschung auf euch«, verkündete ich.

Vor einigen Monaten hatten meine Komplizen und ich eine

Wagenladung Sportklamotten geklaut und gewinnbringend weiterverkauft. Vorausschauend hatte ich für mich einige Trainingsanzüge und Turnschuhe zurückbehalten. Ich entschied, sie den Kids zu schenken.

Beim Wegfahren sah ich im Rückspiegel, dass sie mir neugierig hinterhersahen.

Am nächsten Tag war ich pünktlich vor Ort. Lidia und Selenia standen bereits parat. Auch die Jugendlichen warteten schon und saßen zu siebt auf einer Bank. Ich stieg aus dem Auto und winkte sie heran, während ich den Kofferraum öffnete. Sie kamen näher. Für die Mädchen hatte ich rosafarbene Trainingsanzüge ausgesucht, für die Jungs blaue. Lidia hielt sich ein paar Meter abseits und beobachtete die Szene. Ich sah sie fragend an, wie um eine Bestätigung von ihr zu bekommen, dass mein Verhalten auch in Ordnung war. Sie schloss die Augen und nickte. Die glücklichen Gesichter der Kids und ihre leuchtenden Augen taten ihr Übriges.

»Warum schenkst du uns was?«, wollte ein Mädchen wissen, das ich schon vorher als das forscheste und offenste der Gruppe ausgemacht hatte. »Ich weiß nicht«, antwortete ich. »Bedankt euch bei Lidia.«

Sie rannten auf Lidia zu und umarmten sie. Wie beliebt sie hier war! Dann rannten die Kids nach Hause, um die neuen Sachen anzuziehen.

Wir saßen kaum im Auto, als Lidia begann, mich mit Fragen zu löchern.

»Warum machst du das? Warum gerade ich? Bilde dir bloß nicht ein, dass …«

»Schluss jetzt mit der Fragerei, genießen wir den Tag. Ich kann mich gut in deine Situation hineinversetzen, in gewissem Sinn bin ich ja selbst ein Flüchtling. Und außerdem … Warum gerade du? Gute Frage, aber das muss ich selbst auch noch herausfinden …«

Selenia saß auf dem Rücksitz und sagte kein Wort. Sie wirkte abwesend.

Plötzlich bremste ich, drehte mich zu ihr um und sah ihr direkt in die Augen. Dann bohrte ich mit dem rechten Zeigefinger in der Nase, angelte mir einen Popel, rollte ihn zwischen Daumen und Zeigefinger zu einer Kugel und zielte. Selenia spielte das Spiel mit und hielt sich kreischend die Hände vors Gesicht. Ich schnippte die Kugel mit dem Zeigefinger in ihre Richtung, ohne sie allerdings zu treffen.

Während ich wieder anfuhr, lachte Selenia immer noch. Sobald sie verstummte, tat ich so, als würde ich mir erneut den Zeigefinger in die Nase stecken, und wir prusteten wieder los. Seit diesem Tag genügte diese Geste, um ihre Laune aufzuhellen. Selenia hatte mich in ihr Herz geschlossen, so wie den großen Bruder, den sie nie gehabt hatte.

Ich brachte die beiden Schwestern in die Boutique eines meiner »Kunden«, der nicht nur spielsüchtig war, sondern auch kokste. Ich sagte ihm, er solle meine beiden Freundinnen gut bedienen und ihnen all ihre Wünsche erfüllen.

»Sucht euch aus, was ihr wollt«, sagte ich zu den beiden, dann setzte ich mich erwartungsvoll auf ein Sofa. Lidia und Selenia taten gar nichts. Irgendetwas stimmte nicht. Dann kam Lidia auf mich zu.

»Vielleicht vertrittst du dir draußen ein bisschen die Beine. Selenia … nun, wie soll ich das sagen? Es wäre besser, wenn du …«

Ich verstand nicht.

»Schon gut, aber was ist das Problem?«

Lidia wandte sich um und blickte kurz zu ihrer Schwester, die sich etwas abseits hielt. Dann senkte sie die Stimme und flüsterte mir ins Ohr: »Selenia hat eine Beinprothese. Sie ist auf eine Landmine getreten.«

Ich war schockiert. Natürlich hatte ich im Auto beim Ein- und Aussteigen schon bemerkt, dass sie Schwierigkeiten hatte, aber dass ihr ein ganzes Bein fehlte? Das wäre mir nie in den Sinn gekommen. Ich stand auf, sagte dem Boutiquebesitzer, dass ich später wiederkommen würde, gab Lidia die Telefonnummer meiner Wohnung und drückte Selenia ein Küsschen auf die Wange. Sie sollten mich anrufen, wenn sie fertig wären. Der Anruf kam in weniger als einer Stunde. Ich war verblüfft, dass es Frauen gab, die so schnell einkaufen konnten.

Obwohl der Boutiquebesitzer alles versucht hatte, die beiden davon zu überzeugen, dass Geld überhaupt keine Rolle spielte, hatten Lidia und Selenia jeweils nur ein Kleid gekauft. Das gefiel mir gar nicht. Wahllos raffte ich Röcke, Hosen, Blusen und Jacken zusammen und stopfte alles in große Plastiktüten. Die anderen Kunden sahen fassungslos zu. Ich erklärte dem Boutiquebesitzer, dass sie die Kleidungsstücke zu Hause anprobieren würden, und er nickte. Immerhin witterte er ein gutes Geschäft. »Mach dir keine Sorgen. Letzten Endes bezahlst du das alles sowieso. Du wirst schon sehen«, dachte ich.

Lidia und Selenia schwiegen. Wir verließen mit prall gefüllten Tüten den Laden. Im Auto schlug ich Selenia vor, sie könnte alles, was ihr nicht gefiel, ihren Freundinnen schenken.

Als wir bei ihnen zu Hause angekommen waren, versuchte ich noch, Lidia Geld zu geben. Für den Friseur und für all das, was Frauen sonst so brauchen, um sich schick zu machen. Dickköpfig und stolz wie sie war, nahm sie nur einen Teil. »Hör mal, Antonio, als Prostituierte werde ich niemals arbeiten ...«

Ich war entsetzt. »Wie kannst du es wagen? Sehe ich etwa aus wie ein Zuhälter? Raus aus meinem Auto und verschwinde«, brüllte ich.

Sie versuchte sich zu erklären, aber ich schnitt ihr das Wort ab. Ich war stinksauer.

»Wie kommt sie nur darauf?«, fragte ich mich. »Welches Bild haben die Leute von mir?« Ich war schockiert.

Von einer Frau ließ ich mir ja vieles gefallen, aber für einen Zuhälter gehalten zu werden, war unerträglich.

Lidia stieg aus und ging.

Einige Tage später – ich parkte gerade meinen Wagen – sah ich Lidia ins Marletta gehen, ein angesagtes italienisches Restaurant. Wahrscheinlich suchte sie mich. Ich folgte ihr, und plötzlich standen wir uns gegenüber: Ich wollte hinein, sie hinaus. Fast wären wir zusammengestoßen. Schweigend sahen wir uns in die Augen. Am liebsten hätte ich sie geküsst. Dann wandte sie den Blick ab und sagte, dass sie nach mir gesucht hätte, um die Rechnung für die Kleider zu bezahlen. Sie nehme mein Angebot an, aber alles rein geschäftlich. Keine Gefühle.

In den Folgetagen rief ich sie hin und wieder an, holte sie ab, und wir gingen essen. Sie wisse immer noch nicht, was sie genau zu tun haben würde, sagte sie schließlich.

»Du wirst mein Bodyguard«, erklärte ich ihr lachend.

Ich war bekannt wie ein bunter Hund. Im Milieu wusste jeder, dass ich einen Porsche fuhr, mit Geld nur so um mich warf und Glücksspieler war. Oberflächlich betrachtet war ich das Paradebeispiel dafür, wie man durch Glücksspiel reich werden konnte. Ein fetter Köder für alle, die nach dem schnellen Geld gierten.

Ich brauchte nicht einmal nach potenziellen Opfern zu suchen – die kamen von selbst. Ich spielte meine Rolle perfekt: Designerklamotten, goldene Rolex. Ich musste nur abwarten. Früher oder später würde jemand an meinen Tisch kommen und fragen: »Ein Stündchen?« Aus diesem Stündchen würde dann der ganze Abend werden. Lidia begriff schnell, was sie zu tun hatte. Sie verbreitete gute Laune, zwinkerte den Mitspielern zu und lenkte sie ab. Sie spielte ihre Rolle perfekt.

Aber auch sonst war sie eine Bereicherung in meinem Leben: eine Frau, mit der ich reden konnte, der es egal war, welches Kleid sie trug und ob die Handtasche dazu passte, die nicht Stunden vor dem Spiegel stand, um sich zu schminken. Lidia war wichtig für mich, weil sie wertschätzen konnte, was sie hatte, und vor allem, weil sie genau wusste, was sie vom Leben wollte: vor allem überleben.

Jorge

Meine Freunde und ich hatten beim Würfeln mehr als 170000 Mark gewonnen. Sechs Würfe, die in die Geschichte eingehen würden. Fofò hatte vier Elfer und zwei Siebener in Folge angekündigt, die dann genau so eintrafen. Aber wohin mit dem vielen Geld? Ich stapelte die Scheine auf einen Haufen und bat Lidia, ihr Beautycase auszuräumen, um sie dort zu verstauen. Fofò war wie im Rausch und landete einen Volltreffer nach dem anderen. Ich schaffte es kaum, das Geld einzusammeln und in das Beautycase zu stopfen.

Es war wie ein Wunder. In wenigen Minuten hatten wir ein Vermögen gewonnen. Der Spieltisch war mit Geldscheinen bedeckt, die ich so schnell wie möglich vor allzu gierigen Blicken in Sicherheit bringen musste.

Ich steckte mir den Pullover in die Hose, um zusätzlichen Platz für das Geld zu schaffen, Leo tat das Gleiche. Die Scheine stopften wir in den Rollkragen. Auch Lidia wollte mithelfen, doch ihre durchsichtige Bluse war zu diesem Zweck denkbar ungeeignet.

Wir mussten dringend raus. Das war klar, zumal das Lokal einen mehr als zweifelhaften Ruf hatte. Hierher kamen nur die Zocker, brave Bürger lagen um diese Zeit bereits in tiefem Schlaf.

Aber bevor wir uns aus dem Staub machen konnten, betrat ein hochgewachsener kräftiger Mann das Lokal, im Schlepptau zwei fragwürdige Gestalten. Er war offensichtlich mit Kokain und Alkohol zugedröhnt, schien aber noch Herr seiner Sinne zu sein. Und er hatte viel Geld bei sich.

Später erfuhr ich, dass er Jorge hieß. Ein eingebürgerter Deutscher, über den zahlreiche Geschichten im Umlauf waren. Die einen glaubten zu wissen, er sei plötzlich reich geworden, weil er einen Lastwagen voller kostbarer Perserteppiche geraubt hätte, andere wiederum behaupteten, er sei bei einem spektakulären Raub dabei gewesen, der schon zwanzig Jahre zurücklag.

Jorge wollte würfeln.

Ich lehnte ab, obwohl meine Freunde – alle außer Lidia – mich dazu drängten. Heute hatten wir doch Glück! Ich erinnerte sie an unseren Schwur, das gemeinsame Geld niemals dem Zufall anzuvertrauen. Wir waren Betrüger, das stimmt, aber unsere Risiken waren immer kalkuliert. Auch wenn wir an diesem Abend durch Zufall ein Vermögen gewonnen hatten. Ein Phänomen, das wir uns nicht erklären konnten. Was hatte uns nur dazu bewogen, unseren Prinzipien untreu zu werden und leichtfertig alles aufs Spiel zu setzen? So etwas war uns vorher noch nie passiert.

Ich fixierte den späten Gast und schlug ihm eine Partie Poker vor. Jorge zögerte. Er spielte lieber um alles oder nichts. Er wollte nicht lange nachdenken, aber ich ließ nicht mit mir reden: »Entweder Poker oder gar nicht.« Ich konnte seine Gier auf das Geld, das wir gerade erwürfelt hatten, förmlich spüren. In der Welt der Spieler sind es genau solche Gelegenheiten, die man sich nicht entgehen lassen darf. Ich allerdings wollte das Glück nicht noch mehr herausfordern. Mit dem gewonnenen Geld könnte ich ein paar Jahre entspannt leben und noch etwas nach Hause schicken. Nein, das Risiko beim Würfeln war mir zu hoch. Und so entschied ich für meine Freunde mit.

Schließlich gab Jorge nach, denn ihm war klar, dass ich mich nicht umstimmen ließe.

Er gehört mir, dachte ich. Ich würde ihm im entscheidenden Moment die entsprechenden Karten unterschieben. In diesem Fall ging es nicht um Glück, sondern um Strategie. Ein einziges Blatt genügte, dann würde ich die Gelegenheit beim Schopf packen, ihm schlechtere Karten austeilen als mir, und damit hätte ich ihn im Sack. Ich arbeitete nie mit gezinkten Karten oder mit einem zusätzlichen Ass im Ärmel, sondern mit den Karten auf dem Tisch. Falls die Mitspieler Zweifel bekamen, was ab und zu tatsächlich vorkam, musste ohnehin neu gemischt werden. So lauteten die Regeln.

Gott hatte Maradona die Gabe in die Wiege gelegt, der beste Fußballer der Welt zu sein, ich dagegen war ein Naturtalent, was das Pokern anging. Ich war ein beherrschter Spieler, der, wenn möglich, das Risiko minimierte.

Ich würde einen Köder auslegen und warten, dass Jorge zuschnappte. Ich musste nur Geduld haben, bis der Alkohol, die Drogen und die Müdigkeit ihre Wirkung entfalteten.

Nach jeder Runde schniefte Jorge eine Line Koks, zehn Zentimeter lang und fast zwei Zentimeter breit. Noch nie hatte ich gesehen, dass jemand eine solche Menge Rauschgift konsumierte. Wie hielt sein Herz das nur aus?

»Ich werde dich ausnehmen wie eine Weihnachtsgans«, dachte ich, »dein Schicksal ist besiegelt.«

Auch ich schnupfte hin und wieder, aber höchstens bei einem unbeschwerten Abend mit Freunden und niemals während der Arbeit.

Arbeit und Vergnügen hielt ich immer streng getrennt. Bei der Arbeit brauchte man einen klaren Kopf. Ich musste geistig und körperlich fit sein. Hinter jeder Ecke konnte Gefahr lauern. Das Spiel plätscherte dahin. Ich hatte stets vorgegeben, ein schlechtes Blatt zu haben und gepasst. Nach rund zwei Stunden waren nur noch drei Spieler mit von der Partie. Ohne dass es jemand am Tisch bemerkte, begann ich die Karten, die nicht mehr im Spiel waren, zu sammeln. Meine Mitspieler waren auf ihre eigenen Handkarten fixiert, sodass es für mich ein Leichtes war, die Karten so zu ordnen, wie ich es wollte.

Jorge gewann das letzte Spiel mit einem Bluff und lachte. Während am Tisch noch über den Verlauf der Partie diskutiert wurde, begann ich, die Karten zu mischen. Jorge hatte eine vulgäre Art zu lachen und erinnerte an einen Barbar, der gerade einen seiner Feinde niedergemetzelt hatte. Einfach ekelhaft. Kurz zuvor hatte ich ihn warnend angesehen, nachdem ich bemerkt hatte, wie er Lidia anstarrte. Danach hatte er den Blick abgewandt. Instinktiv schien er zu ahnen, dass ich ihn umbringen würde, wenn er meine Partnerin nicht mit dem nötigen Respekt behandelte.

Jorge war unkonzentriert und euphorisch, wie alle Spieler, die sich für unbesiegbar halten. Ich gab ihm ein Full House mit drei Damen, mir dagegen einen Vierling aus Siebenern. Er machte das Spiel, wir gingen mit, und er verlangte nach keiner neuen Karte. Die anderen beiden stiegen aus. Ich gab mir pro forma eine neue Karte. Eigentlich hätte ich auch keine gebraucht, aber an diesem Abend machte ich es eben so.

Wir erhöhten die Einsätze. Irgendwann legte Jorge ein circa acht auf vier Zentimeter großes, gefaltetes Papier auf den Tisch: den Fahrzeugbrief seines Autos, ein Mercedes-Coupé in Nachtblau.

Mir kamen schreckliche Zweifel. Einerseits war ich mir sicher, dass ich ihm drei Damen und zwei Könige gegeben hatte, andererseits keimte in mir der furchtbare Verdacht auf, dass mir einer der beiden Könige beim Mischen verloren gegangen war und ich ihm stattdessen eine vierte Dame gegeben hatte. Das könnte der schlimmste Fehler meines Lebens gewesen sein – zu meinem und zum Schaden meiner Freunde. Jorge würde sonst nicht so spielen, dachte ich. Unmöglich. Alles riskieren, nur mit einem Full House auf der Hand? Natürlich war ein Full House ein ziemlich gutes Blatt, aber gut ist relativ – besonders beim Pokern. Mir wurde flau im Magen, aber ich wagte es. Ich nahm Lidias Beautycase, zählte eine Summe ab, die dem Wert des Wagens entsprach, und ging mit.

Lidia hielt es nicht mehr aus. Meine Verunsicherung ließ ihr keine Ruhe.

Dann legte Jorge seine Karten auf den Tisch: Full House. Ich verzog keine Miene, aber innerlich explodierte ich fast vor Freude.

Lidia sank auf ihrem Stuhl zusammen, Fofò verschwand auf die Toilette, und Leo starrte schweigend ins Leere. Alle dachten in diesem Moment, ich müsse aus Stein sein, aber hätte mich wirklich jemand berührt, wäre ich vermutlich zerbröselt.

Das Kokain hatte dem Deutschen einen üblen Streich gespielt. Aber auch ich hatte in dieser Nacht eine neue Erfahrung gemacht. Beim Kartenspielen kann man nie sicher sein, auch wenn man ein noch so geschickter Betrüger ist.

Jorge verhielt sich wie ein wahrer Gentleman. Er sagte, ich solle ihn am nächsten Tag anrufen. Er würde die Formalien wegen des Besitzerwechsels regeln. Dann gab er mir die Autoschlüssel und rief sich ein Taxi.

Später gestand mir Lidia, ich hätte sie mit meiner gespielten Unsicherheit in den Wahnsinn getrieben.

»Du bist der geborene Schauspieler«, fügte sie hinzu.

Natürlich gab ich nicht zu, dass meine Unsicherheit echt gewesen war – das musste sie nicht unbedingt wissen, dachte ich.

Im Morgengrauen verließen wir das Lokal und nachdem wir uns versichert hatten, dass niemand in irgendeiner finsteren Ecke auf uns wartete, gingen wir in ein Café. Wir teilten die Beute – fast 600 000 Mark – durch vier, frühstückten und machten uns über unsere Gegenspieler lustig. Doch tief in unserem Inneren wussten wir, dass dieses Leben bald ein Ende haben würde.

Vor dem Einschlafen dachte ich an Jorge. Ich wusste nicht, ob er mir leidtun sollte oder nicht. Und mit diesem seltsamen Zweifel glitt ich mit Orpheus in die Unterwelt, ins Innere meines Bewusstseins: Ich musste meinen Zerberus beruhigen.

Der Tag, an dem ich Marco mein Auto lieh

Auf diese Weise wurde ich Besitzer von Jorges Mercedes-Coupé, einem wunderschönen, eleganten Wagen. Wie üblich durfte ich mir von Lidia anhören, ich sei materialistisch. Ich versuchte, mich zu rechtfertigen, und kündigte an, das mit dem Wagen sei nur eine kurze Episode. In ein paar Tagen würde ich ihn verkaufen. Nach einigen Wochen erkannte ich, dass Lidia recht hatte: Es war nur ein Auto, sonst nichts, und noch dazu ein sehr teures. Für die Versicherung musste ich das Monatseinkommen eines Arbeiters auf den Tisch legen. Ich würde mich schon bald von ihm trennen, aber zuerst beschloss ich, damit nach Sizilien zu fahren.

Ich startete im Morgengrauen, immerhin lagen 2600 Kilometer vor mir. Ich fuhr fast durch, stoppte nur zum Tanken und an zwei Raststätten, um etwas zu essen, und schaffte die Strecke in weniger als 24 Stunden.

Als ich in Casamarina ankam, fielen mir vor Müdigkeit fast die Augen zu. Am Himmel verkündeten orangefarbene Streifen schon den neuen Tag. Meine Mutter hätte fast der Schlag getroffen, als sie mir die Tür öffnete. Wir fielen uns in die Arme. Wir brauchten keine großen Worte. Ich war völlig am Ende, ließ mich aufs Bett fallen und schlief acht Stunden durch.

Beim Aufwachen stand mein Freund Marco vor mir. Er wirkte verzweifelt. Er bräuchte unbedingt das Auto und 200000 Lire.

»Es geht um Leben oder Tod«, sagte er.

Ich rieb mir die Augen und setzte mich im Bett auf.

»Um Leben oder Tod?«, fragte ich besorgt.

»Allerdings. Ich habe meine Traumfrau kennengelernt, eine Touristin, und sie zum Abendessen eingeladen, und jetzt weiß ich nicht, wie ich es weiter anstellen soll.«

Ich brach in schallendes Gelächter aus.

»Und wohin hast du sie eingeladen? In eine Pizzeria?«

»Pizzeria? Ich habe einen Tisch bei Natalino bestellt …«

»Bei Natalino? Wow, das beste Haus am Platz … und das ohne eine Lira in der Tasche …«

Ich stand auf, streckte mich, griff nach meiner Brieftasche und schenkte ihm 500 000 Lire.

»Aber unter einer Bedingung: Du musst mir erzählen, wie du dich rechtfertigst, wenn deine Schöne rausfindet, was du für ein Windhund bist.«

Lachend umarmten wir uns. Wir kannten uns seit vielen Jahren, und ich mochte ihn. Marco lebte nach dem Motto: Nutze den Tag. Das lag in seiner Natur. Er war ein Angeber, besonders bei Frauen, aber trotzdem von einer großen Liebenswürdigkeit: immer einen flotten Spruch auf den Lippen und auf der Suche nach dem eigenen Vergnügen. Seine Lust auf Arbeit hielt sich allerdings in Grenzen, und ins Gefängnis wollte er schon gar nicht. Ich stand auf, duschte, zog mich an, nahm die Autoschlüssel und bat ihn, mit nach draußen zu kommen. Als Marco den Mercedes sah, verlor er fast den Verstand. Und als ich ihm auch noch die Schlüssel in die Hand drückte und die Fahrertür öffnete, stand ihm die Verblüffung ins Gesicht geschrieben. Er startete den Motor, dann kurbelte er das Fenster herunter.

»Ich erwarte …«, mehr sagte ich nicht. Er gab Gas und fuhr los. Ich sah ihn nie wieder.

Bei Natalino lief alles nach Wunsch. Anfangs jedenfalls. Beim Essen hatte Marco wie üblich den großen Mann markiert und das ganze Geld auf den Kopf gehauen. Danach hatte er sich beim Wirt über die schlechte Qualität des Weins beschwert. Der allerdings hielt ihm das Etikett des bestellten Weins unter die Nase, ein Brunello für fast 200 000 Lire. Der Wirt musste sehr an sich halten, um Marco die Flasche nicht über den Kopf zu ziehen.

Dann nahm Marco seine Eroberung bei der Hand, und sie verließen das Lokal, um sich im Wald ein kuscheliges Plätzchen zu suchen. Den Mercedes hatte er gut sichtbar vor dem Lokal geparkt. Marco hatte gerade die Tür geöffnet, als er hinter sich eine warnende Stimme hörte: »Nein, nein, halt! *Unnè iddru, unnè iddru.*«

Marco sah zwei bewaffnete Männer mit Kapuzen davonrennen. Sie hatten im letzten Moment bemerkt, dass er gar nicht der Mann war, den sie suchten, und verschwanden in der Dunkelheit, aus der sie auch gekommen waren. Marco ließ den Autoschlüssel im Zündschloss stecken und flüchtete ins Restaurant.

Der Wirt brachte die beiden nach Hause und erzählte mir am nächsten Morgen, als ich den Wagen abholte, was passiert war. Marco ließ sich nie wieder blicken. Er war traumatisiert.

Für mich war dieser Abend der letzte Beweis: Mir waren Killer auf der Spur, die den Auftrag hatten, mich zu töten. Es war nur eine Frage der Zeit, bis sie mich finden würden. Bald würde ich auch auf der langen Liste der Mordopfer stehen.

Doch was mich am meisten beunruhigte, war das Tempo, mit dem der Hinterhalt organisiert worden war. Ich war doch erst am Vortag aus Deutschland gekommen! Verdammte Scheiße!

An jenem Tag entschied ich, dass ich mein Leben nie wieder den »Erwachsenen« in meiner Familie anvertrauen würde, die ohnehin alle im Gefängnis saßen. Mit ihren naiv romantischen Ideen konnten sie mein Leben nicht schützen. Ich musste das Heft des Handelns selbst in die Hand nehmen.

So leicht würde ich es meinen Feinden nicht machen, schwor ich mir mit brennender Wut im Bauch. In diesem Moment hielt ich alles für möglich. Nur eins nicht: Der Killer, den man beauftragt hatte, mich mit Kugeln zu durchsieben, war Totò. Mein Freund aus Kindertagen. Totò 'a Fimminedda.

Ich weiß, wie ich zu einem grausamen Mörder geworden bin. Aber er? Wie konnte das passieren? Wie war es möglich, dass einer wie Totò eines Tages den Mut haben würde, eine Pistole oder ein Gewehr in die Hand zu nehmen und zu schießen? Ich sage bewusst nicht, jemanden zu erschießen, denn allein die Idee, dass Totò 'a Fimminedda den Abzug einer Waffe betätigen könnte, war unvorstellbar für mich.

Ich grübele seit Jahren über diese Fragen nach, ohne wirklich befriedigende Antworten zu finden. Mir bleibt nur die leere Begründung, dass Menschen sich mit der Zeit eben verändern. Aber der Schmerz, den ich spüre, wenn ich an Totòs Tat denke, ist auch heute noch präsent. Dass mein Freund aus Kindertagen, der Junge, der Angst vor seinem eigenen Schatten hatte, ein Gewehr in die Hand genommen hatte, um mich zu töten, mich mit Blei zu durchsieben, für immer mein Lächeln auszulöschen, ist und bleibt eine Wunde, die sich niemals schließen wird.

Noch dazu im Auftrag der Cosa Nostra, also als Werkzeug und nicht aus eigenem Willen: Eine Tatsache, die mich noch mehr quält und mir einfach keine Ruhe lässt.

Doch es ist, wie es ist. Ich hasse Totò nicht für das, was er getan hat, denn auch für ihn waren es damals andere Zeiten. Er hat seine Entscheidungen getroffen und ich meine. Und wie Sokrates sagt: »Jeder geht seinen eigenen Weg, ihr zum Leben und ich zum Tod, und welcher besser ist, weiß nur Gott allein.«

Die Schlägerei in der Disco

Ich konnte keine Stunde länger in Sizilien bleiben. Ich packte die Koffer, verstaute sie im Kofferraum und fuhr mit durchgetretenem Gaspedal nach Deutschland zurück. Eine Flucht würde ich das nicht nennen, es galt lediglich, mein weiteres Vorgehen zu planen. Und zwar in eigener Verantwortung.

Zuerst entschied ich, den Mercedes loszuwerden. Mit dem so erwirtschafteten Geld würde ich Waffen kaufen.

Doch der Zufall wollte es, dass ich Jorge wieder traf. Und dieses Mal nicht für eine Pokerpartie.

Es war ein Samstagabend, Fofò und ich standen an der Theke eines gut besuchten Hamburger Nachtklubs und tranken einen Whisky. Da sah ich Jorge, der aufgebracht mit zwei Männern diskutierte, offenbar Türken. Der Barkeeper erklärte mir, dass Jorge beim Würfeln einen türkischen Geschäftsmann ruiniert hatte und dass es bei dem Streit wahrscheinlich darum ging.

Ich widmete mich wieder meinem Whisky, als sich eine Frau neben mir auf den Barhocker setzte. Ihr Gesichtsausdruck verriet, dass etwas passiert sein musste. Erneut drehte ich mich um: Jorge hatte einen der Türken niedergeschlagen.

Dann begann eine wilde Schlägerei. Fofò und ich versuchten zu schlichten, aber ein dritter Türke rammte meinem Freund mit einer unglaublichen Wucht die Faust ins Gesicht. Es war, als hätte man meinen eigenen Bruder geschlagen, und ich wurde zum Tier. Ich teilte nach allen Seiten aus, Haken, Schwinger. Ich schlug auf alles ein, was mir zwischen die Fäuste kam. Weitere Türken begannen sich einzumischen. Die Lage war chaotisch. Deutsche und Italiener gegen Türken, ohne dass den Kontrahenten klar war, worum es eigentlich ging. Nur Jorge, der wütete wie ein Berserker, wusste Bescheid. Er war nicht nur ein Hüne von Gestalt, sondern auch vollgepumpt mit Kokain, was ihn zu einem wütenden Stier werden ließ. Und er hat seinen Spaß, dachte ich, als ich sein Lächeln sah. Ich hingegen wusste nicht, wie ich aus dieser Hölle herauskommen sollte.

Schlussendlich trug ich eine tiefe Schnittwunde an der rechten Hand davon, wegen der ich einige Monate nicht arbeiten können würde. Das würde Jorge mir bezahlen, schwor ich mir.

Einigen ging es aber noch schlechter als mir. Vogel, einer von Jorges Freunden, hatte Messerstiche in den Bauch abbekommen, was aber niemandem aufgefallen war – nicht einmal ihm selbst. Das klingt absurd, aber genau so war es.

Vogel saß neben mir im Wagen, als er irgendwann unterwegs meinte, sein Hemd sei nass. Als das Licht einer Straßenlaterne auf den Beifahrersitz fiel, erblickte ich seine blutverschmierten Hände. Ich bremste und hob sein Hemd hoch. Verdammt! Alles war voller Blut, auch wenn man die Stichwunden nicht sehen konnte. Rasch brachte ich Vogel ins Krankenhaus und überließ ihn den Krankenschwestern der Notaufnahme. Ich selber verschwand wieder.

Vogel wurde gerettet. Die Stiche in seiner Bauchdecke stammten von einem Stilett und waren so hauchdünn, dass sie kaum zu sehen waren.

Jorge glaubte, dass Fofò und ich uns eingemischt hatten, um ihm zu helfen, obwohl es das »Gesetz der Straße« verletzte: Bei einer Schlägerei müssen sich Ausländer immer gegen die Deutschen verbünden. Wir ließen ihn in dem Glauben. Und seit diesem Abend wich mir Jorge nicht mehr von der Seite. Als er erfuhr, dass ich Vogel ins Krankenhaus gebracht hatte, kam er sich wie der letzte Dreck vor. Er war so zugekokst gewesen, dass er nicht einmal gemerkt hatte, dass er seinen Freund im Stich gelassen hatte. Tatsächlich war es jedoch eher ein Zufall, dass Vogel auf der Flucht vor der herbeigerufenen Polizei in mein Auto gesprungen war. Aber das sagte ich Jorge nicht. Er war jetzt der Meinung, ich sei ein ganz besonderer Mann.

In meiner Anwesenheit rührte er keine Drogen mehr an, und er spielte auch nicht mehr gegen mich. Diese sprudelnde Einnahmequelle war versiegt, dachte ich und bedauerte das insgeheim ein wenig.

Eines Tages konnte ich nicht mehr anders und musste Jorges Einladung annehmen. Später sagte mir seine Frau, dass er zuvor noch nie jemanden nach Hause eingeladen hatte.

Nachdem wir das schmiedeeiserne Tor seiner Villa außerhalb der Stadt passiert hatten, fuhren wir die Auffahrt hoch, die rechts und links von hohen Bäumen flankiert wurde, die den Blick auf das Gebäude verdeckten. Nach einer Weile ging es abwärts in eine Tiefgarage. Ich drückte einen Knopf, ein Eisentor öffnete sich und machte den Blick auf eine Innentreppe frei, die ins Erdgeschoss führte. Zu meiner Linken bemerkte ich ein Schwimmbad in Hollywooddimensionen, zu meiner Rechten eine Sauna, Duschen und ein Solarium. Im saalähnlichen Wohnzimmer empfing uns eine groß gewachsene, blonde Frau mit gebräuntem Teint, der von zwei weißen Perlenohrringen diskret unterstrichen wurde. Die gut aussehende Frau in den Vierzigern gab mir die Hand und stellte sich mit leiser Stimme vor: »Monica.«

Neben ihr standen zwei Mädchen und ein Junge. Alle drei blond, mit blauen Augen, bildhübsch, als wären sie gerade einem Werbespot entsprungen. Wie konnte ein so hässlicher Mann wie Jorge nur so schöne Kinder haben?

»Was für ein Glück, dass sie alles von deiner Frau haben«, flüsterte ich ihm ins Ohr, woraufhin er ein sonores Lachen hören ließ. Seine Frau bat mich an die Bar und servierte einen Aperitif – sehr zum Ärger ihres Sohnes, der es ungerecht fand, dass er nichts zu trinken bekam. Er bekam schließlich einen frisch gepressten Fruchtsaft, den »Spezialdrink für meinen Großen«, wie sie es nannte. Der Junge sah mich an und lächelte zufrieden.

Monica sprach Italienisch. Sie begann von Taormina und seinen wunderbaren Stränden zu schwärmen, von großartigen Museen, die ich noch nie im Leben besucht hatte, von Kunst und Kultur. Sie erwähnte berühmte italienische Künstler, von denen ich selber noch nie gehört hatte. Ich schämte mich für meine Unwissenheit. Zum Glück musste Monica irgendwann in die Küche, um nach dem Braten zu sehen!

Jorge zeigte mir vor dem Abendessen das Gästebad, in dem ich mich frisch machen konnte. Meine Scheu amüsierte ihn. So unsicher hatte er mich noch nie erlebt. Er meinte, ich solle mich entspannen, woraufhin ich ihn wie aus Reflex wütend anfuhr: »Verdammter Hurensohn! Wenn du hier kokst, dann schlag ich dir den Schädel ein.«

Er lächelte mich wehmütig an, während ein blondes Köpfchen in der Badezimmertür erschien und rief: »Essen ist fertiiiig« und wieder verschwand.

Monica hatte an alles gedacht, schließlich war sie mit den Gewohnheiten der Italiener bestens vertraut: Sogar selbst gebackenes, noch warmes Brot stand auf dem Tisch.

Während des Essens fiel mir auf, dass Jorge keinen Wein trank. Seinen Töchtern gegenüber war er aufmerksam und respektvoll. Der perfekte, fürsorgliche Vater. Niemals hätte ich erwartet, dass sich hinter diesem Barbaren, der die gleiche athletische Figur, die gleiche Hakennase und die gleichen blonden Haare wie der Hamburger Fußballer Horst Hrubesch hatte, eine solche Zärtlichkeit verbarg. In diesem Moment mochte ich ihn wirklich.

Ich unterhielt mich mit Monica. Es fiel mir nicht leicht, war ich doch daran gewöhnt, mit Prostituierten, Zuhältern und Kriminellen umzugehen. Ein normales, zivilisiertes Gespräch war mir fremd.

Irgendwann nickte Monica den Kindern zu. Sie sollten sich von mir verabschieden und zu Bett gehen. Verblüfft stellte ich fest, dass niemand die Anweisung der Mutter infrage stellte. Die Mädchen küssten mich auf die Wange und verabschiedeten sich mit der stilvollen Eleganz kleiner Prinzessinnen, während der Junge mir nur die Hand geben wollte: Ich drückte sie fest und hätte sie am liebsten angeknabbert.

Später, als die Kinder im Bett waren und wir mit einer langen kubanischen Zigarre und einem Brandy vor dem offenen Kamin saßen, lernte ich Jorge wirklich kennen.

Er führte ein Doppelleben. Er sagte, er müsse hin und wieder die Fesseln der bürgerlichen Normalität abstreifen. Sein geregeltes Leben konnte er manchmal nicht ertragen. Er war Generaldirektor einer bedeutenden deutschen Versicherungsgesellschaft.

Plötzlich wurde mir klar, warum er nur ab und zu in der Szene aufgetaucht war. Er war gar kein Krimineller, wie ich vermutet hatte, sondern von Haus aus vermögend.

Nach dem dritten Brandy sagte er mir gerührt, dass noch niemand so etwas für ihn getan hatte, wie ich es getan hatte. Ich wollte ihm gern sagen, wie es sich wirklich zugetragen hatte, aber das hätte einen Zauber zerstört, den ich nicht zerstören wollte. Ich verschob die Wahrheit auf später, nahm mir aber vor, Leo und Fofò nichts davon zu erzählen. Jorge wäre ab sofort unser Freund, mit dem bitteren Beigeschmack, dass ich nicht mehr auf sein Geld spekulieren konnte. An diesem Abend sprachen wir auch über Lidias Schwester. Jorge sagte, er würde in Mailand Fachärzte kennen, die ihm noch einen Gefallen schuldeten. Seine Augen leuchteten, als er davon erzählte. Ich nehme an, er war glücklich, dass er mir helfen konnte, nach dem ganzen Ärger, den er verursacht hatte.

Innerhalb einer Woche machte Jorge Termine aus und ermöglichte es sogar, dass Selenia mit dem Flugzeug eines Freundes mitfliegen konnte, der ein Mal pro Woche geschäftlich nach Mailand reiste. Jorge war tatsächlich ein Mann mit großem Einfluss. Bisher hatte ich geglaubt, er sei einfach ein reicher, vulgärer Prolet, der seine Geschäfte machte. Eigentlich war er das ja auch. Aber eben nicht nur.

Bevor die beiden ins Flugzeug stiegen, umarmten mich Lidia und ihre Schwester. In ihren Augen lag unendliche Dankbarkeit. Am liebsten hätte ich ihnen gestanden, dass ich einfach nur den Dingen ihren Lauf gelassen hatte.

Für die kleine Selenia musste ich eine Ausrede erfinden, warum ich nicht mit ihnen nach Mailand fliegen konnte – ich konnte ihr ja schlecht erzählen, dass ich auf der Flucht war. Sie hatte mich in ihr Herz geschlossen und wünschte sich sehnlichst, dass Lidia und ich uns verloben würden.

Nach wenigen Tagen kehrten die Schwestern zurück. Ein berühmter Orthopäde hatte Selenia behandelt, doch die Prothesen waren noch nicht fertig. Für die abschließende Untersuchung musste sie mit Lidia in zwei Wochen noch einmal nach Mailand fliegen. Jorge würde sich um alles kümmern, organisatorisch und finanziell. Ich fühlte mich erbärmlich. Ich hatte ihn beim Kartenspielen betrogen und betrog ihn weiterhin. Ich hatte sogar die Frechheit besessen, ihm feierlich zu verkünden: »Ich vergebe dir die Wunde an meiner Hand, die ich durch deine Schuld erlitten habe.«

Danach nahm er mich fest in den Arm, und wir waren uns nichts mehr schuldig. Er hätte mich vor Überschwang beinah zerdrückt. Er vergaß immer wieder, wie stark er war.

Lidia jedoch wollte geklärte Fronten.

»Das hat er nicht verdient, Antonio. Sagen wir ihm die Wahrheit.«

»Schau doch, wie glücklich er ist, dass er wahre Freunde gefunden hat. Warum ihm diese Freude nehmen? Im Übrigen war er noch nicht unser Freund, als wir ihn betrogen haben. Er wollte uns reinlegen, und wir haben ihn reingelegt. Es war, wie es war. Lass uns das alles vergessen.«

Lidias ernster Blick genügte, um mich wieder zu verunsichern.
»Dann mach du das ... im richtigen Moment. Ich habe nicht
den Mut dazu.«

Nur sie, mit ihrer sanften einfühlsamen Art, konnte Jorge die
Wahrheit sagen und ihm alles erklären. Und das tat sie. Zu ihrer
großen Überraschung erwiderte er, ihm sei längst klar, dass wir ihn
damals beim Kartenspiel reingelegt hatten. Aber er war fest davon
überzeugt, dass dieser Abend kein Zufall war, sondern Schicksal.
Und er erinnerte Lidia daran, dass sie bei der Prügelei ja nicht dabei gewesen sei.

Das ließ ihr keine Ruhe. Sie wollte wissen, was in dieser Nacht
in der Diskothek wirklich geschehen war. Ich erzählte es ihr und
begann selbst an mir zu zweifeln.

Der Abend am See

Wir waren gute Freunde und schliefen nie miteinander. Ich hatte es probiert, aber sie hatte mich brüsk zurückgewiesen. Das Leben hatte sie hart gemacht, Liebe hatte darin keinen Platz. Alles drehte sich ums Geld. »Liebe ist ein Luxus, den ich mir nicht leisten kann«, sagte sie immer. Ich akzeptierte ihre Entschiedenheit. Gerade deshalb passten wir gut zusammen. Wir verbrachten Tage voller Harmonie miteinander, in einem Einklang, von dem richtige Paare nur träumen können. Nachts kehrte Lidia zu ihrer Schwester zurück, die große Schwierigkeiten hatte, sich in Deutschland einzuleben. Immer noch traumatisiert vom Pfeifen und der Detonation der Bomben, sprang sie beim kleinsten Geräusch vom Stuhl. Dunkelheit machte ihr große Angst. Die Tragödie hatte sie gezeichnet, und ihre unschuldigen Kinderaugen hatten Dinge gesehen, die ein kleines Mädchen nie sehen sollte. Sie und ihre Schwester hatten ihre Heimat verloren, kein Ort auf der Welt konnte das ersetzen.

Sie hatten mit eigenen Augen ansehen müssen, wie ihre Mutter, ihr Vater, ihre Brüder und fast alle Bewohner ihres Dorfes erschossen wurden.

Und auf der Flucht vor der Gewalt und den Massenvergewaltigungen war Selenia auf eine Mine getreten. Im Vergleich dazu war meine eigene Tragödie völlig unbedeutend.

Eines Abends lud ich Lidia zum Abendessen ein und sagte ihr, dass ich mit ihr reden müsse. So könne das nicht weitergehen. Sie suche Sicherheit und Frieden und das, was ich ihr bieten könne, wäre alles Mögliche – aber sicher nicht Sicherheit oder Frieden. Vor allem nachdem Leos Frau ihr erzählt hatte, was mit meiner Familie in Sizilien geschehen war.

Lidia wusste, was sie wollte: Ruhe. Und die würde ich ihr nie geben können. Ich hatte ein Ziel, und dieses zu erreichen war mit großen Risiken für mich und alle, mit denen ich Kontakt hatte, verbunden. Zukunftspläne waren da fehl am Platz. Niemand kennt den Lauf seines Schicksals, heißt es. Ich allerdings schon. Ich wusste genau, was auf mich zukam. Was sollte ich da mit Lidia? Was genau erwartete ich von ihr? Warum konnte ich in ihrer Gegenwart nicht klar denken? Damals hatte ich noch keine Antwort auf diese Fragen, doch im Grunde sehnte ich mich danach, sie in den Armen zu halten, mit ihr zu schlafen, sie zu lieben.

Ich wählte ein italienisches Restaurant am See aus, das Capannina. »Ein zauberhafter Ort für einen Abschied«, dachte ich bitter.

Von meinem Freund Mario, dem Besitzer, wurden wir herzlich empfangen. Kaum hatte er Lidia an meiner Seite wahrgenommen, verbeugte er sich tief und küsste ihr die Hand. Doch Lidia hasste große Gesten.

»Und wenn ich hier allein reingekommen wäre, ohne das elegante Kleid, glaubst du, dein Freund hätte sich auch so tief verbeugt, um mir die Stiefel zu lecken?«, fragte sie kühl, während ich ihr den Stuhl nach hinten rückte, damit sie Platz nehmen konnte.

»Lidia, fang nicht schon wieder mit deinen politischen Prinzipien an. Ich versteh davon nichts, ich bin ungebildet, aber ich sehe genug, um zu verstehen, dass der Kommunismus verschwinden wird, nicht nur im Westen. Der Fall der Mauer ist Zeichen genug, oder?«

Sie blieb stehen und sah mich an, sagte aber nichts.

Vorsichtig umfasste ich ihre Schultern und drückte sie sanft auf den Stuhl. Mit äußerster Vorsicht nahm ich meinen Gedankengang wieder auf.

»Ich will damit sagen, dass Politik und Religion die Hauptgründe für die Tragödien sind, die sich in unserer Welt abspielen. Ja, natürlich, ohne diese Institutionen wäre kein soziales Leben möglich, da stimme ich zu, aber wir müssen lernen, flexibler zu sein und manches, was wir für die Wahrheit halten, anzuzweifeln.«

Einige Minuten schwiegen wir, während sich ein Kellner diskret mit der Karte näherte und eine Flasche Weißwein servierte, die der Wirt für uns ausgewählt hatte. Sofort danach tauchte ein zweiter Kellner auf, der uns die Karte wieder abnahm und erklärte, dass Mario persönlich das Menü für uns zusammenstellen würde.

Ich tastete nach Lidias Hand und strich ihr sanft über die Finger. »Versuch dich ein wenig zu entspannen.«

Ich sah sie an. Sie war wunderschön.

»Anfangs«, sagte sie plötzlich, »haben mich deine Unverschämtheiten und deine Arroganz genervt. Ich war es nicht gewohnt, so behandelt zu werden. Ich sagte mir, dass du eine Lektion verdient hättest, auch wenn ich durchaus geahnt habe, dass ich dir gefalle.«

Dann kam das Essen, ein Fischmenü. Lidia sagte mir, sie verabscheue Hummer, das Fleisch sei ihr zu strohig. Ich entgegnete, dass sie es an diesem Abend genießen würde, und begann das Fleisch in mundgerechte Häppchen zu schneiden. Ich bat sie, die Augen zu schließen, tunkte ein Stückchen in eine köstlich würzige Sauce und steckte es ihr in den Mund. Anfangs war sie skeptisch, aber ich bat sie, mir zu vertrauen: Jedes Stückchen war ein Geschmackserlebnis, der Wein entfaltete seine anregende Wirkung, die französischen Chansons von Adamo im Hintergrund hüllten uns ein – die Atmosphäre war wunderbar.

Nach dem Dessert schlug uns Mario vor, nach draußen zu gehen. Ein riesiger Vollmond spiegelte sich auf der Oberfläche des Sees. Ich legte Lidia den Arm um die Schultern, zog sie an mich und küsste sie. Erst sanft, dann immer drängender. Ein unstillbares Verlangen packte uns, alles um uns verschwand, jenseits aller Grenzen der Vernunft.

Aber das Schicksal wollte es anders und hielt einen weiteren Hinterhalt für mich bereit. Und tatsächlich: In diesem Moment tauchte Mario auf, der mir mit einem alarmierenden Gesichtsausdruck eröffnete:»Fofò ist am Telefon. Er sagt, es sei dringend.« Ich erstarrte und ahnte Fürchterliches. Wenn Fofò mich hier anrief, dann musste etwas sehr Schlimmes passiert sein. Ich hastete zum Telefon.

Es waren tatsächlich keine guten Nachrichten: Einer meiner treusten Verbündeten, der auch ein guter Freund war, war ermordet worden. Ein weiteres unmissverständliches Signal an mich: Früher oder später kriegen wir dich.

Ich bekam kein Wort über die Lippen, verabschiedete mich von Fofò und ging zu Lidia zurück. Sie stand auf der Terrasse, die Ellbogen auf die Balustrade gestützt, und blickte versonnen auf den See.

Die Magie, die uns noch vor einigen Minuten umhüllt hatte, war verschwunden. Sie fragte nicht einmal, was passiert war. Mein Gesichtsausdruck sprach Bände.

»Antonio, ich suche ein Dach über dem Kopf, einen deutschen Ehemann und ein normales Leben. Ich habe eine kleine Schwester mit gesundheitlichen Problemen und möchte gerne an ihrer Seite sein.«

»Ich könnte in dich verliebt sein«, flüsterte ich.

Sie antwortete entschieden:»Du bist in mich verliebt, weil du mich noch nicht rumgekriegt hast. Wie ein Hungergefühl, das nicht befriedigt ist, und wie du weißt, ist das Verlangen eine Mangelerscheinung, die nicht mehr existiert, wenn es einmal gestillt ist. Außerdem ist dein Schicksal besiegelt, mein lieber Antonio. Eines Tages werde ich in der Zeitung ein paar Zeilen mit deinem Namen und dem Wort ›ermordet‹ oder, wenn es gut geht, ›verhaftet‹ lesen …«

Sie stockte. Dann sprach sie weiter.

»Ich dagegen werde einen Deutschen heiraten, eine Familie

gründen und in ein paar Jahren in die deutsche Gesellschaft integriert sein. Und ich hoffe bei Gott, dass es in Europa keinen weiteren Krieg geben wird.«

Sie brach ab und sah den Reflexen der Lichter aus dem Restaurant zu, die sich auf der glatten Seeoberfläche spiegelten.

Sie hatte recht, aber ich litt dennoch. Sie war die einzige Frau, die es schaffte, dass es mir schlecht ging.

Sie umfasste meine Hände.

»Jeder hält sein Schicksal in den eigenen Händen … aber nur, wenn man nicht für andere verantwortlich ist. Du hast deine Familie und Heimat zu verteidigen: Das ist dein Schicksal.«

Mir blieb die Luft weg. Ich ging nach drinnen, um zu zahlen und mich von Mario zu verabschieden.

Dann gingen wir wortlos zum Auto, aber sie stieg nicht ein. Sie kam auf mich zu und nahm mich fest in die Arme. Dabei rollten ihr zwei Tränen über die Wangen. Sie räusperte sich.

»Wenn du alles hinter dir lassen und dich entscheiden würdest, gemeinsam mit mir ein neues Leben aufzubauen, dann wäre ich die glücklichste Frau der Welt. Aber dann wärst du unglücklich, und ich weiß nicht, ob ich einen Mann lieben könnte, der seine Familie ihrem Schicksal überlässt. Ich hätte meine Familie in Serbien nie im Stich gelassen. Ich bin weggegangen, weil es meine Familie nicht mehr gab. Nein, Antonio, unsere Liebe hat keine Chance, lass es uns vergessen.«

Sie wischte sich die Tränen ab, und ihre Züge wurden wieder hart. Ihre ausdruckslosen Augen hatten einen unnatürlich fahlen Glanz, als wären sie tot.

Ich brachte sie nach Hause. Unser Schweigen legte sich wie ein Schleier über uns und nahm uns den Atem. An jenem Abend rief ich Balbo an: Er sollte Lidia eine ehrliche und anständige Arbeit besorgen. Mein Ton duldete keinen Widerspruch.

Obwohl Balbo Lidia böse war, weil sie mit seiner Frau gestritten hatte, beschaffte er ihr umgehend eine Stelle in einem Büro für

Pferdewetten. So wollte es das Schicksal, dass Lidia in der Welt des Glücksspiels blieb, auch wenn es dieses Mal um legale Wetten ging.

Lidia war glücklich. Endlich hatte sie einen seriösen und gut bezahlten Job. Sie hatte die Sicherheit gefunden, nach der sie gesucht hatte. Ohne mich, aber auch, ohne mich zu vergessen.

Einige Monate später wurde ich wegen Raubes verhaftet. Ich hatte mit diesem Fall nichts zu tun, aber die Polizei verdächtigte mich, dabei gewesen zu sein, als eine Bande einen Geldtransporter überfallen hatte. Kurz nach meiner Verhaftung suchte mich eine Anwältin auf. Eine Freundin von mir habe sie beauftragt, so legte sie es jedenfalls vor dem Staatsanwalt dar. Später erfuhr ich, dass diese Freundin Lidia gewesen war. Die Anwältin erzählte mir, Lidia habe ihre Kanzlei betreten, die Cartieruhr, die ich ihr geschenkt hatte, vom Handgelenk genommen, ihr in die Hand gedrückt und gesagt: »Verteidigen Sie meinen Bruder. Später bekommen Sie den Rest.«

Ich war gerührt und bat die Anwältin, Lidia die Uhr zurückzugeben, das Honorar würde ich bezahlen. Doch die junge Frau lächelte und schüttelte den Kopf: »Ich habe sie gar nicht angenommen.«

Ein ehrlicher Anwalt in einem ehrlichen Land, wo zum Glück auch die Justiz funktionierte. Die Situation war schnell geklärt, obwohl die Polizei noch immer davon überzeugt war, dass ich etwas mit dem Überfall zu tun gehabt hatte. Aber dieses Mal war ich wirklich unschuldig.

Ich war wieder frei und konnte wieder atmen.

Wenn man aus dem Gefängnis kommt, dann atmet man wirklich wieder durch, und das ist keine hohle Phrase. Man atmet durch, wie jemand, der nach einer Panikattacke endlich wieder Luft bekommt. Viele Inhaftierte leiden unter Atemnot.

Eines Tages passierte das einem Mithäftling in der Zelle gegenüber. Wir unterhielten uns und umklammerten dabei die Gitterstäbe. Uns trennten kaum vier Meter Flur.

Es war Essenszeit und das blau gestrichene Eisentor stand offen. Er sprach gerade darüber, dass er in letzter Zeit schlecht Luft bekam. Plötzlich wurde er kalkweiß im Gesicht. Er griff sich mit einer Hand an die Brust, öffnete den Mund, bekam aber kein Wort heraus. Er wich zurück, fuhr sich durch die Haare, riss die Augen auf, und ein Schrei drang aus seiner Kehle: »Hiiiiilfe, ich sterbe ...«

Die Wärter eilten herbei. Er zappelte wie ein Verrückter, delirierte und gab wirres Zeug von sich. Sie schleppten ihn ins Krankenzimmer. Eine halbe Stunde später war er wieder da, heiter wie ein Sonnentag im Mai.

Am nächsten Morgen erzählte er mir beim Hofgang, dass er sich gefühlt habe, als hätte ein Dämon von seiner Seele Besitz ergriffen und ihm die Luft abgedrückt. Es hatte genügt, dass die Zellentür aufgesperrt und er ins Krankenzimmer gebracht wurde, damit es ihm besser ging.

Dass er wieder atmen konnte. Darauf kam es an.

Irina

Die schöne Deutsche hat hellblonde, kurz geschnittene Haare und große, tiefblaue Augen in einem ebenmäßigen, blassen Gesicht, mit vollen Lippen, die perfekt ausgerichtete Zähne freigaben. Und Irina war der Inbegriff der schönen Deutschen. Der einzige erwähnenswerte Makel war ihre leicht schrille Stimme. Aber alles andere an ihr war wunderbar.

Sie arbeitete als Angestellte in einem Reisebüro, bei dem ich meine vielen Reisen nach Italien und wieder zurück nach Deutschland buchte.

Wenn sich unsere Blicke kreuzten, sprach ein unterdrücktes Verlangen daraus. Ich hätte sie gerne zum Essen eingeladen, aber es ergab sich keine Gelegenheit: Unser Lebensrhythmus war zu verschieden.

Nach meiner Trennung von Lidia fühlte ich mich ziemlich elend. Ich mochte mich selbst nicht und fühlte mich betrogen. Ich war gezwungen ein Leben zu führen, das nicht meines war, das mich zu Entscheidungen zwang, die ich nicht treffen wollte, aber denen ich mich nicht entziehen konnte.

Eines Morgens bummelte ich durch die Stadt und suchte nach Ablenkung. Ich wusste nicht einmal, was ich wirklich wollte, als ich an einem Poster vorbeilief, auf dem eine bildhübsche junge Frau zu sehen war, die sich unter einer Palme rekelte, im Hintergrund ein karibischer Strand. Genau: Ich würde ein paar Tage in die Wärme fliegen.

Ich fuhr zu dem Reisebüro, in dem Irina arbeitete, parkte direkt davor und stieg aus. Dabei entfuhr mir ein tiefer Seufzer.

Irina saß am Computer und war so beschäftigt, dass sie meine Anwesenheit zunächst gar nicht bemerkte. Ich sagte guten Tag, und sie grüßte freundlich zurück, blickte aber nicht auf. Sie trug eine durchscheinende, gelbe Bluse, unter der sich ihre perfekten Brüste abzeichneten, nicht zu groß, nicht zu klein, ihre Brustwarzen zeichneten sich unter dem dünnen Stoff ab. Ihr Anblick erregte mich sofort. Als Irina schließlich aufblickte und mich sah, veränderte sich ihr Gesichtsausdruck schlagartig. Sie wurde feuerrot im Gesicht und stammelte etwas, das wie eine Entschuldigung dafür klang, dass sie mich nicht sofort erkannt hatte.

Ich stützte mich auf den Tresen, die Finger wie zum Gebet gefaltet.

»Ich möchte einige Tage an einem warmen Ort verbringen, am liebsten in Europa, und zwar irgendwo, wo es möglichst ruhig ist. Gibt's da was?«

Sie tippte etwas in den Computer, und nach einer Weile sagte sie: »Eivissa!«

»Ei ... was?«

Sie lachte.

»Ibiza, in Spanien.«

Wie ich erfuhr, war Eivissa der katalanische Name Ibizas.

»Der Frühling ist die beste Reisezeit. Sie haben Glück, einen Beruf zu haben, bei dem Sie häufig unterwegs sind.« Ich hatte im Reisebüro erzählt, ich sei Händler für toskanische Weine, auch wenn mir klar war, dass diese Geschichte sowieso niemand glauben würde.

»Zwei 1. Klasse-Tickets für Hin- und Rückflug«, sagte ich.

»Gut, Signor Antonio, auf welchen Namen bitte?«

Ich nannte meinen vollständigen Namen und fügte dann hinzu: »... und Irina ... Ich habe leider Ihren Nachnamen vergessen.«

Ihre Finger ruhten unbeweglich auf der Tastatur, und sie starrte mich mit offenem Mund an. Als hätte sie Angst, ihre Kollegin könne sie hören, flüsterte Irina mit unsicherer Stimme: »Aber ich kann nicht ... Ich muss arbeiten ...«

Ich zahlte, steckte aber nur mein Ticket ein.

»Wir sehen uns Montag um acht am Flughafen«, sagte ich selbstsicher, verabschiedete mich mit meinem strahlendsten Lächeln und ließ sie ungläubig auf dem Stuhl sitzend zurück.

»Aber ... bist du wahnsinnig?«, hörte ich es hinter mir rufen, als ich die Tür öffnete, dann ging ich, ohne mich noch einmal umzudrehen.

Am Montag, dem Tag des Hinflugs, saß ich an der Bar und wartete auf den Aufruf zum Check-in. Ich wartete schon eine halbe Stunde und hatte allmählich Zweifel, ob Irina noch kommen würde.

»Und überhaupt, mit welchem Recht maße ich mir an, ins Privatleben anderer Leute einzudringen? Jeder hat berufliche und private Verpflichtungen, eine Familie oder wer weiß was noch alles, und ich ...«

Plötzlich öffnete sich die große Eingangstür und eine Traumfrau mit Modelmaßen tauchte vor mir auf: Irina?!

»*Cazzu, chi fimmina!* – Oh mein Gott, was für eine Frau!«, fast wäre mein sizilianisches Temperament mit mir durchgegangen.

Bisher hatte ich sie nur vor ihrem Computer sitzend gekannt. Als ich sie jetzt aus ganz anderer Perspektive sah, traf mich fast der Schlag. Sie war mittelgroß, hatte aber einen perfekt proportionierten Körper. Mit sicheren Schritten kam sie auf mich zu: weißes Jackett, weiße Hose, ein Paar mattgelbe Pumps. Um den Hals trug sie einen Seidenschal in der Farbe ihrer Haare, eine riesige Sonnenbrille verdeckte ihre Augen. Sie zog einen Rollkoffer hinter sich her.

»Ist ihr eigentlich klar, dass wir nur zwei, drei Tage weg sein werden?«, fragte ich mich. Frauen!

Ich ging ihr entgegen und nahm ihren Koffer an. Ich wusste

nicht recht, ob ich sie küssen oder ihr die Hand geben sollte. Schließlich tat ich vor lauter Verlegenheit gar nichts.

Nach dem Check-in und den Sicherheitskontrollen stiegen wir ins Flugzeug. Bis wir unser Handgepäck verstaut und unsere Plätze eingenommen hatten, schwiegen wir. Erst dann schauten wir uns in die Augen und begannen zu lachen.

»Ich hoffe, ich verliere nicht meinen Job«, war das Erste, was sie sagte.

In Ibiza angekommen, nahmen wir ein Taxi und fuhren ins Hotel Es Paradis, wo wir ein Zimmer vorbestellt hatten.

»Zimmer 22 …«, sagte der Rezeptionist, nachdem wir unsere Personalien angegeben hatten.

Irina nahm die Schlüssel entgegen und sagte etwas auf Englisch, wovon ich kein Wort verstand. Dann gingen wir zum Aufzug.

Im Zimmer begann Irina die Koffer auszuräumen, während ich duschen ging. Nach einer Weile öffnete sie die Tür der Kabine und drängte sich an mich.

Unter den wohlig lauwarmen Wasserstrahlen fielen wir übereinander her. Dann machten wir auf dem Bett, auf dem Tisch und schließlich auf dem Balkon weiter: Ich konnte kaum genug bekommen!

»Seit einem Jahr gehst du mir nicht mehr aus dem Kopf. Jedes Mal, wenn du aufgetaucht bist, habe ich gehofft, dass du mich einlädst. Ich habe mich gefragt, warum du mich immer so ansiehst, aber doch nichts tust …«

»Ich wollte ja«, antwortete ich.

»Und warum hast du es nie gemacht?«

»Ich dachte, du gibst mir einen Korb.«

»Letzten Samstag kamst du mir aber gar nicht schüchtern vor.«

Sie ließ nicht locker, und ich musste improvisieren.

»Ich kenne dich schließlich schon länger, Antonio, du warst regelmäßig Gast im Cleopa. Dann warst du plötzlich verschwunden.

Weißt du, dass du meiner Kollegin Emanuela fast das Herz gebrochen hast?«

»Emanuela?«

»Ja, meine Kollegin, die mit mir im Reisebüro arbeitet.«

»Ich kann mich an ihr Gesicht gar nicht erinnern«, antwortete ich.

»Natürlich nicht. Jedes Mal, wenn du kommst, haut sie ab.«

»Und warum?«

»Weil ihre Haare schlecht sitzen oder sie die falschen Klamotten anhat. Sie vertritt mich gerade im Reisebüro, und ich weiß nicht, wie ich ihr sagen soll, dass ich gerade mit ihrem Traummann durchgebrannt bin.«

»Das war aber nicht gerade nett«, grinste ich mit gespieltem Vorwurf in der Stimme.

»Aber entschuldige mal, ich weiß nicht …«

Jetzt ließ ich nicht locker: »Zu Freunden muss man immer fair sein …«

Irina wurde feuerrot im Gesicht, sie war zerknirscht und versuchte sich zu rechtfertigen: »So ist das nicht …«

»Du hältst jetzt besser den Mund. Du solltest dich schämen! Heute hast du deine Freundin betrogen und morgen bin ich dran.«

Sie brach beinahe in Tränen aus, ich musste ihr wirklich unerbittlich vorgekommen sein.

Nach einer Weile konnte ich mich allerdings nicht mehr beherrschen und musste lachen. Erst sah sie mich ungläubig an, dann begriff sie, dass ich mich über sie lustig gemacht hatte, und begann wie eine Furie auf mich einzuschlagen. Ich hielt schützend ein Kissen vor mich und lachte und lachte.

Das Bett wurde zum Schlachtfeld, doch dann zog ich sie fest an mich und begann sie zu küssen. Sie tat erst so, als wollte sie sich befreien und nannte mich einen »Blödmann«, doch dann gab sie den Widerstand auf. Wir liebten uns, und anders als beim ersten Mal, ganz langsam und sanft.

Dann meldete sich der Hunger, und wir gingen ins Restaurant hinunter. Irina führte in der Halle noch einige Telefonate. Ich hingegen ließ das lieber bleiben. Ich wollte mir den Tag nicht von schlechten Nachrichten verderben lassen.

Wie würde es zu Hause weitergehen? Die nötigen Waffen hatte ich besorgt und den Transport nach Casamarina organisiert. Meinem Freund Giulio hatte ich befohlen, einen unterirdischen Gang zu einem angemieteten Lagerhaus zu graben. Irgendwie traute ich dem Besitzer nicht, immer wieder hatte er wissen wollen, was ich denn mit dem Gebäude vorhatte. Und das, obwohl ich ihm vier Millionen Lire extra gezahlt hatte, um gerade diese neugierigen Fragen zu vermeiden. Ich hatte folgenden Plan: Der Lastwagen mit den Waffen würde über Mailand nach Sizilien und dort zum Lagerhaus fahren. Dann würden die Türen des Gebäudes verschlossen, die Waffen ausgeladen und im unterirdischen Gang versteckt. Allerdings ist ein Plan das eine, die Umsetzung das andere, dachte ich. In Anbetracht aller Eventualitäten musste ich mir gut überlegen, wem ich die Ladung anvertraute.

»Komm schon, Antonio, Kopf hoch. Es wird alles gut gehen. Bleib ruhig«, sagte ich mir immer wieder. Jetzt hatte ich erst einmal Ferien.

Ich war so in Gedanken, dass ich nicht hörte, wie Irina nach mir rief.

»Hast du mich schon satt?«, fragte sie und lachte.

»Noch nicht«, entgegnete ich mit ernster Miene. Doch dieses Mal fiel Irina nicht darauf herein. Zukünftig würde es schwerer werden, sie hochzunehmen.

Der Kellner servierte uns Paella und eine Flasche Rotwein. Ich hätte lieber Spaghetti gehabt, doch es schmeckte uns trotzdem, während Ella Fitzgerald im Hintergrund mit sanfter Stimme *Satin Doll* sang.

»Mein Seidenpüppchen bist du, Irina«, dachte ich, während ich sie ansah.

Nachdem der eine Hunger gestillt war, überkam uns wieder der andere, und wir gingen auf unser Zimmer, um dort weiterzumachen, wo wir vorhin aufgehört hatten.

Beim Abendessen hatte ich ihr gesagt, dass mich das berühmtberüchtigte Nachtleben auf Ibiza nicht interessierte und ich stattdessen ausspannen und das ursprüngliche Ibiza kennenlernen wollte. Sie war ganz meiner Meinung und versprach meine Reiseführerin zu sein.

»Kennst du Ibiza überhaupt?«, fragte ich.

»Wie meine Westentasche!«

Mir fiel wieder ein, wie vertraut Irina mit dem Rezeptionisten gesprochen hatte. Sie hatte ihn gebeten, eine Jacht und einen Skipper anzuheuern.

Die Tage mit Irina auf Ibiza waren traumhaft. Das Nachtleben blendeten wir völlig aus. Wir verbrachten die Zeit mit Essen, Schwimmen, Sonnenbaden und hemmungslosem Sex. Und wir blieben schließlich länger als vorgesehen.

Irina zeigte mir die Schönheit der Insel in all ihren Facetten. Am meisten faszinierte mich die Bucht von Cala Llonga, die sich zwischen zwei Felskämme schmiegte. Türkisblaues Wasser, schneeweißer Strand, ich kam mir vor wie im Paradies. Nachdem der Skipper das Boot dort vertäut hatte, blieben wir zwei volle Tage an Bord, ohne auch nur eine Fußzehe an Land zu setzen. Wir wachten auf, liebten uns und kühlten unsere erhitzten Körper im kristallklaren Wasser ab. Danach frühstückten wir ausgiebig. Den Großteil des Tages verbrachten wir nackt.

Am zweiten Tag zog ich mir eine Küchenschürze über, setzte eine Kochmütze auf und begann Spaghetti mit Muscheln zuzubereiten. Trotzdem konnte Irina die Hände nicht von mir lassen.

»Wir müssen auch mal was essen …«, sagte ich und versuchte sie abzuwehren. Wir waren schon beim zweiten Glas Wein, den uns der Skipper geschenkt hatte, als die Spaghetti fertig waren. Ich schlug Irina ein Spiel vor, das ich »Raubtierfütterung« nannte:

Spaghetti essen, ohne die Hände zu benutzen. Ich spritzte die Bootsplanken ab, dann schüttete ich die Nudeln samt Muschelsauce auf den Boden. Wir knieten uns hin und schlürften die Spaghetti auf allen vieren in uns hinein. Unsere Gesichter waren von oben bis unten mit Sauce verschmiert, und als ich sah, wie eine Nudel aus Irinas Nasenloch hervorlugte, konnte ich mich vor Lachen kaum halten. Die restlichen Spaghetti schmierte ich ihr in die Haare. Der schwere Wein hatte uns völlig enthemmt, und wir fielen wie Tiere übereinander her.

Nachdem ich sie oral verwöhnt hatte, fuhr meine Zunge zur Mitte ihres Hinterns. Irina war sofort klar, was ich vorhatte. Sie versuchte sich umzudrehen, aber ich presste sie bestimmt auf den Boden. Nach und nach schien sie Gefallen daran zu finden, ihre Verkrampfung ließ nach. Als ich spürte, dass sie bereit war, gab ich ihr einen Klaps auf den Hintern und stieß mein Glied entschlossen in sie hinein. Sie gab einen leisen Schrei von sich, aber ich flüsterte ihr zu, sie solle sich entspannen. Ganz langsam, um ihrem Anus Zeit zu lassen, sich an mein Glied zu gewöhnen, begann ich tiefer in sie einzudringen, und massierte dabei mit meiner rechten Hand ihre Klitoris. Als ich spürte, dass sie so weit war, gab auch ich die Kontrolle auf und wir kamen zusammen zum Höhepunkt.

Ich kostete den Moment aus, bis ich erschlafft aus ihr herausglitt. Dann hob ich Irina hoch, warf sie ins Wasser und sprang hinterher.

Uns tat alles weh, die Knie waren aufgeschürft, die Körper übersät von blauen Flecken und Kratzern.

Am späten Nachmittag kamen wir ins Hotel zurück. Wir duschten ausgiebig – endlich Süßwasser – und ließen uns auf der Terrasse von der untergehenden Sonne trocknen, die noch einen Hauch Wärme spendete. Wir zogen unsere Bademäntel an und blieben noch ein wenig draußen. Schweigend und uns tief in die Augen blickend. Mit Worten wären unsere Gefühle ohnehin nicht auszudrücken gewesen. Wir wussten es auch ohne Erklärungen:

Wir hatten uns gesucht und gefunden. Auch wenn Lidia immer noch in meinem Hinterkopf herumspukte.

Danach gingen wir schlafen. Die blauen Flecke auf Irinas Körper waren jetzt erst richtig zu sehen. Sie tat mir leid, und ich cremte sie behutsam am ganzen Körper ein. Sie sah mich mit Tränen in den Augen an.

»Antonio, das waren die schönsten Tage meines Lebens.«

»Für mich auch«, antwortete ich.

Danach musste ich ihr versprechen, dass ich in Hamburg so oft wie möglich bei ihr übernachten würde. Völlig erschöpft schliefen wir schließlich ein und erwachten erst am nächsten Morgen um acht. Um acht Uhr fünfundfünfzig ging unser Flieger nach Hamburg. Wir erwischten ihn gerade so.

Die Sauna

Am Flughafen wartete Fofò auf mich. Es war unglaublich. Je weniger ich ihn brauchte, desto besorgter war er. An jenem Tag wurde mir endgültig klar, wie gern er mich hatte. Als er Irina sah, wunderte er sich nicht weiter. Ich stellte sie vor, aber sie kannten sich bereits: Fofò war ebenfalls Kunde in ihrem Reisebüro.

»Il Rosso will heute Abend mit dir sprechen«, teilte er mir als Erstes mit.

Ich hatte »Il Rosso« vor Jahren kennengelernt. Heute war er mein Mittelsmann in Holland, wenn ich Waffen brauchte.

Ich setzte Irina in ein Taxi. Als sie mich so ernst und finster sah, wagte sie nicht weiter zu fragen. Ich versprach, so schnell wie möglich bei ihr vorbeizukommen, und küsste sie zum Abschied.

Fofò und ich beschlossen erst einmal in die Sauna zu gehen. Dort, weit weg von den neugierigen Ohren der Polizei, konnten wir ungestört miteinander reden.

Ich erklärte Fofò geradeheraus, was ich vorhatte.

»Ich möchte, dass du dich möglichst von mir fernhältst. Diese verdammten Mafiosi sind skrupellos. Sie wollen mich aus dem Weg räumen, ohne Rücksicht auf Verluste. Für sie ist das wie Tontaubenschießen. Ich bin für sie nichts anderes als ein lebender Toter … Fofò, du bist ein friedlicher Mensch und taugst nicht für den Krieg. Versuch erst gar nicht, mich aufzuhalten: Ich habe meine Entscheidung schon getroffen!«

Fofò reagierte nicht gleich, überrascht von meiner Entschlossenheit. Er war verwirrt.

»Kapierst du denn nicht, dass du die Mafia niemals besiegen kannst? Verstehst du denn nicht, dass die Mafia der Staat ist? Dass es sie seit Jahrhunderten gibt? Was hast du dir da nur in den Kopf gesetzt, Antonio?«, fragte er mit feuchten Augen.

»Ich habe nicht vor sie zu besiegen. Ich will nur mit ihnen verhandeln: über mein Leben und das Leben meiner Familie. Und damit sie mir überhaupt zuhören, muss ich diesen Typen gehörig auf den Sack gehen. Wenn sie verstehen, dass auch sie Gefahr laufen, sich eine Kugel einzufangen, dann werden sie von ihrem hohen Ross herunterkommen. Ich versuche nur mein Leben zu verlängern, Fofò … Du weißt, dass mein Schicksal allein durch den Namen, den ich trage, besiegelt ist.«

Fofò starrte schweigend ins Nichts. Dann versuchte er das Thema zu wechseln: »Und was sollen wir Il Rosso sagen?«

»Du hast es nicht kapiert, Fofò! *Du* hast damit nichts zu tun! Wenn ich im Knast lande, wird niemand da sein, der sich um mich kümmern kann. Ich will dich da nicht mit reinziehen, mein Feldzug gegen die Cosa Nostra ist ganz allein meine Sache.«

Er schüttelte resigniert den Kopf.

»Also ziehe ich weiter durch die Kneipen und zocke, und wenn wir einen Pokerspieler brauchen, dann rufe ich dich an?«

»Genau«, antwortete ich.

Ohne Fofòs Wissen begann ich, mein Geld in Drogengeschäfte zu investieren. Ich kaufte und verkaufte, von jedem an jeden. Ich verdiente viel Geld, aber die Zeit lief mir davon: Giufà würde bald aus dem Gefängnis kommen, und ich musste ihn ausschalten, bevor er das mit meiner Familie tat.

Zwei Dinge waren klar: Ohne das nötige Kapital wäre mein Krieg schon verloren, bevor er überhaupt begonnen hatte.

Und: Mit der Bewegungsfreiheit würde es vorbei sein, sobald ich ihnen den ersten Schlag versetzt hätte.

Der Raubüberfall

Meine sizilianischen Verbündeten hatten mir einen heißen Tipp gegeben, wie ich ohne großes Risiko auf einen Schlag sehr viel Geld verdienen konnte: ein Überfall auf einen Geldtransporter. Ich reiste sofort an.

Noch am Abend meiner Ankunft in Sizilien planten wir den Ablauf. Das Überfallkommando sollte aus sechs Mitgliedern bestehen, ich als Anführer und fünf weitere Männer aus unterschiedlichen Dörfern, um keinen Unfrieden zu stiften. Ich würde Nino aus Casamarina, Olindo und Manuele aus Santamela sowie Pinuzzu und Lino aus Ravasa mitnehmen. Die Wahl fiel auf diese fünf, weil sie umsichtig und entschlussfreudig waren und selbst in kritischen Situationen die Kontrolle behielten.

Wir klauten einen Lastwagen, den wir brauchten, um dem gepanzerten Geldtransporter den Weg zu versperren, und stellten ihn in einer kleinen Seitenstraße, ganz in der Nähe der vorgesehenen Fahrtroute, ab. Pinuzzu, der Reaktionsschnellste unter uns, würde von einer Mauer aus auf das Dach des Transporters springen und die Antenne abknicken, um den Funkverkehr mit der Zentrale zu unterbrechen. Zwei unserer Männer würden sich mit einem PKW hinter dem Geldtransporter postieren und ihm so jeden Fluchtweg abschneiden.

»Keine große Sache«, dachte ich. »Klingt wie ein Kinderspiel.«

Nino und ich würden mit unseren Kalaschnikows vor dem Geldtransporter stehen, Olindo sollte mit einer Bazooka-Attrappe den Fahrer erschrecken, während Lino mit seiner MP aufs Dach des LKWs klettern und von oben alles in Schach halten sollte. Es sollte kein Schuss fallen, wir wollten sie nur beeindrucken. Und dann war es so weit. Manuele folgte mit seinem Auto vorsichtig dem Geldtransporter, und als er beobachten konnte, dass der Wachmann die Tageseinnahmen aus dem letzten Supermarkt abgeholt hatte, gab er uns Bescheid.

Der Plan mit der Straßensperre funktionierte, und auch sonst lief alles wie am Schnürchen.

Nino und ich brachten die Wachmänner dazu, auszusteigen und uns das Geld auszuhändigen. Aber dann geschah etwas Unerwartetes: Als Pinuzzu vom Dach kletterte, zog einer der Wachleute des Geldtransporters eine Waffe aus einem Geheimfach im Armaturenbrett, schoss auf Pinuzzu und erwischte ihn. Daraufhin verlor Nino die Nerven und begann, mit der MP wild um sich zu schießen. Ich rannte auf Pinuzzu zu und schleifte ihn an einem Bein aus der Gefahrenzone, wobei ich genau aufpassen musste, um den Schüssen des Wachmanns ausweichen zu können.

Ich lächelte Pinuzzu zu und versuchte so, ihn zu beruhigen, während ich seinen Kopf auf meinen Oberschenkel legte. Er verlor viel Blut. Unterdessen warf Olindo die Bazooka-Attrappe zur Seite, nahm sich eine MP und begann ebenfalls zu feuern. Die Kugeln pfiffen mir minutenlang von allen Seiten um die Ohren. Ich warf mich instinktiv zu Boden und kroch unter den Lastwagen, wobei ich Pinuzzu hinter mir herzog.

Ich weiß nicht, wie lange dieses Inferno andauerte. Es kam mir wie eine Ewigkeit vor. Nach einer Weile waren Polizeisirenen zu hören. Der Schusswechsel wurde eingestellt, eine unwirkliche Stille legte sich über den Ort des Geschehens. Ich kroch unter dem Lkw hervor und bat Nino mit einem Blick, mir zu helfen, Pinuzzu in Sicherheit zu bringen. Lino richtete seine MP zu diesem Zeitpunkt noch immer auf den Transporter, in dessen Innenraum sich die Wachmänner verbarrikadiert hatten. Dann sprangen wir in

Manueles Auto und verschwanden. Die Beute ließen wir hinter uns.

Während der Flucht versuchte ich mehr schlecht als recht Pinuzzus Wunden zu verbinden, um den Blutverlust zu stoppen. Dennoch verschlechterte sich sein Zustand zusehends. Er musste dringend ins Krankenhaus.

Wir beschlossen, das Risiko einzugehen. Wir konnten ihn schließlich nicht einfach sterben lassen. Er war bereits ohnmächtig, als wir ihn vor die Notaufnahme legten. Kurze Zeit später war er tot.

Als wir in unserem Versteck ankamen, waren wir entschlossen, Pinuzzu zu rächen. Wir wollten den Fahrer und den Wachmann des Geldtransporters aufspüren und umbringen. Sie waren an allem schuld und hatten einen Menschen erschossen – und das alles wegen Geld, das ihnen nicht einmal gehörte. Wenn sie sich ergeben und uns das Geld überlassen hätten, wäre nicht ein Schuss gefallen. Uns war es nur um die Beute gegangen, um nichts sonst. Wir waren noch immer mit unseren Racheplänen beschäftigt, als das Lokalfernsehen über unseren Raubüberfall berichtete. Der Fahrer und der Wachmann seien tot. Wir sahen uns verblüfft an. Die Fernsehbilder zeigten das geborstene Fenster des Transporters: Die Patronen des Kalibers 7,62 mm hatten das Panzerglas durchsiebt. Wir hatten die beiden erschossen, ohne es zu merken! Ich war völlig durcheinander.

Ich beruhigte mein Gewissen, indem ich mir sagte, dass es eine Kriegsaktion war und dass das Geld nur unserer guten Sache dienen sollte: die Mafia zu bekämpfen. Mit diesem Gedanken setzte ich mich in den Zug nach Hamburg und schlief im Bett eines Schlafwagens den Schlaf der Gerechten. Der große Coup war gescheitert, der Traum vom großen Geld geplatzt. Stattdessen hatte es eine Tragödie gegeben.

Die Stimme des Nachrichtensprechers hämmert in meinen Erinnerungen und quält mein Gewissen. Wir hatten zwei Familienväter erschossen, die einfach nur ihrer Arbeit nachgingen!

Damals hatte ich mir Mut gemacht, mich freizusprechen versucht, indem ich mir sagte, dass Krieg herrschte und dass in jedem Krieg auch Unschuldige sterben. Aber meine mittlerweile geläuterte Seele straft mich und nährt meine Qual, wenn sie die Worte über die damalige Tragödie nachhallen lässt.

Und es hilft auch mit dem Abstand all dieser Jahre nicht, die Dramaturgie und Eigendynamik dieser Katastrophe noch einmal Revue passieren zu lassen, den Ablauf der Schießerei in eine zeitliche Ordnung zu bringen, um mich zu bestätigen, dass sie es waren, der Fahrer und der Wachmann, die das Feuer eröffnet hatten. Dass wir nicht geschossen hätten, wenn sie nicht angefangen hätten. »Sie waren 28 und 32 Jahre alt, Ehemänner und Familienväter ...« höre ich die Stimme des Nachrichtensprechers wie ein schmerzhaftes Echo.

Ich sehe den Reporter vor mir, wie er am Ort unseres Überfalls steht und auch den weiteren Verlauf des Geschehens schildert: Dutzende von Polizisten und Carabinieri sichern den Tatort, die Spurensicherung in ihren weißen Overalls ist bei der Arbeit, die rot-weiße Absperrung, die quer über die Straße gespannt ist, um den Transporter zu isolieren, der mitten auf der Straße steht, von Projektilen durchsiebt, und das weiße Laken, das man gnädigerweise über die Windschutzscheibe gehängt hat, damit man nicht auf die toten Körper blicken muss.

Mir ist klar, dass das kein wirklicher Trost ist, aber irgendwie lindert es meinen Schmerz zu wissen, dass ich an jenem verhängnisvollen Abend keinen einzigen Schuss abgegeben hatte. Dass ich mich unter dem Transporter versteckt hatte, um Pinuzzus Leben zu retten, den trotzdem das gleiche Schicksal ereilt hatte wie die beiden Familienväter. Und Pinuzzu war sogar erst zwanzig. Verdammter Krieg.

Der »gute Rat« der Polizei

In Hamburg wurde ich einige Tage später von der Kriminalpolizei vorgeladen. Was mich wohl dieses Mal erwartete? Ich hatte keine Ahnung.

Ich wurde von einem Kommissar empfangen, der hinter seinem Schreibtisch saß und mir ohne große Umschweife sagte: »Wir wissen alles über Sie.« Meine innere Stimme versuchte sofort, mich zu beruhigen: »Wenn ein Polizist sagt, dass er alles über dich weiß, dann weiß er gar nichts.«

»Das mit dem Glücksspiel geht in Ordnung«, meinte der Beamte. »Spieler gibt es immer, und wenn Sie es nicht sind, dann ist es jemand anders. Wir wissen auch, dass Sie Diebesgut ge- und wieder verkauft haben. Damit hätten wir die Grundlage, Sie festzunehmen und für zehn Jahre hinter Gitter zu bringen ... Aber die Mafia? Das geht gar nicht! Wenn es um die Mafia geht, ist uns jedes Mittel recht. Auch ohne Beweise. Klar? Ich gebe Ihnen einen guten Rat: Nehmen Sie all Ihre Siebensachen und verschwinden Sie aus Hamburg. Diese Stadt ist zu eng für Sie geworden. Zu viele Unklarheiten, zu viele Geheimnisse. Gehen Sie. Es ist zu Ihrem eigenen Besten.«

Ich war wie paralysiert. Er wusste wirklich alles. Ich versuchte, die lähmende Starre abzuschütteln.

»Herr Kommissar, ich verdiene mein Geld ganz legal mit guten Nerven beim Pokern, von Männern, die Geld bis zum Abwinken haben«, versuchte ich ironisch zu antworten.

Der Kommissar lachte, aber während er mich zur Tür brachte, wurde er wieder ernst und sagte, dass er keine Witze machte. »Wir wollen keine Mafia in Deutschland. Wir sind hier nicht in Sizilien, wo Morde an Polizisten an der Tagesordnung sind. Wenn ihr auch nur daran denkt, einen von uns anzurühren, schießen wir euch, ohne zu zögern, eine Kugel in den Kopf. Klar?« »Glasklar, Herr Kommissar. Aber was habe ich damit zu tun?«

Er antwortete nicht, wiegte aber den Kopf hin und her, als wollte er mir etwas zu verstehen geben, was ich aber nicht begriff.

Aber er sagte die Wahrheit: Eine Woche zuvor war ein Slawe von der Polizei erschossen worden, weil er, wahrscheinlich unter Drogeneinfluss, einen Beamten mit einem Messer attackiert hatte. Vier Kollegen hatten sofort reagiert und ihn niedergestreckt.

Vor der deutschen Polizei hatten wir Respekt. Ja, wir fürchteten sie regelrecht. Die Beamten verhielten sich korrekt und fair, ermittelten im Hintergrund und äußerst diskret.

Aber wenn sie einen von uns verhafteten, hatten wir keine Chance, uns vor Gericht herauszuwinden. Das war uns klar. Die Beweise waren mehr als ausreichend.

Nachdem ich das Kommissariat verlassen hatte, ließ ich meinen Wagen stehen und ging zu Fuß. Ich wollte meine Gedanken ordnen. Als ich kurz stehen blieb, bemerkte ich, wie sich die Silhouette eines Mannes hinter mir in einem Schaufenster spiegelte. Ich wurde überwacht. Und der Polizist hatte sich bemerkbar gemacht, damit ich es wusste. Aber warum? Gute Frage. »Gut, die Polizei weiß einiges über dich, Antonio, was leider den Tatsachen entspricht, aber klar ist auch, dass sie keine Beweise haben, sonst hätten sie dich längst festgenommen. Aber wenn sie ›alles‹ über mich wissen, warum ›rät‹ mir der Kommissar dann zu verschwinden?«

Irgendetwas stimmte da nicht. Seit wann gab die Polizei einem Kriminellen den Rat zu verschwinden?

Zumindest einer Sache konnte ich mir sicher sein: Meine

Bewegungsfreiheit würde von Tag zu Tag stärker eingeschränkt – egal, ob in Italien oder in Deutschland. Und um mich von diesem Druck zu befreien, brauchte ich eine Luftveränderung. Ich musste Deutschland verlassen. Aber das konnte ich nicht. Unmöglich.

»Noch ein paar Jahre, Antonio, dann ist alles vorbei«, sagte ich mir, um mich zu beruhigen.

Am nächsten Tag hatte ich eine Verabredung mit Il Rosso.

Ich rief Irina von einem französischen Bistro am Steindamm aus an und fragte, ob ich bei ihr vorbeikommen könnte.

»Ja«, antwortete sie begeistert.

»Soll ich etwas zu essen mitbringen?«

»Gib mir mal die Kellnerin!«

Ich war unsicher. Ich wusste nicht recht, wie ich der Kellnerin sagen sollte, dass sie ihre Arbeit unterbrechen soll, um … Ich hörte Irinas schrille Stimme.

»Sie heißt Francy und ist eine Bekannte von mir. Los, gib sie mir.«

»Verdammt noch mal, kennst du eigentlich jeden in der Stadt?«

Irina bestellte, dann gab die Kellnerin mir lachend den Hörer zurück.

»Was hast du denn gesagt, dass sie so lachen muss?«

»Das erzähle ich dir, wenn du bei mir bist, mein Lieber«, antwortete sie und fügte hinzu, dass sie vorher noch einen Film besorgen würde.

Irina hatte bei sich zu Hause eine romantische Atmosphäre geschaffen, Duftkerzen angezündet und das Licht gedämpft. Ich gab ihr die Tüte mit dem Abendessen und fragte sie nach dem Bad. Irina folgte mir und sagte: »Dort habe ich auch deine Sachen hingelegt.«

»Welche Sachen?«, fragte ich.

»Lass dich überraschen!«

Im Bad hingen ein Bademantel und mehrere Handtücher, auf

die gut sichtbar mein Name gestickt war. Im Schrank lagen Rasier-utensilien, eine Zahnbürste, Zahncreme, eine Nagelschere. Und in der unteren Schublade Bade- und Hausschuhe.

Später sah ich, dass sie im Schlafzimmer ein Poster aufgehängt hatte, das uns eng umschlungen vor der Kathedrale in Ibiza zeigte. Ein wirklich schönes Foto.

Irina war zu schnell, dachte ich. Wir hatten doch über Freiheit und Freiräume gesprochen.

Sie hatte zwei üppige französische Salate bestellt. Es gab von allem etwas, von Thunfisch über Mais bis hin zur Mayonnaise. Dazu eine Flasche französischen Wein. Ich erinnerte mich wieder an die lauthals lachende Kellnerin und fragte Irina, was sie ihr am Telefon gesagt hatte.

»Nichts Wichtiges, mein Lieber, nur, dass sie sich das Schmuckstück vor sich gut anschauen und dann verbreiten soll, dass es sich um Privatbesitz handelt. Das war alles.« Jetzt war ich es, der lachte.

Wir machten es uns auf dem Sofa gemütlich, schauten den Film und begannen dabei, uns zu streicheln, bis wir schließlich im Bett landeten.

Am nächsten Morgen ging Irina zur Arbeit, aber nicht, bevor sie meine Sachen in den Wäschekorb geworfen hatte. Sie hatte alles aus den Hosentaschen genommen und die Uhr und das Geld auf den Tisch gelegt. Außerdem einen Zettel. »Ich hoffe, der Trainingsanzug, die Unterwäsche und die Schuhe gefallen dir. *Ich liebe dich*!«

Nein, Irina war nicht nur zu schnell, sie übersprang gleich mehrere Schritte. Das konnte so nicht weitergehen.

Aber: Innerhalb weniger Tage war mein Kleiderschrank leer und alles in ihre Wohnung geräumt. Irina begann Stück für Stück Besitz von mir zu ergreifen – sanft, aber bestimmt.

Il Rosso

Wir trafen uns nachmittags um fünf im Excalibur, einem angesagten Bistro im Norden Hamburgs, ein beliebter Treff der Linksintellektuellen.

Nun ja, Il Rossos Vorliebe für bestimmte Lokale war schon sonderbar. Aber hier herrschte, trotz lebhafter Diskussionen, stets eine angenehme Atmosphäre. Besonders hitzig ging es bei politischen Themen zu.

Ich setzte mich an einen Tisch gegenüber von einem großen Fenster, durch das ich nach draußen sehen konnte. Es regnete, und obwohl es erst fünf war, wurde es schon langsam dunkel. Schwere Regenwolken verfinsterten den Nachmittagshimmel. Mir ging noch mal meine erste Begegnung mit Il Rosso durch den Kopf.

Er war nicht sehr groß, etwa 60 Jahre alt, was man ihm allerdings nicht ansah. Er hieß eigentlich Joseph, und trotz langer Jahre in der Fremdenlegion war sein drahtiger Körper immer noch topfit. Er konnte einen 90-Kilo-Mann mit bloßen Händen erwürgen.

Eines Tages forderte ihn ein Deutscher aus Spaß zum Armdrücken heraus. Joseph war von Natur aus eher spröde und introvertiert, von öffentlichen Auftritten wollte er normalerweise nichts wissen, aber an jenem Tag – genervt von den ständigen Sprüchen des Deutschen – wischte Joseph mit einem Arm alles vom Tisch, was noch draufstand, und gab seinem Herausforderer ein Zeichen, dass er sich setzen sollte.

Ich bemerkte sofort, wie sich Il Rossos Gesicht verhärtete. Der Deutsche, ein 120-Kilo-Koloss, nahm Platz und bereitete sich auf »das Duell« vor. Dann verharrten die Kontrahenten einige Minuten in ihren Ausgangspositionen, wobei die Adern ihrer Arme fast zu platzen schienen. Dann sagte Il Rosso: »Jetzt werde ich dir wehtun.«

Er drückte mit einer solchen Gewalt gegen den Arm des Deutschen, dass er ihm fast den Knöchel brach. Ich wusste um die brachiale Kraft von Il Rosso, aber dass er so stark war, hatte ich nicht gedacht. Der Deutsche war ebenfalls schockiert.

Trotz seines fortgeschrittenen Alters war Il Rossos volles Haar feuerrot, und seine Augen ähnelten Schlitzen, die von einer kristallklaren Iris dominiert wurden. Er hatte vor nichts und niemandem Angst. In der Unterwelt genoss er hohes Ansehen.

Ich hatte ihn etwa neun Jahre zuvor in Hamburg auf einem Fest kennengelernt, das ihm zu Ehren gefeiert wurde. Er war glücklich, weil er endlich französischer Staatsbürger geworden war. Bis dahin hatte er einen belgischen Pass. Seine Mutter war Flämin, sein Vater, ein französischer Legionär, der während des Krieges in Indochina gefallen war. Er hatte für sein Land gekämpft, und als er starb, war sein Sohn noch ein Kind. Normalerweise bekam man als Fremdenlegionär die französische Staatsangehörigkeit nach fünf Jahren, doch bei Il Rosso hatte der französische Staat seltsamerweise mehr als dreißig Jahre gebraucht.

An seinem Ehrentag strahlte Il Rosso vor Freude. Er hatte auch in Zaire an der legendären Operation *Leopard* teilgenommen und war in einem Hinterhalt schwer verletzt worden. Dafür hatte man ihn mit dem höchsten Orden ausgezeichnet, den ein Fremdenlegionär erhalten konnte: dem Großkreuz.

Il Rossos Motto war: »Ehre, Vaterland und Familie«. Ich fand ihn ein bisschen altmodisch, mit seinen strengen Prinzipien, aber ich lauschte dennoch fasziniert seinen Kriegsgeschichten. Und er mochte mich.

Aber das war es nicht allein. Eines Abends, während ich wie üblich die Lokale auf der Suche nach »Kunden« abklapperte, entdeckte ich ihn, wie er auf einem Stuhl sitzend schlief, den Kopf auf der Tischplatte vor sich abgelegt. Vor ihm stand eine fast leere Whiskyflasche. Er war allein und völlig betrunken. Es schmerzte mich, ihn in diesem Zustand zu sehen, und ich bat den Kellner um Hilfe, damit ich Joseph in mein Auto bringen konnte. Dann fuhr ich zu mir nach Hause. Er sollte in diesem Zustand nicht alleine sein.

Ich durchsuchte seine Jacke, fand eine Pistole, Kaliber 7,65 mm, die ich an mich nahm und versteckte. Ich zog ihm die Schuhe aus, legte ihn aufs Bett und deckte ihn zu. Danach machte ich ihm eine große Tasse Kaffee und zwang ihn, das Gebräu zu trinken, bevor er einschlief.

Bevor ich die Wohnung verließ, schrieb ich eine Nachricht für die Putzfrau, dass im Schlafzimmer ein Freund von mir schlief und sie ihn nicht stören solle. Falls er schon wach wäre, solle sie ihm ausrichten, dass ich die »Schlüssel« in seiner Jacke an mich genommen hätte.

Am nächsten Morgen stand Il Rosso sehr früh auf – er konnte einen Vollrausch in wenigen Stunden abbauen –, noch bevor die Putzfrau kam. Er las die Notiz, die ich geschrieben hatte, und gestand mir später, dass er gerührt gewesen war.

Seit diesem Tag hatte er großen Respekt vor mir, wie vor einem Kriegskameraden, weil ich mich um ihn gekümmert hatte und ihn bei mir übernachten ließ, trotz seines Zustands.

»Du hättest so tun können, als ob du mich in diesem Lokal nicht gesehen hättest, und deshalb vergesse ich dir das nie«, sagte er mir.

Einige Monate vor dem Raubüberfall auf den Geldtransporter in Sizilien hatte mir Il Rosso eine 9-mm-Beretta besorgt, die brandneue 98SF mit Zubehör, »fast legal«, wie er sagte. Es lag auf der Hand, dass Il Rosso über gute Kontakte zu Waffenhändlern verfügte. Und daran erinnerte ich mich nun, als ich Waffen brauchte.

Il Rosso wusste, was mit meiner Familie passiert war, und in meinem Umfeld war er derjenige, der verstanden hatte, dass ich mich im »Kriegszustand« befand. Ich erzählte ihm, dass ich Waffen brauchte, und zeigte ihm ein Bündel Geldscheine. 25 000 Dollar. Er nahm das Geld nicht an. Das sei eine Ehrensache unter Männern, ganz nach seinen Legionärsprinzipien.

»Hör zu, mein Freund«, sagte ich, »ich habe es eilig. Für Verhandlungen habe ich keine Zeit. Ich brauche die Waffen, und zwar sofort!«

Il Rosso verstand, nahm das Geld und kontaktierte sofort »den Holländer«, seinen Geschäftspartner.

Wenige Wochen später rief er mich an.

»Hör zu und schreib mit: neun Pistolen, Kaliber 9 mm, mit dazugehöriger Munition, drei Uzi-Maschinenpistolen, die auch die israelische Armee verwendet, drei Mauser-Maschinengewehre, vier kugelsichere Westen, zwei Blaulichtsysteme und mehrere Winkerkellen aus dem Bestand der italienischen Polizei. Das ganze Material liegt bereits für dich bereit.«

»Danke, Rosso, aber ich muss auch mit dir reden. Wir müssen uns treffen.«

Und so kam es zu unserem Treffen im Bistro.

Plötzlich tauchte aus der Dunkelheit ein Mann im Regenmantel und mit schwarzer Baskenmütze auf. Die Körperhaltung verriet mir, dass es sich um Il Rosso handelte.

Als er das Lokal betrat, war er völlig durchnässt.

Ich winkte dem Kellner und bestellte drei Cognac.

Il Rosso war froh mich zu sehen und entschuldigte sich für die Verspätung. Den Grund dafür würde er mir gleich nennen, fügte er hinzu.

»Ich habe mit dem Holländer gesprochen. Wir haben vereinbart, dass ihr das Geschäft persönlich miteinander abwickelt.«

»Genau deshalb wollte ich mit dir reden.«

»Die Treffen sind immer montags in Zürich. Er wird in Kürze hier anrufen, um direkt mit dir zu sprechen. Wenn du einverstanden bist, musst du ihm nur noch die Uhrzeit und den bestimmten Montag nennen. Heute ist Mittwoch, der nächste Montag ist dem Code nach also der erste. Klar?«

»Aber warum in der Schweiz?«

»Antonio, der Holländer macht nie Geschäfte auf deutschem Boden. Er hat eine Heidenangst vor der deutschen Polizei und ist davon überzeugt, dass du überwacht wirst – wie alle Bewohner in St. Pauli.«

»Und wer sagt mir, dass er nicht auch beschattet wird?«, fragte ich spontan.

»Ausgeschlossen ist das nicht, Antonio, aber du bist es, der etwas von ihm will. Und bei solchen Geschäften gelten die Regeln des Holländers. Du kannst aber beruhigt sein: Ich habe ihm versichert, dass du ein guter Kerl und kein Polizeispitzel bist.«

»Danke für die Blumen, Rosso.«

Zwei Minuten nach sechs klingelte das Telefon. Die Kellnerin rief nach Rosso, der mir ein Zeichen mit dem Kopf gab. Ich sollte ihm folgen. Er nahm den Hörer und sagte etwas auf Französisch. Dann reichte er mir das Telefon.

»Guten Abend, Freund meines Freundes«, hörte ich eine Stimme auf Italienisch sagen. »Guten Abend, Freund meines Freundes«, antwortete ich, ohne nachzudenken. Ob er jetzt den Eindruck hatte, ich wolle mich über ihn lustig machen?

»Ich habe ein nettes Gespräch über Sie mit meinem Freund Joseph gehabt«, fuhr er in passablem Italienisch mit starkem französischen Akzent fort. »Es wäre mir ein Vergnügen, Sie kennenzulernen, und ich hoffe, das Vergnügen ist beiderseitig.«

»Der Erste um 18 Uhr, passt das?«, fragte ich ohne Umschweife.

»Perfekt, bis bald.«

»Bis bald!«

Das Gespräch war beendet.

»Bei solchen Anlässen trägt der Holländer immer einen weißen Trenchcoat. Du kannst ihn gar nicht verfehlen. Er ist so groß wie ich, die Haare trägt er zurückgekämmt, mit Seitenscheitel. Und er trägt eine Trotzkistenbrille. Ich empfehle dir, in Hamburg keine Fahrkarte zu kaufen, weder für den Zug noch für das Flugzeug. Wenn du dich mit ihm triffst, dann buch immer von Italien oder einem anderen Land aus. Niemals aus Deutschland, okay?«

Ich nickte.

»Kann ich ihm vertrauen, Rosso?«

»Bei meiner Ehre, Antonio.«

Die Ehre war für Il Rosso ein hohes Gut, etwas Wertvolles, das man nicht in Worte fassen konnte. Für die Ehre hatte er gekämpft und sein Leben riskiert.

»Ich glaube dir, aber ich möchte, dass du weißt, dass ich Feinde habe, die vor nichts zurückschrecken. Meinst du, dein Freund könnte Beziehungen zu diesen Organisationen haben?«

»Wir Legionäre verachten kriminelle Organisationen«, antwortete er knapp, »auch wenn viele von uns Geschäfte mit ihnen machen. Ich helfe jetzt dir persönlich und keiner kriminellen Organisation. Außerdem würde mein Freund nicht riskieren, zwischen die Fronten zu geraten, nur, um an einen Unbekannten ein paar Pistolen zu verkaufen. Er handelt mit Waffen in großem Stil, wie zum Beispiel mit Boden-Luft-Raketen und Panzern für afrikanische Staaten …«

»Entschuldige, Rosso, ich wollte dich nicht beleidigen. Ich kann einfach nicht begreifen, warum du das für mich tust«, erwiderte ich fast gerührt.

»Du hast mich nicht beleidigt. Du hast lediglich nach Erklärungen gesucht, und ich habe sie dir geliefert.«

»Ich werde dir für immer dankbar sein, mein Freund.«

»Wenn wir dieses Lokal verlassen, wird jeder seines Weges gehen«, fügte Rosso hinzu. »Wir werden erst dann wieder in Kontakt treten, wenn du deine Mission beendet hast. Wir dürfen keine Spuren hinterlassen.«

»Und wenn ich dich brauche?«

»Du weißt, wo du mich finden kannst. Aber du wirst mich nicht brauchen. Ich vertraue dem Holländer.«

Er fasste mich am Unterarm und sagte: »Addio und viel Glück, Lex«, ein Legionärsgruß, den ich gerne entgegennahm und den ich erwiderte, indem ich spontan das Gleiche tat.

»Wenn wir uns auf dieser Erde nicht mehr wiedersehen, dann doch sicher in der Hölle«, sagte er noch, bevor er ging.

»Ich hoffe, dich unter den Lebenden wiederzusehen«, rief ich ihm hinterher. »Auf das Höllenfeuer würde ich gern verzichten …«, sagte ich leise zu mir selbst.

Es war acht Uhr abends. Eine Stimme in meinem Kopf wiederholte ununterbrochen: »Erster Montag, 18 Uhr, Hauptbahnhof Zürich. Wir sehen uns in der Hölle. Addio. Nicht von Deutschland aus nach Zürich fahren …«

Ich rief Irina an und schlug ein Treffen in Brunos Restaurant vor. Erst einen Happen essen, dann die Vorstellung des Musicals *Jesus Christ Superstar* besuchen. Das hatte ich ihr versprochen, auch wenn ich im Moment gar keine Lust darauf hatte. Doch entgegen meiner Skepsis gefiel es mir gut.

»Glaubst du, dass diese Gerüchte über Gott wirklich stimmen?«, sang Judas. Und Maria Magdalena: »Ich weiß nicht, wie ich ihn lieben soll.«

Am nächsten Tag nahm mich Irina zu einer Kunstausstellung mit. Sie erklärte mir die Werke, die Künstler und deren Beweggründe, warum sie die Bilder gemalt hatten. Ich hörte ihr gerne zu.

Irina versuchte unbewusst, mir Kunst und Kultur ein wenig näherzubringen. Sie wusste, wie ungebildet ich im Gegensatz zu ihr war, und hoffte, das ändern zu können, aber ich hatte keine Zeit für so was. Mir erschien das wie die reine Zeitverschwendung. Ein Trugschluss, wie ich jetzt weiß. Aber damals interessierte mich nur das Hamburger Nachtleben.

Heute sehe ich viele Dinge anders. Den Horizont zu erweitern ist wichtig, auch wenn man dazu jemanden braucht, der einen bei der Hand nimmt.

Jenes Wochenende verbrachte ich bei Freunden in Mailand, gemeinsam mit Irina. Am Montagmorgen brachte ich sie zum Flughafen und setzte sie in den ersten Flieger nach Hamburg, mit dem Versprechen, dass ich bald nachkommen würde. Das Verhältnis mit Irina wurde immer schwieriger, jedes Mal, wenn wir uns verabschiedeten, hatte sie Angst, ich würde sie verlassen.

Ich erzählte ihr nichts von meinen Vorstellungen für die Zukunft, aber ihr war klar, dass es in meinem Leben dunkle Seiten gab. Ich versprach ihr nur, zu ihr zurückzukommen, sobald ich meine Probleme gelöst hätte.

Das war eine Lüge. Aber damit belog ich nicht nur sie, sondern auch mich selbst.

Der Holländer

Fünf vor sechs stand ich vor dem Züricher Hauptbahnhof. Ich wartete noch nicht lange, als eine junge Frau mit Kopfhörern an mir vorbeijoggte und sagte: »Folge mir«.

»Wie bitte?«

»Folge mir!«

Ich rannte ihr etwa 50 Meter hinterher, bis sie vor einem Mercedes stehen blieb und sich die Muskeln dehnte. Drinnen saß ein Mann in weißem Trenchcoat und mit Nickelbrille. Der Mann gab mir ein Zeichen, mich auf die Rückbank zu setzen. Es war der Holländer. Als ich im Auto saß, legte er den Zeigefinger auf die Lippen, um mir klarzumachen, dass ich schweigen sollte. Dann fuhr er los, fädelte sich in den Verkehr ein und begann zu erzählen. Von Zürich, der Geschichte der Stadt, der Architektur und der Kunst.

Eine halbe Stunde später hielten wir vor einem Hotel und gingen in ein Zimmer im ersten Stock. Höflich, aber bestimmt, bat der Holländer, dass ich mich komplett auszog und alles aufs Bett legte. Ich widersprach nicht. Dann nahm er etwas in die Hand, das aussah wie eine schwarze Plastikschaufel, und begann damit langsam über meine Klamotten und meine Schuhe zu fahren. Ein Metalldetektor? Als er fertig war, entspannte er sich sichtbar.

»Alles in Ordnung«, sagte er.

»Hast du gefunden, was du gesucht hast?«, fragte ich ironisch. Mir kamen die Mikrofone in den Sinn, die die Polizei ihren

V-Männern an den Körper klebte. Das hatte ich im Fernsehen gesehen.

Mein Geschäftspartner lachte, wurde aber rasch wieder ernst und öffnete ein Kästchen, ähnlich einem Schmucketui in einem Juweliergeschäft, und zog mit einer Pinzette eine kleine Nadel heraus. Sie hatte kein Nadelöhr, sondern ein schwarzes Köpfchen ... eine Wanze!

»Das, Antonio, sind die Peilsender, die die deutsche Polizei benutzt. Wenn du so etwas bei dir trägst, dann wissen sie immer, wo du dich aufhältst.«

Ich zuckte zusammen. Es hätte nur jemand eine solche Nadel an meiner Kleidung befestigen müssen und schon wäre ich aufgeflogen.

»Mein Freund Joseph hat mir gesagt, dass ich dir ein paar Tricks beibringen soll, bevor es zu spät ist. Meine Tipps sind übrigens kostenlos – jedenfalls fast ... Sagen wir 3000 Mark?«

»Gut, dass wir befreundet sind ...«, antwortete ich.

Wir lachten.

Nach dem Abendessen setzten wir uns auf die Restaurantterrasse, wo der Holländer einen Kräutertee trank. Mir fiel auf, dass jede seiner Gesten, jedes seiner Worte kontrolliert und wohlüberlegt waren. Er war ein Perfektionist, und das sah man auch. Ich kam zum Punkt.

»Also, ich brauche Folgendes: ein Präzisionsgewehr mit Zielfernrohr für große Distanzen, mit Schalldämpfer und Munition ...«

»Alle Waffen, die ich im Angebot habe, haben einen Schalldämpfer«, unterbrach mich der Holländer.

»Gut ... zwei Bazookas ...«

Wieder unterbrach er mich.

»Stattdessen bekommst du zwei Raketenwerfer mit vier Startrohren für Raketen im Kaliber 66 mm von mir ...«

»Gut, die will ich aber vorher sehen.«

»In Ordnung.«

»Ein Dutzend Handgranaten, zwei NATO-Maschinenge-
wehre Kaliber 7,62, zwei Kalaschnikows und mindestens ein halbes
Dutzend Pistolen …«

Der Holländer nickte und fragte, welche Objekte anvisiert werden sollten.

Ich antwortete, dass ich diese Waffen brauchte, um für wech-
selnde Situationen gerüstet zu sein, die ich im Moment noch nicht
genau einschätzen konnte.

Am nächsten Tag brachte er mich zu einem Waffenarsenal in
einem Wald, wo sich auch ein Schießstand befand.

Nachdem ich die Schutzbrille aufgesetzt, Handschuhe und
Ohrenschützer übergestreift hatte, probierte ich einige Waffen aus:
Die beiden Maschinengewehre waren echte Schmuckstücke. Die
Kalaschnikows hatten eine große Feuerkraft, wobei ich von ihrer
Treffgenauigkeit weniger überzeugt war. Bei dem Präzisionsgewehr war das anders. Das Armalite mit Zielfernrohr und
20-Schuss-Magazin fand sein Ziel auch bei starkem Wind. Nach
zwei Probeschüssen traf ich auf 100 Meter ins Zentrum der Zielscheibe. Bemerkenswert.

Einen der Raketenwerfer probierte ich an einer Felswand aus,
seine Explosivkraft war enorm. Diese Raketenwerfer waren ganz
anders als die der italienischen Armee: nicht so groß und schwer,
sondern handlich und leicht. Da die Granaten nicht einzeln nach-
geladen werden mussten, konnte man zielen, mehrfach feuern und
den Block danach einfach auswechseln.

Ich zahlte bar, wie vereinbart.

Der Holländer war schockiert, dass ich das ganze Geld bei mir
trug und die Waffen noch vor der Lieferung bezahlen wollte!

»Antonio, so macht man keine Geschäfte …«

Ich unterbrach ihn: »Das ist kein Geschäft. Mit Freunden
macht man keine Geschäfte. Il Rosso ist mein Freund, der seine
Ehre für mich verpfändet hat. Ehre und Geschäft vertragen sich
nicht. Die Ehre eines Freundes ist unbezahlbar …«

Der Holländer schwieg eine Weile und sagte dann: »Gut, dann sind meine Tipps gratis.«

An diesem Abend lud er mich zum Essen ein. Danach spazierten wir durch die Straßen Zürichs.

»Antonio, wir sind Männer ohne Zukunft, und trotz aller Vorsicht werden wir früher oder später in die Fänge der Polizei oder in einen Kugelhagel geraten. Und obwohl wir das wissen, gelingt es uns nicht, damit aufzuhören …«

»Das glaube ich nicht«, sagte ich. »Das Problem ist vielmehr, dass ich mich meinem Schicksal nicht entziehen kann. Aufhören bedeutet, das selbst gewählte Leben aufzugeben. Das ist eine existenzielle Frage: Wenn ich meine Feinde nicht töte, dann töten sie mich. Und bei dieser Perspektive, mein Freund, welche Wahlmöglichkeiten habe ich da noch?«

Danach war es lange still.

Der Holländer nahm meine unbeantwortete Frage wieder auf: »Dann ist es erst recht wichtig, dass ich dir einige Tricks beibringe, um zu vermeiden, dass du abgehört wirst. Benutze nie Handys, die man auf dem freien Markt kaufen kann. Du musst wissen, dass hinter diesem gigantischen, globalen Markt Mächte stehen, die die ganze Welt kontrollieren wollen. Um zu überleben, musst du die Fähigkeiten deiner Feinde kennen, nur dann kannst du dich behaupten.«

Damals wusste ich nicht genau, was der Holländer damit sagen wollte. Ich fand den Gedanken, dass man die ganze Welt von einem Schreibtisch aus kontrollieren kann, ziemlich übertrieben. Später begriff ich, wie recht er hatte.

Beim Frühstück am nächsten Morgen eröffnete mir der Holländer: »Mit dem Türken ist alles geregelt.«

Der Türke war der Mann, der die Waffen transportieren sollte. Der Holländer hatte mir zu verstehen gegeben, dass er nicht weiter als Palermo fahren würde. Aber ich wusste, dass das nur eine Frage des Geldes war.

»Im Augenblick bin ich etwas knapp bei Kasse, ein Extrabonus für den Türken ist nicht drin«, erklärte ich.

»Keine Bange, darum kümmere ich mich«, beruhigte er mich.

»Wenn du willst, kann ich ein paar Anrufe machen …«

»Wie gesagt, ich kümmere mich darum. Die Rechnung geht an Il Rosso«, fügte er hinzu.

»Einverstanden.«

»Der Lastwagen mit den Waffen wird am von heute gerechnet zweiten Montag in Palermo ankommen. Nachdem er den Zoll passiert hat, wird er ein paar Meter weiter vor der Roxy-Bar parken. Einer deiner Männer wird aus der Bar kommen und dem Fahrer so unauffällig wie möglich ein rotes Taschentuch übergeben …«

»Darum werde ich mich persönlich kümmern«, unterbrach ich ihn.

»Umso besser«, antwortete er.

»Das rote Taschentuch ist das vereinbarte Zeichen. Der Türke wird dem Wagen folgen, in dem der Mann sitzt, der ihm das Taschentuch gegeben hat. Klar?«

»Glasklar!«

»Ein letzter Punkt. Wenn der Türke eine halbe Stunde vor der Bar gewartet hat und es taucht niemand auf, ist er zu nichts verpflichtet.«

»Einverstanden.«

Ich würde die Operation überwachen, von Anfang bis Ende. Ich war zufrieden. Der Holländer hatte Wort gehalten und mehr für mich getan als erwartet.

Bevor ich in den Zug nach Mailand stieg, begleitete er mich noch in eine Bar, in der wir einen Kaffee tranken und ich mit Il Rosso telefonieren konnte.

»Alles in Ordnung?«, fragte mich Il Rosso.

»Ja«, antwortete ich.

»Viel Glück, Lex.«

»Danke, Joseph …«

Zum allerersten Mal nannte ich Il Rosso bei seinem richtigen Namen.

»Folge der jungen Frau«, sagte der Holländer. »Sie wird dich zum Bahnhof bringen.« Sie joggte wieder an uns vorbei.

»Holländer, es war mir eine Ehre!«, sagte ich.

»Geh, mein Junge, und sorge dafür, dass ich keine schlechten Nachrichten in der Zeitung lesen muss: Augen auf ... Lex.«

Palermo

Mit dem Fernglas vor den Augen saß ich neben meinem Cousin im Auto, als sich ein Lastwagen mit weißer Fahrerkabine näherte. Auf der Tür erkannte ich einen Aufkleber mit vier Assen. Das war er, der Türke, da war ich mir sicher. Ich sagte meinem Cousin, er solle dem Lastwagen folgen, wenn er aus der Zollabfertigung käme.

»Los, das ist er. Auf geht's!«

Wir fuhren los, aber es war viel Verkehr. Da kam mir eine Idee. An einer roten Ampel stieg ich aus, ging auf den Laster zu, stellte einen Fuß auf das Trittbrett, hielt mich mit der einen Hand am Rückspiegel fest, während ich mit der anderen ein rotes Taschentuch in die Fahrerkabine warf.

»Fahr nicht weiter geradeaus«, sagte ich, »bieg links ab.«

»*Salam*«, sagte der Türke ganz ruhig.

»*Salam*«, antwortete ich.

»Folge dem schwarzen Wagen mit den roten Kopfstützen, siehst du ihn?«, dabei zeigte ich auf das Auto meines Cousins im Rückspiegel.

»Ich sehe ihn.«

»Dann los.«

Wir überholten und fädelten uns vor dem Türken ein. Nach etwa zwei Stunden kamen wir in Casamarina an. Einer meiner Kameraden stand vor dem Lagerhaus und öffnete sofort die Tore, als er uns sah.

Sobald die Tore wieder geschlossen waren, entluden wir in Windeseile den Laster. Der Türke war abfahrbereit. Und obwohl er das vereinbarte Geld schon bekommen hatte, schenkte ich ihm noch mal eine halbe Million Lire. »Schieb eine Nummer auf meine Kosten«, sagte ich zu ihm.

»*Salam*«, bedankte er sich lächelnd, »dein Gott sei mit dir.«

»*Salam*, dein Gott sei mit dir«, antwortete ich.

Endlich hatten wir richtige Waffen. Durch ein seriöses Geschäft. In unseren Kreisen eine Seltenheit.

Meine Kameraden waren begeistert von der Feuerkraft der Waffen, über die wir jetzt verfügten.

»Waffen werden vorerst nicht unser Problem sein«, sagte ich lachend, »früher hatten wir eine alte Lupara und ein paar verrostete Pistolen, heute können wir gegen diese Herrschaften in den Krieg ziehen, wie es sich gehört. Und wenn sie von unserem Waffenarsenal hören, werden sie verstehen, dass wir uns wie gesittete Menschen unterhalten sollten ...«

Am nächsten Morgen wurde mein Freund Giulio, der Mieter unserer Lagerhalle, von der Polizei geweckt, die Beamten hatten einen Durchsuchungsbefehl dabei. Er blieb ruhig und zuvorkommend und begleitete sie ins Lager. Die Polizisten fanden 40 Tische und etwa 200 Plastikstühle, für die Giulio eine offizielle Rechnung vorweisen konnte.

Offenkundig enttäuscht, nichts gefunden zu haben, verließen die Polizisten das Lagerhaus. Die Idee, die Waffen unter der Falltür zu verstecken, war goldrichtig gewesen.

Giulio erzählte, dass sich der Besitzer des Lagerhauses kurz nach der Ankunft des Lastwagens auffällig für die Innenräume interessiert hatte. Er hatte ihn in Verdacht, der Polizei Tipps gegeben zu haben, ausgerechnet er, der schwarz bezahlt werden wollte ... Giulio war stinksauer. Wenn er den in die Finger kriegen würde!

»Lass es, wir haben wichtigere Probleme zu lösen«, sagte ich,
»… außerdem habe ich einen besseren Plan …«

Einige Monate später entdeckte die Polizei im Auto des »ehrenwerten« Vermieters bündelweise Dollarscheine und gefälschte Lire und bei der folgenden Hausdurchsuchung gestrecktes Heroin. Während seiner Verhaftung beteuerte der arme Mann verzweifelt seine Unschuld. Der ach so ehrliche Vermieter, der gerne mal den Kriminellen, den Polizisten und den Spion auf einmal spielte.

Vom militärischen Standpunkt aus gesehen, war alles bereit. Ich hatte Waffen, Munition, Verstecke und Kämpfer, um einige Jahre Krieg führen zu können.

Krieg gegen Giufà und Netore, die bald aus dem Gefängnis kommen würden. Fünf Jahre hatte ich darauf gewartet.

Bevor ich nach Deutschland zurückfuhr, beorderte ich meine Leute zu einem unserer Verstecke. Wir wollten einer Familie aus dem Nachbarort bei einer Aktion gegen die Cosa Nostra helfen, das hatte ich versprochen. Mit Patore, dem Anführer eines verbündeten Clans, vereinbarte ich, welche seiner Männer ich an meiner Seite haben wollte.

Ich verabschiedete mich gerade, als ein Wachposten auf uns zugerannt kam.

»Ich habe Il Santo gesehen …«

»Wo?«, fragte ihn Patore.

»In Bartoluccis Bar.«

Il Santo, der »Heilige«, war ein Mann, dem Patore seit Jahren auf der Spur war.

Ich nahm eine 9-mm-Pistole und zwei Magazine und schwang mich auf den Rücksitz des Motorrads des Wachpostens.

»Fahr los!«

»Aber …«

»Los!«, wiederholte ich.

Patore versuchte mich zurückzuhalten.

»Das muss organisiert werden …«

»Fahr endlich!«

Als wir vor Ort waren, bat ich den Wachposten die Zielperson zu beschreiben.

»Schwarze Hose, schwarze Jacke, weißes Hemd und violette Krawatte …«

»Trinkt er gerade einen Kaffee?«, fragte ich.

»Ja, das ist er.«

»Warte hinter der Ecke auf mich.«

Auf der Piazza war viel los, auch Frauen und Kinder waren unterwegs. Il Santo fühlte sich in der Menge sicher, das war klar. Ich wartete auf den günstigsten Moment, um in Aktion zu treten. Mehr als eine Stunde blieb er in der Bar, unterhielt sich und scherzte mit einigen Stammgästen. Unvermittelt stand er auf, nahm die Schachtel mit Gebäck, die ihm der Kellner über die Theke reichte, verabschiedete sich und ging.

Ich blieb ihm auf den Fersen und dachte dabei an seine Worte in der Bar: »*Cià misi ′nń culu a liggi* – ich habe das Gesetz verarscht.« Tatsächlich war Il Santo dem Knast entkommen, weil sein Einspruch erfolgreich war. Das Verbrechen, für das er in erster Instanz verurteilt wurde, war bereits verjährt.

»Das Gesetz kommt immer zu spät«, dachte ich, »aber die Bösartigkeit der Menschen nie.«

Il Santo überquerte die Piazza und bog dann sofort in eine Nebenstraße ein, wo er sein Auto geparkt hatte. Ich folgte ihm.

Nachdem ich seinen Namen gerufen hatte, drehte er sich um und ich schoss ihm kaltblütig in den Kopf.

In der Zwischenzeit hatte ein Mann hinter mir das Feuer eröffnet, ein Polizist in Zivil, der Il Santo überwachte, und schrie, ich solle die Waffe fallen lassen. Ich erwiderte das Feuer sofort, ohne ihn jedoch treffen zu wollen, er rettete sich in ein Wohnhaus, wo er auch blieb. Während ich versuchte zu fliehen, berührte ich zufällig meinen Oberschenkel, meine Jeans waren angesengt und das Blut begann den Stoff zu durchweichen. Auch mein Pullover hatte ein Einschussloch auf Höhe der Hüfte, wie ich später feststellte. Ich war getroffen worden. Der Polizist hatte auf mich geschossen, um mich zu töten, und nicht, um mich festzunehmen, wie ich vermutet hatte. Wenn ich das vorher gewusst hätte, hätte ich genauer gezielt. Mein Komplize war verschwunden, ich musste mir etwas einfallen lassen. Ich nahm mein Spezialmesser aus der Tasche, mit dem man die Schlösser aller Fiat-Modelle knacken konnte, setzte mich hinters Steuer eines Wagens und fuhr ins Versteck zurück. Ich informierte Patore über den Erfolg der Aktion. Er brach in Tränen aus wie ein Kind: Il Santo war in erster Instanz verurteilt worden, weil er Patores Bruder erschossen hatte.

Ich versorgte meine Wunden, dabei tobte Patore, dass er den Fahrer, der mich im Stich gelassen hatte, zur Verantwortung ziehen würde. Ich beschwichtigte ihn, der Junge trage keine Schuld, die Aktion habe einfach zu lange gedauert. Patore musste mir versprechen, dass er ihn nicht bestrafte. Dann ließ ich mich zum Bahnhof fahren, wo ich den ersten Zug Richtung Deutschland nahm.

Die Frau im Zug

Der Schusswechsel mit dem Polizisten sorgte für mehr Aufsehen als der Mord. Die Meldung war bereits die Schlagzeile der Tageszeitung, die ich am Bahnhof kaufte.

»Polizist in einem Feuergefecht mit einem Killer verletzt. Wieder ein Mafiamord!«

»Verletzt?«, fluchte ich. Ich war sicher, dass ich daneben gezielt hatte.

Einen Monat später erfuhr ich, dass ich den Mann aus Versehen am Fuß erwischt hatte. Der Zug, den ich in letzter Minute in Palermo erreicht hatte, stand seit zwanzig Minuten im nächsten Bahnhof, und ich begann, langsam nervös zu werden.

Plötzlich tauchte eine Frau mit einem kleinen Jungen in meinem Abteil auf. Ich stand auf und half ihr den großen Koffer auf die Ablage zu hieven, dabei sah mich das Kind neugierig an. Die Frau dankte mir mit einem gezwungenen Lächeln. Sie stellte sich mit dem Jungen ans geöffnete Fenster und unterhielt sich mit Verwandten, die auf dem Bahnsteig standen. So erfuhr ich, dass sie Angela hieß, vor einer Woche wegen eines Todesfalls aus Deutschland nach Sizilien gekommen war und sich jetzt auf der Rückreise befand.

Der Zug fuhr ab.

Der Junge, ein kleiner Teufel mit lockigen Haaren und großen dunklen Augen, steckte mich mit seiner Ungezwungenheit an. Er hopste von einem Platz auf den anderen, während seine Mutter alles versuchte, ihn zu bändigen, und sich fortwährend bei mir entschuldigte.

Im nächsten Bahnhof kaufte ich von einem fliegenden Händler auf dem Bahnsteig eine große Tüte Chips und Bonbons. Damit würde ich den Kleinen sicher erobern, dachte ich.

Ich öffnete die Chipstüte und begann unter den sehnsüchtigen Blicken des Kindes zu essen. Der Kleine fing nun an, gegen die Beine der Mutter zu treten, um ihre Aufmerksamkeit zu wecken.

Ich schlug ihm ein Geschäft vor: seinen Namen gegen Chips. Er reagierte nicht, und ich aß weiter. Die Mutter lächelte. Sie verstand, was ich vorhatte.

»Mhmm …, auch wirklich lecker, diese Bonbons«, sagte ich und steckte mir genüsslich eines in den Mund.

Der Junge trat aus Frust weiter gegen die Beine seiner Mutter, während sie ihn aufforderte: »Komm schon, sag wie du heißt!«

Er senkte den Blick und flüsterte: »Salvatore …«

»Und ich bin Michele«, antwortete ich und nannte den erstbesten Namen, der mir gerade einfiel.

»Hier«, sagte ich und hielt ihm die Chipstüte entgegen.

Salvatore griff so gierig danach, als hätte er gerade einen Schatz entdeckt.

»Wie alt bist du?«

»Drei«, sagte er sofort. Er hatte kapiert, dass Antworten eine Strategie war, die belohnt wurde. Jetzt waren die Bonbons an der Reihe. Salvatore griff zu und steckte sich gleich mehrere in die Hosentasche, dabei äugte er vorsichtig zu seiner Mutter, unsicher, wie sie reagieren würde. Wir lachten.

Ich streckte der Frau meine Hand entgegen.

»Michele Orsini.«

»Angela Modica.«

Sie war zwischen 35 und 40 Jahren, mit guter Figur und einem recht hübschen Gesicht. Sie sah müde aus, die langen kastanienbraunen Haare hatte sie zu einem Zopf geflochten. Ausgeruht und zurechtgemacht wäre sie bestimmt eine Schönheit. Und wenn sie dann noch lächeln würde …

Unvermittelt kam der Zug zum Stehen. In diesem Bahnhof war gar kein Halt vorgesehen. Mehrere Polizisten bestiegen den Zug. Bevor sie in unser Abteil kamen, nahm ich den Jungen auf den Arm und machte Blödsinn mit ihm. Die Polizisten lächelten und gingen weiter. Doch Angela war mein seltsames Verhalten nicht verborgen geblieben. »Suchen die nach Ihnen, Michele?«

»Wer?«, antwortete ich.

Sie begann zu lachen. Sie schien eine kluge Frau zu sein. Während der Reise kamen wir intensiv ins Gespräch. Sie erzählte, dass sie zur Beerdigung ihrer Großmutter nach Sizilien gekommen war, und zwar gegen den Willen ihres Mannes, der in Deutschland geblieben war. Ihre Ehe sei zwar glücklich, aber in Deutschland fühle sie sich nicht wohl. Es sei immer kalt, und die Menschen wären unfreundlich.

Ich entgegnete, dass es mir in Deutschland gut gefiele.

»Sie leben nicht in Deutschland, Michele …«, erwiderte sie zu meiner Überraschung. »Sie haben kein Gepäck und sind auf der Flucht. Im Norden ist es kalt, ich leihe Ihnen einen Pullover …«

»Ich werde mir in Rom etwas Warmes kaufen. Von dort fliege ich nach Hamburg«, sagte ich.

Sie schwieg, während ich kurz überlegte und dann spontan beschloss, die Reise im Zug fortzusetzen.

»Ich hole etwas zu essen. Darf ich Ihnen und Salvatore etwas mitbringen?«

»Ich weiß nicht … Ich habe etwas dabei …«

»Ich mache Ihnen einen Vorschlag. Wir essen jetzt ein Brötchen, und heute Abend, wenn wir auf unseren Anschlusszug warten, gehen wir in Rom essen. In Ordnung?«

»Heute Abend?«

»Ja, ich habe mich entschlossen, mit Ihnen im Zug weiterzufahren, wenn es Sie nicht stört. Okay, Salvatore?«

»Okayyyy!«, jubelte er.

In Rom half ich Angela und dem Jungen beim Aussteigen. Den schweren Koffer brachte ich zur Gepäckaufbewahrung, trotz Angelas schwacher Proteste. Dann gingen wir zusammen in eine Boutique. Für mich kaufte ich eine Winterjacke, zwei Paar Schuhe, zwei Jogginganzüge, einen Kulturbeutel und eine große Reisetasche. Salvatore bekam einen Fußball, den er sehnsüchtig angestarrt hatte, und eine Kappe seiner Lieblingsmannschaft. Angela lehnte alles ab, was ich ihr schenken wollte. Während ich die Jogginganzüge anprobierte, war mir doch aufgefallen, wie ihr Blick immer wieder zu einem Seidenschal gewandert war. Ohne dass sie es bemerkte, kaufte ich den Schal und versteckte ihn in meiner Tasche.

Anschließend gingen wir in ein Restaurant. Bevor wir uns setzten, gingen Angela und der Junge auf die Toilette, um sich frisch zu machen. Als sie zurückkamen, hatte sie die Haare gelöst und einen Hauch Rouge und Lippenstift aufgelegt. Es war genau, wie ich vermutet hatte: Ihr Gesicht war erblüht, eine Rose, die nur ein wenig Wasser gebraucht hatte. Unsere Blicke trafen sich, ohne Worte wussten wir, um was es ging.

Wir hatten noch Zeit, der Zug würde erst um Mitternacht fahren.

Salvatore quengelte, er wolle ein Eis, und es brauchte die ganze Diplomatie der Mutter, ihn davon zu überzeugen, dass er erst ein paar Nudeln essen sollte. Angela und ich bestellten Spaghetti mit Tomatensauce als Vorspeise und ein Kalbsfilet mit Pommes als Hauptgang. Irgendwann während des Essens zog ich den Seidenschal aus meiner Tasche.

»Schau nur, der Verkäufer hat aus Versehen diesen Schal in meine Tasche gesteckt! Was soll ich damit denn anfangen? Könntest du ihn nicht nehmen?«

Ich sah sie erröten wie ein kleines Mädchen. Sie griff nach dem Schal, ganz vorsichtig, nur mit den Fingerspitzen, und legte ihn sich über die Schultern. Mit Genuss ließ sie die Finger über die Seide gleiten: Der Schal gefiel ihr, aber sie war auch verlegen.

Nachdem Salvatore schließlich sein Eis bekommen hatte, kam er mit einer neuen Bitte: »Kaufst du mir ein Mofa?«

»Na klar«, antwortete ich, »aber erst, wenn du größer bist.«

Er hob die Hand, runzelte die Stirn und begann die Finger abzuzählen. Angela und ich fingen an zu lachen. Am Schalter tauschten wir die Zweite-Klasse-Karten in Erste-Klasse-Karten um. Ich hatte sogar mit dem Gedanken gespielt, Schlafwagenplätze zu buchen, aber das hätte leicht missverstanden werden können und wäre mir ziemlich plump vorgekommen.

Wir stiegen in den Zug, ich hatte den schlafenden Salvatore auf dem Arm und die Reisetasche in der anderen Hand. Angela zog ihren Koffer hinter sich her. Wir benahmen uns wie ein altes Ehepaar, obwohl wir uns gerade erst kennengelernt hatten.

Ich legte den Kleinen auf die Bank, während Angela im Flur eine Zigarette rauchte, den Rauch blies sie durch den geöffneten Spalt des Fensters. So blieb sie stehen, auch als sie die Zigarette fertig geraucht hatte. Sie wandte mir den Rücken zu, aber ich sah ihr Gesicht, das sich im Fenster spiegelte. Ich stand auf und ging zu ihr, aber sie drehte sich nicht um.

»Was ist los?«, fragte ich.

»Nichts …«

Ich legte mein Kinn auf ihre Schulter, sie veränderte ihre Haltung nicht.

»Ich bin eine verheiratete Frau, Michele, und ich liebe meinen Mann sehr«, sagte sie, schob mich aber nicht von sich weg.

»Das ist die Vernunft, die spricht«, antwortete ich, »aber wir bestehen ja nicht nur aus Vernunft …«

»Ich muss das Gelübde der Ehe achten, und ich weiß, dass ich dabei bin, meinem Mann Unrecht zu tun, weil ich dich begehre …«

Ich drehte sie langsam um und begann sie sanft zu küssen, doch dann gab es kein Halten mehr. Wir machten es im Stehen, im dunklen Flur vor unserem Abteil, in dem Salvatore schlief, immer auf der Hut, ob jemand kam. Schließlich hob ich sie hoch und schob sie in die Toilette. Diese glücklich verheiratete Frau und liebevolle Mutter wurde in dieser Nacht zu einer anderen: Sie sog mich in sich ein und setzte mich in Flammen. Sie wollte alles, was ich zu geben hatte.

Später dann sprach ich noch lange mit ihr und versuchte die Beweggründe für ihren Seitensprung herauszufinden. Wir wussten beide, dass wir uns nie wiedersehen würden, vielleicht war das der Grund für unsere schonungslose Ehrlichkeit. Sie betonte noch einmal, wie sehr sie ihren Mann und ihre Kinder liebte und dass sie wie eine Tigerin kämpfen würde, um ihre Familie zu schützen. Bevor wir in München ankamen, dort würde sie aussteigen, fragte sie: »Heißt du wirklich Michele?«

»Nein.«

»Die Polizei sucht nach dir?«

Ich antwortete nicht. »Das ist meine Telefonnummer. Wann immer du eine Freundin brauchen solltest, musst du nur …«

Ich nahm den Zettel.

Sie fügte hinzu: »Michele, mein Vater ist vor 20 Jahren im Gefängnis gestorben. Mein Bruder wurde wenige Jahre danach erschossen. Ich habe geheiratet, weil ich aus diesem Teufelskreis herauswollte, und heute lebe ich an einem Ort, an dem ich mich nicht wohlfühle, und bin mit einem Menschen verheiratet, den ich zwar nicht begehre, aber wertschätze, weil er mich liebt und mich respektiert. Aber ist das wirklich ein Leben, Michele, ein Leben ohne Leidenschaft? Heute frage ich mich, ob meine Wahl die richtige war. Meine beiden Kinder, Salvatore und Elenia, ich hoffe, du wirst auch meine Tochter eines Tages kennenlernen, sind für mich das Schönste auf der Welt. Aber wenn ich die Zeit zurückdrehen könnte, würde ich um den Ort kämpfen, an den ich gehöre und auch um meinen Mann …«

Ich küsste sie sanft auf die Stirn.

»Du hast die richtige Wahl getroffen. Kämpfen ist nicht immer sinnvoll. Manchmal müssen wir Entscheidungen treffen, die uns nicht gefallen. Vielleicht bist du heute unzufrieden mit dem, was du hast, aber glaub mir, wenn du in Sizilien geblieben wärst, hätte es dir das Herz gebrochen. Das gnadenlose Gesetz der Blutrache hätte dir womöglich den Mann, den du liebst, und deine Kinder genommen. Der einzige Ausweg, den Teufelskreis der Gewalt zu durchbrechen, diesem ungeschriebenen Gesetz zu entgehen, ist die Flucht. Später einmal wirst du verstehen, dass du deinen Kindern eine bessere Zukunft geschenkt hast, und sie werden dir dankbar für die Entscheidung sein, die du getroffen hast: ein Leben in Deutschland, in einem fortschrittlichen Land, in einer modernen Gesellschaft.«

»Und du hast diesen Teufelskreis durchbrochen?«

»Nein, aber ich würde es tun, wenn ich könnte«, erwiderte ich leise, »aber es gibt Situationen in denen man nicht frei über sein Handeln entscheiden kann. Oder vielleicht doch: Um den Teufelskreis zu durchbrechen, muss man erst mal drinstecken. Und dann versuchen, ihn von innen heraus zu zerstören.«

»Was willst du damit sagen?«

»Das ist eine lange Geschichte …«

Auf dem Bahnhof stand Mario, Angelas Mann, mit Blumen in der Hand und einem kleinen Mädchen im Arm. Angela hatte Tränen in den Augen, während Salvatore rief: »Papa, Papa …«

»Siehst du, Angela? Das ist wahre Freude! Pass immer gut auf deine Familie auf …«

Ich half ihr beim Aussteigen. Angela stellte mir Mario vor, während Salvatore seinem Vater erzählte, dass ich ihm ein Mofa kaufen würde.

»Wie bitte?«

»Ich erzähl dir die Geschichte später«, schaltete sich Angela ein und hakte sich bei ihrem Mann unter.

Mario bedankte sich bei mir, und Angela sagte: »Michele, verlier bitte meine Nummer nicht. Falls du mal in München bist, komm gerne vorbei ...«

Ich erkannte das Misstrauen in Marios Augen. Angela war eine ehrliche Frau und hatte unsere Bekanntschaft nicht verschwiegen. Während der Weiterfahrt dachte ich über unsere Begegnung nach und blickte auf den Zettel mit der Telefonnummer. »Wenn du diesen Zettel einfach wegwirfst, dann hat es Angela in deinem Leben nie gegeben ...« Aber nach einigem Zögern entschied ich mich anders. Beim Zusammenfalten des Zettels fiel mir auf, dass auf der Rückseite noch etwas stand: »Wenn ich dich früher kennengelernt hätte, wäre ich in Sizilien geblieben. Ich werde dich nie vergessen. Angela.«

Ich zog den Sitz aus und nahm mir vor, bis Hamburg zu schlafen. Vor dem Abteilfenster zog eine nicht enden wollende sattgrüne Ebene vorbei. Ich schaute nach draußen und hing meinen Gedanken nach.

»Deutschland, du bist ein so schönes Land, deine Natur so üppig, deine Ebenen so weit. Du hast mich zu einem glücklichen Menschen gemacht, geliebtes Deutschland. Bei dir habe ich diese Freiheit kennengelernt, diese Demokratie, von deren Existenz ich vorher nichts wusste.«

Zwischen den Sitzen steckte eine kleine Gummifigur: ein Spielzeug von Salvatore. Ich lächelte und schlief ein.

Ich habe Angela nie wiedergesehen. Aber die Erinnerung an diese Nacht voller Leidenschaft begleitet mich oft in der Einsamkeit der schlaflosen Nächte hier im Gefängnis. Die distanzierte Sicht von heute erlaubt es mir, das Geschehene kritisch und vernünftig zu analysieren. Und Fragen drängen sich auf.

Zum Beispiel möchte ich gerne wissen, wer sie wirklich war: Die Frau, die ihren Ehemann betrügt, oder die Frau, die ihre Familie liebt? Die Frau, die sich auf ein Abenteuer mit einem Unbekannten einlässt, oder die Frau, die danach zu ihrem Mann zurückkehrt, als wäre nichts geschehen?

Ich habe mich nie über menschliche Schwächen erhoben. Was anderen passiert, kann auch mir passieren. Ein deutscher Philosoph hat mir einmal erklärt, dass der Mensch eine durch und durch verlogene, unnatürliche und undurchsichtige Kreatur ist. Ich weiß nicht, ob diese Ansicht der Wahrheit entspricht, aber ich habe im Laufe meines Lebens festgestellt, dass man seine Instinkte nicht immer unter Kontrolle halten kann. Das, was Angela passiert ist, kann jeder Frau dieser Welt passieren, das ist unsere Natur, ob es uns gefällt oder nicht. Es ist eine Tatsache. Es ist leicht, andere deswegen zu verspotten, vielleicht auch sich selbst, um bestimmte Dinge nicht zu dramatisieren und zumindest zu akzeptieren, dass es sie gibt.

Ich denke an all die Alten, die in der Bar meines Heimatdorfes sitzen. Als Kind habe ich ihren Gesprächen zugehört. Sie lästerten über jede Frau, die vorbeiging. Für sie waren sie alle untreue Ehefrauen, un-

treue Schwestern oder untreue Nichten. Nur ihre eigenen Frauen waren Heilige. Unsere »weisen Alten« kümmerten sich immer nur um die anderen und sahen dort nur das Schlechte.

Wie armselig ... Die »Moral« wird in vielen sizilianischen Dörfern vehement verteidigt: Diese »hehren« Prinzipien werden an die nächste Generation weitergegeben. Leider.

Jorges Schuld

Als der Zug in Hamburg einfuhr, vermied ich es, am Hauptbahnhof auszusteigen. Ich wollte nicht riskieren, von irgendwem erkannt zu werden. Ich fuhr bis Altona, der Endstation. Ich trug eine Fensterglasbrille und einen falschen Bart und hatte die Kappe tief ins Gesicht gezogen. Anschließend mischte ich mich unter die Leute und nahm den Bus nach St. Pauli. Ich stieg ein paar Haltestellen vor meiner Wohnung aus und ging den Rest zu Fuß. Dabei sah ich mich immer wieder um, um mich zu vergewissern, dass mir auch keiner folgte. Nur Fofò kannte meine Adresse. Ich öffnete den Briefkasten, um seine Briefe herauszunehmen. Zu meiner großen Überraschung war auch eine Nachricht von Jorge dabei.

Jorge?!

Instinktiv drehte ich mich um, fühlte mich plötzlich enttarnt. Woher wusste er von meiner Wohnung? Und wer wusste noch davon?

Ich las Jorges Nachricht, ich sollte ihn dringend kontaktieren.

»Bestimmt hat ihm Fofò die Adresse gegeben«, dachte ich und beruhigte mich. Aber kurz danach kamen mir erneut Zweifel: Nein, Fofò würde meine Adresse niemandem verraten. Nicht einmal unter Folter.

Ich verstand es nicht. Irgendetwas in meinem Plan lief nicht rund. Aber ich war müde, und es war sinnlos, sich jetzt den Kopf zu zerbrechen. Jorge würde mir alles erklären. Ich musste mich ausruhen und ein heißes Bad nehmen. Ich öffnete die Tür und fand auf dem Boden drei weitere Nachrichten von Jorge.

»Dringend!!! Ruf mich sofort unter dieser Nummer an, egal wann. Geh nirgendwohin, bevor du nicht mit mir gesprochen hast. Ich warte auf deinen Anruf. Ich schätze dich sehr, Jorge.«

»Ich schätze dich sehr«? Diese Ausdrucksweise passte nicht zu Jorge, ganz und gar nicht.

Mein Unbehagen kehrte zurück. Ich ließ mir Badewasser ein. Ich musste nachdenken: »Wer steckte dahinter: die Polizei oder die Mafia? Garantiert eine Falle«, da war ich sicher. Plötzlich hörte ich draußen ein verdächtiges Geräusch. Ich stieg aus der Wanne, dabei rutschte ich mehrmals aus, griff nach meiner 9-mm-Pistole und lud durch.

Ich wartete. Lange.

Dann ging ich auf die Tür zu. Nichts. Ich riss die Tür auf. Niemand.

»Du bist völlig gestresst, entspann dich, Antonio, so bist du am Ende, noch bevor der Krieg richtig anfängt«, sagte ich mir.

Ich ließ mich wieder in die Wanne gleiten: »Es kommt, wie es kommt ...«

Umhüllt vom wohlig warmen Wasser schlief ich ein. Ein unangenehmes Gefühl weckte mich wieder, das Badewasser war eiskalt. Ich quälte mich aus der Wanne und machte mir einen starken deutschen Kaffee, den ich gierig herunterschüttete. Dann zog ich mich an und betrachtete mich im Spiegel, dabei sprach ich mir Mut zu.

Als Jorge meine Stimme am Telefon erkannte, schien er gleichzeitig glücklich, aber auch besorgt zu sein.

»Wo bist du?«, fragte er.

»Was ist los, Jorge?«

»Komm sofort in mein Büro. Es ist dringend.«

»Das geht nicht. Ich bin in Italien.«

»Ich weiß, dass du in Hamburg bist, Antonio. Es ist wichtig, dass du zuerst mit mir redest. Ich muss dir etwas sagen, das nur dich etwas angeht. Ich wiederhole: Sprich mit niemandem. Niemandem! Wenn ich es dir erklärt habe, wirst du es verstehen.«

»Ich komme!«

Jorges Sekretärin war informiert. Als sie mich sah, brachte sie mich sofort in sein Büro. Büro? Es sah eher aus wie eine geräumige Wohnung, aus der man die Wände entfernt hatte. Der riesige Tisch war mit hohen Papierstapeln bedeckt.

Jorge kam mir lächelnd entgegen, dabei telefonierte er. Er wies auf einen Sessel.

Dann sagte er der Sekretärin, dass er um keinen Preis gestört werden wollte, und setzte sich mir gegenüber auf die Tischkante, dabei pendelte er mit einem Bein hin und her. »Was ist los? Woher hast du meine Adresse?«

»Alles zu seiner Zeit …«

Ich stand auf und wollte wieder gehen. Auf Scherze hatte ich nun wirklich keine Lust. Jorge schrie mir hinterher, ich sollte bei Felix vorsichtig sein.

»Felix?!« Ich erstarrte. Wir hatten für nächsten Montag ein Treffen vereinbart, ich wollte ihm eine Ladung Kokain übergeben. Meine Beine gaben nach, ich musste mich setzen.

»Felix wurde nach deiner letzten Lieferung verhaftet. Er hat sich entschieden, mit der Polizei zusammenzuarbeiten, die dir jetzt eine Falle stellen will. Sie warten darauf, dass du die fällige Lieferung übergibst, um dich dabei festzunehmen. Sie haben Felix verkabelt und wissen ständig, wo er sich befindet und mit wem er Kontakt hat.«

»Dieses verdammte Stück Scheiße!«

Felix war Slawe. Wir hatten uns vor langer Zeit kennengelernt, als er mir eine gestohlene Lederjacke verkaufen wollte. Seitdem machte ich Geschäfte mit ihm.

Aber was mir in diesem Moment am meisten Sorge machte, war die Tatsache, dass Jorge das alles wusste: Wer war sein Informant?

»Hör mir zu, Antonio. Du musst Hamburg sofort verlassen.

Wenn du willst, kannst du dich eine Weile in meinem Haus in Tönning verstecken.«

»Woher weißt du das eigentlich alles, Jorge?«

»Das spielt jetzt keine Rolle. Hör mir genau zu und ziehe deine Schlüsse daraus. Dein Name taucht auch im Fahndungsregister von Interpol auf. Das heißt, dass in wenigen Tagen auch das Bundeskriminalamt über dich Bescheid weiß, die deutsche Antiterrorbehörde. Danach wird ein Haftbefehl gegen dich erlassen werden.«

»Im Moment gibt es ihn noch nicht?«

»Nein, noch nicht. Die Polizei ist überzeugt, dass du ein Killer im Dienst der Mafia bist, Antonio. Sie wissen auch über deine Kontakte zum Holländer Bescheid.«

»Aber was redest du denn da? Holländer? Ich kenne keinen Holländer«, wiegelte ich ab.

»Sie wissen sogar von den Waffen, die du bei ihm gekauft hast«, sprach Jorge weiter.

»Und wenn es so wäre, wie du sagst, warum haben sie ihn dann nicht festgenommen?«

»Den Geheimdiensten halb Europas ist bekannt, dass der Holländer schwere Waffen in die dritte Welt verkauft. Lieber Antonio, wir wissen wirklich nicht, warum man ihn nicht verhaftet. Politische Gründe, verstehst du …?«

»Wir wissen nicht? Verdammt, wer bist du eigentlich, Jorge? Arbeitest du für die Polizei?«

»Nicht wirklich.«

»Erkläre es mir.«

»Ich arbeite für einen Informationsdienst.«

»Soll das heißen, du bist Journalist?«

Jorge lachte über meine Naivität.

»Sagen wir, ich bin ein Angestellter des Staates.«

Ich war verwirrt, auf dieses Gespräch war ich nicht vorbereitet, ich verstand den Sinn seiner Worte nicht. So sprach Jorge sonst nicht, einiges klang völlig fremd für mich.

Ich fragte ihn, ob ich noch ein paar Tage in Hamburg bleiben könnte, bevor ich floh: Ich musste Felix anrufen, die Übergabe verschieben und Zeit gewinnen, ohne die Ermittler misstrauisch zu machen.

»Nein, Antonio, denn das war noch nicht alles. Lass dich nirgends sehen. Die Türken suchen dich auch, sie wollen dir alle Knochen brechen.«

»Die Türken? Welche Türken? Und warum?«

»Einer von ihnen ist der Sohn und ein anderer der Enkel eines der Typen, die wir damals in der Diskothek verprügelt haben ...«

»Und warum ich?«

»Weil du einen von ihnen beim Poker abgezockt hast. Ein armer Familienvater. Wir haben Gespräche abgehört. Sie haben zwar keine Beweise, dass du betrogen hast, aber sie wollen sich trotzdem rächen, weil du das Gesetz der Straße gebrochen hast.«

»Schon wieder diese Geschichte?«

»Pass auf, Antonio, diese Leute kennen keine Gnade. Unser Zeuge hat gesagt, dass sie aus Anatolien kommen. Das sind fanatische Nationalisten mit Verbindungen zu den ›grauen Wölfen‹.«

»Und wer sind diese grauen Wölfe?«

»Das ist eine lange Geschichte. Ich erzähl sie dir ein andermal.«

»Warum hat die Polizei sie noch nicht festgenommen?«

»Weil ihnen kein Verbrechen nachzuweisen ist. Manch einer von uns wünscht sich, dass etwas passiert ...«

Himmelherrgott, mein Bewegungsradius wurde immer stärker eingeschränkt, und zwar schneller, als ich gedacht hatte. Wesentlich schneller! Ich musste nachdenken. Allein. Allmählich begann ich einiges von dem besser zu verstehen, was mir der Kommissar damals gesagt hatte. Obwohl ich niemanden in meine Pläne eingeweiht hatte, obwohl ich sicher war, dass niemand etwas wissen konnte: Die Polizei wusste alles! Ich war am Boden zerstört.

»Jorge, sag mir bitte, was habe ich falsch gemacht?«, fragte ich verzweifelt.

Jorge schaute mich mitleidig an.

»Hast du's immer noch nicht kapiert?«

Ich ließ in meinen Gedanken im Schnelldurchgang meine Aktionen Revue passieren. Und plötzlich begriff ich.

»Der Holländer?«

»Die europäischen Geheimdienste kontrollieren jeden Schritt von Mijnheer Waag, genannt der Holländer. Und wer auch immer sich ihm nähert, wird mithilfe modernster Technologie geortet und überwacht. Du hast Glück, ihnen ist klar, dass du nur ein kleiner Fisch bist, die Informationen über dich werden nicht vordringlich behandelt. Glaub mir, wenn du mal in den Fängen der Geheimdienste bist ...«

»Ich habe dich nicht für einen Spion gehalten, mein Freund«, versuchte ich zu scherzen, um die Situation zu entschärfen. Dabei brach mir der kalte Schweiß aus.

»Das stimmt, du hast recht. Ich verrate meine Freunde. Ich verrate mein Land, dem ich ewige Treue geschworen habe. Dabei geht es mir richtig schlecht. Meinst du, ich hätte auch dich verraten? Nein, mein Freund, in Wirklichkeit verrate ich meine Werte.«

»Warum?«

»Weil ich dich sehr schätze«, antwortete er in perfektem Italienisch. Genau die gleichen Worte wie in der schriftlichen Nachricht. Das war der Beweis, sie war von ihm gewesen.

»Ich sehe, dass deine Frau dir nicht nur Schliff, sondern auch Fremdsprachen beibringt ...«, fügte ich ironisch hinzu.

»Und ich stand in deiner Schuld.«

»Welche Schuld?«

»Das weißt du ganz genau. Du hast damals mein Leben gerettet, als du mit deiner Hand das Messer abgewehrt hast. Das war sehr mutig.«

»Ehrlich gesagt, habe ich das weniger wegen dir als wegen mir gemacht.«

»Ich habe es genau gesehen, Antonio. Mein Arm war blockiert, ich war hilflos, als das Messer auf meine Brust zielte. Du hast mich gerettet, deinen schmerzverzerrten Gesichtsausdruck werde ich niemals vergessen. Dieses Bild bekomme ich nicht mehr aus dem Kopf. Ich muss immer daran denken, Antonio.«

»Sei unbesorgt«, antwortete ich, »wenn ich gewusst hätte, dass der Stich dir galt, hätte ich ihn doch nicht abgewehrt! Ich bin doch nicht lebensmüde!«

Er wechselte das Thema.

»Ich habe einen Bericht von Interpol über dich gelesen. *Mein Gott*, was ist da bei euch in Sizilien nur los?«

»Ehrlich gesagt haben wir noch gar nicht richtig angefangen«, dachte ich.

»Antonio, der Gedanke, dass dir das Gleiche passieren könnte wie deiner Familie, erschreckt mich. Vertrau dich dem Staat an, das ist die beste Lösung, hörst du? Bitte die Polizei um Schutz.«

»Vergiss es, Jorge«, unterbrach ich ihn, »Italien ist nicht Deutschland, und das weißt du auch. Ich danke dir für alles, was du für mich getan hast, das werde ich dir nie vergessen. Aber ich habe eine Pflicht zu erfüllen: Bevor ich sterbe, muss ich mit denen abrechnen, die Schuld am Tod meiner Familie sind und es jetzt auf mich abgesehen haben. Du wirst verstehen, dass ich das nicht zulassen kann …!«

»Wenn es um Tradition und Ehre geht, schaltet ihr euren Verstand aus, oder? Kapiert ihr denn nicht, dass ihr gerade deswegen immer tiefer im Sumpf versinkt? Habt ihr euch auch nur ein einziges Mal gefragt, ob nicht gerade diese überkommenen Werte die Ursache für die Morde sind?«

»Das kannst du nicht verstehen, Jorge.«

»Und ob! Du bist es, der nichts versteht«, schleuderte er mir entgegen.

Welche Argumente sollte ich meinem Freund noch liefern? Die deutsche Sprache hatte keine Begriffe für das, was ich gerne erklären wollte. Ich zog es vor zu schweigen.

Jorge tobte weiter, er schien jetzt völlig den Verstand verloren zu haben. Ich wurde langsam wütend.

»Glaubst du wirklich, dass du besser weißt, was wichtig für mich ist?«, schrie ich irgendwann zurück.

Jorge antwortete nicht. Er stand auf, ging eine Runde um den Tisch und ließ sich dann in einen riesigen Sessel fallen.

»Nein, Antonio, das glaube ich nicht. Ich habe Angst davor, die Situation falsch einzuschätzen. Sonst hätte ich dich längst festnehmen lassen. Wenn dir etwas geschehen würde, könnte ich mir das nicht verzeihen.«

»Nein, mein Freund«, sagte ich mit Tränen in den Augen, »du hast richtig entschieden. Eine Festnahme hätte mich nicht gerettet, sie hätten mich im Gefängnis umgebracht. Wie es weitergeht, weiß niemand. In der Zukunft wird es so viele Situationen geben, bei denen mein Leben in Gefahr ist. Aber eines musst du wissen: Hier und jetzt warst du meine Rettung.« Ich hielt inne. »Es tut mir leid, dass ich dir so viel Kummer gemacht und dich in eine Situation gebracht habe, in der du gegen das Gesetz handeln musstest. Das habe ich nicht gewollt ...«

Jorge ließ nicht locker.

»Gibt es nicht doch irgendetwas, was dich von einer Rückkehr nach Sizilien abhalten könnte?«

»Nein.«

»Hör mal, geh doch einfach für ein paar Monate nach Brasilien und denk in aller Ruhe nach ...«

Ich stand auf, es war alles gesagt. Ich musste jetzt nach vorne blicken.

»Ich muss mit einigen meiner Freunde sprechen. Kannst du am Computer überprüfen, ob das möglich ist? Niemand außer dir weiß, dass ich in Hamburg bin.«

Jorge rief jemanden an. Er sprach deutsch, das meiste verstand ich nicht. Dann sagte er: »Heute ist Freitag. Ich gebe dir drei Tage, dann musst du deutschen Boden verlassen haben, denn am Montag werden wir die dich betreffenden Informationen an die Ermittler des BKA weitergeben. Okay?«

»Okay.«

Ich gab ihm Fofòs Telefonnummer und sagte ihm, er solle ihn in ein Kieler Restaurant einladen. Dann stand ich auf und umarmte ihn herzlich. Er umarmte mich ebenfalls. So verharrten wir einige Minuten, ohne ein Wort zu sagen. Dann lösten wir uns voneinander. Jorge ging hinter seinen Schreibtisch, öffnete eine Schublade und reichte mir ein zugeschnürtes Stoffbeutelchen.

»Eine Leihgabe«, sagte er.

Ich öffnete das Beutelchen und erblickte drei winzige Diamanten. Ich war wie erstarrt.

»Das musst du nicht«, sagte ich, auch wenn ich glücklich darüber war, dass er es getan hatte. Anhand der Karatzahl und der Reinheit der Farbe schätzte ich den Wert der Edelsteine auf 100 000 Mark. Eine bemerkenswerte Summe.

»Ich weiß nicht, ob ich sie dir zurückgeben kann …«

»Versprichst du mir alles zu tun, um zu überleben?«

Ich antwortete nicht. Ich verabschiedete mich mit einem Kopfnicken, drehte mich um, öffnete die Tür, und bevor ich ging, sagte ich ihm noch, er solle bei seiner wunderbaren Familie bleiben, die Gesetze beachten und vor allem die Finger vom Kokain, diesem Teufelszeug, lassen.

»Habe ich nie gemacht.«

Ich sah ihn vorwurfsvoll von der Seite an. Was für eine dreiste Lüge.

»Bist du sicher, Antonio, dass das, was du mich hast schnupfen sehen, wirklich Kokain war?«

»Du Hurensohn!«, dachte ich. In diesem Moment begann ich zu verstehen, dass die Grenze zwischen der legalen und der illegalen Welt nur ein schmaler Grat war.

Durch Jorge habe ich gelernt, dass man ein Geheimnis nie für die Wahrheit halten darf. Nie.

Damals kannte ich die richtige Antwort nicht, aber wenn ich heute mit Jorge sprechen könnte, wenn ich meinen Freund irgendwo anders auf der Welt treffen könnte, würde ich ihm das sagen, was mir ein außergewöhnlicher Mensch, mein Philosophieprofessor, beigebracht hat. Ich würde ihm sagen, dass »die Gefühle das Hindernis der Moral« sind.

Abschied von Fofò

Fofò betrat das Lokal und sah sich nervös nach mir um. Er fand mich nicht, obwohl ich am Tisch saß und wartete. Ihm stand die Angst ins Gesicht geschrieben. Er hatte mich gesehen, aber nicht wahrgenommen. Als er mich doch erkannte, begannen seine Augen zu strahlen. Fast hätte er mich vor Freude umarmt, aber er beherrschte sich.

Das war der Beweis, dass meine Tarnung perfekt war. Wenigstens das.

»Wenn er mich nicht erkennt, dann erkennt mich auch kein anderer«, dachte ich. Wir küssten uns nicht. Wie oft hatten wir über diese südländische Angewohnheit diskutiert, sich in der Öffentlichkeit mit Küssen zu begrüßen. Auf diese Weise würde auch ein Deutscher, gerade ein Deutscher, erkennen, woher wir kamen. Mafiosi wie aus dem Lehrbuch. So würden wir immer und überall auffallen. Die Männer im Norden begrüßten sich einfach mit einem festen Händedruck.

Ich erzählte Fofò das, was er wissen musste, alles andere behielt ich für mich: Ich musste ihn und vor allem Jorge schützen. Denn Fofò war nicht ernsthaft in Gefahr, er lebte vom Zocken, war gegen Drogen und gegen alles andere, was illegal war, vom Spielen einmal abgesehen.

Wir hatten uns nicht viel zu sagen. Es war uns beiden klar, dass es dieses Mal ein endgültiger Abschied war. Natürlich hoffte ich tief in meinem Herzen, dass mein Krieg irgendwann einmal zu

Ende sein und ich Fofò wiedersehen würde. Aber mein Verstand sagte mir, dass ich mir keine Illusionen machen sollte: Ich würde entweder sterben oder im Gefängnis landen. Noch dazu glaubte ich nicht daran, meinen Krieg gewinnen zu können. Ich sagte mir immer wieder, dass es unmöglich war die Mafia zu besiegen, eine übermächtige Organisation mit einer mehr als hundertjährigen Geschichte. Was war eigentlich mein Ziel? Was würde ich hinterher tun, wenn ich meine Rache gehabt hätte? Fragen, auf die ich keine Antworten hatte.

»Ich muss schon froh sein, wenn es mir gelingt, Giufà und Netore aus dem Weg zu räumen. Danach kann ich ruhig sterben ...«, machte ich mir Mut.

»Als ich dich in Mailand zum ersten Mal gesehen habe, warst du ein ängstlicher Junge, weißt du noch?«, sagte Fofò irgendwann zu mir.

»Klar weiß ich das noch.«

»Die Stadt machte dir Angst, du warst so unsicher. Heute wirkst du so klar, so überlegt, so entschlossen ... in den Augen der anderen. Ich dagegen sehe dich immer noch wie damals. Aber während ich damals sicher war, etwas für dich tun zu können, weiß ich heute, dass ich nichts mehr für dich tun kann. Und du hattest recht mit deiner Meinung, dass man diesen Arschlöchern das Licht ausblasen müsste. Letzte Woche waren einige deiner sizilianischen »Freunde« hier, um nach dir zu suchen. Die Arroganz, mit der sie aufgetreten sind, war unerträglich.«

Die Sorgen kamen sofort wieder hoch, aber Fofò beruhigte mich, er habe sie davon überzeugt, dass ich nicht mehr in Hamburg sei.

»Ich habe schlecht von dir gesprochen und ihnen erzählt, du fühltest dich bedrängt und wärst ständig auf der Flucht ...«

»Gut gemacht, Fofò. Ich verspreche dir, dass ich ihnen ihre Arroganz austreiben werde. Sie werden auf Knien angekrochen kommen und dich um meine Freundschaft anflehen ...«

»Dieser ganze Schwachsinn interessiert mich nicht, Antonio. Mir ist nur eines wichtig: Du musst überleben! Du bist noch so jung. Diese Bastarde schrecken vor nichts zurück. Sie haben 70 000 Mark als Darlehen von mir gewollt.«

»Und was hast du gemacht?«

»Ich habe versucht Zeit zu gewinnen und gesagt, ich sei knapp bei Kasse, aber wenn ich im Sommer nach Sizilien käme und sie treffen würde …«

»Hör mal, Fofò, das Geld kann ich dir geben …«

»Wag nicht mal daran zu denken! Du hast wohl völlig den Verstand verloren!! Einen Scheiß werd ich ihnen geben. Im Gegenteil, das Geld kriegst du …«

»Nein, Fofò, ich brauche nichts«, lehnte ich entschieden ab.

Ihre Strategie war klar: Sie wollten Geld von meinem Freund erpressen, um mir das Wasser abzugraben. Sie hatten noch nicht verstanden, dass ich längst finanziell unabhängig war. Ich hatte außer den vielen Waffen auch 250 Millionen Lire beiseitegelegt.

Ich hatte nur ein Ziel: sie zu töten. Der Hass hatte mich blind gemacht.

Bevor wir uns verabschiedeten, vereinbarten wir bestimmte Codeworte und Codezahlen. Und ich gab ihm einen Diamanten mit der Bitte, ihn zu verkaufen und das Geld im nächsten Sommer in Sizilien einem gemeinsamen Freund zu übergeben.

»Halte dich auf jeden Fall von meinem Heimatdorf fern. Wenn dich jemand sieht, bist du in großer Gefahr. Hast du verstanden?«

»Ja, ja, das habe ich verstanden …«

»Und keine großen Gefühle. Wenn ich dich brauche, werde ich dich finden. Und … suche nicht nach mir. Wenn mir etwas passieren sollte …«

»Sei still. Sag so was nicht.«

Nach einer Weile sagte Fofò: »Da ist ein Mädchen, das mich immer wieder nach dir fragt.«

»Wer?«

»Lidias Schwester.«

»Selenia?«

»Ja.«

»Was will sie?«

»Dich unbedingt sehen. Sie sagt, sie müsse dir etwas geben.«

»Hat Lidia nach mir gefragt?«

»Nein, aber ich denke, sie hat die Schwester vorgeschickt.«

»Gut, bevor ich fahre, werde ich sie besuchen.«

Wir umarmten uns. Dann brachte ich ihn zum Auto und bat ihn, sofort zu fahren. Er startete den Motor und fuhr los, dann sah ich plötzlich die Rückfahrscheinwerfer aufleuchten. Er kam zurück, kurbelte das Fenster herunter und sagte in sizilianischem Dialekt: »*Rumpici 'u culu* – Reiß ihnen den Arsch auf, Antonio!!!« Dann brauste er davon. Einige Sekunden später wurden die Lichter von der Dunkelheit verschluckt. Meine Augen füllten sich mit Tränen, die er nicht sehen konnte.

Addio, Fofò, mein lieber, großartiger Freund.

Selenia

Durch das Fenster meines Taxis sah ich sie in der Eisdiele, in ein lebhaftes Gespräch mit ihren Freundinnen vertieft. Ich hatte sie schweigsamer in Erinnerung.

Seitdem ich sie das letzte Mal gesehen hatte, war fast ein Jahr vergangen. Nachdem ich aus dem Taxi gestiegen war, nahm ich den falschen Bart und die Fensterglasbrille ab. Ich zupfte den Strauß mit den 15 Rosen zurecht, für jedes Lebensjahr eine, und betrat die Eisdiele. Selenia saß mit dem Rücken zu mir, und ich gab ihren Freundinnen ein Zeichen, so zu tun, als wäre nichts.

Aber sie spürte es und drehte sich um. Kaum hatte sie mich erkannt, rannte sie auf mich zu und umarmte mich so fest, als wollte sie mich erdrücken.

»Oh, Antonio, Antonio, es ist so lange her.«

Sie bedeckte mich mit Küssen, auf die Wangen, den Hals, die Arme, die Hände. Sie schien völlig außer sich vor Freude.

Als ich mich endlich befreien konnte, überreichte ich ihr das, was von den Blumen übrig geblieben war: Ihr Gefühlsausbruch hatte den Strauß ziemlich in Mitleidenschaft gezogen. Ich schaute sie an. Äußerlich war sie zur Frau gereift, aber ich musste sie nur sprechen hören, um zu wissen, dass sie in ihrem Wesen noch ein Kind war. Die Ähnlichkeit mit Lidia war beeindruckend. Sie stellte ihren Freundinnen ihren italienischen *Onkel* vor. Gemeinsam luden sie mich – auf Kredit natürlich – zum Eis ein und begannen mich mit Fragen zu bombardieren. Einige kannte ich noch aus dem vergangenen Jahr, auch sie hatten eine bemerkenswerte Entwicklung genommen.

Voller Stolz zeigte mir Selenia, wie gut sie mit hochhackigen Schuhen gehen konnte. Es war unglaublich. Dass sie eine Prothese trug, bemerkte man überhaupt nicht.

Ohne Punkt und Komma erzählte sie mir, dass die vielen Stunden im Fitnessstudio ihre Muskeln gekräftigt hatten und sie deshalb so beweglich war.

Ich war wirklich froh Selenia zu sehen, aber leider war die Zeit knapp. Ich schlug ihr einen Spaziergang vor. Dabei erklärte ich ihr, warum ich mich so lange nicht gemeldet hatte, über ihre Fortschritte aber stets informiert gewesen war.

»Ich weiß«, sagte sie.

Lidia hatte wohl offener mit ihr gesprochen als erwartet. Vor ihrem Haus angekommen, bat sie mich, mit nach oben zu kommen.

Das Haus war in einem schlechten Zustand und machte einen seltsamen Eindruck auf mich. Ich hatte in Deutschland selten etwas so Heruntergekommenes gesehen. Die Wohnung allerdings war ordentlich aufgeräumt und sauber. Selenia brühte Kaffee auf. »Ein serbischer Herrenkaffee«, sagte sie.

Dann goss sie Kaffee in eine Tasse, holte Kekse aus dem Schrank, stellte alles auf den Tisch und verschwand in einem anderen Zimmer.

Während ich in kleinen Schlucken den Kaffee trank, sah ich mich um. Überall hingen und standen Fotos, die meisten in Schwarz-Weiß. Auf einem erkannte ich Lidia als Kind. Sie hielt die Hand einer Frau umklammert, wahrscheinlich ihrer Mutter, und schaute schüchtern in die Kamera. Ein Mann hielt ein Baby im Arm. Wahrscheinlich Selenia, dann war der Mann wohl der Vater. Hinter ihnen erkannte man ein Stallgebäude und Tiere auf dem Hof.

Sie lächelten glücklich in die Kamera, und mir zog es das Herz zusammen. Ich stand auf und öffnete das Fenster, ich brauchte frische Luft.

An der Wand hing auch ein Dolmetscherdiplom der Universität Belgrad. Daneben ein Foto mit einer lächelnden Lidia, die eine Toga trug und die Urkunde in der Hand hielt.

»Warum muss das Leben mit manchen Menschen nur so grausam umgehen?«, fragte ich mich.

Während ich nachdachte, hörte ich Selenia nach mir rufen. Ich drehte mich um und stand einer bildhübschen jungen Frau gegenüber. Sie hatte sich ein anderes Oberteil angezogen, ein wenig Lippenstift, Lidschatten und Rouge aufgelegt und hielt ein großes Paket in den Händen. Ich öffnete es. Darin befand sich ein Wollpullover, auf dem vorne »Antonio« eingestickt war. Sie erzählte mir, dass sie drei Monate daran gearbeitet hatte.

Ich war gerührt über dieses ganz persönliche Geschenk.

Sie verriet mir, dass sie einen Freund hatte, einen Sizilianer. Doch Lidia war gegen diese Beziehung. Selenia war sauer, dass sich ihre Schwester in ihre Angelegenheiten mischte.

»Sie meint, man sollte sich nicht mit Sizilianern einlassen, die hätten alle eine schwierige Familiengeschichte hinter sich. Und wir hätten schon genug Probleme …«

»Was macht er?«

»Er arbeitet in einer Pizzeria.«

»Hör zu, mein Herz. Ich kann nicht bleiben, nicht dass ich nicht will, es geht einfach nicht. Ich werde dir alles erklären, wenn du älter bist, versprochen. Was deinen Freund angeht«, fügte ich hinzu, um sie abzulenken, »wirst du mit der Zeit merken, ob er dich glücklich machen kann. Aber Lidias Bedenken solltest du trotzdem ernst nehmen. Vielleicht wirst du ihr mit der Zeit beweisen können, dass sie sich dieses Mal irrt. Mehr nicht. Du wirst ihn ohnehin weiter treffen, ob sie es will oder nicht. Aber verlier nicht den Kopf. Man muss miteinander reden, sich auseinandersetzen, meine liebe Selenia … Wo ist Lidia eigentlich?«

»Sie ist nicht in Hamburg. Sie macht sich Sorgen über das, was in der Heimat passiert, und war entsetzt über den Triumph der Nationalisten in Kroatien. Ich verstehe nicht, warum sie sich immer noch dafür interessiert.« Plötzlich klingelte das Telefon. Ich hörte klar und deutlich Lidias Stimme, sie schien ihrer Schwester Vorwürfe zu machen. Die beiden sprachen Serbisch. Ich gab Selenia ein Zeichen, dass ich mit Lidia sprechen wollte.

»Ciao, Lidia.«

»… Antonio?«, antwortete sie überrascht.

»Ja!«

»Was machst du hier? Was ist passiert?«

»Bleib ruhig. Es ist alles gut, ich bin nur zu Besuch, wenn es dich nicht stört.«

»Nein, es stört mich nicht.«

»Wo bist du?«

»In Frankfurt.«

»Ein Ausflug?«

»Nein.«

»Arbeitest du dort?«

»Nein.«

»Warum dann?«

Stille.

»Wenn du Hilfe brauchst …?«, fragte ich ironisch.

»Wo ich bin und was ich tue, geht nur mich etwas an«, reagierte sie schnippisch.

»Ich verstehe nicht, warum du so aggressiv bist. Oder vielleicht verstehe ich es doch. Hast du mir nicht damals erzählt, dass du dich zukünftig aus der Politik heraushalten willst? Willst du etwa in diese Hölle zurück, aus der du geflohen bist?«

»Jeder hat seine eigene Hölle, Antonio. Du hast deine, ich meine. Du kannst das nicht verstehen, aber diese verdammten kroatischen Ustascha-Faschisten bedrohen immer noch unsere Dörfer, und die UNO schaut einfach zu. Wir müssen etwas tun. Es heißt immer, sie schicken Blauhelme, aber noch ist dort keiner aufgetaucht. Die Situation in meiner Heimat ist zum Zerreißen gespannt, und wir glauben, dass in Jugoslawien in Kürze ein Bürgerkrieg ausbrechen wird. Der Westen hat noch nicht verstanden, dass Europa bald in einen Dritten Weltkrieg verstrickt sein wird und …«

»… und deine Schwester lässt du einfach zurück«, unterbrach ich sie mit leiser Stimme.

»Der Kongress geht heute Abend zu Ende, und morgen fahre ich zurück«, antwortete sie.

»Nun ja, du weißt selbst am besten, was gut für dich ist. Pass auf dich auf.«

»Antonio, warte auf mich, ich nehme den ersten Zug …«, brach es aus ihr heraus.

»Ich kann nicht warten, Lidia. Ich kann nicht.«

»Ich will dich sehen, bitte.«

Das war das erste Mal, dass sie dieses Wort aussprach. Ich kannte sie gut genug, um zu wissen, wie schwer ihr das fiel.

»Mittlerweile habe ich begriffen, dass du mit vielen Dingen recht hattest. Heute weiß ich, dass mein Leben nicht mir und dein Leben nicht dir gehört. Wir sind beide Gefangene unserer Vergangenheit. Wir sind so egoistisch und verblendet durch unseren Hass und unseren Fanatismus, dass wir nicht ›sehen‹, was um uns herum geschieht. Wir sind abgestumpft gegenüber anderen geworden. Wir sind überzeugt, dass uns die anderen nicht verstehen können, aber wir sind es, die nicht verstehen … Heute Abend«, fuhr ich fort, »werde ich Deutschland für eine Weile verlassen, vielleicht auch für immer. Wer weiß das schon?«

»Und das kannst du nicht verschieben?«

»Nein.«

»Kann ich irgendetwas für dich tun, Antonio?«

»Nein. Oder doch: Kümmere dich um deine Schwester. Stell dir vor, sie hat mich zu einem Eis eingeladen, das sie nicht bezah len konnte, von wegen Dritter Weltkrieg! Deinen Krieg hast du in Hamburg. Ihr Idealisten blickt immer in die Ferne, führt große Reden über Moral, Gleichberechtigung und Allgemeinwohl, aber zu Hause bringt ihr nichts auf den Tisch. Und dann noch die Leute kritisieren, die nicht hungern! Viel Glück, Lidia ... gutes Gelingen in der Politik.«

Ich gab Selenia den Hörer zurück und weigerte mich ihn wieder zu nehmen, obwohl Selenia drängte, Lidia wolle noch einmal mit mir reden. Ich war wütend auf Lidia, dass sie ihre Schwester wegen einer fixen Idee vernachlässigte. Und bei ihrem politischen Geschwätz hätte ich am liebsten gekotzt.

Als Selenia aufgelegt hatte, nahm ich ihre linke Hand und legte etwas hinein.

»Versteck diesen Diamanten gut, aber sag niemandem, wo. Niemandem. Hast du verstanden?«

»Ja, ja!«

»Und wenn du dringend Geld brauchst, geh mit ihm zu meinem Freund Fofò. Lass dich aber nicht übers Ohr hauen, er ist mindestens 30 000 Mark wert. Sag ihm, dass ich dir das gesagt habe.«

»Wie viel?«, fragte Selenia verblüfft.

»Du hast richtig verstanden, 30 000 Mark! Und wenn du Fofò nicht findest, gehst du mit einem Erwachsenen, dem du vertraust, nach St. Pauli in die Rolex-Boutique und verkaufst den Diamanten da. Dort akzeptierst du die Summe, die sie dir anbieten. Hast du verstanden?«

Selenia nickte mehrmals, sie hatte verstanden.

»Und jetzt Schluss mit den Sentimentalitäten, Selenia. Du bist kein Kind mehr. Deine Schwester braucht dich, genau wie du sie brauchst. Und gewöhn dich an die Grausamkeiten des Lebens, am besten gleich.«

Selenia hielt den Kopf gesenkt und hörte schweigend zu.

»Und halt dich bereit, vielleicht musst du in nächster Zeit etwas für mich erledigen.«

Bei diesen Worten begannen ihre Augen zu glänzen. »Was soll ich machen?«, fragte sie spontan.

»Ich werd' s dir sagen, wenn es so weit ist. Also, kann ich mich auf dich verlassen?«

»Ja, ja, ja, ja!«

»Gut.«

In Wirklichkeit brauchte ich sie natürlich nicht. Aber ich wollte ihr zeigen, dass sie mir wichtig ist, ihr die Trauer und den Abschiedsschmerz lindern.

»Jetzt muss ich gehen«, sagte ich.

Selenia begann zu weinen.

»Du musst wissen, dass ich gerne geblieben wäre, sei mir nicht böse.«

»Ich bin dir nicht böse«, erwiderte sie und schluchzte wie nur Kinder es können, »warte …« Unvermittelt sprang sie auf, ging in ein anderes Zimmer und kam mit einem Tagebuch zurück, das mit einem Gummiband verschlossen war.

»Bitte, nimm das mit. Es ist das Kostbarste, was ich dir geben kann.«

»Gut. Ich werde es sorgfältig lesen.«

Zum Abschied küsste ich sie liebevoll und scherzte mit erhobenem Zeigefinger: »Keine Drogen und sieh zu, dass du deinen Freund in den Griff bekommst!«

Sie lachte unter Tränen. Als ich an der Tür war, wischte ich ihr über die Wangen. Dann fingerte ich einen Popel aus meiner Nase und … schoss. Sie lächelte. Der Trick funktionierte immer noch.

Als ich auf dem ersten Treppenabsatz stand, rief mir Selenia hinterher: »Ich bitte dich, Antonio, stirb du nicht auch noch.«

»Machst du Witze? Ich komm zu deiner Hochzeit, versprochen.«

Ich wusste, dass ich log, aber ich sagte es trotzdem. Auf der Rückfahrt versuchte ich die negativen Gedanken zu vertreiben, für so was hatte ich keine Zeit. Ich rief meinen Freund in Mailand an und sagte ihm, dass ich am folgenden Tag bei ihm vorbeikäme, um die bestellten Autos abzuholen: einen Ritmo und einen Uno, beide gepanzert. Die Sicherheit meiner Familie ging mir über alles, gerade im Krieg.

Jetzt musste ich mich nur noch von Irina verabschieden. Das ging nicht am Telefon. Als sie die Tür ihrer Wohnung öffnete und mich sah, empfing sie mich mit den Worten: »Ich komme mit.«

»Das geht ja gut los«, dachte ich.

Ich schlug vor, diese Angelegenheit drinnen zu besprechen. Offensichtlich war sie eifersüchtig und glaubte, ich würde sie wegen einer anderen verlassen.

Ich konnte ihr nicht die ganze Wahrheit über meine Abreise sagen und versprach, ihr eines Tages alles zu erklären. Doch sie wollte nichts hören. Ich packte sie an den Schultern und stieß sie von mir.

Ich sagte ihr eindringlich, dass ich für kurze Zeit verschwinden müsse und sie nicht nach mir suchen und vor allem nicht in Sizilien anrufen sollte. Das Risiko sei zu groß, weil das Telefon von der Polizei abgehört würde.

Aber je mehr ich erklärte, desto größer wurde ihr Misstrauen. Sie flehte mich unter Tränen immer wieder an, ihr meine Telefonnummer zu geben, und nach meinem tausendsten Nein, schleuderte sie mir in einem plötzlichen Gefühlsausbruch den Schlüsselbund ins Gesicht, den sie die ganze Zeit in der Hand gehalten hatte. Er traf mich an der linken Wange, wenige Millimeter unter dem Auge.

»Verstehst du denn immer noch nicht, dass ich dich unsterblich liebe?«, schrie ich und verpasste ihr eine Ohrfeige. »Ich kann dir nicht sagen, wohin ich gehe!«

Schluchzend streichelte sie mir über das Gesicht und sagte immer wieder: »Verzeih mir, verzeih mir.«

Ich zog sie an mich und küsste sie. Der salzige Geschmack ihrer Tränen mischte sich mit dem süßlichen Geschmack des Blutes aus meiner Wunde. Wir rissen uns noch im Flur die Kleider vom Leib, eine unkontrollierbare Erregung hatte Besitz von uns ergriffen. Wir küssten uns mit inbrünstiger Leidenschaft. Ich schob sie auf die Treppe, drehte sie um und brachte sie dazu, sich am Handlauf festzuklammern. Mit einem Ruck riss ich ihr den Slip vom Leib, stimulierte ihre Klitoris – sie war schon ganz nass – und drang heftig in sie ein.

Dann packte ich sie an den Hüften, hob sie hoch, dass ihr Körper auf einer Höhe mit dem meinen war und ihre Beine den Boden nicht mehr berührten und fuhr fort, mit kräftigen Stößen in sie einzudringen. Sie kam sofort. Ein nicht enden wollender heftiger Orgasmus ließ sie erzittern. Ich musste ihr den Mund zuhalten, damit sie nicht aufschrie.

Ineinander verschlungen lagen wir halb nackt auf dem Treppenabsatz. Ich hielt sie ganz fest, ahnte ich doch, dass das unser letztes Mal gewesen war. Mir kamen die Tränen. Unsere animalische Gier hatte sich in Zärtlichkeit verwandelt.

»Wer weiß«, dachte ich, »vielleicht meinte Stevenson mit seinem Dr. Jekyll und Mr. Hyde genau das mit der Doppelgesichtigkeit des Menschen …«

Ich betrachtete ihr Gesicht. Es wirkte erschöpft, aber glücklich.

Ein anderes Gesicht lächelte uns durch Irinas offene Wohnungstür an. Es war Ingrid, Irinas Freundin, die nachschauen wollte, wo sie abgeblieben war, und die beinahe alles mitbekommen hatte. Wir versuchten uns einigermaßen aus der Affäre zu ziehen, während Ingrid belustigt fragte: »*Mein Gott*, wie lange hattet ihr beiden eigentlich keinen Sex?«

Damit war das Eis gebrochen, und wir beschlossen, an diesem Abend gemeinsam zum Chinesen essen zu gehen.

Dann kam der Moment der Abreise. Der Zug nahm langsam Fahrt auf und ging dann in seinen gleichmäßigen Rhythmus über. Addio, Hamburg. Du hast mir viel gegeben, Gutes und auch

Schlechtes – aber ich war immer glücklich bei dir. Ich schloss das Fenster, Schluss mit dem Abschiedsschmerz. Ich machte mir mein Bett. Am nächsten Morgen würde ich in Mailand ankommen und wollte ausgeruht sein.

Ich knipste die Lampe über dem Bett an und just in diesem Moment fiel mein Blick auf die Reisetasche, in die ich Selenias Tagebuch gesteckt hatte. Ich nahm es heraus und blätterte durch die Seiten. Sie waren in einer slawischen Sprache beschrieben. Ich würde es übersetzen lassen. Beim Blättern entdeckte ich zwei Schwarz-Weiß-Fotos von mir, um die Selenia viele kleine Herzchen gemalt hatte.

Das eine Foto war aus den *St. Pauli-Nachrichten* ausgeschnitten: Ich war nach einer Schlägerei festgenommen worden – das war in meinem ersten Jahr in Deutschland – mein Gesicht war geschwollen, die Augenbrauen aufgeplatzt, und trotzdem trug ich ein dämliches Lächeln auf den Lippen. Das zweite war neueren Datums, es stammte von der Festnahme nach dem Überfall, den ich gar nicht begangen hatte. Ein hässliches Foto. Aber durch die Herzchen drumherum wirkte es irgendwie rührend.

Mailand

Ich stieg am Hauptbahnhof aus. Heute machte mir die Stadt keine Angst mehr. Ich war auf der Flucht, genau wie zehn Jahre zuvor, aber dieses Mal wusste ich Bescheid. Ich hatte Geld und zwei falsche Pässe, die mich ein Vermögen gekostet hatten, aber sie gaben mir ein sicheres Gefühl.

Mein Freund holte mich ab und brachte mich in die Wohnung, die ich vorsorglich angemietet hatte. Ich plante, einige Monate in Mailand zu bleiben, meine Strategie endgültig festzulegen und dann nach Sizilien aufzubrechen.

Wir regelten die Sache mit den gepanzerten Autos. Zwei Freunde würden sie nach Sizilien bringen. Und wir schlossen Mietverträge über zwei Ferienhäuser. Für den Notfall brauchte ich Verstecke, in die ich flüchten konnte.

Im Grunde war die Planung abgeschlossen, aber ich zögerte noch. Giufà und Netore waren immer noch im Gefängnis, aber sie würden in Kürze aus der Untersuchungshaft entlassen werden.

Jeden Morgen drehte ich meine Joggingrunde und atmete tief den Mailänder Smog ein. Ein bisschen Fitnessstudio, ein bisschen Kino. Ein bisschen käuflicher Sex, aber nie mit der gleichen Frau, um Sentimentalitäten zu vermeiden.

Eines Tages hatte ich ein Date mit einer Serbin, die sich Angela nannte. Nach dem Sex bat ich sie einige Passagen aus Selenias Tagebuch zu übersetzen. Sie war einverstanden und notierte die italienische Fassung für mich.

Liebes Tagebuch, ich habe heute einen Traumprinzen kennengelernt. Meine Freundinnen reden von nichts anderem mehr. Sie halten ihn für Lidias Freund. Aber das stimmt nicht. Auch wenn ich glaube, dass er in sie verliebt ist. Aber meine blöde Schwester sagt immer, dass man Männern nicht vertrauen sollte. Sie würden immer nur an das eine denken. Ich glaube ihr nicht. Lidia regt sich immer über die Sizilianer auf. Sie seien alle Katholiken und Mafiosi, genau wie diese schwachsinnigen Kroaten.

Das dachte Lidia über mich? Ich las weiter: »Liebe Mama, lieber Papa«, und mir wurde klar, dass Selenia mit ihren Eltern sprach, als ob sie noch am Leben wären. Ich schluckte den Kloß hinunter, der sich in meinem Hals gebildet hatte und fuhr fort.

Liebe Mama, lieber Papa, ich glaube Lidia nicht, wenn sie sagt, dass sie Antonio nicht liebt. Auch wenn sie alles tut, mich vom Gegenteil zu überzeugen. Ihr solltet mal ihren Blick sehen, wenn sie sich mit ihm verabredet hat. Heute haben wir gewartet, dass Antonio sie abholt. Sie hat sich mehrere Male umgezogen, Lippenstift aufgelegt, wieder abgewischt, wieder aufgelegt. Und schließlich hat sie diese Jeans angezogen, die Antonio überhaupt nicht mag. Sie trägt auch keine Röcke mehr, seitdem Antonio ihr gesagt hat, dass sie in Röcken gut aussieht. Deine Tochter ist so was von dämlich, Mama.

Oh Mama, heute hättest du ihn sehen sollen. Braun gebrannt, mit einem strahlenden Lächeln, stolz und selbstbewusst in seinem schnellen Auto ...

Heute hat er mich auf die Wange geküsst und in den Arm genommen. Seine Lippen sind ganz weich, und seine Haut riecht gut. Lidia tut alles, damit er nicht mehr kommt, diese blöde Kuh.

Liebe Mama, Antonio tut wirklich alles, damit ich ein neues Bein be-
komme. Der Arzt in Mailand hat gesagt, dass ich bald rennen kann,
wie alle anderen Mädchen auch. Antonios Freunde sind so nett …

Antonio hat uns vom Flughafen abgeholt. Als Lidia ihn durchs Fens-
ter erkannt hat, war sie so glücklich, aber nachdem sie die Treppe
hinuntergegangen war, war sie so abweisend wie nie. Hä!?

Antonio hat uns schon lange nicht mehr besucht. Lidia sagt, dass er in
ernsten Schwierigkeiten steckt. Die gleichen Schwierigkeiten, die wir
bei uns zu Hause hatten. Ich mach mir Sorgen, dass auch er auf eine
Mine treten könnte …

Heute Nacht habe ich wieder diese schlimmen Albträume gehabt,
Mama. Ich habe von unseren Nachbarn geträumt, die auf unser Haus
schießen, unsere Tiere töten, alles verbrennen. Ich hasse sie so sehr. Ich
hoffe, sie sterben alle …

Lidia hat mir erzählt, dass die Lage in unserer Heimat immer schlim-
mer wird. Nein, ich werde nie nach Jugoslawien zurückkehren, eher
bringe ich mich um.

»Das reicht«, sagte ich zu Angela.

»Bist du Antonio?«, fragte sie.

»Nein.«

Sie musterte mich aufmerksam. »Ich komme aus den Bergen
von Vojvodina. Mein Dorf ist noch nicht direkt von den Kämpfen
betroffen, aber viele unserer Männer leben im Kriegszustand. Ich
habe Angst, Antonio.«

»Ich heiße nicht Antonio.«

»In meinem Dorf erzählt man, was den Frauen mit den Nazis
und im Anschluss mit den Russen passiert ist. Ich spare Geld, damit ich mein Studium beenden kann. Im nächsten Jahr schreibe
ich mich in Mailand für die Uni ein.«

»Ich bitte dich«, unterbrach ich sie, »ich weiß, wie kompliziert das Leben ist. Aber lass es uns nicht noch komplizierter machen.« Ich stand auf, duschte und zog mich an. Ich zählte die Summe ab, die ich mit ihr ausgemacht hatte, und legte das Geld auf den Nachttisch.

Angela starrte mich immer noch an. Sie nahm das Geld und sagte: »Antonio, kannst du dieses Geld Selenia geben?«

»Du lässt nicht locker, was? Ich bin nicht Antonio.«

»Gut, kannst du es Selenia geben?«

»Behalte das Geld, du hast es dir verdient.«

»Bitte, ich bestehe darauf.«

»Du bist wirklich sehr hilfsbereit, Angela …«

»Ich bin nicht Angela. Ich heiße Milla.«

»Okay Milla, aber das ist nicht nötig.«

»Ich kann dich zum Essen einladen, An…«

»Hör zu, Milla. Ich kenne das Milieu. Ich weiß, dass du dir deinen Lebensunterhalt verdienen musst, und davor habe ich größten Respekt, aber ich bin der Falsche. Ich bin normalerweise der, der die anderen ausnimmt und nicht umgekehrt … unbewusst natürlich.«

»Ich hab's verstanden. Aber ich habe heute Abend keine Lust mehr zu arbeiten, ich möchte einfach nur mit dir reden. Auch ich bin einsam, und dieses Tagebuch hat mich sehr traurig gemacht. Es hat mich an die Verzweiflung erinnert, die in meinem Land herrscht …«

»Das tut mir leid …«

»Komm, lass uns den Abend zusammen verbringen, irgendwo essen gehen, danach einen Spaziergang machen. Und morgen macht jeder wieder sein eigenes Ding. Okay?«

»Zieh dich an«, sagte ich.

Sie streifte sich rasch etwas über, eine Jeans, Turnschuhe, Bluse und ein dünner Pullover, den sie sich über die Schultern hängte. Alles ohne irgendwelchen Schnickschnack. Sie wirkte wie eine andere, wie eine junge Frau von nebenan und nicht wie eine Prostituierte, die mich über den Tisch ziehen wollte. Wir gingen in eine Pizzeria und bestellten zwei Pizzen und zwei Bier und setzten uns in die Nähe eines Tisches mit Jugendlichen, die sich offensichtlich bestens amüsierten. Milla und ich waren auch nicht viel älter, aber das Leben hatte uns vorzeitig altern lassen.

»Ich war noch ein Kind, gerade einmal zehn, als ich meine Eltern um unseren geliebten Präsidenten Tito weinen sah. Mein Vater sagte, dass nur er in der Lage war, die einzelnen Republiken zusammenzuhalten, das Chaos wäre vorprogrammiert. Ich verstand nichts von dem, was er sagte. Ich kannte diesen Tito nicht, er kam mir wie ein Fernsehmoderator vor. Nach Titos Tod verbrachte ich eine glückliche Kindheit, das Chaos, von dem mein Vater gesprochen hatte, blieb aus. Ein Jahr vor meinem Abitur kam Milošević an die Macht. In der Schule hieß es, er sei der neue Tito. Aber viele von uns waren von seinen nationalistischen Ideen nicht überzeugt. Für ihn schien es nur um Großserbien zu gehen und nicht um Jugoslawien. Die Spannungen verstärkten sich, und ich und meine Schwester begriffen, dass unsere Zukunftsperspektiven düster waren. Wir beschlossen die Heimat zu verlassen und kamen schließlich nach Mailand. Am Anfang hofften wir in der Modebranche arbeiten zu können, diese Glitzerwelt, die wir aus dem Fernsehen kannten, faszinierte uns. Aber wir verabschiedeten uns schnell von dieser Illusion, die Realität war ein Zwanzig-Stunden-Tag für einen Hungerlohn. Wir entschieden uns, richtig viel Geld zu machen, und zwar so schnell wie möglich. Ist das so falsch, Antonio?«

Ihre Offenheit beeindruckte mich, und ich lachte über ihre Unverfrorenheit, mich immer noch Antonio zu nennen.

»Nein, liebe Milla, ich bin der Letzte der so etwas verurteilen würde. Jeder braucht was im Magen.«

Milla nahm meine Hände und drückte sie, als ob sie mir für meine Antwort dankbar war.

»Weißt du, du bist mir trotz all deiner Männlichkeit wie ein großer Junge vorgekommen. Blass unter deiner Bräune. Als ich dir in die Augen gesehen habe, war ich gerührt von der Vitalität und der tiefen Ruhe, die du in dir trägst. Das hat nicht nur mich nicht kalt gelassen.«

Milla spürte sofort meine Verlegenheit, dass ich so was nicht hören wollte. Unsere Vereinbarung war klar: ein Abendessen, mehr nicht.

»Keine Angst, ich mach dich nicht an.«

»Hör mal, Milla, Mailand ist wunderschön, aber auch gefährlich, wie alle Großstädte. Dieses Ungeheuer kann dich mit einem Biss verschlingen, wenn du mal nicht richtig aufpasst. Wenn du in diesem Dschungel überleben willst, musst du dich schützen: Kondome, keine Drogen, kein Alkohol. Und bescheiden sein. Wenn du dich nur einen Abend gehen lässt: Es könnte dein letzter sein.«

»Was willst du damit sagen?«

»Ich habe viele Mädchen gekannt, die nach einer Spritze, einer Pille oder einer Line Koks ins Koma gefallen … und nie wieder aufgewacht sind.«

»Mach dir keine Sorgen, so was passiert mir nicht, Antonio. Ich habe mich im Griff.«

»Gut für dich. Und wenn du meinst, diesen Job wirklich machen zu müssen, dann mach ihn clever. Kauf dir als Erstes eine Wohnung, und wenn sie noch so klein ist. Aber sie gehört dir. Ein Refugium, aus dem man dich nie wieder vertreiben kann. Vergiss das nie: Eine eigene Wohnung ist eine Zuflucht, ein Rückzugsort, dort hast du deine Ruhe. Mach es nicht wie viele andere, die ihr Geld verpulvert haben.«

Wir sprachen den ganzen Abend über die Arbeit und die Zukunft, während wir durch die hell erleuchteten Straßen der Mailänder Innenstadt schlenderten. Bevor sich unsere Wege trennten, aßen wir noch ein Eis. Dabei nahm sie einen Stift aus ihrer Handtasche und schrieb etwas auf ein Blatt Papier.

»Gib Selenia bitte diesen Brief. Ich habe geschrieben, dass sie zu mir nach Mailand kommen kann, wann immer sie möchte, und dass ich mich freuen würde, sie bei mir zu haben.«

»Ich kann dir nichts versprechen, aber ich werde ihr den Brief geben.«

Ich brachte Milla zu einem Taxi und öffnete ihr die Tür. Bevor sie einstieg, sagte sie: »Ich hoffe, dass wir uns eines Tages wiedersehen, mein Freund ... Viel Glück, Antonio!«

Sie küsste mich auf die Wange und verschwand im Auto. Bevor ich die Tür hinter ihr schloss, sagte ich: »Pass auf dich auf, Milla, und schau immer nach vorn. Es hilft nichts, der Vergangenheit nachzutrauern, wenn sie keine Gegenwart werden kann. Denk immer daran. Auch dir viel Glück!«

Ich schloss die Tür.

Ich wartete, bis das Taxi verschwunden war, ging zu Fuß in meine Wohnung zurück und war wieder allein, wie immer. Allein mit meinen Gedanken.

Ich dachte an Millas Worte: »... mein Freund«.

Kann man jemanden einen Freund nennen, den man kaum kennt? Vielleicht. Doch im Umkehrschluss ist klar: Nicht jeder, den man schon jahrelang kennt, ist automatisch ein Freund.

Ich versuchte mich zu entspannen, schaltete den Fernseher ein und klickte den Videotext an.

»Letzte Meldung: In Sizilien wurde aus einem Hinterhalt einer der führenden Köpfe der Stidda erschossen.«

Diese Schweine waren noch immer am Werk – das war mein letzter Gedanke, bevor ich einschlief.

Und dann kam der Sommer, die Mailänder fuhren in den Urlaub, die Autobahnen füllten sich, ebenso wie Bahnhöfe und Flughäfen. Auf diesen Moment hatte ich gewartet. Ein voll besetzter Zug mit bunt gemischten und lauten Jugendlichen brachte mich nach Sizilien. Sie wollten das Meer und die Sonne genießen, ich fuhr in meinen Krieg, ohne einen Funken Mitleid mit meinen Feinden.

Unterschlupf

Mein Versteck war ein wunderschönes Haus mit Blick aufs Meer – vielleicht ein wenig weit ab von meinem Dorf, aber mit zwei Eingängen, einem zur Hauptstraße und einem zum Strand hin. Ideal für meine Zwecke. Meine Mailänder Freunde hatten es für den ganzen Sommer gemietet, was mich ein Vermögen gekostet hatte. Zum Haus gehörte auch eine Garage, in der ich einige Fahrzeuge deponiert hatte, einen neuen BMW und zwei Mofas, alle gestohlen. In einem Stahlschrank bewahrte ich Gewehre und Pistolen auf, aber auch Handschuhe, Perücken, falsche Bärte und eine Polizeiuniform.

Jeden Morgen ging ich mit einem Handtuch um den Hals durch die Hintertür an den Strand und schwamm eine Runde. Aber selbst dabei stand die geplante militärische Maßnahme im Mittelpunkt meiner Gedanken, die Aktion, auf die ich seit Jahren hingearbeitet hatte. Nach dem Schwimmen las ich eines Morgens in der Zeitung die Nachricht, die ich zwar erwartet hatte, trotzdem war ich in diesem Moment überrascht.

»Ende der Untersuchungshaft: Mafiabosse Giufà und Netore auf freiem Fuß« lautete die fett gedruckte Überschrift im *Giornale di Sicilia*.

Das war nicht die einzige wichtige Information an diesem Morgen. Einer meiner Freunde teilte mir mit, dass am Vorabend ein Hinterhalt gegen einige unserer Verbündeten gescheitert war, in einem Dorf, das an mein Heimatdorf grenzte.

Sie brauchten meine Hilfe, aber das durfte mich nicht von meinen eigentlichen Zielen ablenken. Jetzt musste ich an mich denken.

Als ich jedoch den Namen Gino Mirtillo hörte und erfuhr, dass er der Anführer dieser Aktion war, änderte ich meine Meinung. Er und seine Brüder waren enge Freunde von Giufà.

Ich zögerte keine Sekunde, zog meine schusssichere Weste an, nahm meine 9-mm-Pistole und einige Magazine und stieg auf mein Motorrad. Schon bald war ich am Treffpunkt, einem Versteck in der Nähe des Dorfes unserer Verbündeten. Ich ließ mir berichten, wie der Hinterhalt abgelaufen war.

Sie hatten in ihrem Auto gesessen, als einer der Mirtillos mit einem Komplizen aus einer Seitenstraße auftauchte. Unmittelbar danach folgte ein Wagen mit zwei maskierten Killern, die sofort das Feuer eröffneten. Mario, einer unserer Verbündeten, konnte aus dem Auto springen und das Feuer erwidern, die Angreifer ergriffen die Flucht.

Mario hatte allerdings Zweifel, ob es wirklich einer der Mirtillos gewesen war. Er hatte Angst, denn er wollte nicht in einem Krieg gegen den mächtigen Mirtillo-Clan sterben.

Aber ich hatte keine Angst, ich war blind vor Hass gegen alle, die ich mit den Morden an meiner Familie in Verbindung brachte. Ich hatte nur ein Ziel: Rache. Doch sollte ich mich auch in fremde Angelegenheiten einmischen? Eigentlich nicht, zumindest nicht offiziell.

Die Diskussionen über einen Gegenschlag wurden immer lebhafter. Es gab offenkundig eine Mehrheit, die gegen eine Racheaktion an den Mirtillos war, auch wenn die Beweise gegen sie erdrückend waren. Darüber hinaus wurden unsere Verbündeten von den Mirtillos erpresst, die fünfzig Prozent der Beute aus deren Raubüberfällen verlangten, was diese aber ablehnten.

Es kam zu keiner Einigung. Ich wollte gerade gehen, als das Lokalfernsehen meldete, dass Gino Mirtillo ins Krankenhaus eingeliefert worden war, weil ihn ein Zufallstreffer aus einer Pistole erwischt hatte. Er hatte den Ermittlern berichtet, die ihn in der Klinik befragt hatten, dass er gerade mit einem Freund spazieren gegangen war, als er plötzlich einen Schmerz am Arm spürte.

Schlagartig brach die Diskussion ab und die Stimmung sank auf den Nullpunkt. Jetzt gab es keinen Zweifel mehr: Mario hatte einen Mirtillo verletzt. Und das war der Beweis, dass der Clan hinter dem Anschlag steckte.

»Entschuldigt euch doch bitte noch bei Signor Mirtillo, dass es nur ein Versehen war ...«, sagte ich mit ätzendem Spott.

Als wäre nichts geschehen, ging Gino Mirtillo kurz nach seiner Entlassung aus dem Krankenhaus mit Freunden in ein Lokal, um dort zu Abend zu essen. Er war sicher, dass ihm niemand ein Haar krümmen würde.

Ich betrat das Lokal, der Motorradhelm verdeckte mein Gesicht. Bevor ich ihn abknallte, wollte ich unbedingt von ihm wissen, warum er in Deutschland nach mir gesucht hatte. Und warum er mich hatte umbringen wollen. Denn ich erkannte ihn wieder. Er war der Killer mit dem schwarzen Schnurrbart und dem Bulldozer-Gesicht. Gütiger Himmel, war er hässlich.

Ich hatte kurz überlegt, ihn zu kidnappen und im Kastenwagen eines Freundes zu verschleppen. Fast wäre es gelungen, aber als ich bemerkte, wie seine Hand sich seinem Gürtel näherte, musste ich ihn erschießen.

Der Krieg war erklärt.

Und ich ging, um einen zweiten anzuzetteln.

Die Antwort

Die Hände in den Latexhandschuhen begannen zu schwitzen. Der Atem ging immer schneller, teils aus Angst, teils wegen der großen Hitze und des Gestanks in der alten Garage: ein Gemisch aus Moder und Autoabgasen, denn wir ließen den Motor laufen, um für alle Fälle gerüstet zu sein. Wir hatten das Auto gestohlen, und um es erneut starten zu können, hätten wir es mit zwei Kabeln kurzschließen müssen. Dadurch wäre allerdings kostbare Zeit verloren gegangen, was uns zum Verhängnis hätte werden können.

Wir warteten seit fast zwei Wochen in dieser engen Garage. Als Koordinator der geplanten Operation durfte ich auf keinen Fall die Nerven verlieren.

Vom Leben draußen bekamen wir nur wenig mit, ab und zu hörten wir entfernte Geräusche. Eine Autotür, die zugeschlagen wurde, ein Fensterladen, der klapperte, das Weinen eines Kindes. Das Johlen der Fußballfans.

Es war gerade Fußballweltmeisterschaft, und einer meiner Kameraden fragte nach einem kleinen Radio. Ich lehnte ab und erinnerte eindringlich daran, dass wir bis zum Ende unserer Mission hoch konzentriert bleiben mussten. Natürlich hatte ich ihnen nichts zu befehlen, aber mein entschiedener Ton genügte, damit niemand aufmuckte. Meine Stimme vibrierte regelrecht, wie eine gespannte Violinensaite.

Ich musste netter zu den Jungs sein, dachte ich. Im Grunde litten sie wie Hunde an der Kette, der Gestank, die Hitze. Außerdem fehlte ihnen die persönliche Motivation, die ich aber hatte. Ihnen war befohlen worden, sich zu meiner Verfügung zu halten. Sie waren nicht aus Überzeugung in dieser beschissenen Garage, es war ihre Pflicht.

Mario 'u Mastinu war der Jüngste und Unkomplizierteste. Er versuchte die anderen mit Gesprächen über Frauen und Fußball abzulenken, oder er sprach über Pferde, neben den Frauen seine große Leidenschaft.

Nino 'a Signurina war der Ernsthafteste. Er hatte Heiligenbilder bei sich, mit denen er lange Monologe führte. Er war streng katholisch, und mehr als ein Mal sah ich ihn das Kreuzzeichen machen. Ein gut aussehender junger Mann mit starkem Charakter und ausgeprägter Persönlichkeit, es war nur eine Frage der Zeit, bis er eine Führungsrolle übernehmen würde. Später wurden wir echte Freunde, das Einzige, was uns trennte, waren seine unerbittliche Moral und seine Frömmigkeit. Ich, der Atheist, er, der streng gläubige Katholik. Eines Tages fragte ich ihn, ob er Lust auf Sex mit zwei Frauen hätte, er war entsetzt und tief beleidigt und ignorierte mich einen ganzen Monat lang.

Franco 'u Califanu hatte nur Frauen und schnelle Autos im Kopf. Er war immer scharf, wie er uns anvertraute. In Catania hatte er eine Prostituierte kennengelernt, die sich in ihn verliebt hatte, aber wenn er es von hinten wollte, verlangte sie für jedes Mal 200 000 Lire.

»Oh Mann«, sagte er zu sich selbst, »ich kann es kaum erwarten, es wieder mit ihr zu treiben, hoffentlich ist sie noch da und nicht gegen eine andere ausgetauscht ...«

Aber nach und nach erschöpften sich unsere Gespräche und jeder hing seinen eigenen Gedanken nach. Ohne es zuzugeben, wussten wir natürlich alle, dass unsere Mission äußerst gefährlich war. Wir hatten harte Typen als Gegner, die viel mehr Erfahrung im Umgang mit Schusswaffen hatten. Dass dabei auch einer von uns auf der Strecke bleiben konnte, war uns bewusst. Und es war auch nicht ausgeschlossen, dass man versehentlich einen Kameraden erschoss, wie sich in der Vergangenheit gezeigt hatte. Es geschah immer wieder, dass man ins »freundschaftliche Feuer« geriet, kein Wunder bei dem Chaos, das bei den Schusswechseln herrschte. Ich bläute den Jungs immer wieder ein, wie wichtig es trotzdem war, ständig schussbereit zu sein.

»Ja, ja, ja … wir haben verstanden«, war meistens die Antwort. Und dann wurde ich erst richtig sauer.

Diese Jungs hatten natürlich mehr Erfahrung als ich und bereits mehrere Leute umgelegt. Aber ihnen mangelte es an militärischer Disziplin. Und Disziplin war das A und O für den Erfolg der Operation. Trotz aller Vorbehalte wurde meine Autorität nie infrage gestellt. Ihnen war klar, dass meine Anweisungen nützlich dafür sein konnten, um unbeschadet aus der Sache rauszukommen.

Wir waren noch jung, alle vier zusammen nicht einmal hundert Jahre alt. Aber wir fühlten uns erwachsen und mächtig.

Die schusssicheren Westen waren schwer und klebten an der Haut wie Saugnäpfe. Nach einigen Stunden wurde es fast unerträglich, aber wir durften sie nicht ausziehen. Sie wieder anzulegen, würde kostbare Zeit kosten. Und die hatten wir nicht.

Unsere T-Shirts waren durchgeschwitzt, aber trotz der Hitze liefen uns Schauder über den Körper. Der Schweißgeruch überdeckte sogar noch das Gemisch aus Moder und Autoabgasen, die Luft schien regelrecht zu oxidieren.

Allmählich kamen wir an die Grenzen des Erträglichen. Ich blickte durch den schmalen Türspalt nach draußen, dabei versuchte ich möglichst tief einzuatmen. Ich brauchte Luft. Eine verlockende Mixtur aus Düften und Geräuschen drang mir entgegen. Die Mütter bereiteten das Abendessen vor und riefen ihre Kinder, die jedoch lieber weiterspielen wollten. Seltsamerweise roch es auch nach Orangenblüten. Wie war das möglich? Es war kein Hochsommer mehr, und soweit ich mich erinnerte, gab es in dieser Gegend gar keine Orangenbäume. Aber dieser Geruch war unver wechselbar. Nein, ich irrte mich nicht, es waren Orangenblüten. Ein Geruch meiner Kindheit.

Dann wurde meine Aufmerksamkeit von einem lautstarken Streit zweier Jungs geweckt. Der Jüngere wollte seinen Ball wiederhaben, aber der Ältere weigerte sich, ihn zurückzugeben. »Es hat keinen Sinn. Das ist die Arroganz der Macht«, sagte ich mir.

Der Kleine schrie und weinte verzweifelt. Er hätte den Größeren gerne angegriffen, zögerte aber noch. »Nimm einen Stein und wirf ihn ihm an den Kopf!«, kam es mir in den Sinn. Und als hätte er meine Gedanken gelesen, bückte er sich, hob einen Stein auf und holte drohend aus. Der andere lachte erst, aber dann schien ihm irgendetwas in seinem Gehirn zu sagen, den Ball zurückzugeben. Er tat es mit gespielter Überheblichkeit, als ob ihn das alles anöden würde.

»Nein, du machst dir was vor«, dachte ich, »du gibst den Ball zurück, weil du Angst hast, du arroganter Arsch.«

Angst.

Ich dachte noch über dieses Gefühl nach, als es losging. Einen Moment lang schlug mir das Herz bis zum Hals. Ich riss mich zusammen und befahl meinen Kameraden Ruhe zu bewahren und sich auf die Aufgabe zu konzentrieren, so wie wir es immer wieder geübt hatten.

Wir stiegen ins Auto. Ich setzte mich ans Steuer und fuhr aus der Garage. Ich musste ruhig bleiben und diese Ruhe auch ausstrahlen.

Rückwärtsgang. Leerlauf. Erster, zweiter Gang und los, zu dem Ort, den unser Posten uns genannt hatte. Ruhig. Zu allem entschlossen. Giufà würde mir nicht entkommen, machte ich mir Mut.

Wir schwammen mit dem Verkehr mit. An einer Kreuzung musste ich an einer roten Ampel halten. Der Fahrer des Wagens neben mir sah mich an, als sei ich ein alter Freund, den er gerade wiedererkannt hatte. Aber ich blickte stur geradeaus und zeigte keine Regung. Es wurde grün. Ich hörte den Mann im Auto neben mir zu der Frau auf seinem Beifahrersitz sagen: »Der sah aus wie Antonio ...« Dann fuhr er weiter.

»Ja, mein Freund, das bin ich auch, dein Freund aus Kindertagen. Vielleicht wirst du eines Tages verstehen, dass ich dich nicht gegrüßt habe, um dich nicht in die Scheiße reinzuziehen«, dachte ich.

Ich fuhr geradeaus, noch wenige Kilometer. Höchstens drei. Ich näherte mich meinem Ziel. Nur noch wenige Minuten, und dann würde ich dem Mann gegenüberstehen, der jahrelang meine Gedanken beherrscht und auf dessen Beseitigung ich mit all meiner Energie hingearbeitet hatte.

Tausend Fragen schossen mir durch den Kopf, unter anderem diese: »Warum hast du meine Familie ausgelöscht, warum? Gab es denn keine andere Möglichkeit, die Probleme zu lösen, du Riesenarschloch?« Aber das war nicht der richtige Moment, um über die Motive nachzudenken, die mich dazu gebracht hatten, wenige Augenblicke später eine der gnadenlosesten Aktionen durchzuführen, die es in der Geschichte unseres Dorfes je gegeben hatte.

Wie aus dem Nichts tauchte ein Hindernis auf: eine Straßensperre der Guardia di Finanza an einer Tankstelle. Das hatte ich nicht bedacht. Trotzdem behielt ich die Nerven. Wie sollte ich den Beamten erklären, warum ich mit drei polizeilich gesuchten Männern in einem gestohlenen Auto voller Waffen unterwegs war?

Je näher ich kam, desto intensiver wurde der Blickkontakt zwischen mir und dem Beamten, der mit der Kelle herumfuchtelte. War das gelangweilte Routine oder wollte er uns wirklich rauswinken? Ich fixierte ihn, ich fixierte die Kelle.

»Nicht hochhalten«, flüsterte ich, »nicht hochhalten.«

Mein Blick war angespannt und hoch konzentriert. Er sah mich an, ich sah ihn an. Auf meiner Stirn bildeten sich Schweißperlen. Meine Kameraden waren wie erstarrt.

Zehn Meter, fünf, einer.

Die Hand am Abzug. Schussbereit.

Aber die Kelle blieb unten.

Ich will mir nicht ausmalen, was passiert wäre, wenn er uns angehalten hätte. Ob dann alles anders gekommen wäre. Eines ist klar, lebend hätte er uns nicht bekommen. Ich erinnere mich noch an den entsetzten Gesichtsausdruck eines meiner Kumpanen, als ich einige Hundert Meter nach der Straßensperre wendete, um den gleichen Weg zurückzufahren. Offensichtlich glaubte er, ich hätte den Verstand verloren, aber in Wirklichkeit war ich nur aufmerksam gewesen. Ich hatte den Aufbau der Straßensperre, mit der die Beamten die Autos kontrollierten, genau analysiert. Sie konnten nur in einer Richtung absperren, weil sonst der Verkehr komplett zum Erliegen gekommen wäre. Durch meine Erklärung beruhigt, entspannte er sich wieder. Er hatte begriffen, dass ich zwar blind vor Hass war, aber mein Verstand trotzdem gut funktionierte. Aber eines war klar: Durch die Straßensperre war unser Plan gescheitert, wir mussten in das Basislager zurück. Auf der Fahrt dorthin dachte ich darüber nach, wie ich meine Begleiter überzeugen könnte, noch ein paar Tage in dieser düsteren Garage auszuharren, gemeinsam mit mir. Die Zeit lief mir davon, die Gefahr, entdeckt zu werden, stieg. Ich musste mich beeilen.

Als ich in die Garage fuhr, überkam mich Schüttelfrost. Jetzt kam die Angst, wie immer bei gefährlichen Aktionen. Aber mein Verstand blieb klar, wie bei einem von der Richtigkeit der Sache überzeugten Soldaten. Allerdings musste ich nicht für mein Vaterland, sondern um mein Leben kämpfen.

Der Späher, der mir die Lage geschildert hatte, konnte es einfach nicht fassen. Er habe die Straßensperre nicht bemerkt, stammelte er, sie sei zum Zeitpunkt seiner Information noch nicht da gewesen. Ich beruhigte ihn, wusste ich doch, wie die Polizei bei Überraschungsaktionen agierte.

Das Schicksal wollte es, dass Giufà diesen Tag überlebte und ich unbeschadet durch die Straßensperre kam. Denn wenn wir gefasst worden wären, würde er vielleicht immer noch leben, und ich wäre im Gefängnis gelandet, noch bevor meine Rache richtig begonnen hatte. Oder tot. Und vielleicht hätten auch die beiden Polizisten nicht überlebt.

Aber es sollte anders kommen. Noch am gleichen Tag bekam ich die Nachricht, dass zwei meiner Helfer in Kürze zurückbeordert würden. In dieser Nacht konnte ich nicht einschlafen.

Die Situation drohte aus dem Ruder zu laufen. Vier bewaffnete Männer waren in einer Garage eines kleinen Dorfes zusammengepfercht. Sie mussten essen, trinken, sich waschen und brauchten Schlaf.

Ich begann am Erfolg der Operation zu zweifeln. Die Informanten brachten schlechte Nachrichten. Giufà verweilte nie länger an einem Ort, blieb immer im Auto sitzen. Die einzige positive Nachricht war: Er saß am Steuer, ich wusste also, wohin ich zielen musste.

Ich begriff nicht, warum Giufà so vorsichtig war. Woher sollte er von meinem Vorhaben wissen? Seit Jahren lebte ich im Ausland, wie sollte ich da eine Gefahr für ihn sein? Irgendetwas stimmte hier nicht, er musste einen Informanten haben.

Bevor ich endlich doch einschlief, war mir klar geworden, dass meine Strategie verändert werden musste. Und als ich aufwachte, kam mir Franco in den Sinn. Er würde die Schlüsselfigur in der Aktion sein.

Ich umarmte ihn, klopfte ihm auf die Schulter und sagte scherzhaft: »Weißt du, dass Giufà immer damit prahlt, dass die Kugel, die ihn tötet, noch erfunden werden muss?«

In Wirklichkeit war das ein Spruch von Netore, aber ich wollte die Jungs ein bisschen kitzeln, ihre Motivation steigern. Denn allmählich wurde der Aufenthalt in der stickigen, heißen Garage unerträglich. Sollten wir aufgeben? Manchmal dachte ich ernsthaft darüber nach.

Ich war mit diesen quälenden Gedanken beschäftigt, als draußen vor dem kleinen Fenster der Garage jemand sein Radio lauter stellte. Die Klänge von *Rimmel* von Francesco De Gregori drangen leise an mein Ohr, Akkordeon und Gesang.

Ich musste an Irina denken.

Daran, wie wir uns verabschiedet hatten. Und an den Sex auf dem Treppenabsatz bei ihr zu Hause. Dabei spürte ich, wie ich eine Erektion bekam. Das musste doch jetzt wirklich nicht sein, oder?

Doch dann kam ein zweiter Hinweis des Spähers. Er informierte uns, dass Giufà seinen Wagen vor Vincenzos Autohaus geparkt hatte.

»Auf geht's, Jungs. Das ist unsere Chance. Morgen liegen wir am Meer.« Ich lächelte, aber tief im Herzen hatte ich Angst.

Dieses Mal war ich noch konzentrierter, denn beim nächsten Fehlschlag würden sich meine Jungs mit Sicherheit zurückziehen.

Zu allem entschlossen, stiegen wir ins Auto und fuhren los. Die Straße war frei, keine Straßensperren, kaum Verkehr, keine rote Ampel. Das Schicksal war auf unserer Seite.

Da sah ich ihn. Ich traute meinen Augen kaum. Er war es wirklich.

Giufàs Gesicht wurde von einer mächtigen Sonnenbrille verdeckt, und seine Gesten verrieten mir, dass er auf der Hut war. Er saß auf dem Fahrersitz, genau wie der Informant es gesagt hatte, das Auto stand auf meiner Spur, aber in entgegengesetzter Richtung.

Ich beschloss, frontal auf ihn zuzufahren, sobald er den Motor startete. Er saß in einem Kleinwagen, einem Fiat Tipo, und ich in einem bulligen BMW. Der Vorteil war auf meiner Seite. Jetzt oder nie! Mein Leben und das Leben meiner Familie hingen vom Gelingen dieser Aktion ab.

Er sah mich schon von Weitem, wurde misstrauisch, saß aber schon in der Falle, er konnte weder vor noch zurück.

Einen Moment lang dachte ich, er würde die Tür aufreißen und zu Fuß zu fliehen versuchen. Aber mit dieser Vermutung lag ich falsch. Er startete den Motor, trat das Gaspedal durch und versuchte mir mit einem waghalsigen Manöver auszuweichen. Er verlor die Kontrolle und prallte mit einem anderen Auto zusammen. Jetzt war er endgültig eingekesselt. Gleichzeitig eröffneten meine Begleiter das Feuer, so heftig, als gäbe es kein Morgen mehr.

Wie vermutet, war Franco mein Ass im Ärmel. Er lehnte sich weit aus dem Rückfenster unseres BMW, diese Bewegung hatten wir Dutzende Male geübt, die Waffe im Anschlag, Giufàs Kopf im Visier. Ich sah alles ganz genau, wie in Zeitlupe, auch wenn nicht ganz klar war, ob er den tödlichen Schuss tatsächlich abgegeben hatte. Denn gleichzeitig mit Franco ließ Nino sein 7,62er Nato-Sturmgewehr sprechen, eine Waffe mit beeindruckender Feuerkraft. Wir hatten sie an einem Felsen in den Bergen ausprobiert und den Eindruck gehabt, als würde das Projektil das Gestein sprengen.

Der Kleinwagen schien regelrecht zu implodieren, die Karosserie verformte sich, die Windschutzscheibe barst, die Fahrertür wurde von der ungeheuren Wucht der Einschläge weggesprengt. Durchlöchert wie ein Sieb. Ein Inferno.

Ich gab den Befehl, auszusteigen und die Sache zu Ende zu bringen. Ich sah, wie sich Nino dem Wrack näherte und das Magazin wechselte. Er stellte sich breitbeinig davor und feuerte. Jetzt waren alle Zweifel endgültig beseitigt: Das Schicksal des Bastards war besiegelt, voll gefüllt mit Blei.

Ich dachte an all die Unschuldigen, die er selbst umgebracht oder deren Tod er in Auftrag gegeben hatte, die Familienväter, die nichts mit der Mafia und Blutrache zu tun gehabt, sondern einfach nur den gleichen Nachnamen wie seine Feinde getragen hatten.

Unter den Opfern war auch ein 15-jähriger Junge gewesen. Ich hoffte, dass an diesem Tag diesem Jungen und all den anderen unschuldigen Opfern nachträglich Gerechtigkeit verschafft worden war.

Im allgemeinen Chaos hatte ich Mario aus den Augen verloren. Mit seinem Revolver 357 Magnum hatte er einen Flüchtigen in ein Geschäft verfolgt. Dass er nicht zurückkam, machte mir Sorgen. Ich musste selbst aussteigen, mich hoch konzentriert ständig um meine eigene Achse drehen und schussbereit sein, meine treue Rosy im Anschlag. Doch allein mit einer Pistole fühlte ich mich nicht sicher. Meine Uzi fiel mir ein, ich ging zum Auto zurück und holte die Maschinenpistole. Ich fürchtete, dass sich einige unserer Gegner hinter einem Auto verschanzt hatten und das Feuer eröffnen könnten. Obwohl ich eine Schutzweste trug, war ich auf dem Präsentierteller, und durch die schwere Weste war meine Bewegungsfreiheit eingeschränkt.

Endlich sah ich Mario, er rannte auf mich zu, völlig außer Atem. »Das Schwein ist mir entwischt, es ist mir entwischt«, schrie er wütend.

Inzwischen herrschte auf der Straße ein heilloses Durcheinander. Dutzende Autos blockierten beide Spuren, einige Fahrer waren ausgestiegen, hatten die Autos einfach stehen lassen und waren zu Fuß weitergegangen. Ich sorgte dafür, dass der Verkehr wieder zum Fließen kam, und deutete den Fahrern mit großen Gesten an, den Ort des Geschehens zügig zu verlassen. Unser Ziel hatten wir erreicht, jetzt mussten wir die Flucht organisieren. Ich befahl äußerste Ruhe und warnte meine Truppe beim Einsteigen aufzupassen, dass die Waffen gesichert waren, damit sich nicht versehentlich ein Schuss lösen konnte. Das war alles schon passiert. Dann fuhren wir los und ließen ein Schlachtfeld zurück. Unser Ziel war das Versteck.

Die Nachrichten im Fernsehen bestätigten einige Stunden später unsere Vermutung. Ein Journalist mit Mikro berichtete vom Tatort und bahnte sich seinen Weg durch Polizisten, Carabinieri und die übliche Horde von Schaulustigen. Drei meiner Feinde waren tot, aber es gab auch Überlebende. Einigen war die Flucht gelungen.

Aber das Wichtigste hatten wir erreicht. Giufà war tot. Ich konnte es kaum glauben. Den Mann, der meine Familie zerstört hatte, gab es nicht mehr. Davon hatte ich all die Jahre geträumt, wusste ich doch, dass er alles daran gesetzt hätte, auch mich und den Rest meiner Familie auszulöschen.

Glücklich über seinen Tod war ich nicht, aber ich fühlte mich sicherer. Jetzt mussten andere mehr Angst haben als ich. Auch wenn mir klar war, dass sich alle gegen mich verbünden und mich unerbittlich jagen würden.

Aber im Augenblick musste ich mir keine Sorgen machen. Ich hatte schon das nächste Ziel vor Augen: Netore. Erst mit seinem Tod war meine Rache komplett.

In der Nacht wechselten wir in ein sichereres Versteck, es war klar, dass im Morgengrauen die Polizei in meinem Dorf jeden einzelnen Stein umdrehen würde. Und so war es auch. Man erzählte mir später, dass niemand den engmaschigen Kontrollen entkommen konnte. Die Vorbestraften und Verdächtigen wurden sogar von einer Spezialeinheit aus Palermo verhört. Die Polizei untersuchte jeden Winkel, überall gab es Straßensperren. Es war die Hölle. Die Dorfbewohner hatten verstanden, dass meine Racheaktion die Ursache für den massiven Polizeieinsatz war. Für die Journalisten stand fest: Die Opfer des Massakers vom 21. September vor vier Jahren waren gerächt. Und sie prophezeiten, dass die Straßen des Dorfes bald voller weiterer Opfer sein würden. Und sie hatten recht. Das blutige Gemetzel ging weiter, zwei qualvolle Jahre lang.

Die Nachricht war klar und deutlich. Es war Krieg. Und alle wussten es.

Wie gewissenlos ich damals war! Und wie mutig!
Wenn ich heute daran denke, schwanke ich immer zwischen diesen
beiden Polen.

Und ich bin zu dem Schluss gekommen, dass fehlendes Bewusstsein
für das eigene Handeln und Mut gar keine Gegenpole sind. Vielleicht so-
gar das Gegenteil. Sie nähren sich gegenseitig, verbinden sich zu einer
perfekten Symbiose. Fehlendes Bewusstsein ist die Basis für Mut. Jeden-
falls für diese Form der Gewissenlosigkeit und diese Form des Mutes.

Meinen Entschluss, mich gegen die Cosa Nostra zu wehren, habe ich
bewusst getroffen, trotz meiner Wut, trotz meines Wunsches, möglichst
lange zu leben. Natürlich war ich mir bewusst, dass ich mächtigen Geg-
nern gegenüberstand. Sie hatten Geld, einflussreiche Freunde, Rückhalt
und eindeutige Organisationsstrukturen. Ihr Ziel war klar definiert:
Mich finden und mir die Kehle durchschneiden.

Ich machte mir Mut, indem ich mir sagte, dass auch meine Gegner
Menschen aus Fleisch und Blut waren, genau wie ich. Und das häm-
merte ich auch meinen Verbündeten immer wieder ein, um ihre aufkom-
mende Panik zu dämpfen.

Ich war unablässig dabei, andere zu motivieren, aber mich moti-
vierte niemand. Ich propagierte, dass unser Krieg gerecht war. Dass wir
aus einem nachvollziehbaren Grund töteten. Unsere Feinde dagegen
waren Mafiosi, Gewalttäter, Kriminelle. Wir kämpften, um unsere
Familien zu rächen und unser Leben zu retten.

Und wir bekamen unerwartete Hilfe. Die Medien stilisierten uns, die Stidda, zu einer »fünften Mafia« hoch, die noch erbarmungsloser sei als die Cosa Nostra. Wie sie darauf kamen, habe ich nie verstanden. Mit der Zeit wuchs in mir der Verdacht, dass es die Polizei gewesen sein könnte, die das Bild einer zu allem bereiten, skrupellosen Konkurrenzorganisation konstruierte, nur um den Konflikt zuzuspitzen, uns aufzuspüren und letztendlich die Cosa Nostra zu provozieren. Wie auch immer es gewesen sein mag, sie unterstützten uns damit, unsere Feinde begannen uns zu fürchten.

Und ich wusste, dass ich noch auf einen zusätzlichen Verbündeten zählen konnte: die Angst. Es gibt keinen Menschen auf der Welt, der keine Angst hat. Und das, was im Sommer nach dem Massaker geschah, bestärkte mich in meiner These. Ich erinnere mich gut, wie damals viele »rechtschaffene Menschen« auf mich zukamen und mir versicherten, dass sie mit den Morden nichts zu tun hatten, dass ich auf ihre Hilfe bauen könnte.

Ich kannte diesen Mechanismus. Im Grunde machten sie sich in die Hosen vor Angst, und ich zog meinen Vorteil daraus. Ich setzte ihnen die Pistole auf die Brust: Wer nicht offen für mich ist, ist gegen mich. Viele machten einen Rückzieher, wie ich mir das vorgestellt hatte. Aber viele fürchteten mich auch. Ich hatte das Machtgefüge und die Hierarchie zwischen den einzelnen Cosa-Nostra-Familien ins Wanken gebracht. Es kam zu Konflikten innerhalb der Mafia, und viele »Ehrenmänner« sahen in mir und meinen Verbündeten die Möglichkeit, sich zu rächen. Sie kamen zu Dutzenden zu uns. Und jeder Einzelne war eine wertvolle Informationsquelle, was die Mafiachefs und ihre Strategien anging. Natürlich wusste ich, dass sie mich fallen lassen würden, wenn sie ihr Ziel erreicht hatten. Es war ein Spiel mit dem Feuer, und es war schwer zu unterscheiden, wer Freund und wer Feind war. Wessen Interessen mit den meinen übereinstimmten, war mein Freund. Die anderen nicht.

Heute schaue ich voller Abscheu auf meine damalige Vorstellung von Freundschaft. Heute ist Freundschaft für mich ein hohes Gut, bedingungslos und von unschätzbarem Wert. Das damals war keine Freundschaft, sondern kalkulierter Opportunismus.

Netore

Seit zwei Tagen hatte ich mich in der Mansarde eines sechsstöcki-
gen Wohnhauses verschanzt, den Finger am Abzug. Dieses Mal
war es ein Armalite-Sturmgewehr mit Zielfernrohr und einem 20-
Schuss-Magazin. Einzelfeuer oder Dauerfeuer, beides war möglich.
Die Sonne brannte unbarmherzig durch die Ritzen der halb
geöffneten Fensterläden, und ich schwitzte stark. Nach einigen
Stunden zog ich die Lederhandschuhe aus, die Hitze darunter war
unerträglich.

Aber ich brauchte Geduld, musste den richtigen Moment abwarten, um Netore den Kopf wegzublasen. Mit einem einzigen
Schuss. Oder noch besser, ich würde ihn in den Brustkorb schießen, wie es mir der Holländer beigebracht hatte. Der Kopf war ein
viel kleineres Ziel als der Brustkorb. Und viel beweglicher: »Man
muss immer auf den Brustkorb zielen, zwischen Herz und Lun-
genflügel. Glaub mir, Antonio, mit einer 7,62er-Patrone oder selbst
mit einer 5,56er funktioniert das perfekt. Bis zu einer Schussent-
fernung von 100 Metern bleibt die Flugbahn stabil.«

Ich war viel näher an meinem Ziel, außerdem hatte ich Explo-
sionsgeschosse geladen. Ja, ich würde auf den Oberkörper zielen,
entschied ich.

Früher oder später würde er auf den Balkon kommen. Ich war
fest entschlossen, mich nicht von hier wegzubewegen, was auch
immer passieren würde. Aber nach zwei Tagen Warten, geschützt
nur durch eine Wolldecke und zwei Laken, war ich völlig fertig. Ich

verließ meine Position nur, um zu trinken und zu essen. Thunfisch aus der Dose, Grissini, Kekse und alles, was es sonst an Genießbarem in dieser Wohnung gab. Ich hatte nicht im Mindesten damit gerechnet, so lange warten zu müssen. Am schlimmsten war das Pinkeln. Schon zwei Wasserflaschen waren voll Urin, auf die Toilette gehen konnte ich nicht: Das Risiko, dass die anderen Mieter die Wasserspülung hörten, war zu groß. Alle Hausbewohner wussten, dass die Mieter der Dachgeschosswohnung im Ausland waren. Später pinkelte ich in die Blumenvasen.

Endlich tauchte Netore im Türrahmen seines Hauses auf und trat auf die Straße, mein Gewehr war aber nach wie vor auf den Balkon seiner Wohnung gerichtet. Damit hatte ich nicht gerechnet. Immerhin stand er unter Hausarrest.

»Wie kann das sein? Vielleicht hat er Ausgangserlaubnis?«, fragte ich mich beunruhigt.

Ich justierte meine Waffe neu, dieses Mal auf den Hauseingang. »Früher oder später kommt er zurück«, sagte ich mir.

Vielleicht war diese Position sogar ein Vorteil: Jetzt hatte ich bessere Sicht. Ich würde ihn kommen sehen, vielleicht würde er sogar einige Minuten vor der Tür stehen bleiben, um ein Schwätzchen zu halten. Das tat er gerne. Wie oft schon hatte ich dabei sein verdammtes Grinsen gesehen. Wie ich dieses Grinsen hasste! Erneut kam der Wunsch in mir auf, ihm endlich den Kopf wegzublasen.

Am Abend bemerkte ich verdächtige Aktivitäten rund um Netores Haus. Durch mein Zielfernrohr erkannte ich einen Carabiniere, der die Blumentöpfe vor einem vergitterten Fenster kontrollierte, offensichtlich suchte er etwas.

Ich wartete, bis es dunkel war, baute seelenruhig meine Waffe auseinander und verstaute sie im Futteral. Etwas in mir flüsterte, dass es unmöglich sein würde, Netore hier zu töten. Ich packte meine Sachen zusammen und ging die Treppe hinunter, in der Hoffnung, dass mir niemand begegnete. Ich musste dringend duschen, auf die Toilette gehen und etwas Warmes essen. Ich versuchte mein Motorrad zu starten, aber vergeblich: Jemand hatte mir das Benzin aus dem Tank geklaut.

Ich saß gerade im wohlig warmen Wasser der Badewanne, als einer meiner Verbündeten anrief und mich informierte, dass Netore auf der Flucht war. Das war jetzt offiziell bestätigt. Damit hatte ich weiß Gott nicht gerechnet. Ich musste umdenken.

»Alles halb so schlimm, er hat Angst«, versuchte ich mir Mut zu machen und lachte sarkastisch dabei. Aber wirklich glauben konnte ich es nicht.

Jetzt würde es noch schwerer sein, ihn aufzuspüren. Sein durch den Hausarrest eingeschränkter Bewegungsradius hatte sich deutlich erweitert. Und ich stand garantiert ganz oben auf seiner Abschussliste, weil er mich für den Drahtzieher des Überfalls auf Giufà und einige seiner Verwandten hielt.

Ich musste ihm zuvorkommen, um jeden Preis, denn ich wusste um sein hohes Ansehen und seine Autorität innerhalb der Cosa Nostra. Noch während ich in der Wanne lag, beschloss ich, die Männer, die ihm am nächsten standen, zu eliminieren. Es lag auf der Hand, dass er etwas im Schilde führte, ich musste die Gunst der Stunde nutzen, bevor er Zeit zum Nachdenken hatte.

Im Gegensatz zu mir konnte er sich auf bewährte Strukturen stützen, während unsere Organisation eher ein Fantasieprodukt der Medien war.

Ich musste angreifen und gnadenlos zuschlagen.

Ich trat in Aktion. Am nächsten Morgen bat ich einen Komplizen, mich auf dem Motorrad zum »Reifenhändler«, einem Vertrauten Netores, zu fahren. Ich stieg nicht mal von der Maschine und schoss ihm direkt in den Kopf, als er gerade einen Reifen kontrollierte. Er ahnte nicht einmal, dass er sterben würde.

Einige Tage später war ein Cousin Netores an der Reihe, auch er ein Mitglied der »Familie«.

Nach diesem Mord gab es Angebote zum Waffenstillstand von allen Seiten. Mir war sehr wohl klar, dass das die Methode der Mafia war, um Zeit zu gewinnen, aber ich konnte nicht ablehnen, solange Netore auf der Flucht war. Einige meiner Gegner ließen mich wissen, dass auch sie Netore hassten und ihn als Hauptverantwortlichen für diesen Krieg ansahen. Ich wusste nicht, ob das stimmte, aber ich merkte es mir.

Ich beschloss abzuwarten, aber sobald ich erfahren würde, wo sich Netore aufhielt, würde ich handeln. Ich ließ durchsickern, dass ich die Waffenstillstandsabkommen, die mein Vater und meine Onkel im Gefängnis mit unseren Feinden getroffen hatten, respektieren würde. Aber in Wirklichkeit waren das für mich nur leere Worte. Die Zeit im Knast hatte sie zermürbt und ihnen den Sinn für die Realität genommen, davon war ich überzeugt. Sie kannten die aktuelle Situation vor Ort nicht. Der Hauptgrund war jedoch, dass sich mein Vater Sorgen um mich machte, deshalb wollte er den Krieg beenden, um jeden Preis. Aber ich hatte beschlossen weiterzukämpfen. Ich hatte begriffen, dass meine Zukunft vorprogrammiert war, es war schon zu viel Blut geflossen. Ich hätte mir gerne von meinem Vater und meinen Onkeln erklären lassen, wie und durch welchen Vertrag dieser Friede garantiert sei. Aber ich ließ es bleiben. Ich hatte schon lange meine eigenen Strategien und verließ mich nur auf mich selbst. Sie machten sich immer noch Illusionen und hatten nicht verstanden, oder wollten nicht verstehen, dass sie einen schlafenden Löwen geweckt hatten, der jetzt einen nach dem anderen verschlingen würde.

Da war das Gefängnis noch das kleinere Übel für mich. Aber selbst dort würde ich nicht sicher sein.

Rino Rizzo

Wenn ich nach einer Bestätigung meines Verdachts suchte, dass die Cosa Nostra ein schmutziges Spiel spielte, dann fand ich sie in der Person eines ihrer ehemaligen Wortführer, Don Rino Rizzo. Trotz ausgerufenem Waffenstillstand versuchten sie ihre inneren Konflikte mit der Kalaschnikow zu lösen und die Schuld auf mich abzuschieben. Rizzo war einem Hinterhalt seiner »Freunde« entkommen und nahm durch seine Söhne Kontakt mit mir auf, er müsse mich dringend sprechen. Er konnte nicht persönlich kommen, da er im Rollstuhl saß. Er war gelähmt, eine Kugel hatte ihn im Rücken getroffen und sein Rückenmark verletzt.

Zuerst dachte ich an eine Falle. Aber seine Söhne boten mir an, als »Pfand« meine Gäste zu sein, was faktisch bedeutete, dass sie sich als Geiseln zur Verfügung stellten. Sie waren bereit, sich in die Obhut meiner Leute zu begeben, bis ich wieder zurück war. Ich war beruhigt und traf mich mit Don Rizzo.

Wir hatten ein langes und sehr interessantes Gespräch, in dem ich wertvolle Fingerzeige erhielt.

Ich erfuhr vieles über die jüngsten Entwicklungen, aber dieses Mal aus dem Blickwinkel der Cosa Nostra. Offenbar gab es von ganz oben die Order, dass alle Familien Frieden schließen und unsere Forderungen bedingungslos erfüllt werden sollten, selbst die erniedrigendsten. Netore hatte den Befehl, sich der Polizei zu stellen. Was er getan hatte. Das war der Beweis, dass Rino die Wahrheit sagte. Um die Absichten der Mafia zu verstehen, hätte ich mir das nicht anhören müssen, das wusste ich schon. Neu für mich jedoch waren die Verflechtungen und internen Konflikte zwischen der Mafia und einigen mit uns verbündeten Familien. So hatten sich die Pisanis uns nur angeschlossen, um Machtkämpfe mit anderen Mafiafamilien auszutragen. Wären ihre Probleme gelöst, würden sie uns die Unterstützung entziehen.

»In letzter Konsequenz«, sagte Don Rino, »wenn die Cosa Nostra verstanden hat, mit wem sie es tatsächlich zu tun hat, wird sie ihre ganze politische, wirtschaftliche und militärische Macht einsetzen und euch wie Insekten zerquetschen. Macht euch keine Illusionen, dass ihr für sie eine ernsthafte Herausforderung seid. Die Capos haben die Zustimmung der Führungsspitze, ganze Familien auszulöschen, darunter deine, die Patores und die Marcones. Du bist so vielen Leuten auf die Füße gestiegen, Antonio, da kommst du nicht mehr mit heiler Haut davon. Es ist nur noch eine Frage der Zeit.«

»Warum erzählst du mir das alles?«, fragte ich.

»Weil du dich beeilen musst. Solange Krieg und Chaos herrschen, stehen deine Chancen besser. Dein größter Feind ist die Normalität. Die Männer der Cosa Nostra haben es nicht eilig. Meist sind es Arbeiter, die sich um ihre Familien kümmern und als gläubige Katholiken jeden Sonntag zur Messe gehen. Freitags erschießen sie sowieso nie jemanden, weil das für sie der Tag des Herren ist …«

»Ein Glück, dass sie so fromm sind …«, konnte ich mich nicht zurückhalten.

»Mir geht es genau wie dir«, fuhr Rizzo fort, »auch ich bin ein lebendiger Toter. Sie sind davon überzeugt, dass ich euch geholfen habe, was nicht stimmt, wie du weißt, jedenfalls bis vor ein paar Stunden nicht. Vergiss nie: Eine Entscheidung, die du einmal getroffen hast, kannst du nie wieder rückgängig machen. Mir haben sie noch nicht mal die Möglichkeit gegeben, mich zu verteidigen, und das, obwohl mein Urgroßvater, mein Großvater und mein Vater loyale Diener der Cosa Nostra gewesen sind. Aber jetzt ist Schluss. Ich will wenigstens meine Söhne retten. Ich werde dir alle Informationen geben, die du brauchst, und du sorgst dafür, dass meine Söhne am Leben bleiben. Meine ehemaligen Freunde verbreiten das Gerücht, dass einer meiner Söhne mein Nachfolger als Capo wäre. Das ist ihre Strategie bei Friedensverhandlungen. Mit einem Köder versuchen sie, ihre Gegner in eine Falle zu locken. Du musst wissen, dass sie im Moment genug eigene Probleme haben. Und die Cosa Nostra löst ihre Probleme Schritt für Schritt. Davon kannst du profitieren, Antonio, ärgere sie, wo du nur kannst. Und noch eins: Vertraue deinen Verbündeten nicht zu sehr ... Sie verraten dich sicher nicht mit Absicht, sondern weil sie zu naiv sind.«

Ich verabschiedete mich, weniger überzeugt als verwirrt. Ich musste all das erst verarbeiten und analysieren. Ich war sicher, dass Rizzos Absichten vorgetäuscht waren, aber das spielte keine Rolle. Wichtig war, dass die Informationen den Tatsachen entsprachen, unabhängig von seinen eigenen Interessen.

Wieder im Versteck angekommen, warf ich mich auf das Feldbett und schlief mit fürchterlichen Kopfschmerzen ein. Ich hatte mich nicht einmal ausgezogen. Nach dem Aufwachen machte ich mir einen starken Kaffee, zündete mir eine Zigarette an und begann mit etwas Abstand über das nachzudenken, was mir Don Rino Rizzo erzählt hatte. Ich schrieb mir einen Merkzettel, natürlich nach einem nur mir bekannten Code, auf dem ich alle Details notierte: die verschiedenen Einflusszonen des Clans, die Hierarchien, die Capos der einzelnen Familien und die Orte, wo ich sie finden konnte. Mithilfe dieses Organigramms erkannte ich das Doppelspiel der Pisanis. Und mit ihnen musste ich dringend ein Wörtchen reden.

Ohne Vorankündigung tauchte ich bei ihnen auf. Das widersprach zwar den Regeln, aber das war mir egal, denn mein Leben stand auf dem Spiel. Ich fragte einen nach dem Aufenthaltsort der

Leute auf meiner Abschussliste. Nachdem ich die Namen genannt hatte, wurde er recht schweigsam, bestätigte aber vieles, was mir Rizzo gesagt hatte. Meinen Verdacht, dass er mit all seinen »Weiß ich nicht!« log, behielt ich für mich. Seine Taktik lag auf der Hand: Er spielte auf Zeit, um die Feinde, die wieder Freunde sein würden, zu schützen.

Ich nutzte den Überraschungseffekt. Bevor sich die schwerfällige »Friedensmaschinerie« in Gang setzte, exekutierte ich höchstpersönlich einige Bosse, die wie selbstverständlich in ihren Dörfern das Zepter in der Hand hatten, dort wo »Ruhe« herrschte, nämlich die ihre. Darüber hinaus beauftragte ich Killer mit weiteren Morden, dabei achtete ich allerdings darauf, dass ein gewisses Gleichgewicht innerhalb der Hierarchie erhalten blieb. Diese Heuchler hatten meine Familie auf dem Gewissen, es war nur recht und billig, dass auch sie jetzt in der Hölle schmorten. Was für widerliche Typen.

Ich habe die Waffenruhe gebrochen

Wir hatten gewonnen, die Mafia hatte kapituliert. Dieses Gerücht kursierte unter den jungen Männern unserer Truppe, die von den Journalisten immer noch hartnäckig »Stidda« genannt wurde. Sie waren stolz, so schwer war das gar nicht gewesen! Einige kehrten nach Hause zurück, andere packten ihre Koffer, um das Weite zu suchen. Ich versuchte vergeblich ihnen klarzumachen, dass die Stimmung umschlagen und wir von einem Moment zum anderen von Jägern zu Gejagten werden konnten. Dass das Friedensangebot der Cosa Nostra nur ein Bluff war und die Waffenruhe nicht lange halten würde. Besonders, wenn bekannt würde, dass ich den Mord an Netore beauftragt und damit das Übereinkommen gebrochen hätte.

Natürlich wollten alle den Krieg beenden, mich eingeschlossen. Aber oft bekommen wir im Leben nicht das, was wir uns wünschen, denn unser Ziel passt häufig nicht zur Realität, in der wir leben. Mir reichte es nicht, Giufà umgebracht zu haben. Um meine jahrelang geplante Rache zu vollenden, musste auch Netore sterben. Letztendlich waren er und Giufà dafür verantwortlich, dass mir das Liebste auf Erden genommen und mein Leben in eine Hölle ohne Ausweg verwandelt worden war.

Deshalb konnte ich die getroffenen Vereinbarungen nicht respektieren. Netore war an jenem Morgen unbesorgt aus seinem

Haus auf die Straße getreten, er fühlte sich sicher, zwischen den Familien herrschte ja Waffenruhe. Er begrüßte seine Freunde, um dann in den Nordteil der Stadt zu fahren, wo er sich nach richterlichem Beschluss zur Überwachung aufhalten musste. Zwei von mir beauftragte Killer schossen ihn auf der Piazza di Casamarina nieder, wo er mit besorgten Nachbarn plauderte und sie zu beruhigen versuchte.

Es war ganz leicht und ohne großes Risiko. Ich wartete im Auto auf die beiden, und während wir flohen, fühlte ich mich plötzlich ganz leer. Wir würde es weitergehen? Ich hatte die Verantwortlichen für das Massaker an meiner Familie zur Rechenschaft gezogen. Ich hatte mich gerächt. Aber jetzt steckte ich in Schwierigkeiten, genau wie ich es vorausgesehen hatte.

Zuerst einmal der Ärger mit meinem Vater und meinen Onkeln, die sich aus dem Gefängnis heraus für den Frieden stark gemacht hatten. Doch mein Ungehorsam richtete sich nicht nur gegen sie. Und ich war nicht allein. Überall regte sich Widerstand gegen einen Frieden, der aus dem Gefängnis heraus verhandelt worden war.

»Erklärt mir mal, warum ihr nicht damit einverstanden seid, dass ich Netore zur Hölle geschickt habe! Was ich getan habe, hätte auch jemand anderes tun können, das wisst ihr genau. Merkt ihr denn nicht, wie der offizielle Waffenstillstand systematisch verletzt wird? Nur durch ein Wunder habe ich vier Hinterhalte überlebt! Und verdammt noch mal, wie wollt ihr aus dem Knast heraus überhaupt Sicherheiten garantieren?! Ihr mit euren guten Beziehungen! Sitzt eure Strafe ab und geht mir nicht auf die Nerven«, blaffte ich einige Capos an, die gemütlich im Gefängnis saßen und dachten, sie könnten über mein Leben und das der anderen verhandeln.

Inzwischen war ich völlig aus der Bahn geraten. Ich hatte die Kontrolle über mein Leben verloren und reagierte auf den geringsten Ungehorsam meiner eigenen Leute mit gnadenloser Härte. Der Stress hatte mich fertiggemacht. Und dann warf mir auch noch jemand aus meiner eigenen Familie vor, irgendeine Scheißvereinbarung verletzt zu haben! Ich konnte es nicht fassen.

Giufà, Netore und andere Feinde waren ausgeschaltet, wir hatten unser Ziel erreicht, aber mir wurden Vorwürfe gemacht. Meine eigenen Leute waren überzeugt, dass ich mit meinem Alleingang Gegenangriffe provoziert hatte. Sie wollten nicht begreifen, dass die Mafia schon längst beschlossen hatte, unsere Familie restlos auszulöschen. Sie weigerten sich einer Realität ins Auge zu sehen, die ich längst akzeptiert hatte.

Jetzt war die Zeit gekommen, mit den Resinas über einen echten Frieden zu verhandeln.

Den Resinas vertraute ich. Auch sie hatten viele Familienmitglieder verloren, auch sie hatten es satt, in ständiger Angst zu leben. Aber ich war mir gleichzeitig sicher, dass sie mich ohne Zögern umbringen würden, wenn sie den Befehl dazu bekämen, auch wenn sie es selbst nicht wollten. Auch wenn wir uns die Hand gereicht und Treue geschworen hatten. Sie würden sich in letzter Konsequenz nie gegen die Mafia stellen.

»Die Cosa Nostra ist nicht wie unsere Truppe«, versuchte ich meinen Freunden zu erklären, die immer einfach nur am Strand liegen, flirten und Spaß haben wollten. »Bei der Cosa Nostra gibt es diese Freiheiten nicht. Da könnt ihr nicht tun und lassen, was ihr wollt, so wie hier. Wer in der Mafia nicht gehorcht, wird von der Mafia erschossen, da gibt es keine Diskussion.«

Sie verstanden mich nicht.

In all den Jahren im Gefängnis habe ich mich intensiv mit den Ursprüngen der Mafia beschäftigt. *Ich hatte schon vorher eine Ahnung, insbesondere durch gut gemachte Filme wie* »Der Pate«, *aber mehr auch nicht. Heute bin ich wesentlich besser informiert. Und ich setze mich auch weiterhin immer wieder mit den Studien renommierter Forscher auseinander, wie zum Beispiel Arbeiten von Professor Girolamo Lo Verso von der Universität Palermo, der das Phänomen Mafia bis heute wissenschaftlich untersucht. In seinen Berichten habe ich die Bestätigung dessen gefunden, was ich damals bereits vermutete.*

Lo Verso schreibt, dass die Welt der Mafia »eine familiäre, totalitäre und fundamentalistische Wertegemeinschaft ist, in der es kaum Kontakte zwischen den archaischen Leitbildern, von denen sie beherrscht wird, und der modernen Welt gibt. Dieser überkommene, primitive Sippenverband kennt nicht einmal die Blutsverwandtschaft: Die einzige wahre Familie ist die Mafia, der man ohne Wenn und Aber und ohne Zögern gehorchen muss, selbst gegen die eigene Verwandtschaft. In der Welt der Mafia ist sogar ein Mord an einem Blutsverwandten gerecht, wenn der Capo es so will.«

Tatsächlich ist es so, dass »in der Welt der Mafia das Ich und das Wir eine Einheit bilden. Das Wir entscheidet, wie in anderen fundamentalistischen Gemeinschaften auch. Die Mafiosi sind roboterähnliche Erfüllungsgehilfen, die einzig und allein Befehle ausführen. Reflektiertes, introspektives und dialogisches Denken jedoch fehlt, es findet weder innerhalb der Organisation noch außerhalb statt.«

Die Initiation, also die Integration in die archaische Gedankenwelt, findet bereits in der Jugend statt. Kinder werden im Geist der Unterdrückung, der unterschwelligen Bedrohung und Einschüchterung erzogen.

Ich habe mich intensiv mit den Aufzeichnungen des ersten wichtigen Kronzeugen gegen die Mafia, Tommaso Buscetta, auseinandergesetzt. Eine Aussage des »Pentito« hat mich besonders getroffen: »Bei einer Entführung musste das Opfer meinen Druck spüren, aber immer verdeckt. Ich werde es nie direkt bedrohen, stets lächeln, aber es muss wissen, dass hinter meiner lächelnden Fassade eine Bedrohung steckt. Ich werde nie sagen: ›Ich werde etwas tun.‹ Das Opfer wird es ohnehin verstehen, sonst muss es unter den Konsequenzen leiden.«

Falcone

Es war spätnachmittags im Mai. Ich lag auf der Terrasse des kurzfristig gemieteten Ferienhauses vor den Toren Casamarinas und genoss das Schauspiel der untergehenden Sonne, die feuerrot hinter dem weißen Kalkmergelhügel versank, der sich in dieser Gegend Siziliens bis ins Meer zog.

Plötzlich wurde die Stille jäh unterbrochen. Einer meiner Freunde tauchte auf und rief mir aufgeregt zu:»In Palermo ist Krieg!« Er war völlig außer sich, und ich bot ihm ein Glas Wasser an, um ihn zu beruhigen. Er erzählte, dass sein Freund auf dem Rückweg von der Universität Palermo, wo er seine Verlobte abgesetzt hatte, Zeuge einer verheerenden Explosion geworden war. Wie durch ein Wunder war ihm selbst nichts passiert.

Ich begriff immer noch nicht, was tatsächlich passiert war, und schaltete deshalb den Fernseher ein. In einer Sondersendung wurde gerade berichtet, dass man eine gewaltige Bombe gezündet hatte, um einen berühmten Anti-Mafia-Richter samt Wagen in die Luft zu sprengen: Giovanni Falcone. Sein Tod war noch nicht bestätigt, aber alle seine Begleiter waren ums Leben gekommen. Die späteren Bilder in den Nachrichten waren entsetzlich. Niemand, der in diesem Augenblick am Ort des Geschehens war, hatte eine Chance, den Anschlag zu überleben.

Spätabends war es dann offiziell: Richter Falcone, die Symbolfigur der Antimafiabewegung, hatte sich nicht retten können. Auch er war tot, genauso wie seine Frau und die Beamten seiner Eskorte.

Einige Monate zuvor war ein einflussreicher sizilianischer Politiker ermordet worden. Eine Spirale der Gewalt begann sich aufzubauen.

Ich erinnerte mich an die Worte des alten Mafiabosses Rino Rizzo, denen ich damals keine Beachtung geschenkt hatte: »Sie haben ernsthafte Probleme mit einigen Politikern ...«.

Ich begann zu begreifen, warum die Mafia sich uns »ergeben« hatte. Mein Freund sah mich an. Er war erschüttert.

»Glaubst du wirklich, dass Leute, die eine solch präzise Militäraktion planen und durchführen können, Angst vor uns haben?«, fragte ich ihn.

»Was meinst du damit?«

»Wenn sie eines Tages ihre Probleme mit der Politik gelöst haben, werden sie die Waffen gegen uns richten.«

Die Angst kehrte zurück. Von wegen die Mafia war besiegt. Sie hatte den Kopf wieder gehoben und trug ihn nun ganz oben. Das, was folgen sollte, bestätigte meine Vermutungen.

Zwei Monate später wurde ein weiterer Richter mit seinen Leibwächtern in die Luft gesprengt, und dieses Mal zögerten sie nicht, ihre Macht mitten in Palermo zu demonstrieren. Die Mafia griff den Staat frontal an, das begriff mittlerweile fast jeder.

Der Staat und die Mafia, die politische Macht und das organisierte Verbrechen, fanden doch sonst immer eine Lösung. Was war dieses Mal geschehen, was war dieses Mal anders? Niemand wusste es.

Ein schonungsloser Krieg war im Gange, und das, was mir wirklich Angst machte, war die Vorstellung, dass beide Kontrahenten, die Cosa Nostra auf der einen und der Staat auf der anderen Seite, meine Feinde waren. Vor diesem nicht gerade ermutigenden Hintergrund war mein Leben auf der Flucht höchst riskant geworden. Freunde und Verwandte informierten mich, dass sich die Intensität der Suche nach mir deutlich gesteigert hatte. Es verging kein Tag, an dem nicht Carabinieri oder Polizisten bei mir zu

Hause vor der Tür standen und meine Mutter und meine Schwestern befragten. Sie suchten verzweifelt nach mir, demnach wussten sie Bescheid.

Mir wurde klar, dass ich in Sizilien keine Freunde hatte, auf die ich mich wirklich verlassen konnte. Und nach Deutschland konnte ich auch nicht flüchten. Meine dortigen Verbündeten hatten genug eigene Probleme: Schwierigkeiten mit der Justiz und in jeder Familie war zumindest ein Mitglied auf der Flucht, dem sie Schutz bieten mussten. Da konnten sie nicht auch noch für mich sorgen. Ganz davon abgesehen, dass ich ohnehin niemandem traute.

Irgendwann geschah tief in meinem Inneren etwas, das ich nicht verstand und nicht greifen konnte. Ich hatte keine Angst mehr vor einer Verhaftung. Nein. Ich hatte Angst, dass mich die Mafia vorher finden würde. Sie würden mich tagelang foltern.

Die Festnahme

Ich war gerade in ein anderes Ferienhaus gezogen, als ich gefasst wurde. Monatelang war ich aus Sicherheitsgründen von einem Domizil ins nächste gewechselt. Nur wenige vertrauenswürdige Verwandte kannten mein Versteck. Nur sie ... und ein junger Mann aus unserer Truppe.

Ich hatte ihn bei mir aufgenommen, nachdem er im letzten Moment einem Hinterhalt der Mafia entkommen war. Und zwar in Vermuto, einem Dorf in der Provinz Trappani, wohin sich der Konflikt ausgeweitet hatte. Als er nach Hause zurückkehren wollte, wurde er von Carabinieri gestoppt, kontrolliert und dann festgenommen. Einen halben Tag lang hielt er dem Verhör stand, dann verließ ihn der Mut, und er entschied sich auszupacken. Um seine Kooperationsbereitschaft zu demonstrieren, bot er an, sie zu meinem Versteck zu führen.

Und dabei hatte ich mich diesmal wirklich sicher gefühlt, vielleicht zum allerersten Mal. Ich hatte auf alles geachtet. Nur auf eines nicht: dass immer alles möglich ist.

Ich hatte den Fehler gemacht, einmal keine Nachrichten zu schauen. Hätte ich es getan, hätte ich von der Verhaftung des Jungen erfahren und dann sicher nicht in diesem Haus geschlafen. Aber wahrscheinlich sollte es so sein.

Im Morgengrauen schreckte ich durch ein dumpfes Geräusch aus dem Schlaf. Die Tür meines Schlafzimmers fiel krachend zu Boden, wie aus dem Nichts tauchten mindestens 20 Carabinieri der Spezialeinheit auf, alle ganz in Schwarz und mit Sturmhauben, die ihre Gesichter verdeckten. Sie hielten Maschinenpistolen im Anschlag und schrien, ich solle mich nicht bewegen und die Arme über den Kopf nehmen. Schweigend gehorchte ich. Es war zu Ende, da gab es keinen Zweifel: »Vorbei, Antonio, es ist vorbei ...«

Ich schloss die Augen und ließ mir Handschellen anlegen, dann durfte ich mich anziehen und eine kleine Tasche mit Unterwäsche zum Wechseln packen. Zwei Minuten später verließ ich, flankiert von zwei Polizisten, das Haus. Die Sonne ging gerade auf, und vom Meer wehte mir eine frische Brise entgegen. Ich atmete tief ein, blickte in den Himmel und suchte nach dem, was vom Mond noch geblieben war: eine schmale, kaum noch wahrnehmbare Sichel. Meine Augen fotografierten dieses paradiesische Fleckchen Erde zwischen Himmel und Meer, an dem ich die letzten drei Monate in Freiheit gelebt hatte, und legten das Bild in meiner Erinnerung ab. Ich flüsterte dem Leben ein Lebewohl zu.

Sobald wir in der Polizeistation angekommen waren, hörte ich Schreie: »Wir haben ihn, wir haben ihn!« Es waren Freudenschreie.

Nach den üblichen Formalitäten brachten sie mich ins Gefängnis: Meine lange Reise in die tiefsten Tiefen der Hölle hatte begonnen. Das war mir sofort klar, als ich aus dem Polizeiwagen heraus die hohen, kalten Mauern des Untersuchungsgefängnisses betrachtete. Sie schienen nach mir greifen und mir sagen zu wollen: »Wir haben seit deiner Geburt auf dich gewartet.«

Aufnahme, ärztliche Untersuchung, Leibesvisitation, Verhöre, Isolationszelle: Mein Überlebenskampf hatte begonnen, mein unvermeidliches Schicksal zeigte mir sein brutales, ungeschminktes Gesicht. Es war bereits Abend, ich trug Gefängniskleidung, als ich mich auf meiner Pritsche ausstreckte, auf zerschlissene, dreckige Laken, die jeden Moment unter mir zerbröseln konnten. Die Kloschüssel starrte vor Schmutz.

Ich stierte an die Decke und beobachtete die düsteren Schatten der Eisengitter, die das Mondlicht dagegenwarf. Der Tag, vor dem ich mich so sehr gefürchtet hatte, war da: Ich war gerade mal 27 Jahre alt und hatte mein Leben bereits hinter mir.

Am nächsten Morgen erschien der Staatsanwalt, um mich zu verhören. Ich weigerte mich, auf seine Fragen zu antworten, mit der Folge, dass sie eine besondere Bestimmung des italienischen Strafrechts auf mich anwandten, den Artikel »41-bis«. Ich hatte keine Ahnung, was das bedeutete. Es handelte sich um verschärfte Haftbedingungen, die in diesem Gefängnis aber gar nicht möglich waren, da die nötigen Rahmenbedingungen fehlten. Deshalb wurde ich nach einigen Tagen in ein Gefängnis in Norditalien verlegt. Drei Monate Isolationshaft. Ein Martyrium, es war eiskalt und es gab kaum etwas zu essen.

In der Zelle gab es eine Pritsche und einen Eisenstuhl, die am Betonboden festgeschraubt waren. Ich hatte weder Radio noch Fernsehen. Theoretisch wäre das möglich gewesen, jedoch erst nach Ablauf der vom Gericht festgelegten Frist. Aber diese Frist lief nie ab. Es gab immer neue Schikanen: Verschärfte Sicherungsverwahrung wurde verhängt, oder das Fernsehgerät war kaputt, oder, oder, oder ... Gott weiß, wie viele Ausreden ich gehört habe.

Was da alles an Anklagen gegen mich vorgetragen wurde! Unglaublich! Offensichtlich arbeiteten viele meiner ehemaligen Verbündeten mit der Polizei zusammen. Schon im ersten Monat meiner Haft hatten sich mehr als ein Dutzend Zeugen gemeldet, die gegen mich aussagen wollten.

Ich versuchte meiner Mutter zu schreiben. Aber es ging nicht, ich konnte nicht mehr schreiben, was mich sehr verwirrte. Das letzte Mal, dass ich einen Stift in der Hand gehalten hatte, war Jahre zuvor gewesen, damals hatte ich Testbögen für meinen Militärdienst ausgefüllt.

Aggressive Wärter durchsuchten mich und meine Zelle drei

Mal am Tag. Ich hatte nur einen einzigen Trainingsanzug zum Wechseln, den sie immer wieder auf den dreckigen Boden warfen. Irgendwann ließ ich ihn einfach liegen. Die kahlen Wände waren voller Flecke, das Essen ekelerregend und Besserung war nicht in Sicht.

Eines Tages weckte mich ein Wärter bei Morgengrauen und warf mir einen schwarzen Sack durch die Klappe in der Zellentür: »Pack dein Zeug zusammen, du wirst verlegt. Sofort!«

Ich war glücklich. Wo auch immer sie mich hinbringen würden, schlechter konnte es nicht werden, dachte ich. Endlich würde ich aus diesem widerlichen Loch herauskommen. Ich konnte mir auch nicht im Mindesten vorstellen, dass die Hölle mir erst jetzt ihr wahres Gesicht zeigen würde.

Asinara

Das Tragflügelboot tanzte auf dem Wasser, und die Gischt spritzte an die Bullaugen, während es auf ein unwirtliches und abweisend wirkendes Stück Erde zusteuerte. Ich zitterte vor Angst. »Herr im Himmel, wohin bringen sie mich? Was haben sie mit mir vor?«, fragte ich mich.

Ich hätte diese Frage gerne den Carabinieri gestellt, die mich nicht aus den Augen ließen, trotz meiner schweren Eisenhandschellen. Bei einem von ihnen bemerkte ich ein boshaftes Lächeln. Ihm war meine Angst nicht verborgen geblieben. Paradoxerweise war es aber gerade dieses Lächeln, das mir die Angst nahm. Diese Genugtuung würde ich ihnen nicht geben. »Fahr zur Hölle!«, schrie ich ihm in Gedanken zu.

Das Boot näherte sich dem Hafen und legte schließlich am Kai an. Dort erwarteten mich fünf Männer. Sie standen unbeweglich da, die Beine leicht gespreizt. Ihre Muskeln schienen die verschiedenfarbigen T-Shirts fast zu sprengen, die man unter den geöffneten Jacken ihrer Tarnanzüge erkennen konnte. Offensichtlich mangelte es hier an Disziplin. Und das beunruhigte mich, wusste ich doch, was Disziplinlosigkeit in einem militärischen Umfeld bedeutete: Schwierigkeiten.

Nach dem Anlegen gab mir ein Carabiniere ein Zeichen, ich solle aufstehen. Mit meinem Rucksack auf dem Rücken und den Handschellen um die Handgelenke machte ich mich zum Aussteigen bereit. Aber zwischen dem Boot und dem Kai lag etwa ein halber Meter Höhenunterschied. Mit dem schweren Rucksack und den Eisenhandschellen konnte ich den Kai unmöglich erreichen, ich brauchte freie Hände, um springen zu können.

Einer der fünf erkannte meine Schwierigkeiten und trat einen Schritt nach vorn. Ein Hüne. Er packte mich mit einer Hand am Nacken und zog mich auf den Kai, für ihn ein Kinderspiel. Bevor ich einen Fuß auf den Boden setzen konnte, griffen die anderen Männer nach mir und warfen mich auf die Pritsche eines Kleinlasters: »Ein Mucks, und wir schlachten dich ab«, waren die ersten freundlichen Worte, die sie an mich richteten.

»Muckst hier jemand?«, wollte ich antworten, verbiss es mir aber.

Als der Pritschenwagen anfuhr, wurde ich von einer Seite auf die andere geschleudert. Zum Glück gelang es mir irgendwann, eine Art Haken zu packen, an dem das Ersatzrad befestigt war, und das trotz der Handschellen, die mir die Hände hinter dem Rücken zusammenhielten. Mit blauen Flecken übersät kam ich auf dem Gefängnisgelände an.

Ich musste zwei qualvolle Stunden in der prallen Sonne warten, bis sich jemand bequemte, mich abzuholen. Ein Wärter, der mich mit geschickten Fingern von den Handschellen befreit hatte, befahl mir, meinen Rucksack zu nehmen und ihm zu folgen. Ich hatte kaum noch Gefühl in den Fingern. Durch die gleißende Sonne war ich fast blind, aber ich meinte eine baufällige Baracke zu erkennen.

Kaum hatte ich einen Fuß ins Gefängnisgebäude gesetzt, wurde ich auch schon von einigen Wärtern zusammengeschlagen und gedemütigt. Sie warfen mich splitternackt in eine verwahrloste, völlig verdreckte Zelle, in der ich etwa eine Woche blieb.

Danach kam ich in den Trakt mit völlig verängstigten Häftlingen: In jenen Jahren lebte man im Gefängnis in einem permanenten Ausnahmezustand. Es war üblich, die Leute fertigzumachen. Hier waren wir alle gleich, es herrschte absolute Stille, man hörte nicht einmal eine Fliege summen.

Im Gefängnis in Asinara lernte ich die größten Mafiabosse persönlich kennen. Ihre Namen waren mir seit meiner Kindheit durch die Medien ein Begriff. In den ersten Tagen kam ich mir wie ein Fremdkörper vor, denn ich war keiner von ihnen, aber auch nicht auf der Seite des Staates. Für die Mafia war ich ein Feind, genau wie für den Staat. Im Grunde war ich identitätslos.

Nach und nach versuchte ich mich ihnen ganz vorsichtig zu nähern. Dabei fielen mir die Worte meines Großvaters ein: »Diese Menschen sind alle ungebildet.« Er hatte recht. Sie sprachen einen traditionellen Dialekt, der nur aus Halbsätzen bestand. Obwohl in der Führungsebene der Mafia, waren sie nicht imstande, zusammenhängende Sätze zu formulieren, richtig Italienisch zu sprechen, geschweige denn, auf meine Fragen zu antworten.

»Wie ist es möglich«, fragte ich mich, »dass diese Leute Sizilien ›regiert‹ haben?«

So wollte ich nicht enden. Ich beschloss, mich weiterzubilden, wo immer ich die Möglichkeit dazu haben würde.

Der Maxiprozess

Wir alle warteten nun in demselben Gefängnis auf den Prozess, nachdem wir jahrelang in verschiedenen Haftanstalten außerhalb Siziliens gesessen hatten. Viele von uns fehlten: Sie hatten sich entschlossen, mit dem Staat zu paktieren. Aber trotzdem blieben wir noch eine große Gruppe. Wir von der Stidda waren in einem Spezialtrakt untergebracht, denn wir waren zahlenmäßig mehr, aggressiver und jünger. Sehr viel jünger als die Mitglieder der Cosa Nostra.

Es war schön, wieder mit den Kameraden zusammen zu sein. Wir umarmten und küssten uns, drückten uns fest die Hand, versprachen uns immer wieder die Treue, als wollten wir unsere Freundschaft, die durch die Verhaftungen und die Verräter in den eigenen Reihen auf eine harte Probe gestellt worden war, neu festigen. In den ersten Tagen herrschte eine fast feierliche Stimmung, aber insgeheim begriffen wir sehr wohl, dass etwas unwiederbringlich zwischen uns zerstört war.

Nach wenigen Wochen kamen die alten Konflikte wieder ans Licht. Ein unablässiges Klagen setzte ein. Einige bemängelten, dass sie im Gefängnis im Stich gelassen wurden, andere, dass sie im Norden inhaftiert waren und keinen Besuch bekamen, weil die Anreise aus Sizilien für die Verwandten zu umständlich war, wieder andere, dass sie sich nicht einmal Zigaretten kaufen konnten, und noch andere, dass ihre Familie jetzt in Armut lebte. Überall und jederzeit gab es Spannungen. Und sie wurden von Tag zu Tag heftiger.

Viele von uns gaben schließlich dem Staat nach: Der Druck im Gefängnis war einfach zu groß. Außerdem war dies die einzige wirkliche Chance, zusammen mit der eigenen Familie der ganzen Misere zu entfliehen.

Nur ein harter Kern war noch intakt. Wir waren Blutsbrüder. Aber wir wussten, dass auch wir in höchster Gefahr waren, und suchten nach einer einvernehmlichen Strategie.

Die schier endlose Warterei und die Schikanen der Wärter begannen auch uns mürbe zu machen. Nach jahrzehntelangem Nichtstun begann der Staat nun, seine Stärke in den Gefängnissen zu demonstrieren. Den Inhaftierten fiel es schwer, sich an die neuen Regeln zu halten, denn sie hatten sich an die laxen Zustände gewöhnt. Sich an die Regeln halten? Wer zum Teufel steckt denn überhaupt hinter diesen Regeln?

Der Prozess begann. Endlich.

Der Gerichtssaal musste groß genug sein, um mehr als 100 Angeklagten Platz zu bieten. Eigens für diesen Prozess wurde eine Sporthalle in der Nähe des Gefängnisses zum Gerichtssaal umgebaut.

Die Käfige auf der linken Seite waren für die Mitglieder der Stidda reserviert, fast alles ganz junge Männer, die meisten nicht einmal dreißig. Wir traten am ersten Verhandlungstag auf, als wären wir Models bei einer Modenschau. Wir hatten unsere Kleidung sorgfältig ausgewählt, manchmal wirkte es fast übertrieben, aber wir wussten um das große Medieninteresse und wollten gut aussehen.

In den Käfigen auf der rechten Seite saßen die Mafiosi, fast alles ältere Männer, festlich herausgeputzt, wie Bauern im Sonntagsstaat. Ihr Auftreten war demütig und bescheiden. Der Prozess dauerte mehr als ein Jahr, und keiner von ihnen sprach ein Wort. Hin und wieder hob einer die Hand und fragte mit widerlicher Unterwürfigkeit, ob er auf die Toilette gehen dürfe. Viele hatten eine entzündete Prostata. Aber hinter dieser kriecherischen Haltung versteckten sich Fanatismus, kühle Berechnung und Grausamkeit. Wir dagegen waren zwar mutig und ehrlich, aber sehr, sehr dumm.

Unsere Familien trafen schon lange vor dem Prozessbeginn ein und setzten sich auf die für das Publikum bestimmten Plätze, die weit von uns entfernt lagen. Gerichtsdiener achteten darauf, dass sie uns keine Zeichen gaben, nicht einmal ein Winken war erlaubt, sonst wären sie sofort des Saales verwiesen worden.

Ich erkannte meine Mutter und meine Schwestern sofort. Als sie mich sahen, lächelten sie. Aber ich wusste, dass sie sich dazu zwingen mussten.

Neben meiner Mutter saß eine blonde Frau. Mich traf fast der Schlag: Irina?! Ich versuchte mich hinter meinen Mithäftlingen zu verstecken. Sie sollte mich unter diesen Umständen auf keinen Fall sehen, in einem Käfig, zusammengepfercht wie ein Huhn in der Legebatterie. Den Antonio, mit dem sie auf dem Treppenabsatz vor ihrer Wohnung wilden Sex gehabt hatte, würde sie in mir garantiert nicht mehr wiedererkennen. Vier Jahre Haft hatten mich altern lassen, und ich wollte nicht, dass sie mich so sah. Sie sollte mich in guter Erinnerung behalten. Ich winkte meinen Anwalt an die Gitterstäbe, während Irina wild mit den Armen wedelte, um mir zu signalisieren, dass sie mich erkannt hatte. Ich sagte ihm, er solle meiner Familie mitteilen, dass ich mich in meine Zelle zurückbringen lassen und erst wiederkommen würde, wenn Irina weg wäre. Der Anwalt ging sofort zu ihnen hinüber. Als sich die Blicke meiner Mutter, meiner Schwestern und Irinas auf mich richteten, schenkte ich ihnen das schönste Lächeln, zu dem ich imstande war, und hauchte dabei einen Kuss auf meinen Handrücken. Noch bevor der Richter und die Staatsanwälte den Saal betraten, ließ ich das Wachpersonal wissen, dass es mir nicht gut ging und ich in die Zelle zurückwollte. Dort warf ich mich auf die Pritsche und dachte nach. Es war die richtige Entscheidung. Ich erinnerte mich an die tristen Tage, an denen meine Mutter im Morgengrauen aufgestanden war und für meinen Vater gekocht hatte, um ihm etwas ins Gefängnis mitzubringen, an die stundenlange Wartezeit, bis sie den Besucherraum betreten durfte. Nein. Das durfte ich Irina nicht antun.

Ich hatte miterlebt, wie meine Mutter in der Zeit, in der sie sich um meinen Vater gekümmert hatte, plötzlich um Jahre gealtert war. Ich wollte nicht, dass Irina das gleiche Opfer brachte. Mit der Zeit würde sie mich hassen, deshalb war es besser, das Ganze gleich zu beenden.

Im Unterschied zu meinen Mitangeklagten, die weiterhin Unsummen an ihre Anwälte bezahlten, hatte ich verstanden, dass es für uns keine Rettung gab. Sich Anwälten anzuvertrauen hatte keinen Sinn. Die Aussagen der Kronzeugen belasteten uns schwer, und die Beweise der Ermittler waren erdrückend. Wir hatten keine Chance.

Als letzten Ausweg versuchte ich eine Art kollektive Kronzeugenregelung zu erreichen, um zumindest eine lebenslange Freiheitsstrafe für uns zu vermeiden. Aber meine Idee wurde von der Mehrheit der Mitangeklagten empört abgelehnt. Deshalb verzichteten wir darauf. Allerdings war damit klar, dass wir uns auf lebenslänglich einstellen mussten. Alles andere wäre naiv gewesen. Ich verstand nicht, woher die anderen ihre Hoffnung nahmen.

»Wir sind keine Mafiosi«, versuchte ich sie zu überzeugen, »aber man behandelt uns so. Versteht ihr nicht, dass wir ihr Spiel mitspielen, wenn wir schweigen? Versteht ihr nicht, dass sie uns lebenslänglich hinter Gittern sehen wollen? Versteht ihr nicht, dass unsere Position viel stärker wäre, wenn sie damit rechnen würden, dass wir eines Tages wieder auf freiem Fuß wären?«

Nichts zu machen. Sie hatten den Verdacht, dass ich diesen Vorschlag nur machte, weil ich am Ende war und resigniert hatte. Sie wollten nicht begreifen, dass auch sie chancenlos waren und ihre Anwälte nur noch eines im Sinn hatten: ihr Geld. Wenn es darum geht, vielleicht doch noch eine Strafmilderung zu bekommen, klammert man sich an jeden Strohhalm. Das wussten die Anwälte nur zu gut. Und sie hassten mich dafür, dass ich meine Kameraden dazu ermutigte, ihnen das Mandat zu entziehen. Ich führte meinen Mitangeklagten vor Augen, wie unnötig insbesondere Staranwälte aus Rom wären, die den historischen Kontext gar nicht kannten, ganz im Gegensatz zu einem sizilianischen Verteidiger, der hier lebte und sich auskannte.

Natürlich bekam ich lebenslänglich, die Beweise gegen mich waren erdrückend. Aber den anderen erging es nicht besser, trotz jahrelanger Prozesse mit horrenden Anwaltskosten, die sie und ihre Familien in den finanziellen Ruin trieben.

Unser Prozess hatte absolut nichts Kafkaeskes, wie die Anwälte immer wieder vorbrachten, allerdings nur für die Ohren ihrer Klienten. Es gab nichts Absurdes oder Paradoxes. Während Kafka ein Gericht und ein Justizsystem beschreibt, in dem die Bürokratie blind und unberechenbar ist, erlebte ich einen perfekt vorbereiteten, von Professionalität geprägten Prozess.

Ich war verblüfft, als die Video- und Audioaufzeichnungen der Polizei im Saal vorgeführt wurden. Bilder aus unseren Verstecken, die wir für absolut sicher gehalten hatten. Unglaublich: Ich erkannte mich klar und deutlich wieder und hörte zweifelsfrei meine Stimme. Wie naiv wir gewesen waren! Die Polizei, das begriff ich erst in jenem Moment, hatte abgewartet, weil sie Beweise gesammelt hatte. Beweise, die sie jetzt präsentierte, so klar und eindeutig, dass es fast schon peinlich gewesen wäre, sich gegen die Anklage der Staatsanwaltschaft verteidigen zu wollen. Die meisten meiner Mitangeklagten sahen das mittlerweile genauso.

Nach dieser Erfahrung reifte in mir die Erkenntnis, dass der Staat im Kampf gegen die organisierte Kriminalität effektiv und gut funktionierte. Einhergehend mit massivem Polizeieinsatz war modernste Technik eingesetzt worden, um uns zu überführen.

Ich musste lachen, als ich an den Tag zurückdachte, an dem wir uns ein Gerät gekauft hatten, mit dem sich Wanzen aufspüren ließen. Wir hatten tatsächlich welche gefunden, das stimmt, aber nur diejenigen, die uns die Ermittler finden lassen wollten, damit wir uns in Sicherheit wiegten. In Wirklichkeit hörten sie permanent unsere Gespräche ab, und wenn sie einmal nicht dazu in der Lage waren, dann wussten sie zumindest, wo wir gerade waren.

Wenn unsere Armee mit Speeren ausgerüstet war, dann verfügte die des Staates über ultramodernes Kriegsgerät. Unsere Niederlage war vorprogrammiert.

Während der gesamten Dauer des Prozesses verfolgte ich nicht nur, wie überzeugend das Vorgehen der polizeilichen Ermittler war, sondern auch, was sie dadurch alles zutage förderten.

Ich begann unseren Krieg mit anderen Augen zu sehen, es ging um mehr als um die Familienehre. In mir brach schließlich die romantisch-naive Idee von diesem Krieg zusammen, wegen der ich immer so daran gehangen hatte.

Ich entdeckte die Abgründe menschlichen Handelns, Niedertracht und Verrat zwischen den verschiedenen Lagern. Mir wurde klar, dass unsere Aktionen nichts Nobles und Ehrenhaftes gehabt hatten. Aus rein persönlichen Gründen waren Morde in Auftrag gegeben worden, die durch Lügen und Halbwahrheiten begründet wurden. Kurz gesagt, Rechtfertigungen für Schweinereien jeder Art. Wie die Geschichte eines Mitangeklagten, der seinem Kindheitsfreund in den Kopf geschossen hatte, in dem Glauben, dass er sich damit bei der Mafia beliebt machen würde. Allerdings war dieser Freund wie durch ein Wunder gerettet worden, er hatte die Identität des Schützen enthüllt und damit eine Blutrache seiner Familie verhindert. Oder der Bluff der Cosa Nostra, die den Jungs von der Stidda tonnenweise Zigaretten schenkte, um sie glauben zu machen, sie würden sich vor ihnen fürchten und müssten sich ihre Sympathien erkaufen. Aber in Wirklichkeit planten sie, die Jungs zu erschießen, während sie die Ware aus einem Schiff luden.

Oder die Geschichte eines Mafioso, der in Not geratene Freunde in seinem Haus auf dem Land untergebracht und eine mit ihnen verfeindete Familie über das Versteck informiert hatte, die sie dann gnadenlos auslöschte.

Wir waren erschüttert, als wir hörten, was die Ermittler durch die Abhöraktionen alles ans Licht gebracht hatten. Ich hatte aus innerem Pflichtgefühl heraus gehandelt, das Töten war eine Frage der Ehre. Für mich war es damals unvorstellbar gewesen, dass es auch Leute gab, die einen Freund kaltblütig erschossen, nur weil er eine Drogenlieferung nicht bezahlt oder Schulden nicht beglichen hatte. Oder aus der Vermutung heraus, er könne der Liebhaber der eigenen Ehefrau oder der Ehefrau eines Freundes oder der Ehefrau des Freundes eines Freundes sein. Die Begründungen für ihre Taten waren teilweise absurd. Im Vordergrund stand aber immer ein idealistisch verbrämtes Motiv, um eine moralische Rechtfertigung zu haben.

Und dann kam Totò. Mein guter Freund aus Kindertagen. Totò 'a Fimminedda. Bevor er zur Zeugenbank ging, kam er an meinem Käfig vorbei. Er war alt geworden. Obwohl wir im gleichen Alter waren, hatte er bereits weiße Haare. Unsere Blicke trafen sich.

»Ciao, Totò«, sagte ich mit einem melancholischen Lächeln.

»Ciao, Antonio«, antwortete er spöttisch. Vielleicht dachte er, mein Gruß sei ironisch gemeint, was aber nicht der Fall war.

Ich hörte mir seine Aussage an, fünf unendlich scheinende Stunden lang. Er sprach von den Motiven und den Umständen, die dazu geführt hatten, dass er Mitglied der Cosa Nostra geworden war. Der Hauptgrund sei ich gewesen. Ich hörte ihm aufmerksam und mit großer Verwunderung zu. Ich hätte ihm das Leben zur Hölle gemacht? Ich traute meinen Ohren nicht.

»War ich tatsächlich so ein Ekel?«, fragte ich mich erschreckt. Ich kannte ihn gut, sehr gut, diese Worte zu hören verletzte mich tief.

Ich erfuhr, dass er zu meinem schlimmsten Feind geworden war. Er hatte wiederholt versucht mich zu ermorden, und nur durch glückliche Umstände war ich jedes Mal davongekommen.

In mir wallten Wut und Hass auf, besonders als mir bewusst wurde, dass er sogar auf mich geschossen hätte, wenn dabei Unschuldige in Gefahr geraten wären. Menschen, die er gut kannte. Und er hatte meinen Cousin erschossen, nur weil er mein Cousin war.

Ich war erschüttert. Ich hatte ihn gegenüber meinen Verbündeten verteidigt, die mich vor ihm gewarnt und mir erzählt hatten, sie hätten Totò erst mit Pasquale und danach mit Michele gesehen, unseren erbitterten Feinden. Und ich hatte ihn immer vor den anderen Jungs beschützt, als wir klein gewesen waren ...

Und dann endlich nannte er den Grund für seinen unendlichen Hass. Er erinnerte sich an den Tag, als er das Motorrad des Carabiniere umgestoßen und ich die Schläge dafür eingesteckt hatte. Dabei lachte er verächtlich, verstummte dann plötzlich und fügte hinzu, dass ich ihm jeden einzelnen dieser Schläge zurückgezahlt hätte. Aber nicht wegen der Prügel hasse er mich, sondern weil ich ihm nie verziehen hätte.

Unglaublich, dachte ich. Das war der Grund für seinen Hass? Auch der Vorsitzende konnte sich ein verblüfftes Lächeln nicht verkneifen.

»Aber wir waren Kinder, Totò«, rief ich ihm zu, »deshalb bringt man doch niemanden um? Wir sind zusammen aufgewachsen, Herr im Himmel, denk an unsere Familien, unsere Mütter waren wie Schwestern ... Du verfluchter Bastard!«

Der Vorsitzende ließ mich sofort in die Zelle bringen. Während die Wärter mich abführten, sah ich Totò auf der Bank vor den Richtern sitzen, den Kopf gesenkt, die Augen fest auf seine Schuhe gerichtet: unbeweglich wie eine Statue. So behielt ich meinen Kindheitsfreund in Erinnerung.

Das Urteil

Ich bat meine Mutter und meine Schwestern am Tag der Urteils-verkündung nicht in den Gerichtssaal zu kommen. Ich wusste, wie es ausgehen würde, und wollte ihnen nicht auch noch diesen schrecklichen Schmerz zufügen. Aber sie kamen trotzdem. Und als der Vorsitzende das Urteil verlas, lebenslänglich plus drei Jahre Isolationshaft, schlugen sie die Hände vors Gesicht.

Während sie mich und einige Kameraden fortbrachten, zog meine Mutter ein Taschentuch hervor und wischte sich die Tränen ab, meine Schwestern stützten sie. Ich spürte den Schmerz, der wie eine Klinge in meine Brust fuhr. Dieses Bild tat mehr weh als das Urteil.

Noch am gleichen Tag wurde ich mit einem Militärflugzeug in ein Gefängnis im Norden gebracht. Am Ziel angekommen, packten mich die Beamten der Spezialeinheit, schleiften mich in eine dreckige Zelle und wünschten mir sarkastisch: »Einen schö-nen Aufenthalt!«

Ich riss das Fenster auf und versuchte tief durchzuatmen, aber die Kälte brannte mir in der Lunge, deshalb schloss ich es sofort wieder. Es gab jetzt nichts mehr, über das es sich noch nachzuden-ken lohnte. Auf ein Berufungsverfahren konnte ich auch nicht zäh-len. Ich war klug genug, um mich keinen falschen Hoffnungen hinzugeben, und hatte nicht einmal Lust, bei einem eventuellen weiteren Prozess gegen mich anwesend zu sein. In einem Prozess verteidigt man sich, wenn man an seine Unschuld glaubt. Die Anschuldigungen gegen mich waren lückenlos, die Beweise erdrückend, warum und mit welchen Argumenten sollte ich mich unter diesen Umständen vor einem Gericht verteidigen?

Ich war müde, todmüde. Und mein Leben im Gefängnis hatte gerade erst begonnen. Und ein Ende würde es nicht geben.

Ich säuberte meine Pritsche so gut es ging, zog das Laken glatt und ließ mich darauf niedersinken. Ich hatte keine Kraft mehr und war völlig erledigt, konnte aber nicht einschlafen. Mein Kopf drohte zu platzen, ich wusste nicht, was ich tun sollte.

In der Zelle lag ein Buch, mehrere Hundert Seiten dick. Ich las den Titel: *Krieg und Frieden*. Den fremdartig klingenden Namen des Autors hatte ich noch nie gehört: Leo Tolstoi. Ich begann zu lesen. So lange, bis es zu dunkel wurde und zwei Tränen über mein Gesicht liefen. Da ich sicher war, dass in der Zelle niemand meine Verletzlichkeit sehen würde, begann ich zu weinen. Es war wie eine Befreiung.

Am nächsten Tag wurde ich aktiv. Ich machte mir die Situation bewusst und versuchte mich den Regeln im Gefängnis anzupassen. Große Lust hatte ich nicht, aber wenn ein zu lebenslanger Haft Verurteilter in der Zelle sitzt, dann beobachten ihn die anderen. Auch die Wärter. Und man darf keine Gefühle zeigen, schon gar keine Schwäche. Wenn du schwach bist, stürzen sich alle auf dich: die Wärter, weil sie einen möglichen Handlanger in dir sehen, die Häftlinge, weil du dann eine Zielscheibe für ihre Aggressionen bist. Deshalb fletschte ich sofort die Zähne und drohte allen, die mir zu nahe kommen würden, zuzubeißen. Im Gefängnis ist das so: Die einzige Sprache, die man versteht, ist die Körpersprache. Nach einigen Tagen ließ man mich in Ruhe.

Dann kam Irinas erster Brief. Als ich ihn berührte, glaubte ich, er würde mir die Finger verbrennen, also beschloss ich, ihn erst später zu lesen. Aus dem später wurde erst morgen, dann übermorgen.

Dann bekam ich Post von Lidia und von Selenia. Mir fehlte der Mut, irgendeinen dieser Briefe zu öffnen. »Warum sollte ich sie lesen?«, fragte ich mich. »Bestimmt wollen sie mich trösten, aber war das überhaupt möglich? Natürlich nicht.« Und dann: »Vielleicht brauchen sie mich?« Aber auch die Antwort auf diese Frage lag auf der Hand: »Und was könnte ich für sie tun? Nichts.«

Während ich mich mit diesen Überlegungen auseinandersetzte, teilte mir ein Wärter mit, dass ich nach unten kommen sollte. In der Gefängnissprache bedeutete das nichts Gutes für den Häftling. Wie befürchtet, wartete der Gefängnisdirektor auf mich und kündigte weitere Verschärfungen der Haftbedingungen an. Als ich wieder in der Zelle war, zerriss ich die Briefe.

»Du bist nervös, Antonio, dein Geist ist zu unruhig«, sagte ein Häftling eines Tages zu mir, »... warum versuchst du's nicht mal mit Yoga?«

»Yoga? Was soll das denn für ein Scheiß sein?«

Aber warum eigentlich nicht? Ein Lebenslänglicher hat genug Zeit, alles Mögliche auszuprobieren.

Ich begann Yoga zu üben, Tag für Tag, mindestens eine halbe Stunde lang. Nach und nach halfen mir die Übungen, die Enge in meiner Zelle besser zu ertragen, und gaben meinem Leben einen Rhythmus. Es gelang mir ganz allmählich, meinen Geist zu entspannen und die quälenden Gedanken von mir fernzuhalten. Gedanken, die nur allzu menschlich sind, die ich mir in diesem unmenschlichen Umfeld, in dem ich jetzt lebte, aber nicht erlauben konnte.

Ein normal denkender Mensch kann nicht akzeptieren, den Rest seines Lebens eingesperrt zu sein. Ein normal denkender, rechtschaffener Mensch, ein wirklich Unschuldiger, würde daran scheitern und sich vom Leben verabschieden. Ich machte Yoga.

Eines Tages bekam ich einen Brief. Ich las den Absender: »Erika Müller, Brunnerstraße, Hamburg.«

Bestimmt ein Versehen, dachte ich, aber der Adressat war ohne Zweifel ich. Misstrauisch öffnete ich den Umschlag. Er enthielt einen Brief und ein Farbfoto mit einer schönen blonden Frau, daneben standen zwei identisch aussehende Jungs, Zwillinge, ebenfalls blond, die freundlich in die Kamera lächelten. Ich drehte das Foto um. Auf der Rückseite war zu lesen: »Hübsch, deine Söhne, nicht wahr?«

Söhne?

Mir wurde schwarz vor Augen, meine Knie gaben nach, meine Hände fingen an zu zittern. Ich schaffte es kaum, den Brief und das Foto wieder in den Umschlag zu stecken. Dann legte ich den Umschlag vorsichtig wieder auf den Tisch. Eine völlig unerwartete Nachricht hatte mein Leben erschüttert. Ich öffnete den Umschlag erneut und betrachtete das Foto noch einmal. Jetzt erkannte ich die schöne Frau, mit der ich eine kurze, aber intensive Beziehung gehabt hatte, und begriff.

Ich konzentrierte mich auf sie und verbat mir jeden Gedanken an die beiden hübschen Kinder. Darüber würde ich später nachdenken.

Ich legte mich auf die Pritsche, drückte die Play-Taste meines CD-Spielers und ließ mithilfe von Chopins *Nocturne* in b-moll meine Erinnerungen wieder aufleben.

Erika

Seitdem ich sie das letzte Mal getroffen hatte, waren fünf Jahre vergangen. Damals hatte sie eine andere Frisur, trug keine Brille, und vor allem wusste ich damals nicht, wie sie hieß.

Erika war eine Schönheit, aber in St. Pauli war das nichts Ungewöhnliches. Die meisten schönen Frauen arbeiteten in einem der berühmten Vergnügungslokale auf der Reeperbahn, wie dem Salambo oder dem Mulino. Erika nicht.

Sie arbeitete weder als Stripteasetänzerin noch als Prostituierte, und auch nicht als Kellnerin. Ich sah sie immer allein und mit einem Buch in der Hand. Sie sprach nur mit Brigitte, einer Stripteasetänzerin, die hin und wieder auch mit einem Kunden ins Bett ging, wenn er ihr gefiel. Erika schien immer auf der Hut zu sein und versuchte möglichst nicht aufzufallen, was mich neugierig machte. »Ist sie vielleicht auch auf der Flucht?«, fragte ich mich.

Eines Abends fragte ich den Kellner, der gerade den Champagner brachte, nach Brigitte.

Sie tauchte sofort an meinem Tisch auf.

»Was willst du?«, fragte sie.

»Was ich will? Arbeitest du nicht?«

»*Minchia*, was du willst, habe ich gefragt!«, wiederholte sie jetzt aggressiver und benutzte das einzige sizilianische Wort, das sie kannte.

Ich nahm die Flasche aus dem Kübel, goss ihr ein Glas ein und bat sie, Platz zu nehmen. Sie nahm das Glas, setzte sich, ließ mich aber nicht aus den Augen.

Wir prosteten uns zu. »Auf unseren Abend«, flüsterte ich mit einem vielsagenden Blick. Dann plauderten wir über die »Geschäfte«, bis ich sie schließlich fragte, ob wir den Abend auf dem Zimmer fortsetzen wollten. Sie zierte sich ein wenig, biss sich auf die Lippen und blickte zur Seite, als müsse sie darüber nachdenken. Schließlich strich sie mir über die Hand und lächelte. Ich nickte dem Kellner zu und orderte eine weitere Flasche, die er aufs Zimmer bringen sollte. Und ich wollte nicht gestört werden, nur leise Hintergrundmusik von Mina, sonst nichts.

Zehn Minuten später tanzten Brigitte und ich eng aneinandergepresst zu Minas *L'importante è finire* und versuchten uns in Stimmung zu bringen.

Danach ging ich unter die Dusche, Brigitte folgte mir. Unter den warmen Wasserstrahlen machten wir dort weiter, wo wir beim Tanzen aufgehört hatten, dann gingen wir in unsere Badetücher gewickelt ins Zimmer zurück und ließen uns auf dem Ledersofa nieder. Sie griff nach ihrer Handtasche und zog ein Papierbriefchen heraus. Vorsichtig öffnete sie es und streute ein wenig Kokain auf den Glastisch. Ohne das Champagnerglas loszulassen, nahm sie ihre Kreditkarte aus der Geldbörse und teilte das weiße Pulver in vier Linien. Sie wischte die Plastikkarte sorgfältig ab und steckte sie zurück. Dann holte sie ein silbernes Röhrchen aus der Handtasche und reichte es mir. Ich lehnte ab. Ich hatte noch einen Erfolg versprechenden »Kunden« in der Hinterhand und wollte einen klaren Kopf behalten. Sie verstand, sie wusste ja, dass ich ein Spieler war, und ohne weiteres Zögern sog sie ihre Line ein. Dann trank sie einen Schluck Champagner, leckte sich über den Zeigefinger, tippte ihn in die zweite Line und verteilte das Kokain sorgfältig um meine bereits geschwollene Eichel. Dann warf sie mir einen lasziven Blick zu und stürzte sich mit ihrem Mund auf meinen hoch aufgerichteten Penis wie ein Adler auf seine Beute.

Eine Stunde später lagen wir noch immer auf der Couch.

»Wer ist eigentlich diese Blonde, mit der du dich öfter unterhältst?«, fragte ich sie unvermittelt.

Sie hob den Kopf, der auf meiner Brust gelegen hatte, sah mich einen Moment lang prüfend an, setzte sich dann ganz auf und band, mit dem Rücken gegen das Bettgestell gelehnt, die Haare zu einem Pferdeschwanz. Sie trank ein Glas Wasser, zündete sich eine Zigarette an, nahm einen langen Zug und antwortete dann: »Das kostet dich 500.«

»Halt den Mund. Das reicht jetzt. Du weißt genau, dass ich großen Respekt für alle habe, die hart arbeiten, und du weißt auch, dass ich schon immer gut dafür bezahlt habe ... aber wage nicht Geld für eine Information zu verlangen, um die ich dich bitte, ansonsten werde ich dich in Zukunft nicht einmal mehr grüßen. Klar?«

Sie antwortete nicht, deshalb fuhr ich fort.

»Ich habe keine Ahnung, was in dich gefahren ist, aber hör mit dieser Verliebtheitsnummer auf.«

Wir kannten uns schon lange, waren fast Nachbarn, in einer Gegend, wo der Grundsatz »leben und leben lassen« herrschte. Jeder nutzte seine Möglichkeiten, um den Kunden Geld abzuknöpfen: sie als Prostituierte und ich als Spieler. Sie nutzte ihr Geschick, um reiche Freier an einen Spieltisch zu manövrieren, gegen eine fette Prämie natürlich, die von Leuten wie mir ausgenommen wurden. So war die Absprache.

Die Mädchen in St. Pauli waren nicht nur schön, sie waren auch clever. Ihnen war bewusst, dass ihre Schönheit vergänglich war, und sie setzten alles daran, die Zeit optimal zu nutzen. Hamburg war nur eine kurze Episode in ihrem Leben. Meistens kehrten sie nach einigen Jahren wieder in ihre Heimat zurück, um sich dort mit dem verdienten Geld ein neues Leben aufzubauen. So jedenfalls der Traum. Aber es konnte auch passieren, dass sie für immer in Hamburg blieben, weil sie reich heirateten und hin und wieder ihrem Gewerbe nachgingen, womöglich mit dem Ehemann als

Voyeur. Es war auch nicht ungewöhnlich, dass die eine oder andere süchtig nach diesen verrückten St.Pauli-Nächten war und einfach nicht davon loskam.

Brigitte ließ sich schließlich überzeugen und erzählte. Erika war Italienerin, kaum zu glauben, war ich doch sicher, dass es deutsche Bücher gewesen waren, die ich bei ihr gesehen hatte. In der Heimat war sie mit dem Gesetz in Konflikt gekommen, deshalb war sie nach Deutschland geflüchtet. Ihre Familie kam aus Bozen und gehörte der deutschen Minderheit an. Ihre Mutter hatte an der Spitze einer militanten Protestbewegung gestanden, die für die Unabhängigkeit Südtirols kämpfte, und war in einem Feuergefecht mit der Polizei in Meran ums Leben gekommen. Erika hatte sich entschieden, ihr Werk fortzusetzen, und hatte eine radikale Jugendorganisation gegründet, die sich außer mit den Problemen der deutschen Minderheit auch mit der Autonomiefrage beschäftigte.

»Ich sage ihr immer, sie soll die Finger von der Politik lassen, aber sie hört nicht auf mich. So wie es aussieht, hat Erikas Unabhängigkeitsbewegung bei den letzten Wahlen großen Erfolg gehabt, auch wenn sie keinen Sitz im Südtiroler Landtag errungen haben. Dafür hat sie sich aber eine Menge Feinde gemacht ...«

»Stell sie mir vor! Glaub mir, Brigitte, es geht mir nicht um Sex ...«

Ich wollte sie unbedingt treffen. Ich fühlte mich mit ihr verbunden, die latente Gefahr, in der wir lebten, einte uns. Brigitte verstand. Sie lud uns zum Pizzaessen ein, eine gute Gelegenheit, um sich kennenzulernen. Ich schlug die Pizzeria vor, in der mein Freund Renato Klavier spielte. Brigitte war einverstanden. Ich rief Renato sofort an und fragte, ob er auf mein Zeichen hin ein traditionelles Tiroler Volkslied spielen konnte. Er verneinte, aber ich blieb hartnäckig.

»Denk dir was aus, ich geb dir 200 Mark für deine Mühen.«

Am Abend stand ich neben seinem Klavier, er sang gerade *Pazza idea* von Patty Pavo, als Brigitte und Erika das Lokal betraten. Ich bemerkte sie nicht gleich, aber Renato unterbrach den Song und flüsterte mir in sizilianischem Dialekt zu: »Minchia chi pezzi di sticchiu ca traseru ... – Mann, was hast du denn da für zwei Tussen angeschleppt?«

»Gib dir Mühe, vor ihnen nicht so vulgär zu sein«, bat ich ihn, während ich auf die beiden Frauen zuging. Brigitte stellte mir höflich aber kühl Erika vor, und ich brachte sie an den reservierten Tisch.

Brigitte gab zu erkennen, dass sie nur wenig Zeit habe und später noch auf die Bühne müsse, deshalb bestellte sie sich kaltes Roastbeef mit Gurken und grünem Salat zum Mitnehmen. Sie wartete auf ihr Essen, nahm dann das Päckchen, trank einen Schluck Wein aus meinem Glas und sagte zu Erika: »Ich lasse dich zwar nicht in guten Händen, aber immerhin stinkt er nicht. Er ist einer von uns, du kannst ganz beruhigt sein!« Und dann ging sie. Ich lachte über ihren Scherz, denn ich hatte den ganzen Abend Zeit, um mich vorzustellen.

Erika wusste allerdings schon, wer ich war.

»Warum wolltest du mich kennenlernen?«, fragte sie in perfektem Italienisch mit starkem deutschen Akzent.

»Muss es immer ein Warum geben?«

»Es gibt immer ein Warum, bei allem.«

»Und wenn ich dir sagen würde, dass es Neugier war, wäre das ein Grund?«

»Gut, Antonio, kommen wir auf den Punkt. Kann ich etwas für dich tun?«, fragte sie, während sie ein Stück von ihrer Pizza abschnitt.

Ich goss ihr Wein ein.

»Warum die Dinge komplizierter machen, als sie ohnehin schon sind? Ich wollte dich kennenlernen, einfach so. Warum verschanzt du dich hinter dieser strengen Fassade? Hast du noch nie einen Typen getroffen, mit dem du einfach ausgegangen bist, weil du ihn kennenlernen wolltest?«

»Sicher! Aber das ist etwas anderes. Du weißt, wer ich bin. Du kennst die Probleme, die ich gerade habe, und du weißt auch, dass es gefährlich ist, mit mir auszugehen, und trotzdem wolltest du mich kennenlernen. Warum?«

»Hör zu, Erika, ich war Unteroffizier beim Militär«, sagte ich. Sie erstarrte und wurde ganz blass. Um sie zu beruhigen, legte ich meine Hand auf die ihre und fuhr fort: »Einen Teil meines Militärdienstes habe ich in deiner Heimat absolviert. Ich hatte den Befehl, die Hochspannungsmasten zu bewachen, die die Terroristen so gerne in die Luft sprengten ...«

»Wenn du denkst, dass sie das aus Spaß machen, dann bist du ein Idiot«, unterbrach sie mich wütend.

»Entschuldige, ich wollte dich nicht verletzen, sondern dir einfach nur erklären, was man uns Soldaten so sagte. Wir waren gerade mal zwanzig, die Mauer war noch nicht gefallen, und eure verzweifelten patriotischen Parolen beunruhigten unsere Vorgesetzten natürlich und die wiederum machten uns Angst.«

»Diese Bastarde!«, rief Erika wütend, während sie mit der Gabel auf ihrem Teller herumfuhrwerkte.

»Ich habe mich vor unserem Treffen heute Abend über das Programm eurer Protestbewegung informiert, das trotz der radikalen Forderung nach der Selbstverwaltung Südtirols auf der Grundlage von Demokratie und Menschenrechten basiert.«

Nach diesen Worten entspannte sie sich sichtlich. Ein Lächeln trat auf ihre Lippen.

»Weißt du das mit meiner Mutter?«

»Ja.«

»Und was weißt du?«

»Ich weiß, was passiert ist ... Ich kann dich verstehen.«

»Mich verstehen? Dass ich nicht lache. Wie kann jemand, der so lebt wie du, verstehen, was es für ein junges Mädchen bedeutet, wenn es die eigene Mutter auf einer Marmorpritsche im Leichenschauhaus liegen sieht, durchsiebt von den Kugeln der Polizei?«

»So siehst du mich also? Kannst du dir nicht vorstellen, dass ich in Wirklichkeit ganz anders bin?«

»Willst du damit sagen, dass du nicht der bist, der du zu sein vorgibst?«, fragte sie lachend.

»Lach nur, liebe Erika, das ist dein gutes Recht. Ich respektiere jeden, sogar den, der mich belügt. Und weißt du warum? Weil es mir unangenehm ist, ihm zu zeigen, dass ich weiß, dass er lügt. Und du? Du kennst meine Geschichte nicht und fragst dich nicht mal, warum ein Italiener fern seiner Heimat lebt. Und du maßt dir an, mich auszulachen.«

Sie wirkte betroffen.

»Entschuldige, Antonio …«, flüsterte sie beschämt.

»Kein Problem.«

Danach herrschte Schweigen.

»Ich vermisse meine Mutter sehr.«

»Das kann ich gut verstehen, aber deshalb musst du doch kein Harakiri machen, dein Fanatismus schadet dir und eurer Sache. Du musst von innen gegen das System kämpfen, nicht von außen. Ihr müsst eure Strategie ändern, meiner Meinung nach geht es um das Machbare, nicht um den Kampf an sich. Das musst du verinnerlichen, auch zu Ehren deiner Mutter …«

»Auf welcher Seite stehst du eigentlich?«

»Ich weiß nicht, was genau du mit ›Seite‹ meinst, Erika. Ich bin auf der Seite der Demokratie. Die gleiche, an die du glaubst und für die du kämpfst. Falls wir mit ›Demokratie‹ die Herrschaft des Volkes meinen …«

»Was genau verstehst du unter ›Herrschaft des Volkes‹?«

»Hör mal, ich bin weder Soziologe noch politischer Analyst, da kenne ich mich nicht aus. Aber ich bin klug genug, um verstehen zu können, dass die Macht nicht allein in den Händen der Herrschenden liegen darf. Aber es muss eine Institution geben, die für Ordnung sorgt. Ich bin nicht sehr gebildet, aber wenn ich mir vorstelle, was in einer Demokratie geschieht, in der jeder machen kann, was er will, wird mir angst und bang. Das gäbe Chaos.«

»Du hast recht, sehr viel Ahnung hast du nicht«, sagte sie feindselig.

»Mag ja sein, aber sieh dir doch mal den ersten Artikel der italienischen Verfassung an: ›Die oberste Staatsgewalt steht dem Volke zu, das sie in den Formen und innerhalb der Grenzen der Verfassung ausübt‹. Das finde ich ziemlich verlockend.«

Aber das war ihr Terrain, da war sie mir überlegen, deshalb beschloss ich, meine Strategie zu ändern. Ich zwinkerte meinem Freund Renato zu, damit er wie ausgemacht das Volkslied auf dem Klavier spielen sollte, aber stattdessen lief die Musik aus einem Lautsprecher.

»Sei still, Antonio, bitte, hör dir dieses Stück an. Eine Polka von Ursula Neuhauser …«

Es war ein traditioneller Tiroler Volkstanz, der auf einer Harfe gespielt wurde. Erika hatte die Augen geschlossen und genoss die zarten Harfentöne, und als sie sie plötzlich wieder aufschlug, starrte sie mich an, als ob sie in meinen Augen etwas lesen wollte. Ich lächelte sie an, und sie begriff, dass die Polka kein Zufall gewesen war.

»Ich werde Renato gut bezahlen«, versprach ich mir.

Aber der Zauber dieses Augenblicks wurde von einem Anruf jäh zerstört. Mein Kunde war bereit.

»Erika, ich muss dringend weg, die Arbeit. Kannst du mitkommen? Es dauert nicht lang.«

»Kein Problem, geh nur«, sagte sie, als ob sie mich nicht richtig verstanden hätte.

»Nein, ich möchte, dass du mitkommst, bitte.«

»Wohin denn?«

»Du wirst schon sehen.«

Sie stand auf, antwortete aber nicht. Ich zahlte, und nach einigen Minuten kamen wir vor dem ausgemachten Lokal an. Ich parkte und bat sie, im Auto auf mich zu warten, ich würde mich beeilen. In Wahrheit wusste ich natürlich nicht, wie lange es dauern würde, aber mir war klar, dass ich sie sonst nie wiedergesehen hätte. Ich betrat das Lokal, ein Freund zeigte mir den »Kunden«. Verdammt, er war noch nicht betrunken genug, das würde noch dauern. Was tun? Ich entschloss mich meinen Freund zu bitten, nach draußen zu gehen und Erika zu mir zu bringen. Ich würde ihr alles erklären. Zwei Minuten später erschien Erika und setzte sich schweigend neben mich. Ich fragte, ob sie etwas trinken wollte, und sie nickte. Sie bestellte einen Tee. Ohne ein Wort zu sagen, blieb sie neben mir sitzen und nippte hin und wieder an ihrer Tasse.

Endlich hatte ich es geschafft. Ich nahm meinen Kunden aus wie eine Weihnachtsgans. Sein gesamtes Geld, seine Uhr, sein Schmuck und sogar sein Auto gehörten uns. Ich stand auf, stopfte das Geld und den Schmuck in die Taschen meiner Jacke und bat Erika schon vorzugehen und im Auto zu warten. Ich kam eine Minute später nach.

»Ich muss dringend duschen, du auch?«

»Ich auch«, antwortete sie amüsiert.

Auf der Fahrt zu meiner Wohnung fragte sie: »Hast du womöglich beim Spiel betrogen, Antonio?«

»Bist du womöglich eine Terroristin?«

Dann brachen wir beide in schallendes Gelächter aus.

In dieser Nacht schliefen wir miteinander, ganz zärtlich und entspannt. Die folgenden Tage verbrachten wir gemeinsam, gingen schwimmen, in die Sauna, ins Kino und ins Restaurant. Wir machten lange Spaziergänge, bis sich unsere Probleme mit Macht zurückmeldeten. Ich musste nach Sizilien, Erika nach Bozen. Wir versprachen, uns wiederzusehen, was aber nie geschah. Aber es war etwas geschehen, was ich nicht vorausgesehen hatte. Was ich nicht voraussehen konnte.

Ich schaltete die Musik aus.

»Ich bin Vater, zum Teufel! Ich bin Vater!«

Ich drehte und wendete den Brief in meiner Hand. Ich hatte mich entschieden, die Sache geheim zu halten. Aber Erika wollte mich mit den Kindern im Gefängnis besuchen, damit ich sie kennenlernen könnte. Ich schrieb ihr, dass ich mich sehr freute, aber im Moment keinen Besuch wollte. Ich sei in Sicherungsverwahrung untergebracht und hätte kein Recht auf körperlichen Kontakt. Ich würde sie nur hinter einer Glaswand sehen können.

Das überzeugte sie. Wir begannen uns regelmäßig zu schreiben. Sie erzählte mir, dass sie glücklich verheiratet sei und ihr Mann alles über uns wisse.

»Du hattest unrecht, Antonio«, schrieb sie in einem ihrer Briefe, »du bist nicht ungebildet. Das hast du nur gesagt, um mich vor dir zu schützen, vor deiner Lebenseinstellung, die meine Prinzipien bedrohte. Aber ich habe mich oft gefragt: Und du? Wie konntest du so blind sein ...«

Ich habe meine Söhne auf Fotos aufwachsen sehen. In jedem Brief von Erika waren ein oder zwei Bilder von ihnen, und hin und wieder fragte sie mich, ob ich meine Meinung geändert hätte und sie doch kennenlernen wollte. Fünfzehn Jahre lang habe ich mich geweigert, meiner strengen Haftbedingungen wegen. Dann gab ich nach. Als sie mir schrieb, dass sie den jetzt schon fast erwachsenen Kindern die Wahrheit gesagt hatte und die beiden jetzt ihren leiblichen Vater kennenlernen wollten, sagte ich Ja. Inzwischen war meine Sicherungsverwahrung aufgehoben worden, mit der Folge, dass ich Besucher ohne trennende Glaswand empfangen konnte.

Ich habe mich auf diesen Tag vorbereitet, indem ich mir ein distanziertes Verhalten antrainierte. Aber je mehr ich mir verbot, an diesen Moment zu denken, desto stärker war ich in der Erwartung dieses Moments emotional gefangen. Ich war nervös.

Es war ein traumatisches Erlebnis, anders kann ich das nicht sagen. Denn wenn zwei Söhne, die man noch nie gesehen hat, plötzlich vor einem stehen, so groß und erwachsen, dich liebevoll, aber auch staunend ansehen und dich dann umarmen, dann weißt du nicht, was du sagen, geschweige denn tun sollst. Denn zwischen uns gibt es keine Beziehung, es kann keine Beziehung geben. Ich fühlte mich nicht wohl in meiner Haut.

Ich glaube, dass ein Vater Kinder beim Erwachsenwerden begleiten muss. Er kann sich nicht einfach Vater nennen, nur weil er sie gezeugt hat. Vater zu sein ist ein psychologischer Zustand. Kinder gehören zu demjenigen, der bei ihnen ist, der sie erzieht, der sie als Baby füttert und anzieht, der sie in den Kindergarten und zur Schule bringt und wieder abholt, der sie ins Bett bringt und nachts aufsteht, wenn sie weinen. Kurz gesagt: der mit ihnen zusammenlebt. Ja, es sind meine Söhne, aber sie sind in einer Familie aufgewachsen, die zum Glück weit weg von meiner Lebenswirklichkeit war, frei und glücklich.

Und das habe ich ihnen an diesem Tag gesagt. Und das Gleiche habe ich gegenüber den Jura-Studenten noch einmal wiederholt, die zu Studienzwecken das Gefängnis besucht haben. Die echte Freiheit, die wahre Seelenruhe spüren diejenigen, die in Harmonie innerhalb ihrer eigenen Gemeinschaft leben. Eine Harmonie, die auf festgelegten Regeln und Werten basiert. Als Teil eines Ganzen. Ja, davon bin ich fest überzeugt. Ich sage nicht, dass ein harmonisches Leben in der eigenen Familiengemeinschaft eine Garantie für Glück ist, nein, das nicht. Aber ich bin absolut sicher, dass ein Leben außerhalb einer solchen Gemeinschaft, außerhalb dieser Regeln und Normen, zu persönlichem Unglück führt.

Meine Söhne leben ein lebenswertes Leben in einem gesunden Umfeld. Ohne mich. Und ich bin froh darüber.

Der Professor

Ich begann ein schwaches Licht am Ende des Tunnels meiner Existenz zu erkennen, als nach fünfzehn Jahren Kerker meinem Gesuch auf Milderung der Haftbedingungen stattgegeben wurde. Zu diesem Zeitpunkt hatte ich bereits alle Hoffnung aufgegeben und gar nicht mehr damit gerechnet.

Ich wurde in ein anderes Gefängnis verlegt. Es war wie eine Wiedergeburt, auch wenn ich immer noch als Schwerstkrimineller galt. Zumindest hatte ich jetzt Gelegenheit, mich in Sachen Kultur weiterzubilden.

Bei meiner Festnahme hatte ich gerade mal einen Hauptschulabschluss, hier machte ich die Mittlere Reife nach, dann das Abitur und schließlich schrieb ich mich an der Universität ein und belegte Kurse in Philosophie, Vortragskunst und Informatik. Und ich lernte mit einem Computer umzugehen. Und in diesem Gefängnis, in dem ich noch immer einsitze, habe ich auch meinen Philosophieprofessor kennengelernt.

Es war die erste Stunde des Philosophiekurses, und wir saßen auf unseren Plätzen und warteten auf das Erscheinen des Professors. Ein seltsames Gefühl, zum ersten Mal seit fast sechzehn Jahren zusammen mit anderen in einem so großen Raum zu sitzen. Ich glaubte ersticken zu müssen, so engen Kontakt mit anderen Menschen war ich nicht mehr gewohnt, nach so langer Zeit in einer drei mal drei Meter großen Zelle.

Plötzlich war er da. Ich sah ihn zusammen mit dem Direktor

durch die Tür des Saales kommen. Dieser stellte ihn vor, lobte seine Kompetenz und unterstrich den Stellenwert der Philosophie. Der außerordentlich sympathisch wirkende Professor sagte zunächst einiges über sich und seinen Werdegang. Dann begann er uns eine seltsame Geschichte über Ägypter, Grenzen und ein Bild von Magritte zu erzählen, auf dem eine Pfeife zu sehen war, die jedoch keine Pfeife war.

Mein Banknachbar und ich sahen uns an, wir waren uns einig: »Ein Philosoph eben, seltsam, wie alle Philosophen ...«

Später begannen wir den tieferen Sinn seiner Geschichte zu begreifen und waren fasziniert. Ja, regelrecht vernarrt, im wahrsten Sinne des Wortes.

Mein Zusammentreffen mit ihm veränderte für immer mein Denken. Ich begann den Dingen Namen zu geben, die ich zwar kannte, aber nicht *benennen* konnte. Ich verstand jetzt, wie elementar wichtig menschliche Beziehungen waren, als die einzige Möglichkeit, festgeschriebene Zustände verändern zu können.

Das Licht am Ende des Tunnels wurde heller.

Seit unserer ersten Begegnung sind vier Jahre vergangen und in dieser langen Zeit ist unsere Beziehung gewachsen und gereift, Tag für Tag. In unserem Briefwechsel habe ich mich immer wie ein moderner Gaius Lucilius gefühlt, während der Professor eher die Rolle des weisen Seneca innehatte. Sollten Senecas Briefe nicht ein Instrument zum moralischen Wachstum sein? Eine spirituelle Erziehung?

Seneca, der große römische Philosoph, vertrat die Meinung, dass ein Briefwechsel nicht nur deshalb wichtig war, weil man sich dadurch mit einem Freund austauschen kann, sondern weil er die Gelegenheit zum Lehren und Lernen bietet. Und genau so arbeitete der Professor mit uns, in jeder Stunde stellte er uns eine neue Idee vor, die uns zum Nachdenken anregen sollte. Er wollte damit erreichen, dass wir unsere unrechten Handlungen analysieren, daraus lernen und die richtigen Schlüsse ziehen.

Er hat mich von der zentralen Rolle der zwischenmenschlichen Beziehungen überzeugt: »Worte transportieren Gefühle«, sagte er einmal, »und Gefühle machen uns zu dem, was wir sind.«

Der Professor ist ein Freund geworden. Ein Freund, so wie ein wahrer Freund sein sollte.

Es sind die wahrhaftigen Beziehungen, die uns sensibilisieren und stützen und unser Leben vor dem Leben als solches schützen, wie der wahre Freund, der immer für uns da ist, uns aber sein lässt, wie wir sind.

»Der wahre Freund«, erklärte er mir, »ist dir nicht ähnlich, aber er macht dich dir ähnlicher, sodass du zu dir selbst zurückkehren kannst.«

Und genau das hat er getan.

Aber er hat mich auch gelehrt, dass Beziehungen Regeln brauchen und dass man diese Regeln spüren muss.

Gesetzestreue lässt sich *spüren*. Man kann sie nicht lehren, sie belehrt uns. Sie ist eine Art Erziehung der Gefühle, eine Form der Liebe. All diese Erkenntnisse haben mich dazu bewegt, meine Lebensgeschichte zu schreiben.

»Und jetzt, nachdem ich sie geschrieben habe, was mache ich jetzt damit?« Die Frage hing in der Luft, ich trug sie den ganzen Tag mit mir herum, vom Aufstehen bis zum Schlafengehen.

Dann hörte ich im Fernsehen eine Stimme: mein »Geheimagent«! So nannte ich den Journalisten, der mich, wann immer ich in Sizilien gewesen war, über die Aktionen der Polizei auf dem Laufenden gehalten und mich informiert hatte, wie meine Aktionen in der Öffentlichkeit aufgenommen wurden. Auch nach fünfundzwanzig Jahren war seine Stimme noch immer unverwechselbar, damals in den Regionalnachrichten, heute in den landesweiten Fernsehnachrichten.

Es war einfacher als gedacht, über meine Schwester mit ihm Kontakt aufzunehmen. Ich schickte ihm mein Manuskript und hoffte, dass er Zeit und Muße haben würde, es zu lesen.

Und dann war es so weit, am nächsten Tag würde ich ihn treffen. In diesen mehr als zwanzig Jahren hinter Gittern hatte ich niemand anderen gesehen als meine Mutter, meinen Bruder und meine Schwestern. Ich war sogar ein bisschen aufgeregt.

Von Angesicht zu Angesicht

Ich habe wenig und schlecht geschlafen, bin seit sechs Uhr auf den Beinen. Ich habe mich gründlich gewaschen und rasiert, mir das Gesicht eingecremt und dann ungeduldig zu warten begonnen.

Ich schließe die Augen und konzentriere mich auf die Geräusche des Gefängnisses, dabei versuche ich mir seine Ankunft vorzustellen. Ich sehe das schwere Eisentor behäbig und langsam aufgehen, der Direktor der Haftanstalt begrüßt ihn mit einem geschäftsmäßigen Lächeln. Die Formalitäten, die Kontrollen, der Metalldetektor. Ich bin mit meinen Vorstellungen noch nicht fertig, als der Beamte mich ruft. Es ist so weit. Ich zucke zusammen, werfe einen letzten Blick in den Spiegel. Ich frage mich, ob ich die Person bin, die er erwartet, ob ich in seinen Augen gealtert bin. Dann denke ich noch mal nach: Der Wärter hatte mich noch nie gesehen, höchstens auf den Fahndungsfotos.

Ich greife nach dem Ordner mit meinem Manuskript, den Notizen und Gedichten. Wir gehen ins Erdgeschoss. Er bringt mich in einen mir wohlbekannten Raum: Es war nicht das Besuchszimmer, sondern der Raum, in dem man sich mit seinen Anwälten oder den Staatsanwälten trifft. Ein kleiner Raum mit einem leeren Tisch in der Mitte, ein paar Kunstdrucken an den Wänden und einem Bücherschrank aus dunklem Holz ohne Bücher. Der Beamte lässt mich vor der Tür warten. Er steht drinnen, ich erkenne ihn sofort. Er unterhält sich mit dem Sozialarbeiter und dem Direktor.

Einen Moment lang sieht er mich an, ich deute ein Lächeln an, aber dann nimmt er sein Gespräch wieder auf, als ob er mich nicht erkannt hätte. Aber wer sollte ich sonst sein, in meinem offenen Jeanshemd über der hellen Baumwollhose?

»Ah, da ist er ja«, sagt der Direktor und dreht sich zu mir um. Ich stehe immer noch vor der Tür. Erst in diesem Moment bemerkt er mich wirklich. Er lächelt mich an, jetzt breit und erkennend. Es kommt mir vor, als hätte ich ihn ständig gesehen, Jahr für Jahr, Monat für Monat, jeden Tag. Ein bekanntes Gesicht aus dem Fernsehen wird vor meinen Augen Realität.

Wer weiß, was ihm in diesen wenigen Sekunden, während wir aufeinander zugehen und uns fest die Hände schütteln, durch den Kopf geht?

»Jetzt ist es so weit. Vorstellen müssen wir uns ja nicht, was?«, beginnt er.

Ich höre ihn, verstehe ihn aber nicht. Seine Stimme unmittelbar vor mir zu hören, die Stimme, die seit fast dreißig Jahren durch mein Leben hallt, lähmt mich. Ich bin wie verzaubert und kann meinen Blick nicht von ihm abwenden, während der Direktor die Formalitäten klärt und über Besuchsdauer und Regeln spricht.

Ich höre noch seine letzten Worte, bevor sich die Tür hinter ihm schließt: »Wir sehen uns dann in zwei Stunden wieder.«

Wir sind allein.

»Danke, dass du gekommen bist …«, sind die ersten Worte, die ich herausbringe.

Ich kann kaum sprechen. Ich spüre eine seltsame Form der Zufriedenheit, die ich vielleicht mit einem Glück verwechsele, das ich bisher nicht kannte. Wir setzen uns an den kleinen Tisch in der Mitte des Raumes gegenüber.

»Du wirkst noch genau wie vor zwanzig Jahren, als ich dich zum ersten Mal im Fernsehen gesehen habe … wie ein junger Mann …«

»Auch du hast dich nicht viel verändert, ich würde dich glatt für zehn Jahre jünger schätzen, wenn ich nicht wüsste, wie alt du bist.«

»Meinst du wirklich?«, frage ich ihn ungläubig, wie um ihn ein-
zuladen, das Kompliment noch ein, zwei Mal zu wiederholen.

»Ja, sicher. Wie machst du das?«

»Nichts Besonderes. Was soll man im Gefängnis schon machen? Hin und wieder ein bisschen joggen, Gymnastik, Bauch-
muskeltraining … und Gesichtscreme, morgens und abends.
Du siehst mich jetzt! Vor ein paar Jahren war das noch anders, da
war ich in Sicherungsverwahrung … da gab es keine Creme und
auch sonst nichts!«

»Können wir über alles sprechen?«, fragt er irgendwann. »Ich
meine, darf ich dich alles fragen?«

»Sicher, klar, du kannst mich alles fragen.«

Als Erstes will er wissen, warum ich gerade mit ihm sprechen
will und welche Ziele ich habe. Was ich erreichen will.

Ich entspanne mich und erzähle ihm die Geschichte vom »Geheimagenten«. Von der Zeit, als ich nach einem Verbrechen nach
Hause geeilt war und auf die Nachrichten gewartet hatte. Wie
meine Schwierigkeiten begonnen hatten. Wie und warum ich getötet hatte. Ich erzähle von meiner Kindheit und meiner Jugend,
von meiner Entfremdung, meinen Fehlern und wie ich dafür bezahlt hatte und noch bezahle. Ich erzähle von meinen Hoffnungen
und meinen Träumen. Woran ich glaube und wie eine Zukunft mit
»lebenslang« aussieht. Ich bin wie ein Hochwasser führender Fluss,
durch nichts und niemanden zu stoppen. Und immer, wenn er versucht mich zu unterbrechen, greife ich nach seinen Händen und
blicke ihn flehend an.

»Lass mich reden, bitte, ich habe sonst niemanden … Ich bin
allein in der Zelle … auch wenn es durchaus Vorteile hat, allein zu
sein … aus vielen Gründen.«

Dann erzähle ich weiter. Er hört aufmerksam zu, notiert hin
und wieder etwas oder bittet mich um eine Erklärung oder darum,
einen Namen zu wiederholen.

Die zwei Stunden vergehen wie im Flug. Als der Beamte die

Tür öffnet, habe ich den Eindruck, es wären zehn Minuten gewesen.

Er steht auf und bittet den Beamten um weitere fünf Minuten. Dieser nickt und sagt: »Kein Problem, aber ich muss hier bleiben.«

Daraufhin geht er auf mich zu und fragt mich leise, ob ich ihm ein Fernsehinterview geben würde.

»Aber so was habe ich noch nie gemacht! Ich bin schüchtern, zu emotional ... vor den Kameras und dann ... nein, das schaffe ich nicht, ... oje, wirklich, nein.«

Er sieht mich an wie jemand, der an dich glaubt.

»Was meinst du? Kann mir das helfen?«, frage ich ihn.

Er zuckt mit den Schultern.

»Schaden kann es dir jedenfalls nicht ... jedenfalls nicht mehr, als du dir bis jetzt schon geschadet hast.«

Ich greife nach seinen Händen und drücke sie.

»In Ordnung, ich mach's.«

Ich umarme ihn ohne ein weiteres Wort. Der Beamte kommt näher und nimmt mich sanft an der Hand. An der Tür drehe ich mich noch mal zu ihm um, lächele und kehre dann in meine quälend engen zehn Quadratmeter zurück.

Das Interview

Alle im Gefängnis wissen, dass morgen das Fernsehen zu mir kommt. Seitdem die anderen Häftlinge es erfahren haben, schauen mich manche an, als ob ich ein Außerirdischer oder der Messias wäre. Andere verstehen es nicht, oder es fällt ihnen nicht auf.

Für mich ist das alles überwältigend. Ich weiß nicht, ob ich diese Aufmerksamkeit verdient habe, ob ich das schaffe. Ich werde versuchen, ich selbst zu sein. Ich vertraue ihm und er hat Vertrauen zu mir. Ich weiß nicht, wohin mich das führen wird, aber ich spüre, dass ich es tun muss. Das erste Mal in meinem Leben werde ich von einem Journalisten interviewt. Fürs Fernsehen! Ich bin tatsächlich ein anderer geworden.

Sie bringen mich in den Raum vom letzten Mal. Aber heute ist er nicht nüchtern und kalt, sondern voller Leben: überall Lichter, Scheinwerfer, Mikrofone, Fernsehkameras, ein Kameramann, ein Toningenieur und er. Mir bleibt fast die Luft weg. Kaum zu glauben, dass sie wegen mir hier sind. Dass sie mir das Mikro ans Hemd stecken. Dass der Beamte eine Flasche Wasser und Gläser vor mich auf den Tisch stellt. Dass der Scheinwerfer direkt auf mein Gesicht gerichtet ist. Er beruhigt mich, jedenfalls bemüht er sich. Er bittet mich, natürlich und gelassen zu sein.

Aber ich bin verwirrt.

»Entschuldige, aber das ist alles neu für mich. Es kommt dir vielleicht komisch vor, aber in diesem Augenblick fühle ich mich wieder als Mensch. Es mag banal klingen, aber ich nehme mich wieder als Mensch wahr und nicht als Häftling.«

Ich bin bereit. Oder vielleicht auch nicht.

Er beginnt mit einer Zusammenfassung meiner kriminellen Karriere. Dann die erste Frage.

»Du weißt, dass du dieses Gefängnis nicht lebend verlassen wirst? Was bedeutet das für dich?«

Ein Moment der Leere. Dunkelheit. Wie in einer Prüfung. Doch dann entspanne ich mich.

»Nun ja, diese Erkenntnis kommt erst mit der Zeit. In dem Moment, in dem das Urteil gesprochen wird, ist man sich nicht bewusst, was das bedeutet. Auch heute noch gibt es Tage, an denen ich nicht glauben kann, dass ich das Gefängnis nie wieder verlassen werde. Besonders morgens. Aber das ist eine Realität. Eine Realität, mit der ich schon zu lange lebe.«

Wir sprechen über den Abend, an dem meine Jugend unwiderruflich zu Ende ging, der Abend des Massakers, bei dem mein Großvater, mein Onkel Gigi und mein Cousin ums Leben kamen und ich wie durch ein Wunder verschont geblieben bin.

»Aber damals wusste ich nicht, was ich heute weiß. Selbst als mir mein Vater alles erzählt hat, habe ich zum Beispiel nicht verstanden, warum mein Onkel Gigi über interne Cosa-Nostra-Quellen wusste, dass eine der führenden Mafiafamilien unserer Gegend, die Resinas, plante, sämtliche Mitglieder meiner Familie auszulöschen. Ich wollte der Sache auf den Grund gehen, aber wenn so etwas passiert, dann hat man keine Zeit nachzudenken, außerdem fehlte mir die Erfahrung. Ich kannte die Umstände in Sizilien nicht wirklich, ich lebte in Deutschland, seitdem ich 17 war. Am 21. September 1986, dem Tag des Massakers, wusste ich nicht, wer meine Feinde waren. Und ich hatte Angst. Auch weil die Cosa Nostra sich mit diesem Attentat nicht zufriedengab. Sie mordete weiter, viele Verwandte und Freunde fielen ihr zum Opfer. Darunter auch ein fürsorglicher Familienvater, ein wirklich guter

Mensch: mein Onkel Antonio. Nur weil er unseren Namen trug. Er wurde exekutiert wie ein Mafiaboss, eines Abends im Mai, als er von seiner Arbeit beim Stromkonzern Enel zurückkam. Sobald sein Auto in Sichtweite kam, feuerten sie auf ihn. Er wurde getroffen, versuchte verletzt zu fliehen und schleppte sich in einen Hauseingang, aber sie verfolgten ihn und erschossen ihn vor den Augen seiner Frau, die das Szenario vom Balkon aus beobachtet hatte. Ihre Schreie übertönten das herzzerreißende Weinen der Kinder.

Während ich vor den Mördern nach Deutschland flüchtete, wurden die beiden letzten männlichen Erwachsenen der Familie Brasso verhaftet: mein Vater Totò und mein Onkel Bruno. Die Verhaftung schützte sie vor der Mordlust der Mafia, die schon vorher versucht hatte, meinen Vater zu töten. Erst Jahre später erfuhr ich, dass er dem Hinterhalt nur entkommen konnte, weil sich eine Patrone im Lauf der Maschinenpistole der Auftragskiller verklemmt hatte.

Aber das Schicksal ist tückisch, es verfolgte meinen Vater und meinen Onkel für den Rest ihres Lebens hinter Gittern. Mein Onkel Bruno starb durch einen Herzinfarkt, er wurde nicht einmal fünfzig. Mein Vater wehrte sich, so gut er konnte. Aber dann holte auch ihn das Schicksal ein. Wenn ich an ihn denke, kommen mir die Tränen.«

Ich hielt inne und fuhr mir über die Augen. Da waren wirklich Tränen, aber ich wischte sie weg, bevor sie mir die Wange hinunterrollen konnten.

Totò Cascitedda

Man sagte, mein Vater sei ein guter Billardspieler gewesen. Totò Cascitedda, wie man ihn nannte, war am Billardtisch nicht zu schlagen.

Alle kannten ihn, wie man sich in einem Dorf am Meer eben kannte, in dem es nur eine einzige Bar mit Musikbox gab und der Rock'n'Roll die Jugend faszinierte.

Man erzählte mir, dass sein Ruf am grün bespannten Tisch sich überall in der Provinz verbreitet hatte und eines Tages ein Billardcrack aus Agrigent in Casamarina auftauchte. Sein Spitzname war 'u Stecchinu, »der Stock«, weil er mit dem Billardqueue zirkusreife Tricks beherrschte.

Er betrat die Bar, fragte nach Totò Cascitedda, stellte sich vor und forderte ihn zum Duell.

Sie spielten denkwürdige Partien, bei denen Dutzende von billardbegeisterten Nichtstuern staunend um den Tisch standen, sie verbrachten Stunden in der rauchgeschwängerten Bar *Castiglione* in der Via Roma und warteten auf den Stoß des einen und die Antwort des anderen. Mal setzte sich der eine, mal der andere durch, sodass man schließlich nicht sagen konnte, war von den beiden am Ende der Bessere war.

Neben dem Billard hatte mein Vater noch eine zweite Leidenschaft. Wie alle *Marinisi* liebte er das Meer und die Fischerei. Sein Vater, mein über alles geliebter Großvater, hatte ihn schon von Kindesbeinen an mit zum Fischen genommen. Sie hatten eine

357

ganz spezielle Art zu fischen, ziemlich laut und spektakulär. Sie hatten eine einfache Apparatur mit einem Sprengkörper konstruiert und warfen sie in der Nähe der Chemiefabrik Montedison, vom äußersten Ende der Mole aus, ins Wasser. Der Sprengkörper explodierte und die Fische trieben tot an die Oberfläche. Die beiden saßen auf den Klippen, warfen ihre Netze aus und sammelten den Fang ein.

Doch als mein Vater älter wurde, konnte er sich der Mafia nicht mehr entziehen. Und genau wie ich, musste er sich entscheiden, zwischen dem sicheren Tod und lebenslanger Haft.

Ich erinnere mich an die Berichte über den Maxiprozess in den Nachrichten. Mein Vater wurde oft gezeigt, wie er im Gerichtssaal hinter den Gitterstäben des Käfigs saß, immer allein, auf der obersten der drei Stufen, die der Richterbank am nächsten war. Immer elegant gekleidet, hellblaues Hemd unter grauem oder dunkelblauem Jackett. Manchmal sogar mit Krawatte, manchmal mit akkurat gestutztem rötlichen Bart. Immer schweigend. Und, Ironie des Schicksals, er war flankiert von den großen Fischen der agrigentinischen Cosa Nostra, saß direkt neben Netore, der Symbolfigur der alten Mafia aus Casamarina. Sie wussten, dass sie Gegner waren. Sie wussten, dass sie Feinde waren. Und sie hielten sich trotz der qualvollen Enge voneinander fern, so gut es ging. Zu dieser Zeit konnte mein Vater nicht einmal vermuten, dass Netore fünf Jahre später, an einem Maimorgen des Jahres 1991, das letzte Opfer meiner Rache sein und ich bald darauf sein Schicksal teilen würde: lebendig begraben in der Gefängniszelle. Mehr noch: in der gleichen Zelle!

Der Staat hatte uns dieses Geschenk gemacht. Fünf endlos lange Jahre teilten wir diesen schrecklichen Ort im Hochsicherheitsgefängnis. Für uns beide eine Qual, eine entwürdigende, zerstörerische Erfahrung. Vater und Sohn auf acht Quadratmetern zusammengepfercht, die perfekte Synthese aus zwei ruinierten Leben. In den immer gleichen enervierenden Ritualen spiegelten wir uns gegenseitig, Tag für Tag. Ausziehen, anziehen, essen, trinken, hinter dem Vorhang aufs Klo gehen. Nacheinander. Eine Qual. Fast eine Strafe in der Strafe.

Wir vermuteten, dass sie uns zusammengelegt hatten, um uns zum Sprechen zu bringen. Dass wir uns gegenseitig überzeugen würden, mit der Justiz zusammenzuarbeiten. Aber wir taten ihnen den Gefallen nicht. Wir wussten nicht einmal, über was wir sprechen sollten. Wir schwiegen, Stunde um Stunde, innerlich zerstört, eingeschlossen in dem kümmerlichen Rest, der einmal unser Leben gewesen war. Wer es nicht selbst erlebt, kann es nicht verstehen. Nach fünf Jahren wurden wir in ein anderes Gefängnis verlegt, aber nicht in die gleiche Zelle. Wenn es das Ziel gewesen war, uns zum Sprechen zu bringen, hatten sie mittlerweile eingesehen, dass es sinnlos war, dass wir nicht einbrechen würden. Sie trennten uns, aber wir saßen immer noch im gleichen Gefängnis, was allerdings weniger schlimm war.

Schließlich trennten sie uns ganz. Mein Vater wurde nach Secondigliano verlegt, ich nach Carinola. Ich erinnere mich gut an diesen Tag. Ich sehe von Weitem, wie mein Vater in den Gefängnisbus steigt, sich umdreht und mir zuwinkt, während ich auf das nächste Fahrzeug warte. Noch heute verkrampft sich mir bei diesem Gedanken das Herz, denn damals wusste ich noch nicht, dass es das letzte Mal sein sollte, dass ich ihn sah.

In der Hölle von Secondigliano begann mein Vater langsam zu sterben. Ein erster Infarkt, ein zweiter. Man kann das Gefühl des Schmerzes nicht in Worte fassen, das man hat, wenn es um Vater oder Mutter geht. Ich litt, ich war wütend. Das Gefängnis allein ist hart genug, aber wenn ein geliebter Mensch krank ist und nicht mehr selbstbestimmt handeln kann, wird es unerträglich. Eine Quälerei. Mein Vater hatte mehrere Infarkte. Er konnte sich schließlich nicht einmal mehr seine Unterhosen waschen. Er war an Körper und Geist zerstört. Und deshalb, an einem bestimmten

Punkt … Nein. Ich kann es nicht sagen. Ich bringe dieses kalte Wort nicht über die Lippen. Es bleibt mir schier im Halse stecken.

Sie informierten mich noch am gleichen Morgen, wenige Stunden, nachdem es passiert war. Es war der 25. Mai 2007. Man brachte mich in einen Raum neben dem Besuchszimmer.

Eine Sozialarbeiterin musste mir die Nachricht überbringen. Als ich ihr ins Gesicht sah, ahnte ich schon, dass es nichts Gutes sein würde, noch bevor sie ein einziges Wort gesagt hatte. Wir begrüßten uns, sie gab dem Wärter ein Zeichen, uns allein zu lassen, und dann wurde ihr Gesichtsausdruck noch düsterer.

»Ich muss Ihnen eine schlechte Nachricht überbringen. Es geht um Ihren Vater. Nun, leider …«

Sie suchte nach Worten, schonenden, mütterlichen Worten, die mich nicht zu tief verletzen würden. Aber diese Mühe war vergeblich. Ich blieb wie versteinert sitzen und starrte auf den Boden. Stumm. Sie sagte, ich hätte das Recht, am Begräbnis teilzunehmen. Aber ich war nicht in der Lage, das Geschehene aufzunehmen, wusste nicht, was ich sagen sollte. Ich bat, wieder in die Zelle gebracht zu werden.

»Sie müssen mir jetzt sagen, ob Sie an der Beerdigung teilnehmen wollen«, wiederholte sie.

»Nein, will ich nicht«, antwortete ich knapp und ging in die Zelle zurück. Erst am nächsten Morgen, nach einer schlaflosen Nacht voller Schmerz und Erinnerungen, fragte ich den Direktor, ob ich statt auf die Beerdigung zu gehen, meine geliebte Mutter besuchen dürfe, um sie trösten zu können. Das lag durchaus in seinem Ermessen und war keine Gefälligkeit. Mit einem gepanzerten Wagen wurde ich zwei Tage nach der Beerdigung nach Casamarina gebracht. Zehn Stunden Fahrt, immer unter Bewachung, sogar auf dem Klo.

Sie ließen mir Zeit, meine Mutter an mein Herz zu drücken, meine Schwestern, meinen jüngsten Bruder, und unablässig zu weinen. Die Polizisten mussten mich aus den Armen meiner Mutter reißen, um mich wieder fortzubringen, wobei sie sich um eine den Umständen angemessene Zurückhaltung bemühten. Die Rückfahrt war lang und schmerzhaft. Mit dem Tod im Herzen versuchte ich, in der Einsamkeit meiner Zelle wieder ich selbst zu werden.

Die Abschiedsbriefe

Drei Tage nach diesem Besuch bekam ich einen Brief. Ich erkannte die Handschrift sofort, wurde blass und drehte und wendete den Umschlag in meinen Händen. Ich schwankte und musste mich setzen. Ich musste den Absender gar nicht lesen, ich wusste, wer der Verfasser war.

Auf dem Poststempel erkannte ich das Datum: 25. Mai 2007.

Da war mir endgültig alles klar. Ich zögerte, entschied mich den Umschlag nicht zu öffnen. Ich steckte ihn in einen zweiten Umschlag, nahm ein Blatt Papier, schrieb zwei Zeilen an meine Mutter und schickte alles an sie weiter. Am gleichen Tag brachte der Briefträger meiner Mutter ebenfalls einen Brief. Gleiche Handschrift, gleicher Poststempel, natürlich gleicher Absender: mein Vater. Er war an Signora Francesca adressiert, meine Mutter. In dem Umschlag befanden sich sechs handbeschriebene Seiten. Ein Brief an seine Frau und einer für jedes der Kinder. Sie sollten sie lesen und wieder lesen, bis ihnen der Schmerz das Herz verzehrte.

Heute liegen diese Briefe hier. Meine Mutter hat sie meinem »Geheimagenten« mitgegeben, damit ich entscheide, ob sie ins Buch kommen oder nicht. Dafür werde ich sie allerdings lesen müssen. Ich mache mir Mut. Es sind herzzerreißende Briefe, so herzzerreißend wie die bewusste Entscheidung eines Mannes, aufzugeben und auf diese Art aus dem Leben zu gehen.

Die Handschrift ist klar und präzise, wenn auch mit vielen

Grammatikfehlern. Sie wirken fast schon unschuldig und liebens-
wert in der zarten Wehmut des Abschiedsbriefes. Schon wenige
Auszüge reichen, um die durch und durch nachvollziehbare Verzweiflung und die zerstörte Entschlossenheit zu verstehen, die sich
darin zeigen. Dadurch tritt die Figur des Kriminellen in den Hintergrund und macht dem Menschen Platz.

Der erste Brief ist an meine Mutter gerichtet.

Cucunè, wenn du diesen letzten Brief von mir lesen wirst, werden drei,
vier Tage seit meinem Tod vergangen sein. [...] Cucunè, seit etwa zwei
Monaten bin ich nicht mehr ich selbst, ich weiß selbst nicht warum. Ich
kann dir nur sagen, dass zwei Viren in meinen Kopf eingedrungen sind,
die ich nicht kenne. Der eine will, dass ich etwas tue, der andere wehrt
sich dagegen.

Er gesteht meiner Mutter, dass er sich gehen lässt, dass er die Ge-
nesungskur, die Kontrolluntersuchungen, die Therapie verweigert.
Dass er sich dem Leben verweigert.

Cucunè, ein Virus sagt mir, ich solle dem Ganzen ein Ende machen, der
andere sagt nein. Der eine beschuldigt den anderen ein Feigling zu sein,
der andere sagt, warte nur ab, wie mutig ich bin. Wie es scheint, meine
Liebste, hat der mutige Virus gewonnen. Denn sich das Leben zu neh-
men, braucht Mut. Ich glaube nicht, dass es feige ist, sich zu töten. Meine
Liebe zu dir wird nie enden, verzeih mir meinen Entschluss und ver-
zeih mir tausendmal all den Ärger, den ich dir mehr als 45 Jahre lang be-
reitet habe. Und schäme dich nicht, dass ich mich umgebracht habe.
Denn wenn der andere Virus Sieger geblieben wäre, hättest du dich dein
ganzes Leben lang schämen müssen.

Mit einem beeindruckend kühlen Kopf analysiert mein Vater die
Alternative, die er nie ernsthaft in Betracht gezogen hatte, im Bewusstsein, dass er hätte weiterleben können, aber ohne die Würde,

die ihn seiner Meinung nach bis zum letzten Tag ausgemacht hat. Totò Cascitedda hat nie als Kronzeuge ausgesagt. Er hat dem Druck der Staatsanwälte niemals nachgegeben. Oder den Versprechungen, dass er sich ein würdiges Leben aufbauen und den Kriminellen unter einer neuen Identität hätte begraben können. Ein geschütztes, vielleicht sogar isoliertes Leben, fern der Heimat, fern seiner Wurzeln. Nein, er wollte lieber er selbst bleiben. Ganz allein mit seinen Kerkeraufenthalten, seiner Trauer und den Schmerzen hat er sich schließlich von der Verdammnis zu »lebenslang« befreit.

Seine Strafe endete kurz vor dem Anbeginn eines neuen Tages, den er nicht mehr erlebt hat.

Ich erhänge mich frühmorgens zwischen fünf und sechs. Fünf Minuten davor werde ich dir den exakten Zeitpunkt meiner letzten Lebenshandlung aufschreiben. Cucunè, es wird dir komisch vorkommen, das ist es auch für mich, ganz ruhig darüber zu schreiben, dass ich mich aufhängen werde. Aber du musst mir glauben, ich habe keine Angst. Ich hätte nie gedacht, dass mal so etwas passieren würde, so etwas wie der Virus, der mich seit zwei Monaten quält und dich in meinen Gedanken beiseitegedrängt und in den Hintergrund gerückt hat. Bis vor zwei Monaten warst du der Mensch, den ich am meisten geliebt habe, jetzt steht der Virus an deiner Stelle. Er sagt mir, dass wir es zu Ende bringen sollen. Während ich bis vor zwei Monaten nur für dich gelebt habe, meine Liebste, zählt heute nur noch, nicht mehr im Gefängnis sein zu müssen.

Ich danke dir für alles, meine Liebste. Für alles, was du mir in diesen 45 Jahren gegeben hast. Erinnerst du dich an unsere erste Begegnung im Februar 62? Gestatte mir zu sagen, denn ich möchte, dass unsere Kinder es wissen, dass ich deiner nicht würdig war, denn du bist wuuunderbar.

Er hat wirklich wunderbar mit drei »u« geschrieben. Ganz unten in der letzten Zeile steht noch ein Satz, den man nur lesen kann, wenn man das Blatt umdreht.

Cucunè, es ist 7 Uhr, und ich werde mich jetzt aufhängen. Addio, meine Wunderbare, du bist einzigartig …

Wie versprochen, hat er die Uhrzeit seines Selbstmords notiert. Sieben Uhr morgens. Er hat sich am Schrank seiner Zelle erhängt, genau so, wie er es in dem Brief an mich niedergeschrieben hat, den ich damals nicht öffnen wollte. Und den ich jetzt, nach sieben Jahren, das erste Mal lese.

Antonio, mein Sohn. Ich habe schon probiert, mich zu erhängen, am letzten Sonntag. Am Fenster mache ich es nicht, sondern ich binde das Laken an den großen Schrank, der in meiner Zelle steht. Wenn in diesem Moment zufällig der Wärter vorbeikommt, dann sieht er nichts, weil die geöffnete Klotür den Schrank verdeckt. Es dauert, bis er etwas merkt, und bevor er Hilfe gerufen und die Schlüssel geholt hat, vergehen weitere zwei oder drei Minuten: Das reicht mir. Aber am Fenster würde er mich sofort sehen, und mein Plan wäre gescheitert. Schau, mein Sohn, nimm es mir nicht übel, ich bin fast glücklich darüber zu gehen. Pass gut auf Mamma auf. Du könntest in fünf, maximal zehn Jahren draußen sein und dich um sie kümmern. Küss deine Söhne von mir. Addio.

Im Angesicht des Todes hat er seine Erinnerungen in Ordnung gebracht, die in ihm aufstiegen, zärtlich und schmerzlich. Ganz bewusst, wie in jener Nacht, als meine älteste Schwester Nuccia zu spät nach Hause kam und er erkannte, wie schwach er als Vater eigentlich war. Darüber hatte er noch nie gesprochen. Erst im Vorzimmer des Todes enthüllte er die Schwäche eines Vaters, eine allzu menschliche Schwäche, die vielen Vätern eigen ist.

Ciao, Nuccinè. Ich möchte dir erzählen, wie es war, als du fünf oder sechs Stunden zu spät nach Hause kamst und wir alle wie verrückt nach dir gesucht haben. Irgendwann habe ich geweint. Frag Mamma. Ich stand auf dem Balkon und weinte. Es regnete leicht. Dann habe ich gesehen, wie du aus dem Auto gestiegen bist, und statt mich zu beruhigen, habe ich nur noch mehr geweint. Aber dieses Mal aus Freude. Ich habe Mamma gesagt, dass ich dir alles verzeihen würde, wenn du nur wieder nach Hause kommst. Und so war es, ich habe dir jedes Mal verziehen, obwohl es nicht immer konsequent war. Ich weiß, mein Kind, dass es eigentlich nichts zu verzeihen gab.

Nuccinè, ich verlasse euch. Werde glücklich, ich bitte dich. Irgendwann, wenn Mamma mal nicht mehr da sein wird, dann vergiss nicht, für ihr Grab das Gedicht von Francesco Petrarca auf einen türkisfarbenen Stein gravieren zu lassen. Du findest es in der braunen Tasche …

Auf dem letzten Stück Weg vor dem Abgrund behielt er seine väterliche Geradlinigkeit bei, kein Kind wurde vorgezogen, jedes bekam die gleiche Aufmerksamkeit und präzise Anweisungen, immer mit berührenden Worten, ohne etwas zu vergessen.

Carmeluccio, mein Sohn. Ich weiß, dass du mich heimholen wirst. Sei nicht traurig, mein geliebter Junge. Stell dir einfach vor, ich wäre schon vor zwei, drei Jahren gestorben. Ich muss gehen, ich halte es nicht mehr aus. Damals bei meinem letzten Herzinfarkt haben sie mir im Krankenhaus gesagt, dass meine Herzkranzgefäße sowieso nur noch vier, fünf Jahre durchhalte und inzwischen sind schon dreieinhalb vergangen. Ich habe maximal noch eineinhalb Jahre zu leben, aber da ich schon seit zwei Jahren jede Therapie ablehne … Hast du verstanden? Und in meiner Vernunft gibt es etwas, das mich dazu drängt, Schluss zu machen. Addio, mein geliebtes Kind. Ich weiß, dass dich der Schmerz ein paar Jahre begleiten wird. Geh mit hoch erhobenem Kopf durch die Welt, es gibt andere, die den Kopf gesenkt halten müssen. Addio, mein geliebter Sohn. Obwohl du eigentlich gar nicht geplant und gewollt warst, hast du dich auf die Welt gekämpft, und dafür bewundere ich dich.

Meiner Schwester Annalisa versuchte er mit messerscharfer Logik und rationalen Argumenten ein wenig Trost zu spenden.

Annalisa, meine kleine Rebellin, sei nicht traurig. Bei lebenslanger
Freiheitsstrafe kann man frühestens nach 28 oder 30 Jahren aus dem Ge-
fängnis entlassen werden, vorausgesetzt, dass man unter die Amnestie
fällt. Wenn nicht, bleibt man länger als 30 Jahre im Knast. Und wenn
du nachrechnest, habe ich am 28. Juni 13 Jahre abgesessen, im besten Fall
muss ich noch mindestens weitere 15 Jahre sitzen. Und wie gesagt, das
gilt nur bei Straferlass. Sonst dauert es wahrscheinlich noch 20 Jahre. Ich
bin jetzt 63, und wenn ich rauskomme, wäre ich über 80. Und mit mei-
nem Herz, das schon zwei Infarkte hinter sich hat, sterbe ich mit ziem-
licher Sicherheit sowieso vorher. In fünf, sechs Stunden bin ich nicht
mehr, und trotzdem ändert sich für mich nichts. Verzeih mir, mein Kind,
verurteile mich nicht. Addio, meine kleine Rebellin.

Noch heute weint sie lautlose Tränen, Annalisa, die Rebellin, wenn
sie sich an das letzte Telefonat mit unserem Vater erinnert, am Tag
vor seinem Selbstmord. Sie war allein zu Hause gewesen. Allein
und jung, unreif und verängstigt. Meine Mutter war einkaufen.
»Papa, aber was sagst du denn da?«, sie versuchte ihn zu beruhigen,
ihn von seinem Plan abzubringen, sie wollte um Hilfe rufen, sie
wollte, dass sie jemand hört. Und dann erinnerte sie sich daran,
dass alle Telefonate der Gefangenen in Sicherungsverwahrung
abgehört wurden, und dachte, hoffte, dass die Überwachungsbeam-
ten seine Absicht begreifen und ihn von seinem Plan abbringen
würden. Aber nein. Mein Vater war klüger als sie. Er hatte alles genau kalkuliert, niemand konnte ihn stoppen. Jetzt verstehe ich den
Sinn seiner letzten Worte an mich.

Antonio, mein Sohn. Ich höre jetzt auf. Ich bin am Ende meines Weges
angekommen. Verurteile mich nicht, mein geliebter Junge, denn ich bin
ein anderer als der, den du bis vor zwei Monaten gekannt hast ...

Vielleicht habe ich deshalb bis heute den Brief nicht gelesen, um
ihn nicht verurteilen zu müssen. Ich wollte ihn als geradlinigen,

aufrichtigen und entschlossenen Mann in Erinnerung behalten. Als einen Vater, der wütend auf seine Kinder war, weil er sie zu sehr liebte, und der drohend die Hand hob, wenn er es für nötig hielt. Aber er tat es zu unserem Besten, weil er für uns eine würdige Zukunft wollte. Wir sollten nicht in diesen kriminellen Sumpf hineingezogen werden, der ihm letztendlich zum Verhängnis wurde. Auch deshalb habe ich meinen Vater bewundert. Und auch deshalb liebe ich ihn noch immer.

Für immer hinter Gittern

Die Lebenslänglichen werden »stille Tote« oder »verlorene Leben« genannt und das mit Recht. In italienischen Gefängnissen gibt es immer noch genug Gründe, um zu sterben: aus freiem Willen, aufgrund von Krankheiten, an Altersschwäche oder durch Stress. Und nicht nur hinter den Gitterstäben wird gestorben, auch Vollzugsbeamte bringen sich um, zermürbt an Geist und Seele. Und wenn sie es schon nicht mehr aushalten, wie muss es dann für uns Häftlinge sein?

Darüber werde ich heute mit meinem »Geheimagenten« sprechen. Das Interview geht weiter, und ich spüre, dass ich durch ihn all das sagen kann, was ich der Welt schon immer mitteilen wollte.

Vor allem möchte ich denen, die behaupten, es gäbe in Italien keine Todesstrafe, sagen: Doch, die gibt es! Und diese Strafe nennt sich lebenslange Haft ohne Möglichkeit auf vorzeitige Entlassung. Der Artikel »4-bis«. Mein Vater wurde auf dieser Gesetzesgrundlage verurteilt. Ebenso wie ich.

Ich weiß nicht, wie viele Menschen wissen, was der Artikel »4-bis« im italienischen Strafvollzug bedeutet. Oder wie viele wissen, dass lebenslang nicht in jedem Fall lebenslang bedeutet. Es gibt die gewöhnlichen Lebenslänglichen und solche wie mich, die nach jenem Artikel »4-bis« verurteilt wurden. Wie unterscheiden sie sich?

Lebenslange Haft ohne Möglichkeit auf vorzeitige Entlassung wird nur gegen diejenigen verhängt, die Morde in einem Mafiakrieg verübt haben. Wenn ich zum Beispiel einen Polizisten oder einen Carabiniere, einen Bankdirektor oder einen Juwelier bei einem Überfall erschossen hätte, oder noch schlimmer, ein Kind, dann hätte ich nur ein normales Lebenslänglich bekommen. Bei einem solchen Urteil kann man nach zwanzig Jahren Anträge auf Hafterleichterung stellen, um ein oder zwei Tage rauszukommen, zum Beispiel, um Weihnachten im Kreise der Familie verbringen zu können. Aber auch Freigang ist möglich, um draußen arbeiten zu können. Man verlässt morgens den Knast und kommt abends zurück. Es gibt viele, die davon profitieren. Wir, die nach Artikel »4-bis« Verurteilten, können das nicht. Für uns gibt es keine Lockerungen. Der Artikel »4-bis« ist ein maskierter, schleichender Tod. Niemand mit diesem Urteil hat Anrecht auf Haftvergünstigungen, wie sie in unserem Strafrecht und sogar in der Verfassung vorgesehen sind. Nicht einmal eine Stunde darf ich das Gefängnis verlassen, ganz zu schweigen von einem ganzen Tag oder Freigang.

Deshalb bin ich dazu verurteilt, im Gefängnis zu sterben. Es gibt Häftlinge, die sind bereits seit dreißig Jahren eingesperrt und haben das Gefängnis nicht einmal verlassen. Nicht einmal ansatzweise.

Ich habe in mehr als zwanzig Jahren einen einzigen Tag Sonderurlaub bekommen, um nach dem Tod meines Vaters bei meiner Familie sein zu können. Eskortiert von Polizisten, bewacht wie Hannibal Lecter. Die ersten vierzehn Jahre verbrachte ich in Hochsicherheitsgefängnissen, gemäß Artikel »41-bis«, die strengste Form der Haft, die meist auf Lebenslängliche ohne Möglichkeit zur vorzeitigen Entlassung angewandt wird. Vor sieben Jahren wurden meine Haftbedingungen etwas gelockert, nach »AS1«, eine Stufe unter dem Artikel »41-bis«. Diese Abkürzungen sind für Menschen, die mit Strafverfolgung nichts zu tun haben, ein Buch mit sieben Siegeln.

Aber jeder versteht, dass der Staat mich als Kriminellen sieht, und weil wir die Todesstrafe nicht haben, wurden die härtesten Sanktionen gegen mich verhängt, die das Gesetz stattdessen zu bieten hat:

Lebenslange Haft ohne Möglichkeit auf vorzeitige Entlassung (Artikel »4-bis«), davon vierzehn Jahre Sicherungsverwahrung (Artikel »41-bis«), danach geringfügige Lockerung der Haftbedingungen (AS1). Unterhalb von AS1 gibt es AS2 (Mitglieder terroristischer Gruppierungen) und AS3 (normale Gefangene). Wie kann es sein, dass niemand auf die Idee kommt, dass ich mich nach all diesen qualvollen Jahren geändert und eine Herabstufung verdient haben könnte?

Die »für immer Lebenslänglichen« sind hinter den Gitterstäben ihrer Zelle sich selbst überlassen, Gefangene ihrer Ohnmacht, die resigniert und sich mit der Tatsache abgefunden haben, dass sie im Gefängnis sterben werden. Aber es gibt auch solche, die sich nicht geschlagen geben wollen. Sie versuchen sich freizukaufen, sich zu erlösen oder einem höheren Ziel zu folgen, das sie mit dem Leben versöhnt und die Fehler der Vergangenheit und die begangenen Gräueltaten zwar nicht vergessen, aber doch vergeben lässt. Sie hegen Hoffnungen, bei denen es nicht primär um Freiheit geht, sondern um eine gewisse Seelenruhe, die sie wieder Vertrauen zu sich selbst und damit neue Kraft schöpfen lässt.

Mein hochverehrter Nietzsche sagt, dass man von der Hoffnung nicht leben kann. Ich lebe nicht von der Hoffnung, ich lebe vom Vertrauen. Und ich vertraue darauf, dass die Dinge sich in Zukunft verändern können. Deshalb habe ich nach zweiundzwanzig Jahren des Schweigens jetzt den Mut zu sprechen. Nicht nur, weil ich glaube, dass jeder Mensch der Gesellschaft das zurückgeben muss, was er ihr genommen hat. Oder es zumindest versuchen sollte, denn eine Rückgabe eins zu eins ist unmöglich. Ich kann niemandem sein Leben zurückgeben. Auch wenn ich in gewisser Weise gerade dabei bin, mir mein eigenes Leben zurückzugeben: Bei meiner Verhaftung war ich 27, jetzt bin ich 49 und hoffe endlich Licht am Ende des Tunnels zu sehen.

Wenn ich daran denke, was aus mir geworden ist, im Vergleich zu dem erbarmungslosen Verbrecher, der ich gewesen bin, dann muss ich feststellen, dass die Justiz bei mir das Ziel erreicht hat, das sie sich gesetzt hat: einen Menschen, der schwere Fehler gemacht hat, zu erziehen und für die Gesellschaft zu retten.

Ich spüre, dass ich mich verändert habe. Ich bin ein anderer und doch ich selbst. Ich weiß nicht, ob ich tatsächlich ein Vorzeigegefangener geworden bin, wie es die Sozialarbeiter gegenüber den Direktoren der verschiedenen Gefängnisse, in denen ich in den letzten Jahren war, immer betonen. Aber ich denke, dass es dem Staat und den Institutionen gefällt, wenn sie die Wandlung eines Gefangenen zum Guten präsentieren können. Und wenn es sich dabei noch um einen Häftling mit hochkrimineller Vergangenheit handelt, der als Quasi-Analphabet ins Gefängnis kommt und später sein Studium mit Auszeichnung abschließt, dann ist es doch offenkundig, dass der Staat seine Aufgabe erfüllt hat.

Doch wenn ich gefragt würde, ob es das Gefängnis und die Strafe waren, die mich gerettet haben, oder ob ich mir nur selbst geholfen habe, dann müsste ich wohl antworten, dass hinter jeder Resozialisierung eines Straftäters zunächst der Mensch und erst dann das Gefängnis steht. Wenn es dem Insassen selbst an Bereitschaft fehlt, kann auch das Gefängnis wenig tun.

Wenn es nur das Wegsperren alleine gewesen wäre, das zu meiner Wandlung geführt hat, dann würden aus den Gefängnissen nur noch Geläuterte entlassen werden, die mit ihrer kriminellen Vergangenheit abgeschlossen haben.

Für meine Person kann ich sagen, dass ich mich selbst umerzogen habe. Ich fühle mich heute komplett anders. Wer sich seiner selbst bewusst wird, ist ein anderer Mensch.

Ich hatte vorher keinerlei Vorstellung davon, was ein Prozess, ein Gefängnis, die dortigen Begleitumstände und die Umerziehung bedeuten. Doch ich habe Asinara kennengelernt. Wer selbst nicht dort gewesen ist, kann sich nicht vorstellen, was das in den 1990er-Jahren bedeutete: die Hölle auf Erden.

Eines Tages besuchte mich dort ein einflussreicher Staatsanwalt. Er war höflich, nett und verbindlich, als würde er mit seinem eigenen Sohn sprechen. Er wollte mich davon überzeugen, mit der Justiz zusammenzuarbeiten. Er versprach mir Haftverkürzung, Schutz für mich und meine Familie, ein neues Leben mit einer neuen Identität und sogar eine Menge Geld. Aber dafür wollte er eine Gegenleistung: Ich sollte Namen nennen. Aber ich hatte ihm nichts anzubieten.

Ich ließ ihn reden, und er ging, wie er gekommen war.

Der letzte Überlebende

In der Zelle jedes Gefängnisses, in dem ich bis jetzt gewesen bin, quält mich jede Nacht der gleiche Gedanke.

Auch darüber spreche ich beim Interview mit meinem »Geheimagenten«.

Bevor ich die Augen schließe und in den Schlaf gleite, drehen sich meine Gedanken jedes Mal um Bilder, ferne Stimmen, Tod und Schmerz.

Eine Vergangenheit, die nicht verschwinden will. Eine Vergangenheit, an die ich nicht erinnert werden möchte.

Ich tröste mich mit dem Wissen, dass es meiner Familie besser geht als vielen anderen: den Toten, den Vermissten, den lebendig Begrabenen. Wie ich. Ich bin der Letzte. Der letzte Überlebende.

Und wenn ich gehe, dann in dem Wissen, dass ich eine Familie zurücklasse, die in der Legalität lebt, abseits von kriminellen und mafiösen Machenschaften. Das macht mich glücklich. *Glücklich!*

Wie kann man glücklich sein, wenn man weiß, dass das eigene Leben durch das Urteil »lebenslänglich« eigentlich schon zu Ende ist?

Ich versuche meine Geschichte nie mit der meiner Verbündeten zu vergleichen, die sich nach der Verhaftung aus purem Egoismus dazu entschieden haben, mit der Polizei zusammenzuarbeiten, um nicht lebenslänglich ins Gefängnis zu müssen.

Heute sind sie fast alle wieder frei, leben bei ihrer Familie oder haben eine neue Identität. Und unter ihnen sind auch diejenigen, die mich verraten haben. Aber ich habe keine Rachegefühle. Ich bin mit mir und meiner Umwelt im Reinen. Ja, ich weiß, dass ich das auch hätte machen können. Ich weiß, dass es absurd wirkt, es nicht getan zu haben. Ich habe aus Überzeugung gehandelt und nicht mit der Justiz zusammengearbeitet, bin kein Kronzeuge geworden, weil ich an das, wofür ich tötete, geglaubt habe! Ich weiß, dass es Unrecht ist, jemanden umzubringen. Aber ich habe nur den gewaltsamen Tod meiner Lieben gerächt.

Mein Wunsch wäre es, in einer Welt zu leben, in der das Miteinander von Staat und Bürger eine Selbstverständlichkeit ist.

Aber in einem solchen Staat habe ich nicht gelebt.

Ich habe den Staat damals nicht als einen Freund erlebt. Man muss immer den historischen Kontext berücksichtigen, in dem etwas passiert. Damals habe ich mich in den Gerichtsprozessen nicht verteidigt, nie etwas zugegeben und sogar auf einen Anwalt verzichtet.

Und deshalb denke ich, dass wir nicht mehr diejenigen sind, die wir einmal waren. Heute ist vieles anders. Ich würde meinen Söhnen raten, sich an die Behörden zu wenden, wenn sie in eine ähnliche Situation geraten sollten. Damals tat ich es nicht, weil mir die Reife fehlte, die ich heute habe. Heute ist vieles anders, heute würde ich mich dem Staat anvertrauen, da bin ich mir sicher.

Demselben Staat, der mich nie wieder aus der Haft entlassen wird. Wenngleich ich hoffe, dass die Richter von meiner Wandlung überzeugt sind und mir wenigstens ein klein wenig Freiheit schenken.

Mein Schicksal liegt in den Händen des Strafvollstreckungsgerichts. Es entscheidet darüber, ob dem Inhaftierten Vollzugslockerung gewährt wird, egal, ob es um wenige Stunden oder um die Anwendung des Artikels 21 geht, den offenen Vollzug, bei dem man tagsüber außerhalb des Gefängnisses arbeiten darf.

Es gibt keinen Häftling, der nicht nach ein bisschen Freiheit strebt. Die Fälle, in denen man im Gefängnis alt wird, und dann, wenn die Möglichkeit besteht, entlassen zu werden, lieber im Gefängnis bleibt, weil man nicht weiß, wo man sonst hingehen soll, sind äußerst selten. Gleiches gilt für diejenigen, die sofort wieder ein Delikt begehen, damit sie baldmöglichst zurückkommen und ein Dach über dem Kopf, eine warme Mahlzeit und Freunde haben können. So etwas passiert nur in Filmen.

Ich bin immer noch jung und sehne mich nach nichts mehr, als nach einem Stückchen wirklichen Leben.

Es klopft, die Tür geht langsam auf. Das Gesicht des Direktors taucht auf, er lächelt und scheint sich vergewissern zu wollen, dass auch alles gut geht. Und doch werde ich den Eindruck nicht los, dass er uns auch daran erinnern will, dass wir nicht mehr viel Zeit haben. Ich hatte fast vergessen, dass ich im Gefängnis bin, dass ich das erste Interview meines Lebens gebe.

Mein »Geheimagent« gibt dem Direktor ein beruhigendes Zeichen, dass wir gleich zum Schluss kommen werden. Dann wendet er sich wieder mir zu.

»Unser Interview nähert sich dem Ende. Du kehrst jetzt in deine Zelle zurück. Du hast entschieden dich zu öffnen, über alles zu sprechen, was wird jetzt anders sein? Was denkst du?«

»Ich bin nicht religiös und glaube nicht an das Jenseits. Ich glaube, dass man das Leben im Diesseits leben muss, und das Tag für Tag. Ich weiß nicht, was hinter der Ecke auf mich wartet. Aber ich werde alles, was in meiner Kraft und in meiner Macht steht, tun, alles, was mir möglich ist, egal, welche Konsequenzen es hat. Ich habe keinen Vorgesetzten, niemand hat mir etwas zu befehlen. Ich bin ein freier Mensch.«

»Was willst du damit sagen, dass du alles, was in deiner Kraft und in deiner Macht steht, tun wirst? Welche Ziele hast du?«

»Welche Ziele ich habe? Kannst du dir nicht vorstellen, dass ich einmal das Meer wiedersehen möchte? Mit einer Frau schlafen möchte? Wieder frei sein möchte? Ja, das alles würde mir gefallen.«

Ich entlocke ihm ein bitteres Lächeln. Die Scheinwerfer gehen aus, der Tonmann nimmt mir das Mikrofon vom Hemd ab, der Aufnahmeleiter überprüft die Qualität der Aufnahme. Meine Anspannung kehrt zurück, ich fürchte mich nicht gut ausgedrückt, meinen Gesprächspartner enttäuscht zu haben. Ich erinnere ihn noch einmal daran, dass es mein erstes Interview war, dass ich vieles vielleicht anders und besser hätte sagen sollen. Er versichert mir, dass alles gut gelaufen ist, dass ich ganz natürlich gewirkt habe. Plötzlich bemerke ich, wie sich sein Gesicht verfinstert.

Ich schüttele den Kopf und frage ihn, ob etwas nicht in Ordnung ist.

»Nein, alles okay. Aber ich appelliere an deinen gesunden Menschenverstand und an deine Intelligenz: Ich möchte nicht, dass unser Zusammentreffen Erwartungen und Hoffnungen in dir weckt, die enttäuscht werden könnten. Verstehst du? Ich möchte nicht, dass du die Ausstrahlung dieses Interviews und die Veröffentlichung des Buchs als eine Art Passierschein für die Freiheit betrachtest. Es wäre gut zu wissen, dass du, egal was passiert, der erfrischende und wunderbare Mensch bleibst, den ich gerade kennengelernt habe und außerdem …«

Ich griff nach seinen Händen und unterbrach ihn, bevor er weitersprechen konnte.

»Du kannst beruhigt sein, für mich ist das alles hier schon ein kleines Wunder, ein Stück Freiheit. Dieses Interview, in dem ich erzählen durfte, wer ich war und wer ich heute bin. Glaub mir, auch wenn nichts passiert, wird sich daran nichts ändern. Wenn es mein Schicksal ist, hier zu sterben, dann werde ich hier sterben.«

Der Direktor unterbricht uns.

»Fertig? Alles in Ordnung?«

»Alles in Ordnung, Herr Direktor, danke.«

Ich lasse seine Hände los und schaue ihm fest in die Augen. Ich möchte, dass dieser Moment für immer in meiner Erinnerung bleibt. Ich möchte, dass es nicht das letzte Mal ist.

Er streckt mir seine rechte Hand entgegen, um sich zu verabschieden. Ich ziehe ihn an mich und umarme ihn, dass der Direktor dabei ist, kümmert mich nicht.

»Gib auf dich acht, bitte, und mach dir keine Sorgen um deine Familie«, sagt er noch, als er sich aus meiner Umarmung löst.

Ich schließe die Augen, schüttele den Kopf und gebe ihm mit einem zurückhaltenden Lächeln zu verstehen, dass er sich keine Sorgen machen muss. Dann lasse ich mich vom Direktor in meine stickige Zelle zurückbringen.

Er begleitet mich auf den ersten zehn Schritten zu der weiß gestrichenen Eisentür, der Weg, der die Distanz zwischen uns wieder klarstellt, und wartet, bis die schwere Tür hinter mir zuschlägt.

Ich drehe mich um, er ist verschwunden.

Jetzt bin ich wieder allein, allein auf meinem Weg zu überleben. Ein Flur, noch eine Tür, ein Wärter, der eine dritte Tür öffnet. Und wieder ein Wärter, der meine Zellentür aufhält, fragt, wie das Interview gelaufen ist, und mir halb im Scherz prophezeit, ich würde jetzt berühmt werden. Ich lächle, sage aber nichts und lasse mich einschließen, immer noch verwirrt und orientierungslos.

Dann bin ich wieder allein in meiner rechteckigen Einzelzelle. Ich lege den Ordner auf den kleinen Tisch, an dem ich schreibe und esse. Ich werfe einen beiläufigen Blick auf den Fernseher in der Ecke und setze mich auf die Pritsche, stehe wieder auf. Ich bewege mich wie ein Automat, mein Kopf ist ganz woanders. Ich gehe ins Bad. Ich habe zu nichts Lust, zu gar nichts. Ich verschränke die Hände hinter dem Kopf und betrachte Monets »Impression, soleil levant«, das einzige Bild an der Wand, neben den Fotos meiner geliebten Nichten und Neffen.

Meine Welt liegt hinter Gittern. Dort habe ich die letzten zweiundzwanzig Jahre meines Lebens verbracht. Verschwendete Jahre. Ein verschwendetes Leben.

Postskriptum

An den Leser

von Giuseppe Grassonelli

Als ich dieses Buch geschrieben habe, ging es mir nicht um die Befriedigung meiner Eitelkeit. Bei diesem Text handelt es sich nicht nur um eine Aneinanderreihung von Episoden, in denen ich von Blutrache, Angst, Glücksspiel, Geld, Sex und Schießereien sprechen will.

Ich möchte damit etwas zurückgeben. Was ist denn Literatur auch sonst? Ist sie nicht der Wunsch, etwas mitzuteilen?

Ich gebe es zu: Ich war Mitbegründer einer kriminellen Vereinigung, die von Journalisten »Stidda« genannt wurde, eine Bezeichnung, die ich und meine Freunde übernommen haben. Wir hatten keine gemeinsamen Wurzeln, uns einte lediglich der Widerstand gegen die Cosa Nostra.

Ja, ich war ein Verbrecher, ein ziemlich übler sogar, aber ich hatte keine andere Wahl. Es gab keine Alternative.

Ich suche nicht nach Rechtfertigungen, aber um besser verstehen zu können, was damals mit mir passiert ist, muss der historische Kontext mit in Betracht gezogen werden. Man muss über die Zeit berichten und die Umstände schildern, in denen das alles geschah. Sonst kann man diese Geschichte nicht verstehen. Die Begleiterscheinungen haben mein Bewusstsein geprägt. Ohne diese Überzeugung kann es keine Hoffnung auf Erlösung geben.

Ich habe durch diejenigen, die meine Familie ausgelöscht haben, Angst und Hass kennengelernt und nach meinem damaligen Selbstverständnis darauf reagiert: mit Gewalt. Eine Form der Gewalt, die vor allem von dem Drang nach Rache bestimmt wurde, neben dem Willen zu überleben natürlich.

Ich habe Menschen umgebracht, schwere Verbrechen verübt, und wenn ich nicht verhaftet worden wäre, hätte ich weiter gemordet. Meine Rachegelüste, die Wut auf diejenigen, die mir das Liebste auf Erden genommen hatten, sorgten dafür, dass ich mich »im Recht« fühlte, egal aus welchen Motiven die Mörder meiner Familie gehandelt hatten. Der Schmerz macht Körper und Geist krank. Er schwächt den Lebenswillen, und nur der Rachegedanke hilft, das Leben irgendwie auszuhalten.

Um die Gewalt erklären zu können, muss man die Angst berücksichtigen. Und Angst kenne ich zur Genüge. Als ich gerade mal zwanzig war und meinen Militärdienst hinter mir hatte, das war im Jahre 1986, tauchte an einem Abend im Spätsommer mitten in meinem Dorf ein Killerkommando auf und richtete ein Blutbad an. Was ich mit meinen fast noch Kinderaugen sah, war der Horror: Mein Großvater, mein Onkel und weitere Verwandte und Freunde lagen niedergestreckt am Boden, ihre leblosen Körper waren seltsam verdreht und von Kugeln durchsiebt. Ich konnte mich nur durch ein Wunder retten. Nach diesem Abend waren die Mitglieder meiner Familie lebende Zielscheiben. Im Jahr danach wurde ein anderer Onkel, ein redlicher Familienvater, gnadenlos hingerichtet, nur weil er das Pech hatte, mit Nachnamen Grassonelli zu heißen. Nur aus diesem Grund. Die Killer zögerten keine Sekunde, obwohl sie wussten, dass sie vier Kindern den Vater nahmen.

Ich war traumatisiert. Wie sollte es auch anders sein? Ein Zwanzigjähriger, der keine Ahnung hatte, was da mit seiner Familie passierte. Danach wurden alle Männer der Familie Grassonelli, die noch am Leben waren, verhaftet. Außer mir. Es war eine gute Entscheidung, nach Deutschland zu gehen. Als ich einige Jahre später die Hintergründe der Geschehnisse begriffen hatte, plante und organisierte ich meinen Rachefeldzug.

Ich hatte schon als Kind einen Hang zu Straftaten, aber paradoxerweise war mir das nicht klar. Die Polizei war für mich und meine Freunde nicht die Hüterin von Recht und Ordnung, sondern der Feind, eine Bedrohung. Sie waren die Besatzer aus dem Norden, die mit dem Klerus, der Democrazia Christiana und der Mafia gemeinsame Sache machten. Wir selbst hielten uns für ideologiefreie Kommunisten.

Doch im Laufe der Zeit habe ich verstanden, wie wichtig Regeln und Zusammenhänge sind, um die Werte einer Gesellschaft zu erhalten. Und ich möchte, dass auch du, geschätzter Leser, das verstehst. Das Erkennen dieser Zusammenhänge hat mir geholfen, mich von Schubladendenken und überkommenen Verhaltensweisen zu lösen, die mich daran hinderten, die Realität nüchtern zu betrachten und kritisch zu hinterfragen.

Ich habe mir vorgenommen, zukünftig die Regeln und Konventionen des Systems zu beachten. Wenn ich jemals wieder den gleichen Hass, die gleiche Angst spüren sollte, werde ich keine Sekunde zögern, mich an die staatlichen Autoritäten zu wenden. Heute glaube ich an die zivile Gesellschaft, den Staat und an seine Gesetze. Auch wenn ich sie nicht immer teilen kann, werde ich sie trotzdem respektieren.

Ich möchte, dass meine Kinder in einer Gesellschaft aufwachsen und leben, in der es keine Mafia gibt.

Wer meint, der Protagonist meines Buchs sei eine negative Figur und es bestehe die Gefahr, dass Jugendliche ihm nacheifern könnten, den lade ich ein, sich näher mit ihm auseinanderzusetzen: sein Gewissen zu erforschen, sich in sein Schattenreich hineinzuversetzen, seine Seelenqualen und die unterdrückte Verzweiflung zu ergründen. Im Alter von siebenundzwanzig Jahren wird er für immer lebendig begraben. Sollte man einer solchen Karriere nacheifern? Wer das bejaht, der hat das Buch nicht richtig gelesen.

Wer behauptet, dass ich mich weiterbilde und schreibe, um im Gefängnis besser behandelt zu werden, dem antworte ich: Ja, das trifft zu. Jeder Mensch hat Wünsche, auch ich. Es sei denn, du ziehst es vor, belogen zu werden. Zu lesen, dass es mir ohne meine Familie, ohne das Meer, ohne Sex gut geht: Glaub mir, zwanzig Jahre ohne Sex sind eine lange Zeit. Niemand kann es für gerecht halten, dass ein Mensch unter solch grausamen, entwürdigenden Umständen leben muss. Ich bin genau wie du: ein Mensch, auf der Suche nach einem Kompromiss zwischen Vernunft und Instinkt.

Schließlich möchte ich deine Aufmerksamkeit noch auf einen anderen Punkt lenken, lieber Leser: Kann ein Mensch nach mehr als zwanzig Jahren Haft nicht ein anderer sein? Sollte ein Mensch nicht auch danach beurteilt werden, wie er sich innerlich verändert und nicht nur äußerlich?

Nein, ich bitte dich nicht, mir zu verzeihen. Das ist unmöglich, bei allem, was ich getan habe. Niemand kann so etwas vergeben.

Aber ich frage mich trotzdem: Muss eine demokratische Gesellschaft nicht fähig sein, auch den Sünder aufzunehmen, der sich schwerer Verbrechen schuldig gemacht, aber dann bereut hat? Wenn nein: Kann sie sich denn überhaupt demokratisch nennen?

Ich weiß, es braucht Mut, mich in den offenen Strafvollzug zu schicken. Das Ausmaß meiner Schuld wiegt schwer, das ist mir klar. Wenn ich das entscheiden müsste, hätte ich vielleicht auch nicht den Mut dazu.

Und doch müsste der Staat eigentlich begreifen, dass ich heute ein anderer Mensch bin und keine Gefahr mehr darstelle … und wenn dem so ist, wäre es dann nicht gerecht, mich wieder in die Gemeinschaft aufzunehmen?

Ja, lieber Leser, ich habe mich von der Vergangenheit befreit und bewohne in meinem Innern meine Wahrheit. Ich bin zurückgekehrt. Zu sich selbst zurückzukehren heißt derjenige zu werden, der man tatsächlich ist. Und ich bin derjenige, der sich heute auf seine ganz eigene Beziehung zur Legalität stützen kann.

Erinnerungen

von Carmelo Sardo

An sein Gesicht erinnerte ich mich nur dunkel. Ich kannte es von einem etwas verblassten Fahndungsfoto, auf dem er etwas dümmlich lächelte. Durch sein leichtes Schielen wirkten seine Augen geradezu gutmütig.

Dieses Foto war das einzige, was wir Journalisten von ihm hatten. Deshalb hob ich es als Erinnerungsstück auf, zusammen mit den anderen Bildern, auf denen Mafiosi und ihre Helfershelfer, Killer und andere Gauner zu sehen waren. Alle Fotos lagen in einer verschlossenen Metallkassette im Schreibtisch meines Büros als junger Polizeireporter. Das Foto hatten die Carabinieri auf der Pressekonferenz verteilt, die nach seiner Verhaftung mit großem Pomp zelebriert wurde.

Am 15. November 1992 erwischte der Staat auch den Letzten der Cascitedda und schützte ihn damit im letzten Moment vor den grausamen Rachegelüsten der Cosa Nostra. Gleichzeitig war das für ihn aber auch das Ende aller irdischen Pläne, eingesperrt in einer engen feuchten Zelle, lebendig begraben, mit dem unerbittlichen Urteil »lebenslang für immer«.

In dieser Zeit berichtete ich über die blutigen Auseinandersetzungen zwischen verschiedenen Mafiagruppen in der Provinz Agrigent zwischen dem Ende der 1980er- und dem Beginn der 1990er-Jahre. Ich arbeitete damals für die Fernsehnachrichten von

Teleacras und die Tageszeitung »L'Ora«. Diesen Massakern fielen auch Carabinieri, Politiker und Vollzugsbeamte zum Opfer. Ich berichtete über die möglichen Motive, die abstruse Theorie, dass die Cosa Nostra sich im Krieg mit der »Stidda« befände. Die »Stidda« sei eine Organisation, die versuchte die »alte« Mafia auszuhöhlen, so sah es damals jedenfalls aus. Zu dieser Zeit ahnte ich nicht einmal, dass mir zwanzig Jahre später jener Giuseppe Grassonelli höchstpersönlich die ganze Geschichte erzählen und mir dabei im Besprechungszimmer des Gefängnisses von Carinola die Hand halten würde.

Dass er seine Finger auf meine Hand legte, gab mir ein eigenartiges Gefühl. Ich dachte unweigerlich an die Momente, als er mit eben diesen feingliedrigen blassen Fingern den Abzug einer Waffe gedrückt hatte. Er ließ nicht los, als wollte er sich an das Leben klammern, an eine Hoffnung, um die grauenvolle Vergangenheit zurückzudrängen, die immer wieder in seiner Erinnerung auftauchte und sich nicht abschütteln ließ.

Irgendwann flüsterte er mir etwas ins Ohr, mit gedämpfter Stimme, wie bei einer Beichte. Meine Hand ließ er noch immer nicht los: »Weißt du, dass du mein Geheimagent warst? Jedes Mal, wenn ich eine militärische Aktion durchgeführt hatte, so nannte ich die Einsätze damals, ging ich sofort nach Hause oder in ein Versteck und wartete auf deinen Bericht in den Nachrichten, um zu sehen, ob auch alles gut gelaufen war oder mich vielleicht jemand erkannt hatte. Und vor allem informiertest du mich darüber, wie die Polizei reagierte, wo und wonach sie suchte. Ein Nebeneffekt, den du natürlich nicht beabsichtigt hattest.«

Ich musste lächeln. Das überraschte mich nicht. Ein Reporter weiß, dass alles, was er an Informationen preisgibt, auch einem Mörder, einem Kriminellen oder einem Flüchtigen helfen kann. Das wissen auch die Ermittler, deshalb geben sie häufig gezielt Einzelheiten preis, die bekannt werden sollen.

Aber ich war immer hautnah vor Ort. Ich wartete nicht, bis mir ein Polizist oder ein Carabiniere am Telefon seine Version der Ereignisse mitteilte.

In der Redaktion hatten wir einen Radioscanner, der auf die Funkfrequenz der Polizei eingestellt war. Kaum gab ein Sprecher krächzend einen verschlüsselten Einsatzbefehl, rief ich meinen Kameramann an, und wir fuhren los.

Wo er noch kurz zuvor mit Pistole und Gewehr unter seinen Feinden aufgeräumt hatte, tauchte jetzt ich auf, mit meinem Notizbuch und einem Mikro bewaffnet, um von den Geschehnissen zu berichten, von Überlebenden und von Toten. Und er saß zu Hause und sah Nachrichten.

Unsere Lebenswege kreuzten sich, ohne dass wir davon wussten. Bis zu diesem schicksalhaften Abend, der sein Leben für immer verändert hat.

Es war der 21. September 1986, ein glühend heißer Sonntag im Spätsommer. Ich wollte mit einer Freundin ins Kino gehen, das sich hinter der Bar Albanese befand. Der Eingang war auf der Hauptstraße von Porto Empedocle. Draußen waren Tische aufgestellt, an denen Familien saßen und sich ein Eis gönnten. Wir waren etwas zu früh dran und wollten vor Beginn der Vorstellung in der Bar noch etwas trinken. Doch als ich mit meinem Auto auf die Via Roma einbiegen wollte, hielt mich die Polizei an und sagte, wir sollten umkehren. Ich erklärte dem Polizisten, wer ich bin, und fragte, was passiert war.

»Ein Blutbad, ein Blutbad …«, wiederholte er immer wieder.

Wir verzichteten auf das Kino, ich brachte meine Freundin nach Hause und fuhr dann rasch an den Ort des Geschehens zurück.

Die Szenerie vor der Bar ähnelte einem Schlachtfeld. Umgestürzte Tische, Scherben von Flaschen und Gläsern, Blut und geschmolzenes Eis auf dem Pflaster. Und die üblichen weißen Laken, um die Leichen zu bedecken.

Ich zählte sechs Tote. Auf vier Männer hatten es die Killer abgesehen, Giuseppe Grassonelli, der Patriarch, sein Sohn Gigi, der Heißsporn der Familie, und zwei Freunde, Salvatore Tuttolomondo und Giovanni Mallia. Die beiden anderen Opfer, Antonio Morreale und Filippo Gebbia – er war erst dreißig und frisch verheiratet – waren einfach im falschen Moment am falschen Ort, wie man so schön sagt. Als ob sich das Schicksal daran stören würde, dass man an einem Spätsommerabend draußen vor einer Bar sitzt und ein Eis isst …

Schon am nächsten Morgen gaben die Zeitungen eine hieb- und stichfeste Erklärung zum Geschehen ab: Ein von der Cosa Nostra initiiertes Blutbad, um die Grassonellis zu bestrafen, die sich womöglich zu »breit« gemacht hatten.

Damals wusste man wenig von der Mafia. Dazu mussten erst die »Pentiti«, die Kronzeugen, auf den Plan treten, die bei ihren Geständnissen auch die Hintergründe dieses blutigen Krieges schilderten und ein Horrorszenario beschrieben.

Giuseppe Grassonelli war gerade mal zwanzig, als ihm das Leben ein schweres und unwiderrufliches Schicksal auferlegte. Als junger Mann musste er mit ansehen, wie sein geliebter Großvater, sein geliebter Onkel und ein ihm sehr verbundener Cousin kaltblütig umgebracht wurden. Und auch er sollte sterben. Und er wusste nicht einmal, wer genau sein Feind war, und schon gar nicht warum. Seine Jugendsünden konnten wohl kaum der Grund dafür sein.

Jahrelang stellte sich Giuseppe diese Frage. Warum hatten die Killer an diesem Abend auch auf ihn geschossen? Einmal, zweimal, fünfmal, zehnmal. Er stand im Kugelhagel und hatte keine Ahnung, was eigentlich vor sich ging.

Niemand hatte gewusst, dass auch er an diesem Abend vor Ort sein würde, kein Ermittler, kein Journalist und auch keiner aus dem Mordkommando. Niemand hatte gewusst, dass er bei der Flucht am Fuß verletzt wurde, durch die Kugel der Kalaschnikow des wie besessen feuernden Auftragskillers der Cosa Nostra. Er ließ sich die Wunde mehr schlecht als recht von einem Verwandten behandeln und fuhr am nächsten Morgen zurück nach Deutschland, wo er damals lebte. Und dort begann er sich zu informieren, zu analysieren und schließlich generalstabsmäßig seinen Rachefeldzug zu planen.

Das alles hat er mir erzählt, als sich unsere Wege fünfundzwanzig Jahre später kreuzten, als wir uns auf engstem Raum gegenübersaßen, Auge in Auge, ohne Fernseher, authentisch und ungefiltert. Nur er und ich, im Besprechungszimmer des Gefängnisses. Ein gefürchteter Killer und sein »Geheimagent«, der nichts von seiner Rolle gewusst hatte.

Die Fülle an Details, die er mir über sein früheres Leben, das für immer durch dieses Massaker bestimmt worden war, geschildert hatte, zeigte, wie sich dieser schicksalhafte Abend unauslöschlich in sein Gehirn eingebrannt hatte. Giuseppe Grassonelli hatte zwei Jahrzehnte in Sicherungsverwahrung gewartet, um mir diese Geschichte anzuvertrauen, eine Geschichte, die er noch nie zuvor erzählt hatte, nicht einmal den Anwälten, die ihn verteidigen sollten. Diese zwei Jahrzehnte hatten aus ihm den Mann gemacht, der er jetzt ist.

Als er ins Gefängnis kam, war er siebenundzwanzig und ein halber Analphabet. Dort hat er studiert, viele Bücher gelesen, einen Abschluss in Literaturwissenschaften gemacht und sein Leben aufgeschrieben. Als ob er damit diese lang zurückliegende Zeit ausradieren und mit seiner Vergangenheit für immer abschließen könnte.

Heute trägt Giuseppe Grassonelli sein Schicksal mit großer Würde. Nachdem er fünfzehn Jahre lang unter den strengen Auflagen des Artikels »41-bis« (d.h. verschärfte Haftbedingungen) verbüßen musste, davon drei Jahre in Isolationshaft, fällt er nun unter AS1: Er wird immer noch als hochgefährlich eingestuft, aber eine Stufe unter dem »41-bis«. Mehr Hafterleichterung erlaubt das Urteil nicht, das gegen ihn verhängt worden ist.

Denn Giuseppe Grassonelli ist das, was man im Gefängnisjargon als »4-bis'ler« bezeichnet: lebenslängliche Haft ohne die Chance auf vorzeitige Entlassung. Das bedeutet auch, dass er niemals Freigang oder weitere Vergünstigungen erhalten kann.

Das ist seine Geschichte.

Nachwort*

von Giuseppe Ferraro

Die wahren Dinge sind ewig. Erinnerst du dich, das habe ich dir gesagt, als du immer wieder bedauert hast, dass der Kurs eines Tages enden würde. Dass wir uns nicht mehr sehen würden. Ich habe dir damals geantwortet, dass die wahren Dinge ewig sind, und falls sie eines Tages doch vergehen sollten, keine wahren Dinge gewesen sind. Wie die wahre Liebe und die wahre Freundschaft: Wenn sie enden, dann waren sie nicht echt, dann waren sie eine x-beliebige Liebe, eine x-beliebige Freundschaft. Aber nicht mehr. Etwas verlieren heißt nicht, dass es zu Ende ist, auch wenn bei einem Verlust immer auch eine gewisse Endgültigkeit spürbar ist. Wir sollten stattdessen eher an eine Art Unterbrechung denken.

Unser Leben hat Unterbrechungen, aber das Leben geht weiter. So möchte ich gerne beginnen, lieber Giuseppe. Ich habe gerade dein Buch fertig gelesen, aber ich spüre, dass es nie enden wird, weil es ein Teil von mir ist.

---

* Dieser Text stammt aus einem Brief, den Giuseppe Ferraro, Philosophieprofessor an der Universität Federico II in Neapel, an Giuseppe Grassonelli geschickt hat, nachdem er das Manuskript des Buches gelesen hatte. Ferraro leitete einen Philosophiekurs im Gefängnis, an dem Grassonelli teilgenommen hatte.

Ich weiß, wie du diese Geschichte geschrieben hast. Du hast sie noch einmal gelebt. Ja, im wahrsten Sinne des Wortes erlebt, denn während du den Fluss deiner Erinnerungen zu Papier gebracht hast, warst du wieder an all diesen Orten. Als hättest du die Stimmen wieder gehört, die Schauplätze vor dir gesehen. Dieses Buch ist wie ein Film, eine Aneinanderreihung von Bildern. Du hast durch das Schlüsselloch einer Vergangenheit geschaut, die durch das Urteil »lebenslänglich für immer« auf ewig eingesperrt sein wird, genau wie du. Diese Jahre zwischen dem sechzehnten und dem siebenundzwanzigsten Lebensjahr gehören noch immer dir. Lass sie dir nicht nehmen. Verfalle nicht in Bitterkeit, das ist eine Sackgasse.

Erinnerst du dich an den Tag, als ich gesagt habe, dass es so schwer ist, jemandem das Leben zu nehmen, weil sich das Leben bis zum letzten Moment wehrt und Widerstand leistet? Du gabst mir recht, allerdings nur insoweit, solange es nicht um das eigene Leben geht, das man beenden will. Dann gewinnt der Stärkere.

Das verstehe ich erst jetzt, beim Lesen deines Buchs. Es ist deine Geschichte, die Geschichte eines Todgeweihten, der den Tod gebracht und überwunden hat. Jetzt bist du fast so viele Jahre im Gefängnis, wie du bis zu deiner Verhaftung gelebt hast. Ich erinnere mich an jedes unserer Gespräche im Gefängnis. Das waren fünf denkwürdige Jahre, das muss ich zugeben, Jahre in denen du dich verändert hast, in denen aber auch ich mich verändert habe.

Ich sage es immer wieder: Der Grad der Demokratisierung eines Landes lässt sich am Zustand seiner Gefängnisse und seiner Schulen ablesen: Wenn die Gefängnisse Schulen sind und die Schulen keine Gefängnisse, dann ist der Grad hoch.

Eine Strafe sollte für jeden Inhaftierten auch ein Recht sein zu erkennen, wer er hätte werden können, welche Chancen er nicht genutzt hat und wer er wirklich ist. Natürlich gibt es auch Häftlinge, die ein Leben lang hinter Gittern verbringen können ohne einen Funken Selbstkritik. Und es gibt solche, die nach zehn, vielleicht sogar schon nach fünf Jahren, mit der Justiz kollaborieren. Nicht direkt, sondern indirekt.

Ich kann verstehen, dass man sich zur Zusammenarbeit entschließt und Kronzeuge, ein »Pentito« wird. Ich kann es nachvollziehen, denn man kehrt in den Kriegsmodus zurück, man packt aus, nennt Namen, legt Strategien offen. Das ist wie im Krieg. Und im Krieg macht man solche Sachen. Das kann ich verstehen, auch wenn dieser Krieg ein anderer ist, es geht nicht um Grenzen und Feinde von außen. Es geht um Konfliktpotenziale, um Legalität, eine Legalität, die der Staat jedem garantieren muss. Wir haben es schon oft wiederholt: Legalität beruht auf Beziehungen und Regeln. Dabei auf Repression zu setzen ist genauso sinnlos, wie sich nicht an die gegebenen Regeln zu halten.

Je rechtlich abgesicherter eine Beziehung ist, desto sicherer sind die sich daraus ergebenden gesellschaftlichen und sozialen Konsequenzen. Ansonsten drohen Werteverfall und der Kollaps der Gemeinschaft.

Genau auf diesen Kollaps des Wertesystems setzt das archaische Wertesystem der Mafia. Die Wertegemeinschaft degeneriert zur Interessengesellschaft, moralische Werte werden mit Füßen getreten, die Ohnmacht des Staates wird zur Rechtfertigung für das eigene amoralische Handeln.

Um dieses Thema ging es auch in unserem Kurs. Und um den Staat, der vermitteln soll, der die Gemeinschaft in Einklang bringen soll. Wenn das soziale Wohlbefinden und das Gemeinschaftsdenken aus dem Lot geraten sind, befindet man sich im »Verbrecherkrieg«. Was in Sizilien der Fall war, wie du es in deinem Buch berichtest, wenn du von Menschen sprichst, die aus Blutrache töten, um ein Unrecht zu bestrafen, dessen Ursache sie nicht einmal kennen. Das ist in Wirklichkeit nichts anderes als Selbstjustiz, weil der Staat, die Gesellschaft und die Legalität fehlen.

In dieses System warst du verwickelt, musstest handeln, um zu überleben. Ebenso erbarmungslos wie das Leben selbst, das sich nicht damit abfindet, in eine Welt abgeschoben zu werden, in der nur derjenige überlebt, der den Tod mit dem Tod bezahlt. Ein Leben ohne Welt. Wie das Fleisch unter der Haut, aufgeschlitzt, verletzt, eine offene Wunde. Und trotzdem lebt man weiter. Nackt. Ein Leben ohne Welt, schonungslos und grausam, wie das Leben abseits der Welt eben sein kann. Die Jagd. Die Beute. Der Wald. Keine Stadt oder die Stadt ist ein Urwald. Das ist mit dir passiert, aber nicht nur mit dir, das glaube ich nicht. Du hast es nur intensiver empfunden, weil du eine hohe praktische Intelligenz besitzt. Du bist noch immer siebenundzwanzig. Du wirst immer siebenundzwanzig bleiben. Vor zweiundzwanzig Jahren, seitdem du im Gefängnis bist, ist dein Leben aus dem Ruder gelaufen, damals wurde es vergiftet. Du wurdest zum Mafioso, um die Mafia zu bekämpfen. Du kannst nicht beweisen, dass du kein Mafioso warst, man kann dir nur glauben. Wie ich, als du mir damals gesagt hast: »Ich bin kein Mafioso, glaub mir, ich bin kein Mafioso.« Man muss wirklich glauben und nicht nur glauben zu wissen. Der einzige Beweis für deine Glaubwürdigkeit ist das, was du sagst, und wie du es sagst. Du bist kein Mafioso. Dein Unrecht war dein Überlebenswille, der auf den Weg des Todes umgeleitet wurde.

Ich sage es noch einmal, Strafe sollte auch ein Recht sein. Eigentlich ein Widerspruch in sich, diese Idee. Aber nur vordergründig. Sie bedeutet nämlich, dass der Strafvollzug »erziehen« soll, wie es die Verfassung nennt. Strafe sollte »bildend« sein. Die Voraussetzungen schaffen umzudenken, um von der Schuld zur Verantwortlichkeit zu kommen. Aber es passiert viel zu leicht, dass der Schuldige im Gefängnis keine Gelegenheit dazu hat, zu spüren und zu verstehen, wo seine Schuld liegt. Die Haftbedingungen lassen eine Bewusstseinsbildung nicht zu. Bei dir war das nicht so. DU hast gelernt und geschrieben, schreiben ist wichtig.

Ich habe eine ganze Kiste voller Briefe. Ich ermuntere die Teilnehmer meiner Kurse immer wieder zu schreiben, denn die Ursache vieler unserer Fehler liegt darin, dass wir nicht schreiben können. Schreiben heißt, sich in den Text hineinzuversetzen, den man zu Papier bringt. Er muss »lesbar« sein, jeder sollte ihn lesen und verstehen können. Gesetze sind in Worte gefasst, man kann sie lesen. Beim Schreiben muss man im Hinterkopf haben, dass es einen Leser geben wird, der verstehen können muss. Sonst schöpft der Leser Verdacht. Im Gefängnis wird das noch deutlicher, denn das Gefängnis ist die Akademie des Misstrauens, die Demokratie ist nur schwach ausgeprägt. Denn die Demokratie basiert auf dem »Zweifel«, aber nicht auf dem »Verdacht«. Der Zweifel, den das Gesetz bis zur Verurteilung respektiert: Erst danach wird man »Bestrafter«, vorher war man »Verdächtiger«. Aber einem Häftling glaubt man nicht.

Doch wer glaubt etwas zu wissen, wird niemals mehr erfahren, als das, was er schon weiß. Sein Horizont bleibt begrenzt.

Ich erinnere mich an das erste Jahr, den Tag, als ich Teilnahmebescheinigungen ausgeben wollte. In diesem Kurs war es um Wandlung und Veränderung gegangen, um Umkehr. Mir kommt in den Sinn, dass jemand sagte, mir wäre es gelungen, von den Inhaftierten etwas zu bekommen, was zuvor noch niemand bekommen hatte: ihr Vertrauen. Das Vertrauen aller, ohne Ausnahme. Vertrauen hat zwei Seiten. Vertrauen zielt auf ein Gegenüber und bezieht sich auf den Menschen selbst. Man bekommt Vertrauen und man gibt Vertrauen, im gleichen Maße, wie echte Beziehungen und Freundschaften entstehen.

Als ich dich kennengelernt habe, nanntest du dich »Pippo«. Doch in unseren sechs gemeinsamen Jahren bist du zu deinem richtigen Namen zurückgekehrt. Das war er, und das ist er. Dein echter, dein wahrer Name, dein offizieller Name. Bei uns ist der Namenstag ebenso wichtig wie der Geburtstag, der Erste betrifft viele in der Gemeinschaft, der Zweite nur den Einzelnen.

Für mich bist und bleibst du »mein Giuseppe«, wie alle wissen, mit denen ich über unsere schönen gemeinsamen Jahre gesprochen habe. Eine Zeit, die nie zu Ende geht, denn die wahren Dinge sind ewig. Die Wahrheit ist unser Bindeglied. Die Wahrheit hilft, unterstützt und hält uns am Leben. Sie schützt, gibt Wärme, aber sie ist auch beunruhigend. Wahrheit heißt auch Zweifel. Nicht Verdacht. Das haben wir gelernt: Die Umstände erklären Handlungen, aber es sind die Bindungen, die Handlungen und Situationen verändern, die sie verwandeln. Wir begegnen uns, berühren uns, werden eins.

»Ich bin kein Mafioso, glauben Sie mir, ich bin kein Mafioso.« Das hast du mir gesagt, als wir zusammen im Besprechungszimmer saßen. Es war fast wie ein Schrei aus dem tiefsten Inneren, als wolltest du dich von einem lähmenden Druck befreien. Und dann das Geständnis. Ich hatte dir keine Fragen gestellt, wollte überhaupt nichts wissen. Warum hast du mir alles erzählt? Warum dieses Geständnis? Ich habe verstanden und kann jetzt Augustinus' Schriften nicht mehr länger lesen. Ich habe verstanden, und das war wunderbar. Dieses Geständnis war die Bestätigung einer Bindung. Wer sich einem anderen offenbart, um eine Beziehung zu ihm aufzubauen, gibt dieser Beziehung einen Stellenwert, wie sie jeder wahren Beziehung eigen sein sollte.

Ich glaube, dass man sich nicht jedem anvertraut, sondern nur den Menschen gegenüber, mit denen man die wichtigste aller Beziehungen eingehen möchte: Freundschaft. Inzwischen weiß ich, dass ein solches Geständnis nicht einzufordern ist. Es geschieht spontan, getrieben von dem Bedürfnis, sich jemandem anzuvertrauen. Freundschaft kann weder erwartet noch erzwungen werden. Man offenbart sich, wenn man die Notwendigkeit spürt, eine tiefe Beziehung einzugehen.

Es gibt immer ein Buch vor einem Buch. Ein Vorbild, eine Initialzündung. Bei dir war es »Krieg und Frieden«. Unglaublich, aber wahr: Du hast das Buch in der Zelle gefunden, irgendjemand hatte es liegen lassen. Du kamst aus dem Krieg und solltest den Weg in

Richtung Frieden gehen. Unglaublich, wie die Welt mit dem Leben spielt und uns unvermutet eine neue Tür öffnet, um das Leben in die Welt und die Welt in das Leben zurückzubringen. Manch einer kann diese Türen, die sich von ganz allein öffnen, nicht sehen. Du hättest das gefundene Buch auch nicht aufschlagen können. Aber du hast es getan. Und dich damit vom Krieg verabschiedet.

Das Leben in Frieden leben lassen, das Leben tun lassen, was es will, es die Erde befruchten und Neues gedeihen lassen. Man muss den Fluss des Lebens durch einen Schutzwall begrenzen, damit es im Einklang mit unserem Inneren in geordneten Bahnen verläuft. Die Hoffnung? Sie ist nur ein Symptom für das Leben. Nichts anderes. Man sollte sich nicht täuschen lassen, Hoffnung allein hilft nicht weiter und schafft kein Leben. Man muss ihr eine Form geben. Auf die innere Stimme hören. Die Stimme, die uns von den Menschen erzählt, mit denen uns echte Gefühle verbinden, im Bezug auf die innere Legalität, die dem Atemrhythmus und der Melodie unserer Gedanken folgt. Der Stimme.

Das, was ich hier schreibe, muss dir merkwürdig vorkommen. Unser erstes Zusammentreffen im großen Saal. Ich kam zusammen mit dem Gefängnisdirektor, einem vorbildlichen, glücklichen Menschen. Als ich ihn am Ende gefragt habe, was er seiner Meinung nach im Laufe seiner Karriere als Anstaltsleiter ins Gefängnis gebracht hatte, antwortete er: »Die Legalität.« Wie bitte? Sollte es die nicht schon vorher gegeben haben? Ich glaube, er meinte damit jene Legalität, die auch ich meine, wenn ich von Bindungen spreche, und dass der Strafvollzug mit Gefühlen zu tun haben muss. Man muss die Legalität spüren. Wer die Regeln nicht spürt, respektiert sie auch nicht. Sicherheit kommt nicht aus sinnentleerten Regeln, sondern aus Worten, die Beziehungen und Verständnis herstellen. Das haben wir erfahren. In diesen gemeinsamen Jahren haben sich die Beziehungen verändert, mit der Folge, dass Schranken geöffnet und Vertrauen aufgebaut wurde.

An diesem ersten Tag war der Saal berstend voll, mehr als fünfzig Häftlinge waren da. Einige mussten stehen, andere saßen an den Seiten. Bewacht von Justizbeamten und Beamten der Gefängnispolizei. Wir haben gelernt sie zu respektieren, diese Beamten, genau wie wir gelernt haben, dass ihre Aufgabe schwierig ist und höchste Aufmerksamkeit verlangt. Ich habe großartige Menschen kennengelernt, die in diesen Uniformen steckten. Wenn ich den einen oder anderen per Zufall außerhalb der Gefängnismauern in Zivil getroffen habe, sahen die Männer immer jünger und entspannter aus. Im Gefängnis ist man ein Gefangener, egal auf welcher Seite der Gitter.

Diese erste Begegnung war verrückt. Ich musste eine Einführung in den Philosophiekurs geben. Ich begann von Ethik zu sprechen, von dem »Wissen, wie man zurückkehrt«. Diese Rückkehr bezeichnete ich als »nach Hause kommen«. Ich führte aus, dass man zurückkehren kann, wenn man den Willen dazu hat, dass man aber keine Chance hat, wenn man innerlich nicht zur Rückkehr bereit ist. Ich sprach auch von denen, die, obwohl sie es wollten, nicht zurückkehren konnten, die keine Möglichkeit hatten, jemals wieder nach Hause zu kommen.

Ein Wahnsinn, so was in einem Gefängnis zu sagen. Ich sprach auch von der Rückkehr zu sich selbst, die immer und überall möglich ist. Ich sprach von den Ägyptern und von Thales von Milet. Ich sprach von der Geometrie als der Lehre der Heimkehr und von der Rückgabe der Güter.

Aber auch wenn man alles zurückgibt, wird immer etwas fehlen. Niemand kann wirklich und wahrhaftig das zurückgeben, was er einem anderen geraubt oder genommen hat. Ein Wahnsinn, so etwas im Gefängnis zu sagen. Vor Lebenslänglichen für immer! Und doch gibt es niemanden, der den Sinn dieser Worte besser verstehen würde. Du bist zu dir selbst zurückgekehrt. In dich selbst. Du bist zurückgekehrt, um den wiederzufinden, der du bist und der du damals nicht gewesen bist. Du bist in dich selbst zurückgekehrt, weil die Wahrheit jedes Menschen in seinem Inneren wohnt.

Die Wahrheit wohnt. Genau so ist es. Sie ist keine Sache, sondern eine Heimstatt. Und du bist dorthin zurückgekehrt. Indem du schreibst. Oder stehst zumindest vor der geschlossenen Tür und bist bereit hindurchzugehen. Du wartest, bis jemand die Tür öffnet. Aber wer?

Wir. Wir von draußen. Wir, die glauben, dass wir uns aus der Geschichte raushalten können, wir, die aufgerufen sind, diese schreckliche und unerträgliche Seite der Geschichtsbücher zu schließen. Diese Vergangenheit muss für immer Vergangenheit bleiben. Aber sind wir überhaupt in der Lage dazu? Das Gewesene zu begraben und die Wahrheit in der Legalität zu finden? Zum Wohl der Gesellschaft?

Dein Buch stellt uns diese Fragen. Es rüttelt auf. Wir müssen Antworten geben, nicht einfach Zuschauer beim Film über das Leben von Antonio Brasso bleiben, dem Protagonisten, in dem uns Giuseppe Grassonelli begegnet.

Ich wünschte mir, du würdest einen anderen Namen tragen. Ich möchte »Antonio Brasso« nicht als Pseudonym verstehen, sondern als deine Art, zum Ausdruck zu bringen: »Ich bin nicht er. Ich war nie derjenige, der der Spur des Blutes in diesem Gemetzel folgte.«

Wir. Ja, wir. Bei deiner Philosophieprüfung hast du gezögert die griechischen Worte auszusprechen, die du gelesen, aber noch nie gehört hattest. Es klang ein bisschen, als wärst du taub, wie ein Mensch, der nicht hört, sondern die Worte nur sieht und dann häufig seltsam ausspricht. Als würdest du sagen, dass du als Kind mit den »Steinhaufen« gespielt hast, von denen du heute weißt, dass es archäologische Ausgrabungsstätten sind. Die Reste einer Geschichte, die wir hinter uns gelassen haben und die von einer anderen Geschichte zerstört wurden, die wir nicht hinter uns lassen können.

Wir brauchen ein Tribunal, das die Wahrheit herausfindet. Ein Tribunal wie in afrikanischen Ländern, das jedes Mal einberufen werden muss, wenn ein Volk seine Geschichte verändern will. Ein Tribunal der Wiedergutmachung. Unvollständig, aber ehrlich. Das Genommene zurückgeben, so gut es geht, und in die Zukunft sehen.

Wir müssen an die jungen Leute denken, die jetzt aufwachsen, sie brauchen eine Zukunft. Die Vergangenheit, die unsere Gesellschaft beschädigt hat, muss sie ihnen zurückgeben. Die Zukunft der Jugend ist die Rückgabe der inneren Zeit, ohne Angst, ohne Aggression. Man sagt, dass die Kinder für die Schuld der Eltern bezahlen. Das ist die wahre Tragödie. Die Tragödie der Griechen war ein Tribunal der Rückgabe, ein Drama über Ethik und Moral. Die Tragödie findet immer in den eigenen vier Wänden, in der Familie statt. Ethik und Moral dagegen gehören in die Solidargemeinschaft, wo wahre Freundschaft die Familienbande ersetzt. Freundschaft ist die wichtigste Verbindung von allen, zwischen dem Leben und der Existenz, zwischen der Welt und dem Leben.

Das Tribunal der Rückgabe, der Wiedergutmachung erwartet von uns, dass wir damit beginnen. Mit deinem Buch hilfst du dem Staat, als jemand, der seinem Land, seiner Heimat etwas zurückgibt, Würde und den Glauben an sich selbst. Diesen Weg musst du bis zum Ende gehen. Gleiches gilt für uns alle. So lange wir in diesem Land und mit seiner Geschichte leben, sind wir aufgerufen, es zu verändern und das Beste daraus zu machen.

Jede Geschichte hat irgendwann ein Ende. Aber die Erinnerung bleibt, auch wenn die Geschichte zu Ende ist. Und in der Beziehung zwischen Geschichte und Erinnerung geht es auch um Rückkehr und Rückgabe. Wir müssen Menschen der Rückkehr und nicht des Grolls sein, sagt der Philosoph.

Wir alle sind aufgerufen, die wichtigste Bindung von allen wiederzufinden, die des Lebens. Der Sinn des Lebens besteht darin, das Leben der Welt und die Welt dem Leben zurückzugeben.